Beiträge zur historischen Theologie

Herausgegeben von

Johannes Wallmann

104

Thomas Kaufmann

Dreißigjähriger Krieg und Westfälischer Friede

Kirchengeschichtliche Studien
zur lutherischen Konfessionskultur

Mohr Siebeck

Thomas Kaufmann: Geboren 1962; Studium der ev. Theologie in Münster, Tübingen und Göttingen; 1990 Promotion; 1994 Habilitation; 1995 Ordination; 1988–1996 Assistent für Kirchengeschichte in Göttingen; seit 1996 Professor für Kirchengeschichte an der Universität München.

D
258
.K38
1998

Die Deutsche Bibliothek – CIP-Einheitsaufnahme

Kaufmann, Thomas:
Dreißigjähriger Krieg und Westfälischer Friede : kirchengeschichtliche Studien zur lutherischen Konfessionskultur / Thomas Kaufmann. – Tübingen : Mohr Siebeck, 1998
   (Beiträge zur historischen Theologie ; 104)
   ISBN 3-16-146933-X brosch.
   ISBN 3-16-146860-0 Gewebe

© 1998   J.C.B. Mohr (Paul Siebeck) Tübingen.

Das Buch wurde von Computersatz Staiger in Pfäffingen aus der Bembo-Antiqua belichtet, von Gulde-Druck in Tübingen auf alterungsbeständiges Werkdruckpapier der Papierfabrik Weissenstein in Pforzheim gedruckt und von der Großbuchbinderei Heinr. Koch in Tübingen gebunden. Der Umschlag wurde von Uli Gleis in Tübingen entworfen.

ISSN 0340-6741

Dem Andenken an
Dr. Ernst Berneburg
(1926–1996)

Vorwort

Schon der erste äußere Eindruck dieses schmalen Bändchens macht deutlich, daß eine erschöpfende Behandlung des Themas nicht erwartet werden darf. Einige mit der Erforschung der lutherischen Konfessionskultur der Frühneuzeit verbundene wichtige Aspekte, insbesondere die bildende Kunst und die Kirchenmusik, habe ich übergangen. Die mit dem Thema gestellte wissenschaftliche Lebensaufgabe liegt, wie ich hoffe, zu ihren größeren Teilen noch vor mir. Diese „Studien" wollen zur Diskussion anregen und so über sich hinausführen.

Für entscheidende Impulse zur Beschäftigung mit dem Thema bin ich Herrn Professor Dr. Heinz Schilling (Berlin) dankbar; die Mitarbeit in dem von ihm geleiteten wissenschaftlichen Beirat zur Vorbereitung der Ausstellung „1648 – Krieg und Frieden in Europa" (Münster/Osnabrück) und die Diskussionen mit zahlreichen Kollegen in diesem Kreis waren mir ein steter Ansporn. Dies galt besonders für den kunsthistorischen Kollegen Dr. Karl Georg Kaster (Osnabrück), der über der unermüdlichen Arbeit an der Ausstellung plötzlich im Juni 1997 abberufen wurde. Kasters lebhaftes Interesse am Gespräch mit den Theologen und manche seiner bohrenden, stets sachgerechten Fragen stehen hinter diesem Büchlein.

Dieser Untersuchung liegt meine am 6. Februar 1997 gehaltene Münchener Antrittsvorlesung sowie ein Referat, das ich auf Einladung von Prof. Dr. Ekkehard Mühlenberg (Göttingen) am 22. 3. 1997 vor der Fachgruppe Kirchengeschichte der Wissenschaftlichen Gesellschaft für Theologie in Berlin vorgetragen habe, zugrunde.

Die Anregungen, die ich Herrn Professor Dr. Dr. h.c. Johannes Wallmann für meine Beschäftigung mit dem 17. Jahrhundert verdanke, werden keinem Leser verborgen bleiben. Umso dankbarer bin ich dafür, daß er das Manuskript sorgfältig gelesen, manche Präzisierung angeregt, manchen Zweifel verstärkt und die Studie schließlich in die „Beiträge" aufgenommen hat.

Dafür, daß diese Untersuchung im 350. Jubiläumsjahr des „berühmten, unverletzlichen und heiligen Friedens" (Friedrich Schiller) von Münster und Osnabrück erscheinen kann, weiß ich mich Herrn Georg Siebecks verlegerischem Engagement dankbar verpflichtet.

Gewidmet ist das Büchlein dem Andenken des mir in langen Göttinger Jahren lieb gewonnenen Archivars des Klosters Loccum Dr. Ernst Berneburg.

München, im November 1997   Thomas Kaufmann

Inhaltsverzeichnis

Einleitung

Dreißigjähriger Krieg und Westfälischer Friede als Problem der Kirchengeschichte

I. Das Reformationsjubiläum von 1617

II. Die Deutung des Krieges

III. Wirkungen des Krieges
auf Theologie und Frömmigkeit

IV. Die Deutung des Friedens

V. Lutherische Konfessionskultur des 17. Jahrhunderts im Rahmen der Kirchengeschichte der Frühneuzeit

Register

Abkürzungen und Siglen

Die Abkürzungen folgen dem von SIEGFRIED SCHWERTNER zusammengestellten Abkürzungsverzeichnis der Theologischen Realenzyklopädie, Berlin, New York ²1994. Außerdem werden folgende Abkürzungen und Siglen benutzt:

BIRCHER = MARTIN BIRCHER, Deutsche Drucke des Barock in der Herzog August Bibliothek Wolfenbüttel, Bd. A 1 ff. – D 1 ff., Millwood, N.Y., London u.a. 1977 ff.

DBA = Deutsches Biographisches Archiv, hg. von BERNHARD FABIAN, bearbeitet unter Leitung von WILLY GORZNY, München u.a. 1982–1985 [Mikrofiche-Edition]; zit. nach Fiche-Nr. und Seitenzählung.

DBE = Deutsche Biographische Enzyklopädie, hg. von WALTHER KILLY, Bd. 1 ff., München 1995 ff.

DÜNNHAUPT = GERHARD DÜNNHAUPT, Personalbibliographien zu den Drucken des Barock, [Hiersemanns Bibliographische Handbücher Bd. 2], Bd. 1–6, Stuttgart ²1990–1993.

Hohenemser = PAUL HOHENEMSER, Flugschriftensammlung Gustav Freytag, Bibliographie, Frankfurt/M. 1925; vollständige Wiedergabe der 6265 Flugschriften aus dem 15. bis 17. Jahrhundert sowie des Katalogs von P. Hohenemser, Stadt- und Universitätsbibliothek Frankfurt/M., [Mikrofiche-Serie], München u.a. 1980-1981.

JÖCHER = CHRISTIAN GOTTLIEB JÖCHER, Allgemeines Gelehrten-Lexicon, Bd. 1–4, Leipzig 1750–1751, Nachdruck Hildesheim 1960–1961; Ergänzungsbände 1–7 [hg. von Johann Christoph Adelung, fortgeführt von Heinrich Wilhelm Rotermund], Leipzig 1784–1897, Nachdruck Hildesheim 1960–1961.

KILLY = WALTHER KILLY [Hg.], Literatur-Lexikon. Autoren und Werke deutscher Sprache, Bd. 1–12, Gütersloh, München 1988–1992.

MF = HANS-JOACHIM KÖHLER – H. HEBENSTREIT-WILFERT – C. WEISMANN [Hg.], Flugschriften des frühen 16. Jahrhunderts, Microficheserie, Zug 1978–1988.

VD 16 = Bayerische Staatsbibliothek [München] – Herzog August Bibliothek [Wolfenbüttel] [Hg.], Verzeichnis der im deutschen Sprachbereich erschienenen Drucke des 16. Jahrhunderts, Bd. 1 ff., Stuttgart 1983 ff.

Dreißigjähriger Krieg und Westfälischer Friede als Problem der Kirchengeschichte

Der Dreißigjährige Krieg hat sich dem kollektiven Gedächtnis als eines der erschütterndsten Beispiele dafür eingeprägt, wieviel Unrecht und barbarische Grausamkeit im Namen der Religion begangen wurden. Die interkonfessionellen Konflikte sich absolut setzender und einander bekämpfender Lebens-, Rechts- und Interpretationsformen des Christentums an der Schwelle zur europäischen Neuzeit scheinen den zerstörerischen Potenzen interreligiöser Kämpfe und im Namen der Religion geführter Kriege in nichts nachzustehen. Die Bedeutung des Westfälischen Friedensschlusses von Münster und Osnabrück wird denn auch vorrangig darin gesehen, daß es hier mit Hilfe der politischen Vernunft und mit den Mitteln des Rechts gelang, die destruktiven Energien der Religion zu zähmen, die gesellschaftliche Lebensordnung zu säkularisieren und so den Konfessionskonflikt im Alten Reich dauerhaft einzuhegen. Die durch den Krieg als solchen als erwiesen geltende Friedensunfähigkeit der Konfessionen scheint die Frage, ob auch sie einen Beitrag zum Frieden leisteten, a limine auszuschließen, unbeschadet dessen, daß das Westfälische Friedenswerk selbst einen dezidiert christlichen Frieden (pax christiana) zu statuieren beanspruchte und sich unter den Namen des dreieinigen Gottes stellte.

1. Dreißigjähriger Krieg und Westfälischer Friede in der gegenwärtigen protestantischen Kirchengeschichtswissenschaft

Die Weise, in der der Dreißigjährige Krieg und der Westfälische Friede in der neueren Kirchengeschichtsschreibung behandelt werden, scheint dem ambivalenten Verhältnis, das dem historischen Phänomen selbst in bezug auf das Thema ‚Religion' zugeschrieben wird, zu entsprechen. Anfangs sei der Dreißigjährige Krieg „noch *Religionskrieg* des konfessionellen

Zeitalters" gewesen; im Fortgang des Krieges seien die „konfessionellen Motive hinter den machtpolitischen *Interessen*" völlig zurückgetreten.[1] Der westfälische Friedensschluß kündige – sinnenfällig in der Wirkungslosigkeit des päpstlichen Protestes gegen ihn – „die Emanzipation des europ[äischen] Staatensystems von der Kirche" an; am interkonfessionellen Antagonismus hätten einerseits weder Krieg noch Frieden grundsätzlich etwas geändert, „Zweifel" an den konfessionellen Systemen seien aber andererseits durch den Krieg genährt worden, so daß dieser mittelbar entkonfessionalisierende, die Aufklärung vorbereitende Wirkungen hervorgebracht habe.[2] Auch der Pietismus wird im Anschluß an Holl zu den ‚mittelbaren' Wirkungen des ‚großen Krieges' gerechnet, doch während dieser in den schöpferischen Potentialen des Krieges selbst die Entstehung einer neuartigen Frömmigkeitsgestalt und Rezeptionsform reformatorischen Christentums verwurzelt sah, bestimmt Wallmann die Entstehung des Pietismus aus einer Abwehrbewegung gegen obrigkeitlich verordnete „Sozialdisziplinierung zu ‚wahrem Christentum'", die nach dem Krieg verstärkt einsetzte, heraus.[3]

---

[1] Johannes Wallmann: Dreißigjähriger Krieg. 2. Kirchengeschichtliche Folgen. In: EKL[3], Bd. 1, Göttingen 1986, Sp. 922 f., hier: 922; ähnlich Ders., Kirchengeschichte Deutschlands seit der Reformation, Tübingen [4]1993, S. 133.

[2] Wallmann, wie Anm. 1, Sp. 923. Ähnlich auch: Hubert Jedin. In: Ders. [Hg.], Handbuch der Kirchengeschichte Bd. IV, Reformation, katholische Reform und Gegenreformation, Freiburg u. a. 1967, S. 665. Im Anschluß vor allem an das berühmte Epigramm Friedrich Logaus [„Glauben. Lutherisch / Päbstisch und Calvinisch / diese Glauben alle drey / sind verhanden; doch ist Zweiffel / wo das Christenthum dann sey." Zitiert nach Albrecht Schöne [Hg.]: Das Zeitalter des Barock. Texte und Zeugnisse. Studienausgabe München 1988, S. 996, erstmals 1654 veröffentlicht, vgl. u. Anm. 228] formuliert Emanuel Hirsch: „[...] es bildet sich eine stärkere innere Selbständigkeit des Menschen gegen die Kirchentümer und ihre Ansprüche heraus." Geschichte der neuern evangelischen Theologie im Zusammenhang mit den allgemeinen Bewegungen des europäischen Denkens, Erster Band [3]1964, Nachdruck Münster 1984, S. 5; vgl. auch Martin Heckel: Deutschland im konfessionellen Zeitalter [Deutsche Geschichte Bd. V], Göttingen 1983, bes. S. 226 f. Moeller [wie Anm. 4] formuliert: „In einem nach dem „Normaljahr" 1624 konfessionell gegliederten Reich waren die Welt bewegende, Leidenschaft lohnende religiöse Eroberungen nicht mehr zu machen. Es mag auch hiermit zusammenhängen, daß die Leidenschaften hinfort anderem gehörten." S. 441.

[3] Wallmann, wie Anm. 1, Sp. 923; Karl Holl, Die Bedeutung der großen Kriege für das religiöse und kirchliche Leben innerhalb des deutschen Protestantismus. In: Ders., Gesammelte Aufsätze zur Kirchengeschichte, hg. von Hans Lietzmann, Bd. III: Der Westen, Tübingen 1928, S. 302–384. Holls ursprünglich 1917 separat erschienener Aufsatz hat wissenschaftsgeschichtlich Epoche gemacht, und zwar, wenn ich recht sehe, einerseits in Richtung auf eine erfahrungsgeschichtliche Perspektivierung lutherischer Frömmigkeit des 17. Jahrhunderts, andererseits in einer freilich aus der Beschäftigung mit dem der Orthodoxie uneinholbar überlegenen Luther abgeleiteten Betonung ihrer inneren Lebendigkeit, vgl. besonders aaO., S. 312. Die eminente Zeitbindung des Auf-

Als kirchengeschichtliches Ergebnis in bezug auf Krieg und Frieden gilt also erstens, daß dem Friedensschluß ‚säkularisierende' Wirkungen hinsichtlich der religiösen bzw. kirchlichen Bindung des Staatensystems im allgemeinen, des Reichs im besonderen zukommen, auch wenn die

---

satzes, der im Horizont historischer Paradigmen die produktiven Möglichkeiten des gegenwärtig erlittenen Krieges in bezug auf eine „große gemeinsame Sache", „gemeinsame große Aufgaben nachher" [S. 383 f.] aufzuweisen, zugleich aber das Scheitern der aus den Kriegen hervorgegangenen reformerischen Bewegungen, die eine Vertiefung des Gemeinschaftsgefühls erstrebten und an den Strukturen des landesherrlichen Kirchenregiments ihre Grenze fanden, offenzulegen versucht, ist unverkennbar. Bemerkenswert ist allerdings, daß HOLLs eigene kriegspolitische Position im Sinne des von Reinhold Seeberg vertretenen Programms des Annexionismus und des Siegfriedens [vgl. nur: JOHANNES WALLMANN, Karl Holl und seine Schule. In: Tübinger Theologie im 20. Jahrhundert, ZThK Beiheft 4, Tübingen 1978, S. 1–33, bes. 25 ff.; DIETRICH KORSCH, Lutherisch-nationale Gewissensreligion. Karl Holl 1866–1926. In: FRIEDRICH-WILHELM GRAF (Hg.), Profile des neuzeitlichen Protestantismus. Bd. 2: Kaiserreich, Teilband 2, Gütersloh 1993, S. 337–353, bes. 345 ff.] in dem Aufsatz keinerlei Niederschlag gefunden zu haben scheint. Die maßgeblich von HOLL ausgehende grundlegende Neubewertung der Orthodoxie, die ihrerseits ganz aus der Opposition zu TROELTSCH heraus erwachsen war, regte z.B. KARL MÜLLER [wie Anm. 5, 1. Aufl. 1919, ³1923, bes. S. 616 ff.] an, inspirierte HANS LEUBE [Reformideen, wie Anm. 244; vgl. auch das Urteil von DIETRICH BLAUFUSS (Hg.), Orthodoxie und Pietismus. Gesammelte Studien von HANS LEUBE (AGP 13), Bielefeld 1975, S. 5; und LEUBES eigene Würdigung des HOLLschen Aufsatzes in seinem Forschungsbericht abgedruckt, aaO., S. 19–35, hier: 23 f., 28] und – freilich eher indirekt – WERNER ELERT [vgl. meinen Aufsatz: Werner Elert als Kirchenhistoriker. ZThK 93, 1996, S. 193–242] und wirkte auch bei WINFRIED ZELLER [Protestantische Frömmigkeit im 17. Jahrhundert. In: DERS., Theologie und Frömmigkeit. Gesammelte Aufsätze, hg. von BERND JASPERT (MThS 8), Marburg 1971, S. 85–116, hier besonders 103 f.] nach; für JOHANNES WALLMANN ist HOLL ein ständiger Gesprächspartner geblieben [vgl. etwa seinen Artikel „HOLL" in: TRE 15, 1986, S. 514–518]. Eine instruktive Analyse des HOLLschen Aufsatzes bietet HANS-CHRISTOPH RUBLACK, Zur Problemlage der Forschung zur lutherischen Orthodoxie in Deutschland. In: DERS., wie Anm. 15, S. 13–32, hier: 14–19; zur neueren theologiegeschichtlichen Auseinandersetzung mit HOLL vgl. DIETRICH KORSCH, Zeit der Krise und Neubau der Theologie. Karl Holl als Antipode Ernst Troeltschs. In: HORST RENZ – FRIEDRICH-WILHELM GRAF [Hg.], Umstrittene Moderne [TROELTSCH-Studien 4, Gütersloh 1987, S. 211–229]; DERS., Glaubensgewißheit und Selbstbewußtsein. Vier systematische Variationen über Gesetz und Evangelium, [BHTh 76], Tübingen 1989, S. 216 ff.; zur impliziten Gegenwartsdiagnostik und ekklesiologischen Gemeinschaftsprogrammatik in HOLLs „in vieler Hinsicht noch unüberholte[m] Aufsatz" instruktiv: HEINRICH ASSEL, Der andere Aufbruch. Die Lutherrenaissance [FSÖTh 72], Göttingen 1994, bes. 20 f.; 115 ff., Zitat: S. 20. In bezug auf eine Interpretationsperspektive auf die lutherische Orthodoxie im Angesicht des Dreißigjährigen Krieges scheint mir HOLLs in seinem Aufsatz nicht wirklich plausibilisierte, ja in einer gewissen Spannung zu seinem eigenen Argumentationsziel stehende These unbedingt beachtenswert: „Die Kriege [scil. der Dreißigjährige Krieg und die Befreiungskriege] haben die bestehenden theologischen Gegensätze nie aufgehoben, sondern eher vertieft und zu den vorhandenen neue hinzugefügt." [S. 383].

kirchengeschichtlich belangreichen Bestimmungen des Westfälischen Friedens in bezug auf die reichsrechtliche Anerkennung des Calvinismus gelegentlich im Anschluß an Troeltsch als „dreigeteiltes Mittelalter"[4] gedeutet werden. Zweitens, daß sich Frömmigkeit und Theologie, zumal im protestantischen Bereich, sowohl intensivierten[5], als auch im Gefolge des Krieges und des konfessionellen Nebeneinanders „verschiedener miteinander streitender kirchlicher Absolutheiten"[6] zunehmend ‚entkonfessionalisierten', und zwar einerseits in aufklärerischer, andererseits in pietisti-

---

[4] BERND MOELLER. In: DERS. – RAIMUND KOTTJE [Hg.]: Ökumenische Kirchengeschichte Bd. 2, Mainz, Gütersloh [5]1993, S. 440. HERMELINK – MAURER [wie Anm. 12] formulieren: „Das kirchenpolitische Zeitalter der deutschen Geschichte wurde abgelöst durch das staatsrechtliche." S. 302.

[5] Eindrücklich formuliert KARL MÜLLER: „Der 30jährige Krieg hat die Schäden des religiösen Lebens schwer gesteigert, andere neu erzeugt, aber auch die tiefsten Kräfte der lutherischen Frömmigkeit großartig geoffenbart: das Heldentum des Duldens und Ausharrens in den grausigsten Verhältnissen [...]." Kirchengeschichte, Zweiter Band, 2. Halbband, Tübingen [3]1923, S. 618. In bezug auf die politische Beurteilung des Westfälischen Friedens steht MÜLLER [aaO., S. 318] ähnlich wie HERMELINK – MAURER [wie Anm. 12, S. 301 f.] oder KARL BIHLMAYER – HERMANN TÜCHLE, Kirchengeschichte. Dritter Teil, Die Neuzeit und die neueste Zeit, Paderborn u.a. [20]1996, S. 170, in der seit der Mitte des 19. Jahrhunderts dominierenden ‚borussischen' Tradition der deutschen Geschichtsschreibung, die ihn als demütigende Katastrophe für das Reich bewertete. Neuerdings hat jetzt GRESCHAT dieser Perspektive, so scheint es, wieder ein gewisses Recht zuerkannt, wenn er formuliert: „Unter dem Gesichtspunkt des modernen Nationalstaates bildete dieser Friedensschluß eine Katastrophe." Denn eine Relativierung dieses ‚Gesichtspunktes' findet sich bei GRESCHAT nicht; wohl aber eine Schilderung, worin die ‚Katastrophe' bestand. Dies ist auch deshalb bemerkenswert, weil GRESCHAT auf die für die Neubewertung des Westfälischen Friedens in der Geschichtswissenschaft maßgebliche Darstellung von FRITZ DICKMANN, Der Westfälische Friede, Münster [5]1985, selbst verweist; hierzu aufschlußreich: SCHILLING, wie Anm. 9, bes. S. 50 ff.; MARTIN GRESCHAT, Christentumsgeschichte II. Von der Reformation bis zur Gegenwart, [UB 424], Stuttgart u.a. 1997, S. 77; 82. Die frömmigkeits- und mentalitätsgeschichtlichen Folgen des Dreißigjährigen Krieges sieht GRESCHAT – gegenläufig zum vorherrschenden Forschungsstand – nicht durch Aufbruchsmomente, sondern durch „Enge und Schmalbrüstigkeit" [S. 78] gekennzeichnet; „nach 1648" habe sich sogar die „*konfessionelle Prägung*" einzelner Territorien „oftmals" als „stabiler und dauerhafter" [S. 79] erwiesen, während „in der größeren Politik" „nationale Entscheidungen im Interesse der Machterweiterung in den Vordergrund" getreten seien [S. 80]. In bezug auf „[d]ie Orthodoxie" behauptet GRESCHAT, daß sie „die Bewährungsprobe des Dreißigjährigen Krieges glänzend bestanden" habe, dann aber „innerhalb weniger Jahrzehnte" in eine „tiefgreifende *Krise*" geraten sei [S. 81], die wesentlich durch den „Absolutismus" hervorgerufen wurde [S. 80 f.]. Wie sich „Enge" und „Schmalbrüstigkeit" zu „glänzend bestanden", und „Krise" und Intensivierung der „konfessionellen Prägung" zueinander verhalten, gestehe ich nicht verstanden zu haben.

[6] HIRSCH, wie Anm. 2, S. 6; ähnlich JEDIN, [wie Anm. 2], S. 670 ff., der freilich zugleich eine neue Sehnsucht nach kirchlicher Einheit, verstanden als Einheit unter dem Papsttum, wahrnimmt.

scher Richtung. Drittens schließlich, daß ein neuartiges Bewußtsein für die eigene Bedeutung des Politischen und damit verbunden intensivierte Zugriffe des Staates auf die Kirchentümer bestimmend wurden.[7] Ob auf das Jahr 1648 fixiert[8] oder im Sinne eines etwas breiteren Zeitstreifens behandelt[9] – der periodologische Umbruchcharakter des Westfälischen Friedens und seine inhaltliche Bestimmtheit durch jene prozessuale Tendenz zur emanzipativen Verselbständigung der Politik, der Rechts- und der Geisteskultur von konfessionskulturellen Bindungen kann auch in der evangelischen Kirchengeschichtsschreibung als weitgehender Konsens gelten.[10] Dieses kirchenhistorische Ergebnis in bezug auf den Dreißigjäh-

---

[7] So HIRSCH, wie Anm. 2, S. 6; 8 f.

[8] So tendenziell bei HIRSCH, wie Anm. 2, S. 11: „So werden im 17. Jahrhundert – und mindestens für die deutschen Verhältnisse kann man genauer sagen: von etwa 1648 ab – auf vielerlei Weisen die Anzeichen eines neuen Zeitalters sichtbar [...]. Diese Wende mußte alle Christen und Kirchen, die sich nicht grundsätzlich dem Neuen verschließen wollten, die Umformung der christlichen Religion zu einer neuen Denk- und Lebensgestalt als selbstverständliche Aufgabe erkennen lassen [...].“ Ähnlich WALLMANN, Kirchengeschichte, wie Anm. 1, S. 133.

[9] In diese Richtung interpretiere ich WALLMANNs Vorschlag, den Begriff „Zeitalter des Barock“ als Orthodoxie und Pietismus verbindende Epochenkategorie zu verwenden, s. auch u. Anm. 375. Dabei ist für WALLMANN klar, daß „die Orthodoxie dem konfessionellen Zeitalter zugehört, der Pietismus dagegen der Neuzeit“. JOHANNES WALLMANN: Vorwort zu: Theologie und Frömmigkeit im Zeitalter des Barock. Gesammelte Aufsätze, Tübingen 1995, S. V. Vor dem Hintergrund dieses Periodisierungskonzepts könnte WALLMANNs Unterscheidung zwischen „*Pietismus im weiteren Sinn* als Frömmigkeitsrichtung, die auf Johann Arndt zurückgeht [...] und *Pietismus im engeren Sinn* als einer sozial greifbaren religiösen Erneuerungsbewegung“ [JOHANNES WALLMANN: Der Pietismus (KiG 4, O1), Göttingen 1990, S. 10; vgl. auch DERS., Fehlstart. In: PuN 20, 1994, S. 219–236, S. 220 f. mit Anm. 4] problematisch erscheinen. Möglicherweise würde die konsequente produktive Aufnahme des Epochenbegriffs „Frühneuzeit“ entlastend wirken, s. dazu unter Abschnitt V. HEINZ SCHILLING etwa unterscheidet zwischen einer „*älteren Frühneuzeit*, die nach dem Aufbruch der Reformation in die Verfestigung des konfessionellen Zeitalters und die anschließende Krise des 17. Jahrhunderts einmündete“ und einer „*jüngeren Frühneuzeit*, die nach Überwindung der politisch-weltanschaulichen Totalkonfrontation [...] ein gutes Jahrhundert des Aufbaus und der gefestigten Ordnung brachte.“ HEINZ SCHILLING: Höfe und Allianzen. Deutschland 1648–1763, Berlin ²1994, S. 12.

[10] Vgl. etwa KRUMWIEDE: „Die fast ein Jahrhundert andauernden Konfessionskriege schlossen eine durch die Kirche bestimmte Epoche ab. Nicht mehr Glied der universalen Kirche, sondern Bürger eines Staates zu sein, [...] trat nun bei der Bestimmung des Menschen in den Vordergrund.“ HANS-WALTER KRUMWIEDE: Geschichte des Christentums III. Neuzeit: 17. bis 20. Jahrhundert, [Theologische Wissenschaft Bd. 8], Stuttgart 1977, S. 5 = Stuttgart ²1987, S. 5; ähnlich auch JEDIN, wie Anm. 2, S. 675 ff. In dem oben skizzierten Konsens scheint sich auch ein verändertes Verhältnis der neueren Kirchengeschichtswissenschaft zur politischen Geschichte zu spiegeln. Für die Perspektiven der älteren Arbeiten zur Kirchengeschichte des 17. Jahrhunderts, etwa die LEUBES [s. Anm. 3; 244] und THOLUCKS [Das kirchliche Leben des 17. Jahrhunderts. Vorgeschichte des Ra-

rigen Krieg und sein Ende, den Westfälischen Frieden, steht in einer bemerkenswerten Nähe zu historischen Wertungen, die von politik-, diplomatie-, militär-, staatsrechts- und völkerrechtsgeschichtlichen Forschungen her vorgetragen werden.[11] Sich damit zu beruhigen besteht aber allein deshalb kein Anlaß, weil der Dreißigjährige Krieg und der Westfälische Frieden bisher kaum ein eigentliches Thema kirchengeschichtlicher Forschung gewesen sind, die kirchengeschichtliche Wertung also nichts anderes als eine Reduplikation politikgeschichtlich dominierter allgemeingeschichtlicher Deutungen sein könnte. Ein Fehlen dezidiert kirchengeschichtlich fundierter Meinungen ist auch deshalb gravierend, weil sowohl dem Krieg als auch dem Frieden mittelbare Wirkungen von einiger Brisanz – Entkonfessionalisierung, Pietismus, Autonomisierung des Politischen, Durchsetzungsdynamik des Absolutismus usw. – zugeschrieben werden.

Das Verhältnis der Kirchengeschichte zu diesem Thema hat also durchaus einen paradigmatischen Charakter: Ist zu dem historischen Syndrom „Dreißigjähriger Krieg" möglicherweise aus der Sicht theologischer Historiker gar nichts Besonderes beizutragen? Muß nicht, wenn der mit dem Friedensschluß von 1648 dynamisierte Säkularisierungsschub als historisch bahnbrechende Wirkung des großen Krieges gilt, wenn die Formierung des in die Neuzeit hineinweisenden Mächteeuropas vertraglich gebundener und in einem Vertragswerk gebändigter, in der Entfaltung religiös-konfessionell verbrämter universalistischer Herrschaftsansprüche gescheiterter Staaten als Telos des Krieges gilt und die Befreiung von kon-

---

tionalismus II, 1. und 2. Abteilung, Berlin 1861/2] ist charakteristisch, daß weder der Dreißigjährige Krieg, noch der Westfälische Friede den Charakter eines eigenständigen *kirchengeschichtlichen* Themas besitzt.

[11] Vgl. dazu demnächst den Katalog zu der in Münster und Osnabrück 1998 veranstalteten Ausstellung „1648 – Krieg und Frieden in Europa", hg. von HEINZ SCHILLING und KLAUS BUSSMANN. An allgemeiner Literatur zum Dreißigjährigen Krieg sei lediglich verwiesen auf: CECILY VERONICA WEDGWOOD, Der Dreißigjährige Krieg, Neuausgabe München 1990; JOHANNES BURKHARDT, Der dreissigjährige Krieg, [Edition Suhrkamp, N.F. 542], Frankfurt/M. 1992; VOLKER PRESS, Kriege und Krisen. Deutschland 1600–1715, München 1991, S. 161–267; HEINZ SCHILLING, Aufbruch und Krise. Deutschland 1517–1648, Berlin ²1994, S. 371–463, sowie die Darstellungen von SCHMIDT, wie Anm. 38, SCHORMANN und REPGEN, wie Anm. 97. Instruktiv auch: Veranstaltungsgesellschaft 350 Jahre Westfälischer Friede mbH [Hg.], 350 Jahre Westfälischer Friede – Entscheidungsprozesse, Weichenstellungen und Widerhall eines europäischen Ereignisses [1997]. Der Band enthält den Vorabdruck der öffentlichen Vorträge von HEINZ DUCHHARDT, HEINZ SCHILLING und WINFRIED SCHULZE, die im Rahmen eines von DUCHHARDT veranstalteten Historikerkongresses gehalten wurden. Der von DUCHHARDT herausgegebene Sammelband mit sämtlichen Vorträgen der Konferenz erscheint 1998.

fessionellen Fesseln der Politik den eigentlich neuzeitlichen Effekt des Friedens ausmacht, die nochmalige Frage nach der Religion gerade jenen Aspekt in die Debatte zurückbringen, dessen Entschärfung und Depotenzierung, dessen Eliminierung oder Bedeutungsminimierung das eigentliche Ziel der Geschichte gewesen ist? Ist also die Frage nach der *konfessionellen* Religion im Angesicht des Krieges nicht ein Zurück zu dem glücklich Überwundenen, Abgelegten, ja gleichsam Repristination eben jener bösen Potenzen der aufgesteigerten, ideologisierten Konfessionalität, die in den Krieg führten, zumal dann, wenn die im Gefolge des Krieges einsetzende Entschränkung von Religion und Konfession, Christlichkeit und Bekenntnisbindung, als eigentliches Ziel der Geschichte zu gelten hat?

Die Bearbeitung dieser Fragen soll in „konfessionskultureller" Perspektive erfolgen. Allerdings legt sich auch eine Verbindung von Konfession und Kultur keineswegs zwingend nahe. Das Urteil, das Troeltsch über das Luthertum im konfessionellen Zeitalter fällte – es trage „durchgehends die Züge der sinkenden deutschen Kultur"[12] –, ist keineswegs hinfällig, und dies zumal im Angesicht der Ordnungsverluste, Barbareien und Greuel des großes Krieges.

2. Dreißigjähriger Krieg und Westfälischer Friede in einer konfessionskulturellen Perspektive

Unter *„Konfessionskultur"* verstehe ich den Formungsprozeß einer bestimmten, bekenntnisgebundenen Auslegungsgestalt des christlichen Glaubens in die vielfältigen lebensweltlichen Ausprägungen und Kontexte hinein, in denen der allenthalben wirksame Kirchenglaube präsent war. Im Unterschied zur komparatistischen Perspektive der neueren Konfessionalisierungsforschung, die die drei frühneuzeitlichen Konfessionen unter funktionalen Gesichtspunkten auf ihre Bedeutung für die Formierung des frühmodernen Staates und der frühneuzeitlichen Gesellschaft hin analysiert, ist mein Anliegen darauf ausgerichtet, die ‚Innenperspektive' der Konfessionen, ihre Selbstdeutungen, ihre Wirkungen in der gesellschaftlichen und kulturellen Lebenswelt – zugespitzt formuliert von den Loci theologici bis zur Leichenpredigt – einzubeziehen.

---

[12] ERNST TROELTSCH, Protestantisches Christentum und Kirche in der Neuzeit. In: PAUL HINNEBERG [Hg.], Die Kultur der Gegenwart I, Abt. IV, 1: Geschichte der christlichen Religion, Berlin und Leipzig ²1909, S. 431–755, hier: 551; ähnlich HEINRICH HERMELINK – WILHELM MAURER, Reformation und Gegenreformation [HKG 3], Tübingen ²1931, S. 301.

‚Konfessionskultur' im Sinne einer Durchdringung von Konfession und Lebenswelt steht sodann in einer gewissen Spannung zu dem unter Literaturwissenschaftlern und Historikern gegenwärtig lebhaften Interesse an „Religion und Religiosität" im Barockzeitalter und in der frühen Neuzeit.[13] Dem Begriff Konfessionskultur, wie ich ihn verwende, liegt die These zugrunde, daß Regungen und Ausdrucksformen konfessionsübergreifender Christlichkeit und Religiosität, des „Christentums", wie der Leitbegriff einer individualisierten Frömmigkeit vom frühen 17. Jahrhundert an heißt, in dem uns interessierenden historischen Zusammenhang in der lutherischen Konfessionskirche ihren Ort hatten und ansonsten keine über Einzelgestalten hinausgehende kulturprägende historische Bedeutung erlangten, daß Christentumskultur also auf dem Boden der lutherischen Konfessionskultur gewachsen ist. Das individuelle „Christentum" ist etwa im Lichte der vorherrschenden Begrifflichkeit zahlloser Leichenpredigten als Element und Ausdrucksform der öffentlichen, institutionell verfaßten Kirchlichkeit, mithin als Element lutherischer Konfessionskultur zu beschreiben.

Auch der beträchtliche Zustrom zum Teil nur notdürftig oder gar nicht ‚lutheranisierter' nicht-lutherischer Erbauungsliteratur, der vom frühen 17. Jahrhundert an massenhaft, vor allem in Übersetzungen aus dem Englischen im lutherischen Deutschland verbreitet wurde, ist solange schwerlich als Moment der „Entkonfessionalisierung" zu werten, solange nicht erwiesen werden kann, daß die Zeitgenossen diese Literatur in diesem Sinne rezipierten. Die frommen lutherischen Christen, die die erbauliche Literatur lasen, dürften „dogmatische Differenzen" in der Regel nicht wahrgenommen haben[14], insofern aber auch selbst durch heterodoxe Er-

---

[13] Vgl. etwa HARTMUT LEHMANN, Religion und Religiosität in der Neuzeit, Historische Beiträge. Hg. von MANFRED JAKUBOWSKI-TIESSEN und OTTO ULBRICHT, Göttingen 1996; DIETER BREUER [Hg.], Religion und Religiosität im Zeitalter des Barock, [Wolfenbütteler Arbeiten zur Barockforschung 25], Wiesbaden 1995, Teil I und II; zur Auseinandersetzung mit der Konfessionalisierungsforschung vgl. die Hinweise unten Anm. 233.

[14] In dieser Einschätzung weicht meine Sicht der Dinge erheblich von der LEHMANNs ab, vgl. HARTMUT LEHMANN, Das Zeitalter des Absolutismus, Stuttgart u.a. 1980, S. 123. LEHMANN unterscheidet grundsätzlich zwischen „erbaulicher Literatur", die auf „christliche Frömmigkeit" gewirkt habe, und „Dogmatische[m]", bzw. „Konfessionelle[m]" [ebd.], was die frommen Leser dort nicht gesucht hätten. Diese Unterscheidung halte ich für abstrakt und künstlich, einerseits weil sie die Verbindungsmomente zwischen privater und öffentlicher Religion verkennt, andererseits weil sie auf eine geradezu ‚pietistische' Weise auf den Gegensatz von ‚Lehre' und ‚Leben' fixiert ist, schließlich, weil sie nicht zu verstehen erlaubt, daß dogmatisch-positionelle Konfessionstheologen Erbauungsschriftsteller zu sein vermochten.

bauungsliteratur kaum in ihrer als selbstverständlicher Lebensrahmen vor-
gefundenen und immer neu aktualisierten konfessionellen Prägung er-
schüttert worden sein. Gleichwohl deutet dieser zuletzt genannte Gesichtspunkt an, daß die lutherische Konfessionskultur als ihrerseits geschichtlich bewegtes, nicht als statisches Phänomen zu beschreiben ist, ja
daß ihr eine – wie es scheint – im Zuge des Dreißigjährigen Krieges gesteigerte innere Pluralisierung widerfährt, die den mit dem Begriff des
‚Konfessionellen' verbundenen Assoziationen von Geschlossenheit oder
Enge, doktrinaler Homogenität oder erzwungener Bekenntniskonformi-
tät, kurz: ‚Orthodoxie' entgegensteht.

Zielt der Begriff der „Konfessionskultur" auf die langfristig prägenden,
gleichsam ‚normalen' alltagsgeschichtlichen Realitäten ab, so stehen die
Begriffe „Dreißigjähriger Krieg" und „Westfälischer Friede" im Haupt-
titel dieser Untersuchung in einer Art kontrapunktischen Spannung dazu,
insofern eine nicht auf Stabilität, sondern auf Veränderung, Ereignisse und
Phänomene usw. bezogene Perspektive eingenommen wird. In der me-
thodologisch schwierigen, vielleicht gar problematischen, gleichwohl un-
aufgebbaren Verbindung von ereignis- und strukturgeschichtlicher Perspektive, wie sie Haupt- und Untertitel dieser Untersuchung ausdrücken,
spiegelt sich zugleich die historische Wirklichkeit des Dreißigjährigen
Krieges. Eben jener Spannung von Alltag und Katastrophe, von Normali-
tät und Chaos, sollen die Schlaglichter, die ich auf das Luthertum im Dreißigjährigen Krieg werfe, entsprechen.

Folgende vier Einzelfragen stehen dabei im Vordergrund:

1. Wie ist die konfessionstheologische und -psychologische *Ausgangslage*
des Protestantismus im allgemeinen, des Luthertums im besonderen *vor
Ausbruch des Krieges* zu beschreiben?
2. War der Dreißigjährige Krieg ein *Religionskrieg*? Verstanden die lutherischen Zeitgenossen ihn als einen solchen?
3. Hatte der Dreißigjährige Krieg *Rückwirkungen* auf die theologische und
religiöse *Deutungskultur* des Luthertums?

und schließlich

4. Wie deutete man im Luthertum den *Westfälischen Frieden*?

Den Schluß bilden periodisierungskonzeptionelle Überlegungen zur Bedeutung der lutherischen Konfessionskultur im Rahmen einer Kirchengeschichte der Frühen Neuzeit.

I. Das Reformationsjubiläum von 1617

1. Die Publizistik des Jubelfestes

Die erste Centenarfeier des Thesenanschlages gehört zu den herausragenden publizistischen Ereignissen der deutschen Geschichte der frühen Neuzeit, zu jenen Vorgängen, bei denen die erstmals seit Beginn der frühen Reformation in ihrer massenwirksamen und öffentlichkeitsprägenden Dynamik geschichtsverändernden neuen Medien wie Flugschriften und Flugblätter eine herausgehobene Rolle spielten.[15] Im Horizont der Frage nach der publizistischen Bedeutung des Jubiläums im Rahmen der traditionell ‚protestantisch' dominierten Massenkommunikation der frühen Neuzeit dürfte vor allem von einer gesamtprotestantischen, lutherische und reformierte Konfession vereinigenden Globalwirkung auszugehen sein. Unbeschadet dessen, daß es der reformierte Kurfürst Friedrich V. von der Pfalz und seine Theologen waren, auf deren Initiative die Reformationsfeierlichkeiten im Rahmen der protestantischen Union zurückgingen und das lutherische Kernterritorium Kursachsen und ihm nahestehende Reichsstände, ihrem konfessionspolitischen Ausgleichsversuch mit dem Kaiser auch in der Frage des Jubiläums entsprechend, nicht mit der Union gemeinsam agierten –, nicht zuletzt dadurch, daß auch das in propagandistische Konkurrenz geratene Rom das Jahr 1617 zum Jubeljahr

---

[15] Zum Reformationsjubiläum von 1617 vgl. nur: HANS-JÜRGEN SCHÖNSTÄDT, Antichrist, Weltheilsgeschehen und Gottes Werkzeug. Römische Kirche, Reformation und Luther im Spiegel des Reformationsjubiläums 1617, [VIEG 88], Wiesbaden 1978; RUTH KASTNER, Geistlicher Rauffhandel. Form und Funktion der illustrierten Flugblätter zum Reformationsjubiläum 1617 in ihrem historischen und publizistischen Kontext, [Mikrokosmos 11], Frankfurt/M., Bern 1982; HARRY OELKE, Die Konfessionsbildung des 16. Jahrhunderts im Spiegel illustrierter Flugblätter, [AKG 57], Berlin, New York 1992, S. 413 ff.; zu den sächsischen Feierlichkeiten und ihrer konzeptionellen Gestaltung durch Hoë von Hoënegg vgl. HELGA ROBINSON-HAMMERSTEIN, Sächsische Jubelfreude. In: HANS-CHRISTOPH RUBLACK, Die lutherische Konfessionalisierung in Deutschland, [SVRG 197], Gütersloh 1992, S. 460–494.

erklärte und mit reichen Ablaßgnaden verband[16], rückten die unionspro-
testantischen und die lutherischen Anstrengungen zum Reformationsjubiläum hinsichtlich ihrer publizistischen Wirkungen ungleich näher
zusammen, als es dem Stand des unvermindert fortbestehenden konfessionstheologischen Antagonismus von Luthertum und Reformiertentum
entsprach.

1.1. ‚Gemeinprotestantische‘ Themen

Die ‚gemeinprotestantischen‘ Themen, um die es vorrangig ging, waren
durch dezidiert antikatholische, vor allem antijesuitische und antipäpstliche Akzente bestimmt. Die innerprotestantisch strittigen Fragen traten in
der Publizistik des Jubeljahres deutlich in den Hintergrund und lediglich
darin, daß in den reformierten Publikationen auch andere Reformatoren
neben dem überragenden Luther und dem ihm vor allem in Nürnberg an
die Seite gestellten Melanchthon[17] Erwähnung fanden, wirkten die konfessionstheologischen Differenzen der Protestanten nach. Hinsichtlich der
Weite der geographischen Streuung, der Vielzahl der beteiligten Autoren,
der Massenhaftigkeit der gedruckten Flugschriften und -blätter, aber auch
der relativen thematischen Geschlossenheit und der Heftigkeit der publizistischen Abwehr von römisch-katholischer Seite dürfte die publizistische Kampagne zum Reformationsjubiläum von 1617 die seit dem früh-
reformatorischen „Kommunikationsprozeß"[18] der 1520er Jahre umfas-
sendste und intensivste literarische Auseinandersetzung gewesen sein, die
die Öffentlichkeit im Reich in Anspruch nahm. Und wieder war es dieselbe Person wie 100 Jahre zuvor, die das beherrschende Zentrum der
Kampagne bildete, Martin Luther.[19] Und wieder waren es die Themen,
die seinen Bruch mit der Papstkirche heraufgeführt hatten, die nun im
Zeichen der einhundertjährigen protestantischen Selbstbehauptung und
der darin – wie man überzeugt war – erwiesenen göttlichen Gnade in ka-

---

[16] Vgl. nur KASTNER, wie Anm. 15, S. 29 ff.; vgl. auch SCHÖNSTÄDT, wie Anm. 15,
S. 20, Anm. 5.
[17] Vgl. KASTNER, wie Anm. 15, S. 249 ff. mit Abb. 9–12; s. auch HARMS II, wie
Anm. 60, Nr. 124, S. 218 f.; II, Nr. 125, S. 220 f.; ANGELIKA MARSCH, Bilder zur Augsburger Konfession und ihren Jubiläen, Weißenhorn 1980, Nr. 43.
[18] Vgl. nur BERND MOELLER, Die frühe Reformation als Kommunikationsprozeß.
In: HARTMUT BOOCKMANN [Hg.], Kirche und Gesellschaft im Heiligen Römischen
Reich des 15. und 16. Jahrhunderts, Göttingen 1994, S. 148–164; BERNDT HAMM, Die
Reformation als Medienereignis. In: JBTh 11, 1996, 137–166.
[19] Zum Lutherbild im Kontext des Reformationsjubiläums vgl. nur SCHÖNSTÄDT,
wie Anm. 15, S. 254 ff.; KASTNER, wie Anm. 15, S. 166 ff.

techetisch elementarisierender, summarischer Form eingeprägt werden
sollten.

1.2. Predigtdrucke

In zahllosen Städten wurden die aus Anlaß der Jubelfeierlichkeiten gehaltenen Predigten in den Druck gegeben[20]; die breiten Ausführungen
zum Leben und Werk Luthers und die summierenden Zusammenfassun-
gen seiner Hauptlehren sollten über den einmaligen Jubiläumsakt hinaus
im Bewußtsein bleiben. Von keinem Zeitpunkt in der deutschen Geschichte der Frühneuzeit dürften wir so genau wissen, was an den Tagen
um den 2. November 1617 von Lübeck bis Kempten, von Straßburg bis
Eisleben, in Hessen oder in Sachsen gepredigt wurde. Die über 100 bekannten protestantischen Predigtpublikationen aus Anlaß des Reformationsjubiläums, die keineswegs das vollständige Material und erst recht
nicht das Gesamtvolumen der Druckausgaben[21] darstellen[22], bieten einen
hinsichtlich der geographischen Streuung wie der Masse der beteiligten

---

[20] SCHÖNSTÄDT verzeichnet allein weit über 100 verschiedene, über das gesamte
protestantische Reichsgebiet verstreut gehaltene bzw. gedruckte Predigtausgaben, vgl.
S. XIV–XXX.

[21] Vgl. zusätzlich zu dem bei SCHÖNSTÄDT aufgelisteten Material: EPHRAIM PRAETO-
RIUS, Bibliotheca Homiletica, Oder Homiletischer Bücher-Vorrath / vorstellend Auto-
res Homileticos … Jetzt auffs neue übersehen und auf die Helffte vermehret …, Leipzig,
Gleditsch, 1698 [SuUB Göttingen 8 Lit Libr. V, 7465].

[22] Den gedruckten Predigten sind häufig ausführliche Hinweise über den Verlauf
der Jubiläumsfeierlichkeiten vor Ort zu entnehmen. Besonders ausführlich sind die entsprechenden Hinweise eines Straßburger Predigtdruckes (s. u. Anm. 25): Die Feierlichkeiten begannen am 31. 10. 1617 mit einer Bußpredigt; am Samstag, dem 1.11., am
Sonntag, dem 2.11., und am 9.11., dem Ende des Festzyklus, wurden je drei verschiedene Predigten in den sieben Straßburger Pfarrkirchen gehalten, an den Wochentagen
zwischen den Sonntagen je eine. Zu dieser, wie es scheint, nur in Nürnberg, Straßburg
und Ulm praktizierten Predigtfolge s. KASTNER, wie Anm. 15, S. 107. Zum Teil wurden
auch Predigten zum Reformationsjubiläum gehalten und schließlich gedruckt, ohne daß
es besondere Jubiläumsfeierlichkeiten gegeben hätte. Dies war z.B. in Güstrow so, vgl.
LUCAS BACMEISTER [II/d.J.], Zwo Evangelische Predigten / Von der uberschwenglichen
gnad Gottes / nach deren er in unserm lieben Vaterland Teutscher Nation vor hundert
Jahren das liecht des heiligen Evangelij durch den dienst Herrn D. Martini Lutheri Seligen widerumb hat lassen herführ brechen …, Rostock, J. Fueß, 1621 [Exemplar HAB
Wolfenbüttel Wf 393. 13 Theol. 40 C 24], hier: A2[v]; Teilabdruck der Predigt in: JULIUS
WIGGERS, Zeugnisse von Christus aus der Mecklenburgischen Kirche vom 16. bis in das
19. Jahrhundert, Rostock 1847, S. 63 ff. In Straßburg wurden aus den zwischen dem
31. 10. und dem 9. 11. von insgesamt 27 Pastoren gehaltenen Predigten 14 ausgewählt,
vgl. wie Anm. 25,):([5][r]ff. Neben solchen Kollektivveröffentlichungen sind es sonst
einzelne Predigten oder Predigtreihen einzelner, z. T. herausragender Geistlicher, vornehmlich Superintendenten, die in den Druck gegeben wurden.

Prediger und der gleichzeitig in diesen Kommunikationsprozeß einbezogenen Leser bzw. Hörer einzigartigen Quellenbestand, der im Medium ebenso erbaulicher wie propagandistisch-kämpferischer Texte durchaus so etwas wie eine religiöse und mentale Momentaufnahme des deutschen Protestantismus zulassen dürfte.

1.3. ‚Liturgie‘ des Festes

Und auch dies, daß die Feierlichkeiten, die zugrundeliegenden Predigttexte, die Zahl der Predigten, die kirchenmusikalischen Elemente, die Katechismusexamina usw. in den an Kursachsen orientierten lutherischen Territorien einem weitgehend an der Liturgie der Festgottesdienste orientierten „gleichartige[n] Ablauf"[23] folgten, aber auch in den reformierten Territorien von weitgehend denselben Motiven geprägt waren, ist bemerkenswert.[24] Vor allem darin, daß es allerorts Predigten waren, drei an den herausgehobenen Festtagen, dem 1.11., dem 2.11. und dem Abschlußtag, dem 9.11., und daß sich auch im Verlauf der Woche aller „Jubel" darin sammelte und verdichtete, aber auch darauf beschränkte, daß die „Zuhörer und Mitbürger [...] mit sonderer Andacht unnd Gottesforcht"[25] Predigten hörten und dann zum Abendmahl gingen, verband die protestantische

---

[23] KASTNER, wie Anm. 15, S. 107; zu den spezifischen Differenzen im Ablauf zwischen Kursachsen und den ihm anhängenden Territorien einerseits, den Unionsterritorien unter der Führung der Kurpfalz andererseits vgl. SCHÖNSTÄDT, wie Anm. 15, S. 80 ff.

[24] SCHÖNSTÄDT, wie Anm. 15, S. 307, formuliert überzeugend: „Die Motive waren fast überall [scil. in den meisten lutherischen und reformierten Territorien] die gleichen: Erinnerung an die durch Luther initiierte und durchgeführte Reformation [...], Gedenken an die unangefochtene Existenz des Protestantismus und die Bitte um die Erhaltung des in der Reformation Erreichten, des evangelischen Bekenntnisses und der evangelischen Kirchen." An Sachverhalten wie diesem wird deutlich, daß der durch das Konfessionalisierungskonzept [s. dazu KAUFMANN, wie Anm. 233] in den Hintergrund gedrängte *Protestantismusbegriff* [vgl. das Monitum JOHANNES WALLMANNS, Lutherische Konfessionalisierung – ein Überblick. In: RUBLACK, wie Anm. 15, S. 33–53, hier: 39] als historiographischer Begriff auch zur Analyse frühneuzeitlicher Sachverhalte durchaus unverzichtbar sein dürfte. Dem Verhältnis von „Protestantismus" und Konfessionalität dürfte auch unter neuzeitlichen Bedingungen, bei deren Analyse zumeist allein dem Begriff „Protestantismus" eine heuristische Schlüsselfunktion zuerkannt wird [vgl. etwa FRIEDRICH-WILHELM GRAF – HANS MARTIN MÜLLER (Hg.), Der deutsche Protestantismus um 1900, Gütersloh 1996], eine keineswegs marginale Bedeutung zukommen.

[25] Vierzehen Christliche Predigten / In dem Euangelischen Jubel Fest / Der Kirchen zu Straßburg. Anno M.DC.XVII. Vom letzten Octobris biß auff den 9. Novembris zu unterschiedlichen Zeiten und Stunden gehalten Durch die Prediger und Kirchendiener daselbsten. Gedruckt zu Straßburg / In Verlegung Christoffs von der Heyden / Buchhändlers / 1618. [Exemplar SB München 4° Hom. 1780],):(3ᵛ.

Religionskultur des Wortes über ihre konfessionellen Unterschiede hinweg. Dies gilt zumal im Gegenüber zum Ritus des unter offenkundigem Zeitdruck[26] zustandegebrachten, bewährt ‚mittelalterlich‘ auf verdienstliche Gebete, Almosen und Prozessionsteilnahme setzenden römischen Jubelfestes, das den ‚guten alten‘ Ablaß[27] ins Zentrum rückte. In der gemischtkonfessionellen Reichsstadt Augsburg bekam man entweder evangelische Predigten zu hören oder es gab – wie auf Anschlägen an den Kirchentüren zu lesen war –, wenn man innerhalb eines festgelegten Zeitraums von 14 Tagen „nur einmal den Creuzgängen andächtiglich beigewohnet […] vollkommene indulgentz“, also einen Plenarablaß.[28] Gerade das lebendige Gegenüber des römischen Katholizismus im Jahre 1617 bestärkte die Protestanten über den Graben ihrer konfessionellen Zerstrittenheit hinweg, daß das Bild, das der Erinnerung an Luther folgend in den Festpredigten protestantischer Theologen von der römischen Kirche gezeichnet wurde – und das lediglich um das Greuelbild der „Jesuwider“[29] erweitert, das Bild des frühen 16. Jahrhunderts war –, stimmte.

1.4. Religiöse Intensivierung?

In der polarisierten Situation einer gemischtkonfessionellen Stadt wie Augsburg scheint das Gegenüber zum „Bäpstliche[n] Jubelfest“ als eines „Unchristlich[en] Fest[es] / zu wider Gottes Wort / zu wider dem Verdienst des Herrn Christi / zu wider der gesunden Lehr von der wahren Gerechtigkeit des Sünders / die da und allein stehet in gnediger Vergebung der Sünden“[30] zu einer intensivierten Teilnahme der protestanti-

---

[26] Vgl. KASTNER, wie Anm. 15, S. 31; SCHÖNSTÄDT, wie Anm. 15, S. 20 f. mit Anm. 7; 82 Anm. 48 f.

[27] Zum abgeklärt-ironischen Umgang des späten Luther mit der Ablaßthematik vgl. etwa WA 53, S. 404 f. und dazu: MARTIN BRECHT, Martin Luther Bd. 3: Die Erhaltung der Kirche 1532–1546, Stuttgart 1987, S. 295.

[28] Zitiert nach KASTNER, wie Anm. 15, S. 33. Die entscheidende Differenz in bezug auf den Ablaß vor und nach der Reformation besteht im Wegfallen der großen „Ablaßkampagnen“. Darauf hat BERND MOELLER hingewiesen: Die letzten Ablaßkampagnen. Luthers Widerspruch gegen den Ablaß in seinem geschichtlichen Zusammenhang. In: DERS., Die Reformation und das Mittelalter. Kirchenhistorische Aufsätze, hg. von JOHANNES SCHILLING, Göttingen 1991, S. 53–72; 295–307.

[29] Instruktive Reflexionen zur ‚Etymologie‘ der ‚Jesuiten‘ finden sich bei WOLF, wie Anm. 343, S. 481 f.; zum deutschen Wort „Jesuwiter / quasi Jesuwider“ heißt es: „Est enim inter t et d Symbolismus usitatus, ut Thumherr und Dummerherr. Et sicut nomina saepe sunt fatalia, ita Iesuitae ipsa appellatione prae se ferunt characterem bestiae Apocalypseos.“ [S. 482].

[30] Zitiert nach KASTNER, wie Anm. 15, S. 33.

schen Bürger an Predigt und Abendmahlsfeier beigetragen zu haben.[31]
Für die Geistlichkeit war mit dem Mobilisierungseffekt des Jubiläums die
Hoffnung verbunden, daß die „Zuhörer [...] nicht allein im Jubeljahr bey
der Predigt göttlichen Worts fleissig seyen erschienen: Sonder auch noch
ferner / mit embsiger Besuchung der Predigten / auch deß Heiligen
Abendmals zuerkennen geben / daß es nicht Heuchelei / Gleißnerey und
Fürwitz / Sondern ein rechter Ernst / Andacht und Gottesforcht / im Jubeljahr gewesen seyn / Dann es heist / wie Christus sagt Matth. am 24
Capitel / Wer biß ans Ende beharret / der soll selig werden".[32] Der
„Dancksagung gegen Gott / für die unaußsprechliche Gut und Wolthat /
deß angezündeten Lichts deß Heyligen Evangelij"[33] korrespondierte nach
einem in Straßburg aus Anlaß des Jubiläums abgefaßten Gebetsformular
für Gemeindegottesdienst und „Catechismus Gesprech"[34] das Bekenntnis
der Unwürdigkeit gegenüber der in den letzten 100 Jahren erfahrenen
Gnade Gottes[35], der seine Kirche erhalten habe, und die Bitte darum, daß
Gott „in diesen betrübten unn gefährlichen Zeiten / ob dem Liecht deß
H. Evangelij gnädiglich halten / durch getrewe Diener am Wort dasselbige
auff unsere Nachkommende propagieren und fortpflantzen / und durch
[s]einen H. Geist unsere Hertzen zu wahrer Busse erwecken / damit wir
[s]einem Wort gehorchen [...]".[36] Auch wenn in der Bitte um göttlichen
Beistand die traditionelle widergöttliche Trias „Teuffel / Türcke und
Bapst"[37] als Grund der Bedrängnis genannt werden: der eigentliche apokalyptische Feind des wahren Häufleins der Evangelischen saß in Rom.[38]

---

[31] Vgl. die statistischen Hinweise in: BERND ROECK, Eine Stadt in Krieg und Frieden.
Studien zur Geschichte der Reichsstadt Augsburg zwischen Kalenderstreit und Parität,
2 Teile, [SHKBA 37], Göttingen 1989, S. 88 [zur Zahl der Abendmahlsteilnehmer während des Reformationsjubiläums 1617; S. 661 (möglicherweise indirekter Rückschluß
aus Kollektenerträgen?). In Straßburg verweist man auf die „grosse Mänge und Anzahl"
(wie Anm. 25,):(3ᵛ), die sich bei den Predigten „versamlet und eingestellet" habe.] Instruktive Hinweise auf freilich verglichen mit der reichspolitischen Gesamtsituation
moderatere Polarisierungstendenzen im Zusammenhang des gemischtkonfessionellen
Alltagslebens in den paritätischen Reichsstädten Augsburg, Biberach, Ravensburg und
Dinkelsbühl in der Zeit des Dreißigjährigen Krieges bietet PAUL WARMBRUNN, Zwei
Konfessionen in einer Stadt, [VIEG 111], Wiesbaden 1983, passim und bes. S. 392 f.
[32] Wie Anm. 25,):([4]ʳ.
[33] Wie Anm. 25,):(3ʳ.
[34] Wie Anm. 25,):(3ʳ;):( ):(1ᵛff.
[35] Wie Anm. 25,):( ):(1ᵛff.
[36] Wie Anm. 25,):( ):(3ᵛ; ähnlich das Dank- und Bittgebet bei FRANCK, wie
Anm. 55, K3ʳ-4ʳ.
[37] Wie Anm. 25,):( ):(3ᵛ – 4ʳ.
[38] Die Tatsache, daß durch den 1606 mit den Türken abgeschlossenen Waffenstill-
stand der „Einigungsdruck gegen die Feinde der Christenheit und damit eine der wich-

2. Luthers Kampf gegen den römischen Antichristen
im Lichte des Jubiläums

Die Erinnerung an Luther ist auf diesen endzeitlichen Kampf mit dem
Papsttum zugespitzt. Die Straßburger Kinder sagen Gott Dank dafür, daß
„wir durch deinen getrewen Diener / und Hocherleuchteten Mann Gottes / D. Martin Luther seeliger gedächtnuß / auß der dicken Finsternuß
und Abgötterey deß Bapstumbs erlöset / zu dem hellen Liecht des H.
Evangelij seind gebracht worden" und bitten um „Vorgesetzte", die dem
Papsttum auch jetzt Widerstand entgegensetzen.[39] Wie die elementare

---

tigsten Klammern des Reichsverbandes entfallen war", ist zu Recht von GEORG
SCHMIDT, Der Dreißigjährige Krieg, München 1995, S. 23, betont worden. Die neuerli-
che Intensivierung apokalyptischer Vorstellungen und die Zentrierung der apokalyptischen Thematik auf den Antichristen in Rom, die in protestantischen Texten vor allem
seit 1617 wahrzunehmen sein dürfte, scheint auch vor dem Hintergrund eines Rück-
gangs realer Bedrohung des Reichs durch die Türken verstehbar zu sein. Ein wohl auf
1621 zu datierendes Flugblatt [HARMS II, wie Anm. 60, Nr. 166] sucht die kriegsführen-
den Parteien durch den Hinweis auf eine gemeinsame Bedrohung durch die Türken
zum Frieden zu mahnen; zur neuerlichen Aktualität der Warnungen vor den Türken
vgl. die Hinweise aaO., S. 294; ähnlich in einem Augsburger Blatt von 1629, HARMS I,
wie Anm. 43, Nr. 178. Zur zeitgenössischen Apokalyptik vgl. nur TRE 3, S. 282 f.; LEH-
MANN, wie Anm. 13, S. 62 ff.; DERS., Das 17. Jahrhundert als Endzeit. In: RUBLACK, wie
Anm. 15, S. 545–554; vgl. außer SCHÖNSTÄDT, wie Anm. 15, S. 106 ff.: HANS PREUSS,
Die Vorstellungen vom Antichrist im späteren Mittelalter, bei Luther und in der konfessionellen Polemik, Leipzig 1906, bes. S. 239; vgl. 231 ff. In einer wohl vor 1644 unter der
Ägide JOHANNES HÜLSEMANNs gehaltenen Disputation wird der von Hugo Grotius
vorgeschlagenen historisierenden Deutung des locus classicus zur Antichristthematik
2 Thess 2, 3–6 auf Caligula bzw. Simon Magus nachdrücklich entgegengetreten und sei-
ne Anwendung auf den Episcopus Romanus begründet, vgl. Supplementum Breviarii
Theologici: Perhibens Residuas et Novissimas Fidei Controversias quae hodie inter
Christianos agitantur … In gratiam Studiosorum Wittebergensium Propositum. Autore
JOHANNE HULSEMANNO, … Ed. secunda, Wittebergae, Typis & Impensis Michaelis
Wende, 1645, S. 95–100. Zur zeitgenössischen Diskussion um Grotius' geschichtstheo-
logische Deutung der apokalyptischen Schriften der Bibel vgl. ARNO SEIFERT, Der
Rückzug der biblischen Prophetie von der Neueren Geschichte, [BAKG 31], Köln,
Wien 1990, S. 115–122. Die Disputationsthesen HÜLSEMANNs erschienen in einer vor-
nehmlich der Auseinandersetzung mit Acontius und den Arminianern gewidmeten
Sammelschrift. Bei Acontius selbst spielt allerdings die Identifizierung des Papstes mit
dem Antichristen noch eine keineswegs untergeordnete Rolle, vgl. nur TRE Bd. 1,
1977, S. 404. HÜLSEMANNs Auseinandersetzung mit Acontius dürfte sich die Distink-
tion von Fundamental- und Nicht-Fundamentalartikeln verdanken, vgl. dazu MAX
KELLER-HÜSCHEMENGER, Das Problem der Fundamentalartikel bei JOHANNES HÜLSE-
MANN in seinem theologiegeschichtlichen Zusammenhang, [BFChTh M, 41,2], Gütersloh 1939; zur Rezeption der Distinktion im Kontext der Arndtschen Streitigkeiten vgl.
SEEBASS, wie Anm. 189, bes. S. 137 f.

[39] Wie Anm. 25,):( ):(4ᵛ.

katechetische Unterweisung über reformatorische Lehraussagen zur Messe, zu den beiden biblisch begründeten Sakramenten, zur Heiligenverehrung, zu Fegefeuer und Priesterehe, zur Schrift und – betont in den Vordergrund gestellt – zur Rechtfertigung des armen Sünders jeweils pointiert im Gegenüber zu ‚irrigen Lehrartikeln' der Papisten vorgetragen[40] und aus der Auslegung biblischer Texte und vor allem mit Lutherzitaten breit belegt wird und so zu den integralen Bestandteilen dieser Reformationspredigten gehört, so gilt dies neben den ins Exemplarische erhobenen obligatorischen Ausführungen zur vita Lutheri vor allem im Zusammenhang des Ablaßstreites[41] auch und vor allem für den zum Teil mit beträchtlichem gelehrten Aufwand geführten Nachweis, daß der Papst der Antichrist sei.

War die Bezeichnung des Papstes als Antichrist beim Regensburger Religionsgespräch von 1601 von römisch-katholischer Seite als unerträgliche Polemik, als „höchste Injuri und Schmach"[42] empfunden worden, so

---

[40] Vgl. etwa den Themenkatalog im Straßburger Predigtdruck, wie Anm. 25; ein ähnlicher Katalog z.B. bei BACMEISTER, wie Anm. 22, S. 18 ff.

[41] Vgl. etwa wie Anm. 25, S. 1 ff.; BACMEISTER, wie Anm. 22, S. 39 ff. (vgl. die zahlreichen zeitgenössischen Urteile von Anhängern und Gegnern über Luther: S. 34 f.; 36 f.; 52–56), sowie die Überblicke bei SCHÖNSTÄDT, wie Anm. 15, S. 254 ff.; KASTNER, wie Anm. 15, S. 166 f.

[42] Wie Anm. 25, S. 117; ähnlich JOHANN GERHARD, in: Dedekenn II/1, wie Anm. 225, S. 264; vgl. zum Regensburger Religionsgespräch und besonders zu den in der 11. und 13. Session [25.11. – 5.12.1601] geführten Beratungen der Antichrist-Thematik ausführlich: GEORG GANGLER, Colloquium, oder Gespräch / Von der Richtschnur Christlicher Lehr / und dem Richter aller Stritt und Zwispalt in Religions= und Glaubenssachen …, Langingen, M. Winter, G. Postenbuch, 1602 [Exemplar SB München 4° H Ref. 179 (:1)], bes. S. 433 ff.; 500 ff. Instruktiv ist auch die Darstellung bei AEGIDIUS HUNNIUS, Historische Relation unnd warhaffter Bericht / von dem zu Regenspurg jüngst gehaltenem Colloquio … Zuvor in Lateinischer Sprach von dem Herrn Authore selbsten publicieret / Nun aber dem gemeinen Mann / … in die Teutsche Sprache ubersetzet / Durch Helvicum Garthium, … Tübingen, G. Gruppenbach in Verlegung sein und Henning Groß, 1602 [Exemplar SB München 4° H Ref. 179 (:2)], bes. S. 103 ff. Über die Frage, ob der Papst der Antichrist sei, „ist endtlich das Colloquium abzubrechen Ursach genommen worden." [S. 105; vgl. WILHELM HERBST, Das Regensburger Religionsgespräch von 1601, geschichtlich dargestellt und dogmengeschichtlich beleuchtet, Gütersloh 1928; bes. 166 ff.]. Die dramatische Zunahme der konfessionellen Konfrontation im Gefolge des Regensburger Kolloquiums und ihre Ausstrahlung auf ‚volkstümliche' Lebenskontexte spiegelt sich etwa in dem Entwurf einer antijesuitischen Pseudo-Litanei, der eine entsprechende jesuitische Schrift CUNTZ FRETTERS, eines Teilnehmers des Regensburger Religionsgesprächs [pseud. CONRAD ANDREAE, Ingolstadt 1608] vorangegangen war: THEODORUS HYPSELIUS [Pseud.], Procession und eigentliche Litaney / die im Römischen Bapsthumb von den Mönchen / Esawiten und … Pfaffen mit grosser Andacht gehalten und gesunden wird …, Leipzig, 1608 [Exemplar UB München 4° Theol. 3817; BIRCHER A 4909]. Der Verfasser gibt vor,

bemühte man sich nun mit historischen und exegetischen Argumenten
verstärkt darum, dies zu beweisen. Nur im Sinne vordergründiger Konfessionspolemik wahrgenommen, wären diese Gedankengänge in ihrer eigentlichen Bedeutung verkannt. Vielmehr ging es aus der Sicht der protestantischen Theologen zum einen darum, einer müde gewordenen
evangelischen Christenheit die heilsgeschichtliche Bedeutung der durch
Luther als Werkzeug von Gott selbst heraufgeführten „Reformation"[43]
einzuschärfen[44], also den eigenen geschichtlichen Standort geschichts-

---

„im Bapstthum erzogen und geboren" [A2ᵛ] zu sein, und verfügt über detaillierte
Kenntnisse bezüglich des Kolloquiums von 1601. Die monotone Anti-Litanei ist auf
den Ton gestimmt: „Fur der heiligen Schrifft / Behüt uns lieber Gott"; „Daß die Römische Antichristische Kirch die Oberhand in Religions Sachen behalte / Erhört uns alle
Heiligen." [A3ʳ – A4ʳ]. Der nachhaltige Eindruck, den das Regensburger Kolloquium
auf die Zeitgenossen gemacht hatte, spiegelt sich nicht zuletzt darin, daß man darauf
noch in der Kontroverspublizistik der 1630er Jahre zurückkam, vgl. z.B. Hoë, Nochmahlige Summarische Verantwortung, wie Anm. 131, S. 148.

⁴³ In diesem Sinne wird der Begriff verwendet in: Georg Zeaemann, Drey Evangelische Jubel: und Danckpredigten / Auß der Apostolischen Weissagung / beschriben im
Andern Capitel der andern Epistel an die Thessalonicher: Darinn von des Grossen Antichrists Ankunfft Reich / Lehr unnd Leben / wie auch von derselben Offenbahrung / so
vor Ein Hundert Jahren / vermitts D. Martin Luthers S. geschehen / außführlich gehandelt wird …, Jetzto zum Andern mal Getruckt / und verlegt / zu Kempten durch
Christoff Krausen / im Jahr Christi MDCXVIII. [Exemplar SB München 4° Hom 1780
(:2)], S. 5; zu Zeaemann als Kritiker einer Kollaboration der Geldbetrüger der Kipper-
und Wipperzeit mit dem Kemptener Fürstabt als Territorialherrn s. Barbara Bauer,
Lutherische Obrigkeitskritik in der Publizistik der Kipper- und Wipperzeit. In:
Wolfgang Brückner – Peter Blickle – Dieter Breuer [Hg.], Literatur und Volk
[Wolfenbütteler Arbeiten zur Barockforschung 13], Wiesbaden 1985, Bd. 2, S. 649–681;
bes. 665–667; 675 f., Anm. 82 ff. [Lit.]; s. auch Wolfgang Harms [Hg.], Deutsche Illustrierte Flugblätter des 16. und 17. Jahrhunderts Bd. I: Die Sammlung der Herzog August Bibliothek in Wolfenbüttel Teil 1: Ethica Physica, Tübingen 1985, S. 340; bibliographische Hinweise auch in: Jöcher, Bd. 4, Sp. 2161; s. auch Walter Brandmüller,
Geistiges Leben im Kempten des 17. und 18. Jahrhunderts. In: ZBLG 43, 1980, S. 613–
631, bes. 614–616; DBA 1404, S. 444–453. Zu dem Verständnis der Reformation als
„Sache des allmächtigen Gottes" im späten Mittelalter und bei Luther vgl. Manfred
Schulze, Onus Ecclesiae: Last der Kirche – Reformation der Kirche. In: Peter A. Dykema – Heiko A. Oberman [Hg.], Anticlericalism in Late Medieval and Early Modern
Europe [SMRT 51], Leiden u.a. 1993, S. 317–342, bes. 340 f.; das Fehlen einer eingehen-
deren begriffsgeschichtlichen Reflexion der heilsgeschichtlichen Implikationen des
‚Reformationsbegriffs' erscheint mir als Defizit der „Reformationstheorien", die
Bernd Moeller – Berndt Hamm und Dorothea Wendebourg (Göttingen 1995)
vorgelegt haben.

⁴⁴ Wie Anm. 25, S. 126: „[…] Und wird uns im gegentheil Gottes Wort so rein unnd
lauter / die H. Sacramenta so unverfälscht administriret und außgespendet / als jemals
an einem Orth nach der Apostel Zeit mag geschehen sein. Aber wer ists der solches er-
kennet? Wer ists der dem frommen Gott für solche Wolthat von Hertzen dancket? Ein
grosser theil under uns / ist beydes des Predigt Göttlichen Worts / und der hochwürdi-

theologisch zu deuten und zu legitimieren. Zum anderen spielte die Antichristtopik eine entscheidende apologetische Rolle gegenüber dem stärksten ‚altgläubigen' Einwand gegen die Reformation seit den 1520er Jahren, dem nämlich, daß ihre Lehre neu sei. Jesuitische Kritiker etwa sahen in der Tatsache der Jubiläumsfeier einen Beweis dafür, daß die lutherische Lehre neu, nämlich erst 100 Jahre alt sei.[45] Neben die kurze Geschichte gesellte sich, stimuliert durch die außereuropäische Expansion des römischen Katholizismus[46], der konfessionspolemische Hinweis auf die Partikularität des Luthertums. Bei dem lutherischen „Kirchle" scheine „kein hoffnung [...] deß zunemmens / aber wol ein fahr deß undergangs / so sich in / einem kleinen Kämerlin (Teutschland) befinde / ein neugebachne Kirch / mit welcher es bald heissen werde: Gut Nacht Lutherthumb / der Spängler ist ihm in Augen [...]".[47] Die Demonstration lutherischer Einheit besonders durch den Rekurs auf Luther selbst erfolgte – verstärkt seit dem Jubeljahr von 1617 – im ständigen Gegenüber zu den Jesuiten, von denen zu erwarten war, daß sie jeden Hinweis auf innere Differenz ausnützten, den Vorwurf, bei den Lutheranern lehre ohnehin jeder wie er wolle, erneuerten und so „abermals als rechte ἐπιχαιρέκακα und Schadenfroh sich frewen werden / daß an einem Evangelischen Ort ein newer Streit entstanden".[48]

---

gen Sacramenten satt / müd und überdrüssig / die Ohren jucken uns allbereit nach etwas neues und frembdes; darumb mögen wir wol für uns sehen / den Becher eben tragen / und wahre Früchte der Busse würcken / sonsten wird uns mit gleicher maß gemessen werden."

[45] Vgl. ZEAEMANN, wie Anm. 43, S. 1 f.

[46] Vgl. dazu die Hinweise unten Anm. 171.

[47] ZEAEMANN, wie Anm. 43, S. 2. Zeaemann zitiert aus einer jesuitischen Glosse gegen ein von Pfalzgraf Philipp Ludwig von Pfalz-Neuburg im Druck herausgegebenes Gebet, in der u.a. heißt: „Diß Ach und Ach zeigt an fürwar / Deß Lutherthumbs gen Thal abfahr / Sos doch nicht hundert Jahr erharrt / Auch noch kein graws Haar hat im Bart / [...]", wie Anm. 43, S. 3. Die Kontroverse dürfte sich wohl auf ein von Pfalzgraf Philipp Ludwig kurz zuvor angeordnetes Montagsgebet beziehen, in dem im Angesicht der drohenden, seit Ende 1614 massiv betriebenen Rekatholisierung nach der Konversion seines Sohnes Wolfgang Wilhelm um den Erhalt der lutherischen Kirche in Pfalz-Neuburg gebetet wurde, vgl. FRANZISKA NADWORNICEK, Pfalz-Neuburg. In: ANTON SCHINDLING – WALTER ZIEGLER [Hg.], Die Territorien des Reichs im Zeitalter der Reformation und Konfessionalisierung. Land und Konfession 1500–1650, Bd. 1, Münster 1989, [KLK 49], S. 44–55, bes. 50 ff. Insgesamt 12 Ursachen hatte Wolfgang Wilhelm für seinen Übertritt „zum Papstthum" geltend gemacht, auf die die Wittenberger Fakultät, wohl 1620, einging, vgl. Consilia Theologica Witebergensia 1664, wie Anm. 66, S. 105.

[48] So in einem kursächsischen Gutachten aus dem Zusammenhang des Rathmannschen Streites von 1628, zit. nach HALVERSCHEID, wie Anm. 189, S. 24.

Die heilsgeschichtliche Deutung Luthers als des von Gott gesandten Erneuerers des Evangeliums und die antichristliche Polemik gegen das Papsttum hängen ursächlich zusammen: Gott selbst hat den Fall des Antichristen eingeleitet und Christus wird ihm – sicher bevor weitere 100 Jahre vergangen sind[49] – den „Garauß"[50] machen. Gott selbst verbürgt die Kontinuität und die Tradition seiner Kirche durch Wort und Sakrament; die von Gott heraufgeführte Reformation beendet die seit Papst Gregor VII. eingetretene Herrschaft des Antichristen auf der cathedra Petri.[51] Weil der Papst der Antichrist ist, ist die Reformation ein „frölicher und gnadenreicher Tag / den uns der Herr gemacht hat", sind die „Vorfaren" zu rühmen, die „nicht auß leichtfertigkeit / sonder auß hochdringend wichtigen Ursachen sich vom Papstum abgesondert / und dasselbe in ihren Kirchen mit Butzen und Stil außgemustert".[52]

Unter dem Papsttum sind gleichwohl Kinder, einfältige Christen, treue Bekenner und Blutzeugen[53], die Träger der biblischen Botschaft, die testes veritatis der protestantischen Apologetik seit Melanchthon und Flacius also[54], selig geworden; Gottes mit der Reformation Luthers eingeleitetes Gericht über die Institution Papstkirche impliziert keine ewige Verdamm-

---

[49] ZEAEMANN, wie Anm. 43, S. 7 f.

[50] ZEAEMANN, wie Anm. 43, S. 86.

[51] Wie Anm. 25, S. 115 ff.; vgl. auch WA 53, S. 154.

[52] ZEAEMANN, wie Anm. 43, S. 5; 9.

[53] ZEAEMANN, wie Anm. 43, S. 126 f.; ähnlich: FRANCK, wie Anm. 55, S. 33. Als charakteristisch für die lutherische Ekklesiologie mag folgendes einer 1605 erschienenen, 1628 im Auszug nachgedruckten Daniel-Auslegung des preußischen Pastors JOHANNES WOLTHER entnommenes Zitat [s. Anm. 169] gelten: „Ich weiß fast wol / daß man die wahre Christliche Kirche nicht so genaw einziehen und spannen soll / dann an jeden Ort / wo man Christi Stimme höret / wo man warhafftig an Christum gleubet / all sein Vertrawen auff ihn setzet / und seine hochwirdige Sacramenta nach seiner Einsetzung / wo mans haben kan / gebrauchet / da ist die Christliche Kirche / da sind warhafftige Gliedmassen der wahren Christlichen Kirchen / es sey in der Türckey / in Indien / in der Tarterey / oder im Bapsthumb selbst [dann Christus herschet und regieret von einem Meer biß zum andern / auch mitten unter seinen Feinden]." Wie Anm. 169, S. 37 f.

[54] Zur Geschichtskonzeption des Flacius vgl. zuletzt: CHRISTINA BEATRICE MELANIE FRANK, Untersuchungen zum Catalogus Testium veritatis des Matthias Flacius Illyricus, Diss. phil. Tübingen 1990; THOMAS HAYE, Der Catalogus Testium veritatis des Matthias Flacius Illyricus – Eine Einführung in die Literatur des Mittelalters? In: ARG 83, 1992, S. 33–48; in kritischer Auseinandersetzung mit den vorher genannten Arbeiten: HEINZ SCHEIBLE, Der Catalogus testium veritatis. Flacius als Schüler Melanchthons. In: BPfKG 63, 1996, S. 343–357; zur Kette der Wahrheitszeugen bei Melanchthon instruktiv: SIEGFRIED BRÄUER, Die Überlieferung von Melanchthons Leichenrede auf Luther. In: MICHAEL BEYER u.a. [Hg.], Humanismus und Wittenberger Reformation, Leipzig 1996, S. 185–252, bes. 211; 215.

nis der ihr in Vergangenheit und Gegenwart unterworfenen einzelnen Christen.[55] Dem mit exegetischen und kirchenhistorischen Mitteln geführten Beweis, daß der Papst der Antichrist sei, liegt die gegen den römischen Traditionsanspruch ausgearbeitete Überzeugung zugrunde, in der von Gott verbürgten geschichtlichen Kontinuität seiner Kirche zu stehen.

3. Geschichtstheologie der Reformation Gottes

Die Auseinandersetzungen um das Papsttum setzten eine zum Teil in ausdrücklichem Anschluß an Flacius entwickelte Vergegenwärtigung der mittelalterlichen Konfliktgeschichte von Imperium und Sacerdotium frei, und ein gesteigertes Interesse daran, quellenmäßig zu belegen, daß die ehrwürdigsten Kaiser die schärfsten Papstgegner waren. In den 1630er Jahren mündete diese ‚geschichtliche' Argumentation in die reichspatriotische Forderung an den Kaiser ein, die Eigenständigkeit der Herrscherwürde durch eine antipäpstliche Politik unter Beweis zu stellen.[56] Die sich

---

[55] Vgl. z.B. FRIEDRICH FRANCK, Sechs Predigten / von dem Evangelischen Jubel: und Danckfest. Darinnen gehandelt wird / 1. Von dem waren Ablaß. II. Von dem Beruff Lutheri. III. Von dem seeligen Tag der Außführung / auß dem Römischen Diensthauß. IV. Wie man das Jubelfest begehen soll. V. Wie man den Beylag / so Gott durch D. Luthern sel: gegeben / bewahren solle. VI. Von der Ankunfft / Leben / und Abschied Lutheri. Gehalten zu Nördlingen / Durch M. FRIDERICH FRANCKEN / Pfarrern daselbst …, Nürnberg / in der Fuhrmännischen Druckerey / bey Johann Friderich Sartorio, 1618. [Exemplar SB München 4° Kom. 1780 (:1)]. FRANCK [DBA 336,226] führt am Beispiel spätmittelalterlicher ars moriendi-Literatur aus, daß trotz „etlich Abgöttisch ding" „viel gewest" sei, „das man die krancken auff den glauben an den gekreuzigten JESUM CHRISTUM […] so fleissig gewisen / auff den sie allein ihr vertrawen […] setzen sollen." S. 32 f. Ein Beispiel für eine von theologischen Differenzierungen absehende, wahre „Christliche lutherische Religion" und „Papistische Abgötterey" wie Leben und Tod, Himmel und Hölle entgegensetzende Sicht der Dinge, die den verführten Anhängern der Papstkirche die Höllenstrafe ankündigt, bietet ein Flugblatt von 1617/ 18, in: HARMS II, wie Anm. 60, Nr. 130, S. 230 f.

[56] „Unnd were nur umb so viel zu thun / daß die jetzige Kayserl. Mayest. nur ein einiges Fingerlein wider den Pabst unnd das Pabstthumb / unnd die leydige Esauiten regete / und jhnen nicht alles in allem so zu willen thete / wie er gleichwol thut / so wuerde er in einer kuertze unnd unglaeublicher schnelle auch am Pabst sehen / was an jhme andere vor jhme gesehen und erfahren haben." Der lang vorher geweissagte und gewünschte Held von Norden / Darinnen außgeführt / und klaerlich erwiesen wird / daß viel und grosse Kayser / Könige und Potentaten etlich viel hundert Jahr hero gesehen / was es endtlich mit dem Pabstumb werden würde …, Frankfurt, Johann Friedrich Weisse, 1633 [Exemplar Hofbibliothek Fürst Thurn und Taxis Regensburg, Sammlung Haeberlin C 48–5], S. 11; vgl. eine ähnliche Argumentation in: Das Reich von Mitternacht, wie Anm. 81, S. 14 ff.

im Zusammenhang des Reformationsjubiläums mit neuartiger Intensität meldende Kritik am anti-christlichen Papsttum und das damit verbundene Bewußtsein, in einer von Gott selbst heraufgeführten eschatologischen Entscheidungssituation vor der baldigen Wiederkunft Christi zu stehen[57], sind im Spiegel ‚populärer‘ Gattungen im Umfeld des Jubiläums als prägende Momente lutherischer Mentalität unmittelbar vor Ausbruch des Krieges anzusprechen. Da sich in der Vita Luthers der heilsgeschichtliche Umbruch vollzieht, bildet sie ein wesentliches Moment der Selbstvergewisserung des Luthertums[58], ist Luther wie sonst kein historisches Individuum in irgendeiner anderen christlichen Konfession identitätsstiftendes Symbol für das an ihm wirklich gewordene Handeln Gottes. Die aus Anlaß des Reformationsjubiläums gehaltene Disputation des bedeutendsten lutherischen Dogmatikers Johann Gerhard suchte in sachlicher Übereinstimmung mit volkssprachlichen Texten aus diesem Umkreis die vocatio Lutheri dogmatisch präzisierend als rechtmäßige, und also unmittelbare Berufung zur Reformation zu erweisen, und schrieb seinen Erfolg den außerordentlichen Gnadengaben zu.[59]

---

[57] Bei ZEAEMANN, wie Anm. 43, heißt es etwa [S. 127 f.]: „Weil wir dann solche hocherwünscht Zeit [sc. der Reformation] erlebt / O selig und ewig selig sein wir / wann wirs mit danck barem gemüth erkennen. [...] Sehet / jetz ist die angenemme Zeit / jetzt ist der Tag deß Heyls [2 Kor 6,2; Jes 49,8]. Darumb leget ab die Werck der Finsternuß / unn ziehet an die Waffen des Liechts. Denn es ist erschienen die heylsame Gnad Gottes allen Menschen / und züchtiget uns / daß wir sollen verleugnen das ungöttliche Wesen / und die weltliche Lästen / und züchtig / gerecht und Gottselig leben in dieser Welt / und warten auff die selige hoffnung und Erscheinung der Herrligkeit des grossen Gottes [...].“ Ein Beispiel für ein in einem Schriftband „Sola Gratia fideque salvamur" verstecktes Chronogramm, das die Jahreszahl 1617 ergibt und die im Flugblatt dargestellte eschatologische Scheidungssituation zwischen wahrer Kirche und antichristlichem Papsttum im Anschluß an Mt 25 in die Gegenwart verlegt, in: HARMS II, wie Anm. 60 II, Nr. 130, S. 230 f.

[58] Vgl. nur FRANCK, wie Anm. 55, S. 59 ff. unter Rekurs auf Omina, die Luthers Geburt ankündigten; siehe auch die Übersicht über das Material bei SCHÖNSTÄDT, wie Anm. 15.

[59] „In Ecclesiastico Lutheri munere atque in executione ordinariae vocationis, praesertim quod reformationis opus et Anti-Christi oppugnationem spectat, aliquid extraordinarium et peculiare concurrere, quod cum immediata et plane exordinaria Apostolorum vocatione non quidem omni ex parte congruit, interim tamen supra communem reliquorum ministrorum mediate et ordinarie vocatorum sortem, Lutheri ministerium evehit, quo sensu et respectu D. Hunnius Disp. 10 in August. Confess. illam vocationis partem vocat heroicam." JOHANN GERHARD, Beati Lutheri ad Ministerium et Reformationem legitima vocatio, Jena 30. 10. 1617, zit. nach dem Teilabdruck in: ERNST WALTER ZEEDEN, Martin Luther und die Reformation im Urteil des deutschen Luthertums, Bd. 2, Freiburg 1952, S. 70 ff., hier: 75 f.; vgl. auch Bd. 1, S. 85 ff. Luther wird von GERHARD demnach einerseits von der Schrift, seine vocatio von der vocatio immediata der Apostel unterschieden; zugleich ist er andererseits in eine unter den mittelbar Berufe-

Ob in der Schuldogmatik reflektiert, ob auf Flugblättern[60], in Flugschriften oder Predigten popularisiert – das Reformationsjubiläum brachte eine in dieser Intensität neuartige Vergegenwärtigung Luthers, seiner Person und seiner Lehre, zugespitzt auf die Momente, die den von Gott heraufgeführten Kampf gegen den Antichristen betrafen, hervor. Die erinnerte Geschichte des reformatorischen Ursprungsmythos fundierte in intensiver medialer Einprägearbeit erstmals seit einem Jahrhundert, und also nach dem Tod der letzten Zeitzeugen der Reformation, die konfessionskulturelle Identität des Luthertums. Die vergegenwärtigende Erinnerung der Reformation im Jubelfest konstituierte gleichsam die eigene Geschichte. In bezug auf ihr breitenwirksames Echo im Angesicht des heraufziehenden Krieges dürfte für den Protestantismus im ganzen, für das Luthertum im besonderen gelten, daß seine konfessionelle Identität wesentlich durch einen integralen Antipapalismus und das Bewußtsein, in einer spezifischen heilsgeschichtlichen Situation zu stehen, geprägt war.

---

nen exzeptionelle Spitzenstellung gerückt. Zur Deutung Luthers im Luthertum vgl. zuletzt: ROBERT KOLB, Umgestaltung und theologische Bedeutung des Lutherbildes im späten 16. Jahrhundert. In: RUBLACK, wie Anm. 15, S. 202–231; EIKE WOLGAST, Biographie als Autoritätsstiftung: Die ersten evangelischen Lutherbiographien. In: WALTER BERSCHIN [Hg.], Biographie zwischen Renaissance und Barock, Heidelberg 1993, S. 41–71; IRENE DINGEL, Ablehnung und Aneignung. Die Bewertung der Autorität Martin Luthers in den Auseinandersetzungen um die Konkordienformel. In: ZKG 105, 1994, S. 35–57; DIES., Concordia controversa. Die öffentlichen Diskussionen um das lutherische Konkordienwerk am Ende des 16. Jahrhunderts, [QFRG 63], Gütersloh 1996, bes. S. 607 ff.; HANS-PETER HASSE, Die Lutherbiographie des Nikolaus Selnecker: Selneckers Berufung auf die Autorität Luthers im Normenstreit der Konfessionalisierung in Kursachsen. In: ARG 86, 1995, S. 91–123; WOLFGANG SOMMER, Luther – Prophet der Deutschen und der Endzeit. Zur Aufnahme der Prophezeiungen Luthers in der Theologie des älteren Luthertums. In: DERS. [Hg.], Zeitenwende – Zeitende. Beiträge zur Apokalyptik und Eschatologie, Stuttgart u.a. 1997, S. 109–128.

[60] Vgl. dazu das in den Kontext der Ulmer Jubiläumsfeier gehörige Blatt: „Wahre und eygentliche Bildnus / Deß Hocherleuchten … Manns Gottes / Herrn Martin Luthers" von 1616, in: WOLFGANG HARMS [Hg.], Deutsche Illustrierte Flugblätter des 16. und 17. Jahrhunderts, Bd. II, Die Sammlung der Herzog August Bibliothek Wolfenbüttel Bd. 2: Historica, München 1980, Nr. 116, S. 202 f.; vgl. auch II, Nr. 117, S. 204 f.; II, Nr. 131, S. 232 f.; II, Nr. 120, S. 210 f. [mit Abdruck von WA Br 5, S. 444 f., einem Brief an Lazarus Spengler, in dem Luther sein Wappen erläutert]; vgl. ähnlich: II, Nr. 121, S. 212 f. Luthers Siegel wurde durchaus, wie auch DIETRICH KORSCH es interpretiert, als „elementare Deutung seiner Theologie" aufgenommen, vgl. DIETRICH KORSCH, Luthers Siegel. Eine elementare Deutung seiner Theologie. In: Luther 67, 1996, S. 66–87.

II. Die Deutung des Krieges

Entsprach den Momenten konfessioneller Polarisierung, wie sie im unmittelbaren Vorfeld des Krieges in neuartiger Intensität und Massierung auftraten, auf seiten der Lutheraner ein dezidiert kriegsförderndes Bewußtsein, „in einem eschatologischen Endkampf zu stehen, in einem das Reich und Europa erfassenden Ringen zwischen den Kindern Gottes und den Kindern der Hölle"?[61] Die Beantwortung dieser Frage wird kaum für die gesamte Spanne des Dreißigjährigen Krieges einheitlich ausfallen können.

1. Die Bedeutung des Restitutionsediktes von 1629

Das kaiserliche Restitutionsedikt vom März 1629, auf dem Höhepunkt des politisch-militärischen Erfolgs Kaiser Ferdinands II. ohne rechtlich eindeutige Befugnis erlassen, sah die Rückgabe aller von den Protestanten seit dem Passauer Vertrag (1552) eingezogenen geistlichen Güter vor. Das lutherische Kursachsen, im Kampf um Böhmen auf der Seite der katholischen Liga des Kaisers gegen den pfälzischen Kurfürsten calvinistischen Bekenntnisses, Friedrich V., streitend, im niedersächsisch-dänischen Krieg (1623–1629) abseits bleibend und erst unter dem Druck der offenkundigen und prinzipienstrengen konfessionell-katholischen Parteipolitik des Reichsoberhauptes an die Seite des calvinistischen Kurfürsten von Brandenburg und schließlich zum Schulterschluß mit Schweden gedrängt und schon 1635 wieder einen Separatfrieden mit dem Kaiser suchend, scheint aufs Ganze gesehen von überschwenglichem, mit militärischen Mitteln geführten eschatologischem Kampfbewußtsein entfernt gewesen zu sein. Der politische Kurs Kursachsens war weniger an religionspolitischen oder bekenntnistheologischen Loyalitäten, als am Reich und dem dessen Ein-

---

[61] HEINZ SCHILLING, Die Konfessionalisierung im Reich. Religiöser und gesellschaftlicher Wandel in Deutschland zwischen 1555 und 1620. In: HZ 246, 1988, S. 1–45, hier: 27.

heit verbürgenden Augsburger Religionsfrieden orientiert[62]; letzteres sah man aber eben durch das die Rekatholisierung aller seit dem Passauer Vertrag von 1552 eingezogenen geistlichen Güter verfügende Restitutionsedikt des Kaisers nachhaltig gefährdet, nicht zuletzt deshalb, weil das Edikt die Geltung des Religionsfriedens auf die Anhänger der Confessio Augustana invariata eingeschränkt hatte und die damit von den lutherischen Fürsten offengehaltene Entscheidungsfrage eines reichsreligionsrechtlichen Schutzes der Calvinisten definitiv ablehnend entschieden hatte. In dem Maße also, in dem die „absolute Priorität" der „gegenreformatorische[n] Katholizität"[63] in der Politik des Kaisers in den Vordergrund rückte, ging Kursachsen von seinem kaisertreuen Kurs ab, freilich ohne das eigentliche politische Ziel, nämlich die Wiederherstellung der Reichsverfassung bzw. des dezidiert als politischen Frieden (pax politica) bejahten[64] Augsburger Religionsfrieden aus dem Blick zu verlieren.

---

[62] Die intentio pacem conservandi bezogen auf den Augsburger Religionsfrieden bildet nach BALTHASAR MEISNER das maßgebliche Kriterium bei der Beantwortung der Frage der Legitimität militärischer Bündnisse etwa mit Calvinisten, vgl. DEDEKENN, wie Anm. 225, Bd. II/1, S. 279–282.

[63] SCHMIDT, wie Anm. 38, S. 43. Einen unmittelbaren publizistischen Niederschlag hat das Restitutionsedikt in folgender 1629 abgefaßten, 1631 im Druck erschienenen anonymen Flugschrift gefunden: Schrift an unsere liebe Teutschen. Daß ihre Hochgelehrten öffentlichen sollen gewissenhaffte Antwort geben / uber Nachfolgende … Fragen. I. Woher Christliche Kirchenbäw kommen und wer eigentlich dazu hab zu sprechen? II. Was der Römische Papst für Recht zu frembden, und Insonderheit, zu teutschen Kirchen habe? … 1631. [Exemplar Hohenemser 5480]. Der Verfasser bezeichnet sich als „Teutscher Patriot"; er rügt das Versagen der „Hochgelehrten / in Geist= und Weltlichem Stand" [A2r] und bringt verstärkt ‚nationale' Argumente gegen das Restitutionsedikt ein. Der Griff nach dem Kirchengut, nach der „recht Pastery", ist für ihn Teil einer apokalyptischen Zuspitzung: „Es ist jetzt ein böse Zeit / und der Versucher auß dem Abgrund gestiegen […]." [A2r]. Das theologische Argument, „daß die wahre[n] Gotteshäuser uhrsprünglich […] von dem H. Wort Gottes" „herkommen" [S. 5], dient zur Bestreitung kaiserlicher Rückgabeforderungen. Der Papst habe keine Rechte an „keiner Christen Kirchen" [S. 7]. Der Eingriff des Kaisers in den Kirchenbesitz zeigt, daß er nicht Gott, sondern dem Papst zu Willen ist [S. 9]; von Luthers Bestimmung des Rechts und der Grenzen weltlicher Obrigkeiten her wird dieses Verhalten scharf kritisiert [S. 10 f.]. Die Verschränkung nationaler und apokalyptischer Motive ist für diese publizistische Reaktion auf das Restitutionsedikt charakteristisch. Vgl. ähnlich SCHILIUS, wie Anm. 150, bes. S. 10.

[64] Vgl. das zurückhaltende Gutachten JOHANN GERHARDs in: DEDEKENN, wie Anm. 225, Bd. II/1, S. 260–269, hier: 261, zur Frage eines Bündnisses von Lutheranern und Katholiken von 1610, in dem der Augsburger Religionsfriede als Teil der Reichskonstitution normativer Orientierungsmaßstab jedweder Politik ist. Zur politischen Ethik Johann Gerhards vgl.: MARTIN HONECKER, Cura religionis Magistratus Christiani, [Jus Eccl 7], München 1968, bes. S. 132 ff.; zur Sozialethik GERHARDs auch: ERNST UHL, Die Sozialethik Johann Gerhards, München 1932, bes. S. 101; 105 ff.

2. Voten zum Widerstandsrecht
aus der Phase des böhmisch-pfälzischen Krieges

In der Phase des politischen und militären Schulterschlusses Kursachsens mit dem Kaiser im böhmisch-pfälzischen Krieg 1620 brachte der Dresdener Oberhofprediger Matthias Hoë von Hoënegg den Reichspatriotismus des lutherischen Kernterritoriums in Anknüpfung an seinen Vorgänger Polykarp Leyser auf den Punkt: „Was aber deß Keysers Reich belanget, weil in demselben nit lauter Evangelische sondern auch Papisten sind … und wir so viel an uns ist, fleißig fürwenden sollen, daß dasselb ein Corpus bleiben möge, so betragen sich die Lutherischen mit den Papisten in weltlichen sachen gütlich, nemen den auffgerichten Religionsfrieden als ein nützliches Band, dardurch das Reich zusammen gehalten wird als ein Gottes Gab mit Dank auff, verwaren demselben und hüten, daß nirgent kein Loch darein gemacht werde, leisten ihrem Keyser nach vermögen einen getrewen Beystand wider den Orientalischen Antichrist und Tyrannen […]".[65] Auf der Linie dieses Votums konnte es eine religiöse

---

[65] POLYKARP LEYSER, Christianismus, Papismus et Calvinismus, das ist drey Unterschiedliche Auslegung des Catechismi Lutheri, ursprünglich 1595 [ELERT, Morphologie des Luthertums Bd. 1, S. 272], Vorrede 1602, 1620 hg. von M. HOË VON HOËNEGG, zit. nach WERNER ELERT, Morphologie des Luthertums Bd. 2, Nachdruck der ersten Auflage von 1931 München 1958, S. 383 f.; aufgenommen bei JÖRG BAUR, Lutherisches Christentum im konfessionellen Zeitalter – ein Vorschlag zur Orientierung und Verständigung. In: DERS., Einsicht und Glaube Bd. 2, Göttingen 1994, S. 57–76, hier: 71 [auch in: BREUER, wie Anm. 13, I, 43–62, hier: 59]. Das Zitat finde ich nicht – wie bei ELERT angegeben – in dem Druck von 1602 [Christianismus, Papismus und Calvinismus … Das ist / Drey unterschiedliche Auslegung des Catechismi Lutheri …, Dresden, M. Stöckel, 1602; Exemplar UB München 4° Theol 522], sondern nur in der unten Anm. 118 zitierten Ausgabe des Vorwortes bei HOË. Die für die Ausgabe von 1620 [s. Anm. 118] gewählte Überschrift „Ob man lieber mit den Papisten Gemeinschaft halten soll als mit den Calvinisten" ist wohl von dem Herausgeber HOË über das Vorwort von 1602 gesetzt worden. Die LEYSER-Texte der Schrift gehen zum Teil in die Zeit bis 1590/ 91 zurück, und wurden als Katechismuspredigten in Braunschweig und Dresden gehalten. Ihr ursprünglicher Kontext ist der Kampf gegen den kursächsischen Kryptocalvinismus [vgl. dazu THOMAS KLEIN, Der Kampf um die zweite Reformation in Kursachsen 1586–1591, (Mitteldeutsche Forschungen 25), Köln u.a. 1962; KARL-HEINZ BLASCHKE, Religion und Politik in Kursachsen 1586–1591. In: HEINZ SCHILLING (Hg.), Die reformierte Konfessionalisierung in Deutschland – das Problem der „Zweiten Reformation", (SVRG 195), Gütersloh 1986, S. 79–97; ERNST KOCH, Ausbau, Gefährdung und Festigung der lutherischen Landeskirche von 1553–1601. In: HELMAR JUNGHANS (Hg.), Das Jahrhundert der Reformation in Sachsen, Berlin 1989, S. 195–223, bes. 212 ff.]. Eine mögliche militärische Verbindung der kursächsischen Lutheraner mit dem Kaiser lag nicht im Horizont der LEYSERschen Option. HOË scheint den Text der LEYSERschen Vorrede von 1602 also auf die konkrete Situation der kursächsischen Politik im Kontext des böhmisch-pfälzischen Krieges hin aktualisiert zu haben. LEYSER führt

Legitimation von Kriegszielen eigentlich nicht geben, konnte das Ziel der Politik und der Kriegsführung niemals in der religiös motivierten Vernichtung des konfessionellen Gegners bestehen, mußte es vielmehr auf die Restitution des Reichsreligionsfriedens ausgerichtet sein.

Instruktiv für die Ausgangslage ist etwa eine gutachterliche Trost- und Erbauungsschrift, die die Wittenberger Theologen in der Anfangszeit des böhmisch-pfälzischen Krieges den „Evangelische[n] Christen / so in Böheimb und andern örtern / der unveränderten Augspurgischen Confession zugethan" ausstellten.[66] In ihrer durch militärische Repression ge-

---

auch theologische Gründe dafür an, warum die Lutheraner „mit den Papisten lieber Gemeinschafft haben / vertreglicher mit ihnen umbgehen / und gleichsam mehr vertrawen zu ihnen tragen / denn zu den Calvinisten" [Ausgabe 1602,):(2ᵛ]. Hinsichtlich des Gottesverständnisses, der Erbsünde und der Taufe notiert er theologische Übereinstimmungen oder weitgehende Affinitäten; „der Calvinisten Gott" hingegen sei „dem Teuffel ehnlicher [...] / denn dem waren Gott" [):(4ᵛ]. Die Calvinisten stehen dem orientalischen Antichristen, dem Türken, nahe [(:) 1ʳ − 2ʳ; (:) 4ʳ]; das Papsttum, der okzidentale Antichrist, hat mit der wahren Kirche, „was die eusserliche conversation und beysammenwohnung belangen thut", mehr gemein als der orientalische [(:) 2ᵛ; zur in der Orthodoxie nicht unumstrittenen Unterscheidung von orientalischem und okzidentalem Antichrist vgl. PREUSS, wie Anm. 38, S. 245 ff.]. Ein weiterer Grund für die größere Nähe zu den Papisten liegt für LEYSER in der als aggressiv empfundenen konfessionspolitischen Vereinnahmungsstrategie der Reformierten. Die Lutheraner handeln nach LEYSER nicht „wieder Gott" „wenn sie in Politischen sachen / zu erhaltung des H. Römischen Reichs / sich Friedlich mit den Papisten begehen / und sich entgegen / so viel müglich / der Calvinisten entschlagen." „Denn dieses nunmehr offenbar und unleugbar ist / wenn sich die Papisten zu uns halten / daß sie es nur des eusserlichen friedens halben thun / Wenn aber die Calvinisten sich bey uns zuschmiegen / so ist es ihnen darumb zu thun / daß sie uns ihren heillosen Glauben gerne anhengen / und denselben in unsere Kirchen einschieben wolten. Sonsten möchte man friedens halb auch etwas mit ihnen umbgehen / und sie für sich schwermen lassen so lange / biß sie desselben müde würden." [(:) 4ʳⁱ⁻ᵛ]. Weder ELERT noch BAUR rekurrieren auf den apologetischen Kontext der 1620 erschienenen Neuausgabe HOËS, die einer Legitimation der kaisertreuen Politik im böhmisch-pfälzischen Krieg dient; vgl. auch HERTRAMPF 1969, wie Anm. 104, S. 138; HOËS Neuausgabe von 1620 provozierte eine reformierte Gegenveröffentlichung mit Zitaten aus Pareus, vgl. ELERT, Bd. 1, S. 272 Anm. 4. Zum Obrigkeitsverständnis POLYKARP LEYSERS D.Ä. vgl. WOLFGANG SOMMER, Gottesfurcht und Fürstenherrschaft. Studien zum Obrigkeitsverständnis Johann Arndts und lutherischer Hofprediger zur Zeit der altprotestantischen Orthodoxie, [FKDG 41], Göttingen 1988, S. 104–134; und zu den lutherischen Hofpredigern zuletzt: DERS., Die Stellung lutherischer Hofprediger im Herausbildungsprozeß frühmoderner Staatlichkeit und Gesellschaft. In: ZKG 106, 1995, S. 313–328.

[66] Der Text ist undatiert. Ich benutze den Abdruck in: Consilia Theologica Witebergensia, Das ist / Wittenbergische Geistliche Rathschläge Deß theuren Mannes Gottes / D. Martini Lutheri, seiner Collegen, und treuen Nachfolger / von dem heiligen Reformations- Anfang / biß auff jetzige zeit / in dem Namen der gesampten Theologischen Facultät außgestellte Urteil / Bedencken / und offentliche Schrifften ..., Frankfurt/M., In Verlegung Johann Andreas Endten / und Wolfgang deß Jüngeren Erben, 1664,

fährdeten konfessionellen Situation schärfen die Wittenberger den böhmischen Lutheranern die unbedingte Treue zur „Catholische[n] und
Apostolischen[n] Lehr / so nechst GOTT / durch Doct. Luthern von dem
Päpstischen Sawerteig gereiniget / und in der unveränderten Augspurgischen Confession begriffen",[67] ein. Da „nichts höher und wichtiger [sei]
als eben die Religion"[68] und ein Wechsel des Bekenntnisses auf den
„Scheideweg"[69] stelle und mit der letzten Alternative konfrontiere: „Entweder […] in den Himmel […] oder in die Hölle, wenn sie den falschen
Glauben annehmen"[70], darf den Meinungen „etliche[r] Politici"[71] – gemeint sind wohl die Geheimen Räte Kurfürst Johann Georgs von Sachsen
–, die behaupten, an den Differenzen mit den „Papisten" wäre „nicht viel
gelegen"[72] und die die „Epicurische und Gottlose" Auffassung vertreten,
„daß ein jeder in seiner Religion könne selig werden"[73], kein bißchen
nachgegeben werden. Gerade weil der „beste Schatz" aller „rechten Christen" die „wahre Religion"[74] ist, die mit Gott „vereinigt"[75], weil die „Re-

---

[Exemplar UB Halle Jb 3429], S. 97–179. Die Schrift dürfte in das Frühjahr 1620 und in
den Kontext von Richtungsdifferenzen zwischen Herzog Johann Ernst von Sachsen-
Weimar und Kurfürst Johann Georg bezüglich der von letzterem mit propagandisti-
schem Flankenschutz Hoës betriebenen Unterstützungspolitik des Kaisers gehören. Vgl.
die Hinweise bei MÜLLER, wie Anm. 105, S. 124 ff. mit Anm. 261 zu den Konflikten, in
die die Wittenberger Fakultät 1620 geriet, weil sie vor einer militärischen Unterstützung des Kaisers aus Angst vor einer Stärkung des Papsttums gewarnt und einen Neu-
tralitätskurs befürwortet hatte. Zu der Wittenberger Sammlung vgl. die allgemeinen
Hinweise von STRÄTER, wie Anm. 188; speziell zu der „Trewherzigen Warnungsschrifft"
an die Böhmen vgl. ELERT, Bd. 2, [wie Anm. 65], S. 373 f.

[67] Consilia Theologica Witebergensia, wie Anm. 66, S. 97.
[68] Consilia Theologica Witebergensia, wie Anm. 66, S. 100.
[69] Ebd.
[70] Ebd.
[71] Consilia Theologica Witebergensia, wie Anm. 66, S. 104.
[72] Consilia Theologica Witebergensia, wie Anm. 66, S. 104.
[73] Consilia Theologica Witebergensia, wie Anm. 66, S. 100.
[74] Consilia Theologica Witebergensia, wie Anm. 66, S. 99.
[75] Consilia Theologica Witebergensia, wie Anm. 66, S. [98]; vgl. S. 99: „Die Religion führet uns / die wir in der Welt leben / gleichsam aus der Welt: Ja sie entzücket uns
ausser diesem sterblichen Leibe / und vereiniget uns mit Gott dermassen / daß wir die
Eitelkeit der Welt verachten / himlisch gesinnet seyn / und mit dem Gemüthe in die
Höhe uns erheben / zur Gesellschaft der Engeln und aller Heiligen nahen […] und nebenst den H. Seraphim / mit stillem Hertzen / lobreichem Munde und hertzlicher
Freude / in unseren Häusern anstimmen das schöne Englische Liedlein: Heilig / heilig /
heilig ist der HErr Zebaoth / alle Lande sind seiner Ehren voll. Esa. 6. V. 3." Unbeschadet aller prägenden Bedeutung der religionsrechtlichen Implikationen von ‚religio' unter den Bedingungen des konfessionellen Zeitalters sind die durch obiges Zitat veran-
schaulichten Momente der lebendigen Gottesunmittelbarkeit bei dem im 17. Jahrhundert zusehends in Gebrauch gekommenen Begriff der Religion mitzubedenken. Die

ligion" die „Mutter aller wahren Freude / Ehre und Glückseligkeit ist"[76],
darum hat ein „Christ recht weißlich und fürsichtig" zu handeln; „wenn
er eine Religion erwehlen wil"[77], hat er die „Lehre vom Glauben"[78] um
seines Seelenheils willen zu prüfen, hat er – dies das Ziel der argumenta-
tiven Hilfsmittel der Wittenberger im Kampf gegen die auf die evangelischen Böhmen einstürmende jesuitische Konfessionsagitation – bei der
„Religion / welche in der Augspurgischen Confession begriffen"[79], zu
verharren. Die Forderung „freye[r] Religionsübung" unter einem „un-
gläubigen oder ketzerischen König" dürfe niemals zur Rechtfertigung
von „Auffruhr und Empörung"[80] mißbraucht werden. Ein Recht auf ak-
tiven Widerstand gebe es auch im Falle des aufgezwungenen Unglaubens
nicht, so schärft man von Wittenberg aus in pointierter Abgrenzung gegenüber einer von Bellarmin vertretenen „Päbstische[n] und irrige[n]"[81]
Widerstandslehre ein: „man solle auch einer Ketzerischen Oberkeit /

Verlagerung der Bedeutung des Begriffs ‚religio' von der Bezeichnung der Religionsparteien zur Bestimmung des ‚Ganzen des Christentums' dürfte keineswegs erst in die
Zeit der Hochorthodoxie [so GOTTFRIED HORNIG, in: CARL ANDRESEN (Hg.), Handbuch der Dogmen- und Theologiegeschichte Bd. 3, Göttingen 1984, S. 82] fallen, sondern gilt schon für ‚Reformation' und ‚Frühorthodoxie', die hinsichtlich der Konno-
tationen des Religionsbegriffs an einer humanistisch inaugurierten Deutungsvielfalt
teilzuhaben scheinen, vgl. den Artikel Religion, in: RITTER/GRÜNDER, wie Anm. 186,
Bd. 8, 1992, bes. Sp. 644–653 [Lit.]; s. auch die Hinweise in: CARL HEINZ RATSCHOW,
Lutherische Dogmatik zwischen Reformation und Aufklärung Teil 1, Gütersloh 1964,
S. 58–62; zur Verwendung von ‚religio' bei den Humanisten und den Reformatoren vgl.
ERNST FEIL, Religio. Zur Geschichte eines neuzeitlichen Grundbegriffs vom Frühchristentum bis zur Reformation [FKDG 36], Göttingen 1986, bes. S. 191 ff.; 235 ff. und in
Fortsetzung: ERNST FEIL, Religio. Bd. 2: Die Geschichte eines neuzeitlichen Grundbegriffs zwischen Reformation und Rationalismus [1500–1620], [FKDG 70], Göttingen
1997. Möglicherweise trug ein gleichermaßen vom natürlichen wie vom reichsrechtlichen Begriff der Religion unterschiedener Sprachgebrauch mit dazu bei, daß die „Idee
der Toleranz" im lutherischen Staatskirchentum Fuß fassen konnte [vgl. dazu MARTIN
HECKEL, Staat und Kirche. Nach den Lehren der evangelischen Juristen Deutschlands in
der ersten Hälfte des 17. Jahrhunderts, (Jus Eccl 6), München 1968, S. 163 ff.]. Die Ab-
scheu „gegen den Willen der Katholiken und mancher Calvinisten, mit Feuer und
Schwert gegen die Häretiker vorzugehen" [HECKEL, aaO., S. 165], stellte bei lutherischen Theologen und Juristen eine weithin einheitliche Grundüberzeugung dar.
[76] Consilia Theologica Witebergensia, wie Anm. 66, S. 99.
[77] Ebd.
[78] Consilia Theologica Witebergensia, wie Anm. 66, S. 100.
[79] Ebd.
[80] Consilia Theologica Witebergensia, wie Anm. 66, S. 170.
[81] Ebd. JOHANN GERHARD verweist auf einschlägige Aussagen der bedeutendsten
zeitgenössischen römischen Kontroverstheologen, ROBERTO BELLARMINO und MARTIN
BECANUS [BBKL 1, 1975, Sp. 442; LThK[3], 2, 1994, S. 113]. BELLARMIN trug seine Vorstellungen vor allem in „De Romano Pontifice" [Buch 5, cap. 7] vor und verteidigte sie
in Auseinandersetzung mit dem schottischen Juristen Wilhelm Barclay [LThK[3] 2, 1994,

wann sie schon zu ihrer Ketzerey die Unterthanen zwingen wil / mit
Wehr und Waffen nicht widerstreben [...]".[82]

S. 15], der im Zusammenhang der von Papst Paul V. verdammten Auferlegung des
Treueeides durch Jakob I. dem Papst jede indirekte Gewalt in weltlichen Dingen abge-
sprochen hatte [s. TRE 5, S. 526]. In BELLARMINs Replik auf Barclay wurden Fragen des
Widerstandsrecht an historischen Beispielen, etwa einem christlichen Widerstand gegen
die Kaiser Konstantius und Julian Apostata, expliziert. Ein entscheidendes Kriterium des
Widerstandsrechts christlicher Soldaten gegen den Imperator sei, ob er sich als Feind der
Kirche erwiesen habe: „[...] nisi antea hostis indicatus esset: Ecclesia vero tolerandum
potius censuit, quam irritandum, cum satis virium ad eum deponendum non haberet
[...]." ROBERTO BELLARMINO, Tractatus de potestate Summi Pontificis in rebus temporalibus adversus Guilielmum Barclaium ..., Recens ad exemplar Romanum impressus
..., Köln, B. Gualterus, 1611 [Exemplar UB München 8° J can 849], S. 93. BECANUS legi-
timierte, wie es scheint, den Bruch mit Ketzern abgeschlossener Verträge ebenso wie die
Ermordung ‚irrgläubiger‘ Fürsten, vgl. die Hinweise in: CARLOS SOMMERVOGEL, Biblio-
thèque de la Compagnie de Jésus, Neuausgabe Brüssel-Paris, Bd. 1, 1960, Sp. 1091–1111;
bes. 1093 f. zur Disputatio theologica de fide haereticis servanda, in: MARTINUS BECA-
NUS, Opera omnia aucta revisa et in Duos Tomos distributa, Mainz, Johann Godefredus
Schönwetter, 1649 [Exemplar UB München 2° Theol 21 (1/2)], Tom. 1, S. 359–366. Zur
Auseinandersetzung mit BELLARMIN über das mit dem römischen Widerstandsrecht ge-
gen die nicht-römisch-katholische Religion verbundene Problem, ob ein Magistrat
die abweichende Religion einzelner Untertanen zugestehen dürfe, vgl. auch das letztere
Frage bejahende Gutachten des Rostocker Theologen PAUL TARNOW, in: DEDEKENN,
wie Anm. 225, Bd. II/1, S. 286–288. Zur Bejahung binnenterritorialer ‚Toleranz‘ im
Luthertum, speziell bei JOHANN GERHARD, vgl. BAUR, wie Anm. 65, S. 72/59 f.; DERS.,
Johann Gerhard. In: MARTIN GRESCHAT [Hg.], Gestalten der Kirchengeschichte Bd. 7,
Stuttgart 1982, S. 116 f.; zur Diskussion jesuitischer Positionen in der Widerstandslehre
vgl. auch HOË, wie Anm. 136, S. 92 ff.; vgl. WOLFGANG REINHARD, Gegenreformation
als Modernisierung? Prolegomena zu einer Theorie des konfessionellen Zeitalters. In:
ARG 68, 1977, S. 226–252, bes. 245 f. [Lit.]; vgl. auch HECKEL, wie Anm. 75, S. 178 ff.;
HONECKER, wie Anm. 64, S. 121 ff., der betont, daß Toleranz die Gewährung politischen Friedens bei gleichzeitiger Verpflichtung der Obrigkeit, einem „syncretismus religionis" zu wehren, bedeutet. Eine anonyme Flugschrift lutherischer Provenienz aus
dem Jahre 1632 schärfte der altgläubigen Geistlichkeit in den von Schweden eroberten
Gebieten ein, daß eine Widerstandsposition gegen Gustav Adolf theologisch und juristisch unhaltbar sei. Der ‚aufrührerische und unruhige papistische Geist‘ wird durch folgende Auffassungen charakterisiert: „Ein Ketzerischer König / Fürst oder Herr kan keine Obrigkeit seyn. Einem Ketzerischen Könige / Fürsten oder Herrn soll man Fideli-
tatem trew und hold zu seyn / nicht schweren / oder / da mans auch schweret oder ge-
schworen / soll solches Gelübd und Eyd an sich selbst nichtig und unbündig seyn / und
niemand solchen geleisteten Eyd halten. Einen Ketzrischen oder auch verdächtigen König / Fürsten oder Herrn kan ein jeder eygenthätigerweise / heimlich und offentlich /
auff alle mögliche wege unn mittel ermorden. Ein Ketzerischer König / Fürst oder Herr
ist deß Magistrats nit fähig / kan kein Obrigkeit seyn / der Papst kan und thut auch alle
Underthanen von Ketzerischer Königen / Fürsten und Herrn Iurisdiction, Eyd Pflicht
und Botmässigkeit / auch allem versprochenem Gehorsam absolviren / loß und ledig
zehlen / etc. Und was deren unchristlichen / Antichristischen Axiomatum mehr sind."
[S. 4 f.]. Gegenüber diesen Positionen römisch-katholischer Widerstandtradition
schärft der Anonymus ein: „Es sollen sich die Herren Geistlichen versichert halten /

Allein mit „geistlichen Waffen"[83] oder durch Bitte um diplomatische Intervention solcher Fürsten, die „der reinen Lehre zu gethan"[84] seien, dürfe man auf eine Verbesserung hinzuwirken versuchen, im Falle geforderter Zwangskonversionen aber gemäß dem ius emigrandi des Passauer Vertrages auswandern[85]; sofern dieses Recht verweigert und die Verleugnung der „Evangelische[n] Warheit"[86] gefordert werde, soll man zum Martyrium bereit sein.[87] Die Gehorsamsforderung der eigentlichen Untertanen [mere subditi] gegenüber der Obrigkeit war nach lutherischem Verständnis auch durch die Religionsfrage nicht suspendiert[88]; lediglich für die ordines regni, d.h. die an der Herrschaft beteiligten und die Macht der ihnen übergeordneten Obrigkeit restringierenden Stände gab es unter bestimmten Bedingungen ein Widerstandsrecht.[89] Auch wenn die von

---

[…] daß sie vor Gottes und ihrem Gewissen schuldig seyen / dem Christlichen König in Schweden Fidelitet zu schweren / Trew und Hold zu seyn / und Gott vor seine Mayest. hertzlich zubitten." [S. 10; vgl. 27 f.]. Das als petrinische Verpflichtung [Mt 22,21] eingeschärfte Gehorsamsgebot gegenüber der weltlichen Obrigkeit schließt die ordines und magistratus inferiores ein, vgl. S. 11. Das Reich von Mitternacht. Darinnen abgehandelt / und aus sattsamen Gruenden eroertert wird / Ob auch die genente Catholische / oder Papisten im Reich / sonderlich aber die titulirte Geistliche in Kirchen / Stifften und Cloestern in ihrem Gewissen fuer GOtt schuldig seyen / der koenigl. Mayest. in Schweden das Iuramentum Fidelitatis … zu leysten …, 1632. [Exemplar Hofbibliothek Fürst Thurn und Taxis Regensburg, Sammlung Haeberlin C 40/22]. Der Gehorsam gegenüber dem König wird im weiteren Fortgang der Schrift vor allem aus den in seinem Auftreten erfüllten prophetischen Verheißungen, besonders denen des Hochmittelalters und der eigenen Gegenwart – ohne Paracelsus! –, begründet, S. 14 ff.; vgl. auch unten Anm. 151; oben Anm. 56. Der Vorwurf der notorischen Verweigerung gegen die gebotene Subordinationspflicht unter die weltlichen Obrigkeiten ist eines der Hauptthemen der publizistischen Auseinandersetzung Hoës mit seinen altgläubigen Gegnern in den Jahren 1631/32, vgl. Hoë, Nochmahlige summarische Verantwortung, wie Anm. 131, bes. S. 4 ff. und S. 6 zur jesuitischen Legitimation des Königsmordes.

[82] Consilia Theologica Witebergensia, wie Anm. 66, S. 170.

[83] Ebd.

[84] Consilia Theologica Witebergensia, wie Anm. 66, S. 170.

[85] Ebd.

[86] Ebd.

[87] Consilia Theologica Witebergensia, wie Anm. 66, S. 171 f.

[88] Vgl. das Gutachten Johann Gerhards in: Dedekenn, wie Anm. 225, Bd. II/1, S. 288 f.; vgl. Heckel, wie Anm. 175, bes. S. 183 f.

[89] Vgl. das Gutachten Johann Gerhards „Von der Defension und Schutzwehr der Unterthanen gegen der Oberkeit. Imgleichen ob die Religion mit dem Schwert zu vertheidigen sey?" von [1618; vgl. S. 320], in: Dedekenn, wie Anm. 225, Bd. II/1, S. 308–322, bes. 309 f. Eines der maßgeblichen Kriterien für ein Widerstandsrecht der niederen Magistrate [magistratus limiti, Dedekenn, wie Anm. 225, Bd. II/1, S. 323] war „wieder unbillige Gewalt des Oberherrn" [S. 320] legitimiert, d.h. dann gegeben, „wenn die Stände ingesampt oder doch viel derselben der gethanen Eidlichen Versprechung und den Legibus regni fundamentalibus schnurstracks zu wieder beschweret /

Troeltsch für spezifisch lutherisch gehaltene, freilich allenfalls für die lutherische Individualethik zutreffende Askese des „bloße[n] Leiden[s] und Dulden[s] der Welt", des „Sichfügen[s] und Ergeben[s]", der „Abstellung aller Hoffnung auf das selige Jenseits", der „Martyriumsfreudigkeit in der Welt"[90] differenziert werden muß, so scheint man doch in bezug auf das Luthertum damit rechnen zu dürfen, daß eine theologische Legitimation oder eine religiöse Zielsetzung bei lutherischer Kriegsbeteiligung auszuschließen ist, ja daß der Dreißigjährige Krieg aus lutherischer Sicht niemals als „Religionskrieg" geführt worden sein kann. Vor der Wendung der kursächsischen Politik infolge des Restitutionsedikts schien es für das deutsche Luthertum – mit Worten Johann Gerhards von 1610 formuliert – ausgemacht, „daß die vierdte Römische Monarchy biß auff Christi zu-

---

unnd solche Beschwerungen dergestalt continuiret, und durch antrieb unruhiger partheyischer Leute so weit gebracht werden / daß kein ander Mittel zu finden / als mit gewehrter hand wieder solchen unbilligen Gewalt sich zu schützen." S. 311. Zum Widerstandsrecht der niederen Magistrate im Luthertum im Anschluß an die Magdeburger Confessio von 1550 vgl. WINFRIED SCHULZE, Zwingli, lutherisches Widerstandsdenken, monarchomachischer Widerstand. In: PETER BLICKLE u.a. [Hg.], Zwingli und Europa, Zürich, Göttingen 1985, S. 199–216; nach WOLGAST ist die Magdeburger Konzeption eines Widerstandsrechtes „jedes magistratus inferior unbeschadet seiner rechtlichen Stellung" in Deutschland „Episode" geblieben, vgl. EIKE WOLGAST, Die Religionsfrage als Problem des Widerstandsrechts im 16. Jahrhundert, [SHAW. PH 1980/ 9. Abt.], Heidelberg 1980, hier: S. 27 f.; zum Problem vgl. auch HONECKER, wie Anm. 64, S. 132 ff., und die Hinweise bei LUISE SCHORN-SCHÜTTE, Evangelische Geistlichkeit in der frühen Neuzeit, [QFRG 62], Gütersloh 1996, bes. 394 ff. [Lit.]. Unter Einordnung in städtische Kirchenordnungen und bei starker Akzentuierung des singulären Charakters hat sich zuletzt HANS GRÜNBERGER mit der Magdeburger Confessio von 1550 beschäftigt: Institutionalisierung des protestantischen Sittendiskurses. In: ZHF 24, 1997, S. 215–252, bes. 236 ff. [Lit]. JOHANN GERHARD führte seine Position auf einschlägige Luthersche Äußerungen seit den 1520er Jahren zurück, vgl. die weitläufigen Belege aaO., S. 319 f. In bezug auf die „Unterthanen […] mere subditi" votieren übereinstimmend mit GERHARD die theologischen Fakultäten Leipzig [DEDEKENN II/1, S. 323–325] 1620 und Greifswald [aaO., S. 325 f.] 1618.

[90] ERNST TROELTSCH, Die Bedeutung des Protestantismus für die Entstehung der modernen Welt, [Historische Bibliothek 24], München/Berlin 1911, Neudruck Aalen 1963, S. 43. Zur TROELTSCHschen Deutung des von ihm so genannten Altprotestantismus lutherischer und calvinistischer Konfession vgl. zuletzt: LUISE SCHORN-SCHÜTTE, Ernst Troeltschs „Soziallehren" und die gegenwärtige Frühneuzeitforschung. Zur Diskussion um die Bedeutung von Luthertum und Calvinismus für die Entstehung der modernen Welt. In: FRIEDRICH-WILHELM GRAF – TRUTZ RENDTORFF [Hg.], Ernst Troeltschs Soziallehren, [Troeltsch-Studien 6], Gütersloh 1993, S. 133–151, sowie den Beitrag derselben in: DIES. [Hg.], Religion, Kultur und Staat. Deutungsschemata für die Vormoderne [16. – 18. Jahrhundert] als Ergebnis des Krisenbewußtseins in Theologie und Geschichtswissenschaft der Weimarer Republik [ZHF Beiheft], Berlin 1998 [angekündigt]. Zur lutherischen Sozialethik vgl. auch: MARTIN HONECKER, Sozialethik des Luthertums. In: RUBLACK, wie Anm. 15, S. 316–340.

kunfft werde bleiben" und „daß der Antichrist nicht ore gladii, sondern spiritu oris werde umbgebracht / und erst durch die zukunfft Christi seyn ein ende gemacht werden / daher vermuthlich / das mit Krieg und Schwerdt wider ihn wenig außzurichten".[91] Daß diese politische Option kongenial einer auf den Empfang des in Wort und Sakrament kommenden Christus zentrierten lutherischen Frömmigkeit entsprach, dürfte theologisch eindeutig sein. Und auch die apokalyptische Deutung des Papsttums als des Antichristen ließ ja gerade dessen endgültige Besiegung als eine Tat Gottes, nicht als militärische Aktion der CA-Verwandten erwarten.

In bezug auf die dominierende Tendenz der lutherischen Theologie im Angesicht des Krieges, ihrer im theologischen Horizont des Gesetzes zutiefst bejahten Orientierung am Reichsreligionsfrieden und der darin implizierten Affirmation einer Deutungspluralität des Christlichen sowie ihrem weitgehenden Verzicht auf religiöse Finalisierungen des politischen und militärischen Handelns, könnte man geneigt sein[92], die neuzeitliche ‚Autonomisierung' des Politischen und die von protestantischen Juristen ausgebildete Rationalisierung des Rechts[93] als eine mittelbare, d.h. die Konfessionsbindungen transzendierende Folge lutherischer Konfessionskultur zu sehen und damit gerade die konfessionellen Ursprünge säkularisierter Neuzeitlichkeit zu betonen. So berechtigt mir eine in diese Richtung weisende Argumentation zu sein scheint, so wenig geht die historische Vielfalt in solcher Art ‚Modernisierungsteleologie' auf. Denn vornehmlich die kursächsischen – von der proschwedischen Propaganda reformierten Ursprungs zu schweigen![94] – Lutheraner haben es nicht durchgehalten, von einer religiösen Aufladung des Politischen abzusehen und – jedenfalls zwischenzeitlich – die Fanfare des Religionskrieges geblasen.

---

[91] In: DEDEKENN, wie Anm. 225, Bd. II/1, S. 265. Für die Diskurssituation innerhalb des Luthertums ist charakteristisch, daß die um 1617 von den Theologen vitalisierte apokalyptische Antichrist-Topik bei lutherischen Juristen ohne jede Resonanz geblieben ist, mithin die politische Praxis lutherischer Territorien weithin unberührt ließ, vgl. HECKEL, wie Anm. 75, S. 179. Zur reichstheologischen Monarchienlehre im Luthertum umfassend: SEIFERT, wie Anm. 38; vgl. unten Anm. 350.

[92] Vgl. die diesbezüglichen Reflexionen BAURS, wie Anm. 65, bes. 72/59 f.

[93] Vgl. die entsprechenden Hinweise MARTIN HECKELS in: DERS., Deutschland im konfessionellen Zeitalter, [Deutsche Geschichte V], Göttingen 1983, bes. 210 ff.; 226 ff.

[94] Vgl. die Arbeit von TSCHOPP, wie Anm. 96, S. 35; passim.

3. Der Leipziger Konvent

Der Leipziger Konvent von Anfang des Jahres 1631 markiert hinsichtlich der Formierung einer protestantischen Front gegen das Restitutionsedikt eine wichtige Zäsur, wenn auch das eigentliche Ziel dieser „beinahe
sämtliche protestantische Fürsten und Grafen" und „die meisten Reichsstädte" vereinigenden ersten „Sonderversammlung"[95] nach der 1621 er-
folgten Auflösung der protestantischen Union, „eine dritte neutrale
Macht als Puffer zwischen dem Kaiser und den schwedischen Truppen zu
konstituieren"[96], durch den weiteren Kriegsverlauf schon bald obsolet
wurde. Während sich die evangelischen Reichsstände auf den Weg nach
Leipzig rüsteten, gelang Gustav Adolf, der seit dem Frühsommer 1630 auf
deutschem Boden operierte, mit dem Vertrag von Bärwalde die Zusiche-
rung französischer Subsidiengelder.[97] Etwa einen Monat nachdem der
Konvent seine Arbeit abgeschlossen und seine Beratungsergebnisse publiziert hatte[98], ging das von Tillys Truppen bestürmte Magdeburg in Flam-

---

[95] Moritz Ritter, Deutsche Geschichte im Zeitalter der Gegenreformation und
des Dreissigjährigen Krieges, 3. Bd., Stuttgart/Berlin 1908, Reprint Darmstadt 1974,
S. 480 f.; zu Auflösung und Ende der Union vgl. aaO., S. 114–117; 133–138. Zur Geschichte der Union und ihrem Ende zuletzt: Axel Gotthard, Konfession und Staatsraison. Die Außenpolitik Württembergs unter Herzog Johann Friedrich [1608–1628],
[Kommission für geschichtliche Landeskunde in Baden-Württemberg 126], Stuttgart
1992, bes. S. 288 ff. Zur Übersicht über die Teilnehmer des Leipziger Konvents vgl. Vorzeichnüs / Der Churfürsten / Fürsten / Graffen / Herren und Städte / so auff dem ausgeschriebenen Convent der Evangelischen Stände in Leipzig / Anno 1631. einkommen.
[o.O.] 1631. [Exemplar Hohenemser 5485]. Außer den Ständen werden detailliert deren
Leipziger Unterbringungsorte sowie die Größe des Gefolges einschließlich der Zahl der
Pferde aufgelistet. Das größte Gefolge brachte der brandenburgische Kurfürst Georg
Wilhelm mit: „178. Personen / 182. Pferde." [A2ʳ]. Dieses Verzeichnis der teilnehmen-
den Stände wurde auch im Anhang der Leipziger Eröffnungspredigt Hoës [wie
Anm. 108], G3ʳ – G4ᵛ abgedruckt. Zum Leipziger Konvent vgl. auch: Hans Leube, Kalvinismus und Luthertum im Zeitalter der Orthodoxie, Leipzig 1928, Reprint Aalen
1966, S. 123 ff.; Nischan, Prince, wie Anm. 122.

[96] Silvia Serena Tschopp, Heilsgeschichtliche Deutungsmuster in der Publizistik
des Dreißigjährigen Krieges, [Mikrokosmos 21], Frankfurt/M. 1991, S. 17.

[97] Nachweis der Vertragstexte in Konrad Repgen, Art. Dreißigjähriger Krieg. In:
TRE 9, S. 169–188, 184 Anm. 17; vgl. Ritter, wie Anm. 95, S. 479 f.; Gerhard
Schormann, Der Dreißigjährige Krieg, Göttingen ²1993, bes. S. 44 f.

[98] Die Ziele des Leipziger Konvents bestanden in der Aufnahme von Verhandlungen
mit der katholischen Gegenseite, damit „ein sichers vertrawen gestifftet / wohl befestiget / und dadurch alles unheil von dem ohne des alzusehr geschwechten und betrübten
heiligen Römischen Reich abgewendet werden möchte." [A3ʳ]; die „executiones" im
Zusammenhang mit dem Restitutionsedikt sollten allerdings „eingestellet / und alles
und jedes in pristinum statum gesetzt" werden [A3ᵛf.]. Das Restitutionsedikt widerstreite der „Teutschen Libertet" [A4ᵛ]; die anwesenden Stände versetzten Ritterschaften

men auf; über 20.000 Menschen kamen in dem Inferno ums Leben; etwa 300 Flugschriften und -blätter machten Magdeburg zum aufsehenerregendsten Ereignis des gesamten Krieges.[99] Der größte Einfluß in dieser publizistischen Kontroverse dürfte der schwedischen Propaganda zuzuerkennen sein, die Gustav Adolf von der Schuld, ein gegenüber Magdeburg abgegebenes Versprechen nicht einzulösen, freisprach, Tilly die Brandstiftung unterschob – was historisch wohl unwahrscheinlich ist, da dieser durch Magdeburgs Brand um jene Getreidevorräte gebracht wurde, die er zu gewinnen gehofft hatte – und auch die führenden protestantischen Kurfürsten von Brandenburg und Sachsen in die Anklage einbezog. Beide hätten sich „also erwiesen, daß er [Gustav Adolf] nicht habe wissen können, ob Freund oder Feind".[100] Magdeburg, bzw. das, was die schwedische Propaganda aus dem Fall der Elbmetropole gemacht hatte, und der Einmarsch Tillyscher Truppen in Sachsen im Sommer 1631 besiegelten das Scheitern der mit dem Leipziger Konvent verbundenen Option und führten zum Bündnis zwischen Schweden und Kurfürst Johann Georg von Sachsen. Hinsichtlich des Versuchs, im Angesicht des 1630/31 weithin ungebrochenen katholisch-kaiserlichen Vormarsches das Gesetz des Handelns zurückzugewinnen, kommt dem Leipziger Konvent gleichwohl eine wichtige, die militärischen Erfolge der Protestanten seit dem Sieg der schwedisch-sächsischen Truppen im September bei Breitenfeld vorbereitende Bedeutung zu, und zwar vor allem durch die offensiveren religiös-theologischen Deutungsmuster, mit denen nun auf die Kriegsherausforderung reagiert wurde.

Die Leipziger Beratungen hatten „nach anhörung Göttlichen Worts und Andechtigen Gebets" begonnen und waren dem Selbstverständnis der Teilnehmer nach von dem Bewußtsein geprägt, daß das gegenwärtige

---

und Landvolk „in guter bereitschafft" [B2ʳ], ohne freilich irgend jemand damit „offendiren" zu wollen. Leipzigische Schluß / das ist / Was die Evangelischen und Protestierende Chur = Fürsten // und Stände in wehrenden Leipzigischen Convent, berathschlaget und beschlossen. Sub Dato Leipzig den 2. April. 1631, o. O., o. Dr., 1631 [Exemplar Hohenemser 5479].

[99] Siehe REPGEN, wie Anm. 97, S. 176; SCHORMANN, wie Anm. 97, S. 45; vgl. auch TSCHOPP, wie Anm. 96, S. 37 ff.; BÖTTCHER, wie Anm. 118, S. 197 f.; die wegweisende Untersuchung von WERNER LAHNE, Magdeburgs Zerstörung in der zeitgenössischen Publizistik, Magdeburg 1931, verzeichnet 205 Flugschriften und 41 Flugblätter. Beispiele etwa in HARMS II, wie Anm. 60, Nr. 227; vgl. WOLFGANG HARMS – CORNELIA KEMP [Hg.], Die Sammlungen der Hessischen Landes- und Hochschulbibliothek in Darmstadt. Deutsche Illustrierte Flugblätter des 16. und 17. Jahrhunderts Bd. IV, Tübingen 1987, Nr. 174.

[100] So das publizistisch wichtige, in zahlreichen Drucken verbreitete Manifest Gustav Adolfs, zitiert nach LAHNE, wie Anm. 99, S. 56.

Elend des „geliebte[n] Vaterland[s] Teutscher Nation" die Strafe „unserer vielfältigen Sünden"[101] sei. Wie es scheint, war der Leipziger Konvent, besonders wegen der Verbindung von Kursachsen und Brandenburg, von der evangelischen Bevölkerung als epochal empfunden worden und mit intensiven Friedenshoffnungen verbunden gewesen.[102]

---

[101] Leipzigische Schluß, wie Anm. 98, A2^v; als erster Beschluß des Leipziger Konvents kann die allgemeine Abhaltung von „Beth- und Bußtage[n]" und die Verpflichtung zu öffentlicher Bußpredigt in den beteiligten Territorien [A2^v – A3^r] gelten. Das Gebetsformular bei Beginn der Beratungen des Leipziger Konvents ist im Anschluß an Hoës Eröffnungspredigt gedruckt, wie Anm. 108, G2^v. Hoës Verfasserschaft dürfte wahrscheinlich sein.

[102] Vgl. etwa: Gruß und Glückwunsch / Zu jetzigem in Leipzig angestelltem Convents Tage / und vorgehender höchst ansehenlicher Versamblung Deren Deß heiligen Römischen Reichs Evangelischen ChurFürsten / Fürsten / und andern Ständen … auffgesetzt und vorgebracht Durch Churfürstl. Durchl. zu Sachsen Pritzschmeistern / Wolffgang Ferbern / Bürgern in Zwickau / Anno 1631. den 6. Februarij., Leipzig, Johann-Albrecht Mintzeln. [Exemplar SuUB Göttingen]. In dem auch die historischen Beziehungen zwischen Sachsen und Brandenburg breit rekapitulierenden Versepos Wolfgang Ferbers d.Ä. [vgl. über ihn: Otto Clemen, Volksfrömmigkeit im Dreißigjährigen Krieg, (Studien zur religiösen Volkskunde Heft 10), Dresden/Leipzig 1939, S. 27 ff. zu gedruckten Dichtungen, in denen Ferber das Geschick Zwickaus im Dreißigjährigen Krieg zwischen 1633 und 1650 dokumentierte; DBE 3, 1996, S. 267; Killy, Bd 3, 1989, S. 356 (Lit.)] heißt es: „Ihr [scil. die Fürsten und Stände] / sag ich / kompt zusammn am Tage Dorotheae: [6.2.] | Darauß in Einfalt ich gar leichtlichen verstehe / | Daß solches Gottes Gab und weise Schickung sey / | Der wird auch / Zweiffels ohn / euch kräfftig stehen bey / | Daß ewer Rathschlag / Thun / und eyfferigs Beginnen / | Wird glücklich gehen fort / und ein gut End gewinnen. | Wie denn jetzund gewiß viel tausent Menschen das | Euch wünschen / und bey Gott darumb bitten ohne Maß. | Bald nach dem Newen Jahr Jhr euch zusamm verfüget: | O helff der Friedens GOtt daß ihr ein newes pflüget / […]." [A2^r]. „Daß ihr außfliegen last den räuberischen Raben [scil. nach Gen 8,7] / | Versteht den grimmen Krieg / auff daß er wird verbrandt | Auß unserm Teutschen Reich / dem lieben Vaterland / | Damit sein Mordtschwerdt wir ja nimmer hören klingen / […]." [A3^v]. Eigentliches Ziel soll die Restitution des Religionsfriedens sein: „Ihr [sc. die in Leipzig versammelten Fürsten und Stände] Rathschlag der gereiche vorauß zu Gottes Ehre / | Außbreitung / Schutz und Schirm der wahren reinen Lehre / | Den Friedenstörern zum befügten Widerstandt / | Euch Landes Vätern sey diß ein gewisses Pfandt." [A4^v]. Friedenshoffnung, aber auch die Erwartung eines eindrücklichen Sieges über die papistischen Feinde spiegeln sich in einem unter dem Monogramm „G.R.B." veröffentlichten Versepos nach Abschluß des Konvents: „So wenig als das Eiß kan für dem Lentz bestehen / | So wenig können sie bestehen auch für Gott / | Weil sie ihm seine Kirche gesetzt habn in Spot." [A3^v]. Die gegnerischen Armeen sollen „zerschmelzen" wie Eis in der Frühjahrssonne; Gott solle den Gegnern kein Erbarmen zeigen. ValetSegen / Bey endung des Convents zu Leipzig. … Leipzig, G. Ritzsch, [1631], [Exemplar Hofbibliothek Fürst Thurn und Taxis Regensburg, Sammlung Haeberlin C 37/12].

4. Die Position Hoës von Hoënegg

Der führende lutherische Theologe auf dem Leipziger Konvent, der Dresdener Oberhofprediger Matthias Hoë von Hoënegg[103] in den Diensten Kurfürst Johann Georgs, eröffnete und beschloß die Zusammenkunft in Leipzig. Mit ihm tritt ein Mann ins Zentrum unseres Interesses, der zu den umstrittensten, weil einflußreichsten theologischen Fürstenberatern, den gefürchtetsten Polemikern, den beargwöhntesten, vielleicht auch überschätztesten Figuren seiner Zeit gehört, eine Gestalt, bei der sich wie bei kaum einem zweiten lutherischen Theologen der gesellschaftliche und politische Einfluß konfessioneller Theologie verdichtet. Immer wieder, besonders seit 1619, als er in einer weit verbreiteten Flugschrift an den böhmischen Grafen von Schlick zum Widerstand gegen den Calvinismus, implizit also gegen den von den böhmischen Ständen gewählten calvinistischen König Böhmens, Friedrich V. von der Pfalz, aufgefordert hatte[104],

---

[103] Vgl. zu Hoë zuletzt: DAVID P. DANIEL, Art. Hoë von Hoënegg. In: The Oxford Encyclopedia of the Reformation, hg. v. HANS J. HILLERBRAND, Bd. 2, New York u.a. 1996, S. 240; trotz moralisierender Fehlurteile noch immer besser: FRANZ DIBELIUS, Art. Hoë, in: RE³, Bd. 8, S. 172–176; vgl. auch NDB 9, 1972, S. 300 f.; BBKL 2, 1990, Sp. 919–921; außerdem wichtig: HANS KNAPP, Hoë von Hoënegg und sein Eingreifen in die Politik und Publizistik des Dreißigjährigen Krieges, [Hallesche Abhandlungen zur neueren Geschichte 40], Halle 1902; HANS-DIETER HERTRAMPF, Der kursächsische Oberhofprediger Matthias Hoë von Hoënegg: Seine Theologie, Polemik und Kirchenpolitik, Diss. masch. Leipzig 1967; DERS., Hoë von Hoënegg – sächsischer Oberhofprediger 1613–1645. In: Herbergen der Christenheit 1969, Berlin 1970, S. 129–148; unersetzt auch: ERNST OTTO, Die Schriften des ersten kursächsischen Oberhofpredigers Hoë von Hoënegg, Dresden 1898; vgl. auch TSCHOPP, wie Anm. 96, passim. LEUBE, wie Anm. 95, S. 121, bezeichnet Hoë und Jakob Andreä – schwerlich zu Unrecht – als die „zwei lutherische[n] Theologen, die von den Kalvinisten besonders gehaßt worden sind".

[104] Ich benutze Hoës Brief an den Grafen Joachim Andreas von Schlick vom 23.8.1619 in einem von einem Anonymus reformierten Bekenntnisses [vgl. S. 3 f.; 41] als erstes Stück herausgegebenen Sammeldruck „Fasciculus ex Bohemia. ... 1619" [Exemplar SuUB Göttingen 8 Hist. Germ. un. 76:14; vgl. zum Kontext: KNAPP, wie Anm. 103, S. 13–18], in dem außerdem eine mit dem Pseudonym ERASMUS TREULICH unterzeichnete, auf den 1.10.1619 datierte „Wolmeynend Missiv" [II] an HOË, wohl von dem anonymen Herausgeber stammend, und drei Stücke zur innerprotestantischen Konkordie der Lutheraner mit den Reformierten enthalten sind, darunter eine Edition der Marburger Artikel [III] und der Wittenberger Konkordie [IV] sowie eine Sammlung von Beispielen einer produktiven Konkordiengesinnung lutherischer Theologen gegenüber den Reformierten [V]. HOË schrieb an von Schlick: „E. G. bitt ich per amorem Dei & per vulnera Christi, Sie bleiben noch darbey [sc. dem „Eyfer wider die hochschädliche / Gottslästerliche und hochverdamliche Calvinische Lehr"] / und thun ein solche Real Demonstration / deß die gantze Posteritet zu ewigen zeiten E. G. beharlichen Eyfer zu rühmen / ursach haben mögen. Es haben E. G. das Papistische Joch nicht

war der streitbare Mann, dem zeitweilig ein nicht unbeträchtlicher Einfluß auf die propagandistische Verbreitung und öffentliche Legitimation der kursächsischen Politik im Krieg zuzuschreiben ist, in die Öffentlichkeit getreten. Wie sein Anteil am militärischen Anschluß Kursachsens an den Kaiser – zumal hinsichtlich der Ausräumung theologischer Bedenken – kaum ganz ausgeschlossen werden kann[105], so könnte auch der mit dem Leipziger Konvent verbundene Kurswechsel Kursachsens mit der

---

leyden können. Fürwar das Calvinische ist ja so unerträglich / und noch viel mehr: E. G. wolle es nur glauben." [S. 6]. Hoës Appell, der keineswegs unverhohlen zum militärischen Widerstand aufforderte, fügt sich gleichwohl in die lutherische Tradition eines Widerstandsrechts der ordines regni [s. o. Anm. 88 f.] ein. Die scharf polemische „Wolmeynend Missiv" wirft Hoë vor, die „Schrancken seines Beruffs" als Theologe [S. 10] durch Einmischung in die Politik mißachtet zu haben und wie die Jesuiten „Pfaffenregiment in Weltlichen Sachen" [S. 11] zu treiben. Die „Real Demonstration", von der Hoë im obigen Zitat spricht, sei Aufruf zum Aufstand gegen den legitimen König [S. 19]. Letztere Interpretation geht freilich über Hoës Brieftext hinaus und gehört in den Bereich reformierter Konfessionsagitation. Die Tatsache, daß reformierte Kräfte Böhmens die Verbreitung der Hoëschen Epistel betrieben, das Interesse an dem Text also höchst tendenziös ist, legt eine gewisse Skepsis gegenüber der von ERASMUS TREULICH, dem pseudonymen Verfasser der Schrift, vertretenen These, Hoë habe damit innerböhmische Widerstände provoziert, nahe, gegen RE³, Bd. 8, S. 275. Die „Wolmeynend Missiv" erschien zunächst als Einzeldruck, dann im „Fasciculus", in mindestens vier Ausgaben. Dies geht aus einer Vorrede Hoës zu der von dem Elbinger Rektor JOHANNES MYLIUS [JÖCHER, Bd. 3, Sp. 793; DBA 880, 319] verfaßten Gegenschrift hervor: Viel und längst gewündschter gründlicher warhafftiger Bericht / Ob / was / woher / und wiefern / ... D. Hoë / mit Böhmischen Sach / ... zu thun gehabt / und wie es umb das von ihme an den Herrn Grafen Joachim Andre Schlicken / gethane Schreiben verwandt seye. Sampt kurtzer Widerlegung eines Ehrenrührigen Paßquills ... Erasmum Trewlich genant ... außgehen lassen ..., Leipzig, A. Lambergs / C. Closemans, 1620. [Exemplar SuUB Göttingen 8 Hist. Germ. un. 76:15], A2ʳf. Der MYLIUS-Schrift ist eindeutig zu entnehmen, daß von lutherischer Seite eine Druckverbreitung des Hoë-Briefs an Schlick nicht betrieben wurde [S. 7 ff.]. Hoës Schreiben sei ein von Schlick sträflicherweise weitergereichter Privatbrief gewesen. Der Tatsache, daß Schlick ein späteres Schreiben Hoës, in dem dieser die Umstände des ersten Briefes dargelegt hatte, gegen die Aufforderung des Dresdener Hofpredigers nicht in den Druck gegeben hatte, dürfte zu entnehmen sein, daß er inzwischen den propfälzisch-reformierten Kräften Böhmens zuneigte; s. auch HERTRAMPF 1969, wie Anm. 103, S. 137 f. Nach dem Fall des „Winterkönigs" hatte Graf von Schlick um kursächsisches Asyl gebeten, war aber vom Kurfürsten ausgeliefert und hingerichtet worden, vgl. auch ARNOLD, wie Anm. 106, S. 892; und zur Affäre Schlick zuletzt: MÜLLER, wie Anm. 105, S. 122 f.

[105] Vgl. nur RITTER, wie Anm. 95, S. 67; in seiner Studie: „Politice seint wir Bäpstisch." Kursachsen und der deutsche Protestantismus im frühen 17. Jahrhundert [ZHF 20, 1993, S. 275–319] hat AXEL GOTTHARD auf die jahrzehntelange Kontinuität der kursächsischen Reichspolitik hingewiesen. In bezug auf den Einfluß der Hofprediger folgert GOTTHARD: „So schwach, daß sie die Traktate ihrer Hofpredigt [-prediger?] in praktische Reichspolitik umgesetzt hätten, sind auch ein Christian, ein Johann Georg nicht gewesen." [S. 315]. Diese zurückhaltende Einschätzung der politischen Bedeutung Hoës für die kursächsische Politik im allgemeinen, im böhmisch-pfälzischen Kon-

Wirkung seiner Person zusammenhängen. Die lutherische Waffenhilfe für den Kaiser wurde von anderen prominenten Theologen, der Jenenser ebenso wie der Wittenberger Fakultät[106], scharf mißbilligt. Hoës Position darf also nur als eine Meinung innerhalb des Luthertums, freilich als eine zwischenzeitlich für die kursächsische Politik wegweisende, angesehen werden.[107]

---

flikt im besonderen, ist durch die grundlegende Studie von FRANK MÜLLER überzeugend bestätigt worden. Demnach legitimierte HOË zumeist mit theologischen Mitteln nachträglich, was der Geheime Rat politisch entschieden hatte, vgl. FRANK MÜLLER, Kursachsen und der Böhmische Aufstand 1618–1622, [Schriftenreihe der Vereinigung zur Erforschung der Neueren Geschichte 23], Münster 1997, S. 120–127. Charakteristisch für die ältere Sicht Hoës, die in ihm aufgrund seiner immensen publizistischen Bedeutung den maßgeblichen Spiritus rector der kursächsischen Politik sah, ist noch HERTRAMPFs [1969, wie Anm. 103, S. 138] These: „Zwar hat Hoë nun ohne Zweifel den Wunsch Johann Georgs, sich in Mühlhausen mit ligistischen Fürsten zusammenzusetzen, gebilligt und auch befördert; mit dem dort gefaßten Beschluß, an der Seite Ferdinands gegen die aufständischen Länder zu kämpfen, hat er jedoch direkt nichts zu tun." Zum Mühlhausener Konvent umfassend: MÜLLER, aaO., S. 333 ff. Die Bewertung der Rolle Hoës in der älteren Literatur folgt dessen Selbsteinschätzung, vgl. z.B. OTTO, wie Anm. 103, bes. S. 9 f.; KNAPP, wie Anm. 103, S. 25 u. ö.

[106] In einem nach Beratungen mit den Jenenser Kollegen JOHANN GERHARD und JOHANN MAIOR verfaßten Schreiben an den sächsischen Herzog Johann Ernst vom 25.1.1620 äußert die Wittenberger Theologenfakultät erhebliche Bedenken gegen die militärische Unterstützung des Kaisers, vgl.: Wittenbergischer Theologen / in Gotteswort / und des Herrn D. Lutheri schrifften begründete Informatio, ob ein lutherischer Fürst / der kays. May. wider die Boheimben / als Euangelischen / assistentz zu leisten schuldig …, 1620. [Exemplar SuUB Göttingen 8 Hist. Germ. un. 76:20], vor allem, weil „solche assistentz wider die liebe des nechsten lauffen würde / do die lutherischen Stände des heiligen Reichs / in dem proposito casu [sc. der Waffenhilfe für den Kaiser], angesprenget werden wolten / sich mit des Römischen Bapsts / und Spannischen Königs / als der eussersten Feinde des heiligen Euangelij Soldaten / wider […] Euangelische Christen / zu deroselben vertilgung zu conjungirn […]." [S. 10]. Dieses Gutachten fügt sich kongenial in die von Herzog Johann Ernst von Sachsen-Weimar seit Herbst 1619 forciert betriebene, in Spannung zur kursächsischen Politik stehende Annäherung an die Union ein, vgl. RITTER, wie Anm. 95, S. 70. Auf der Linie der Jenaer und der Wittenberger Fakultät liegt eine Äußerung, die GEORG ZEAEMANN am 5. 9. 1620 gegenüber dem Wittenberger Theologen BALTHASAR MEISNER tat: „Des Churfürstens Kriegs=rüstung hat fast alle redliche Lutheraner in Ober= Teutschland in verwunderung gesetzet, daß er der Papisten parthey halten will auf anstifften Doct. Hoëns, dem man deßwegen viel nachredet [gemeint sind Bestechungsvorwürfe], sonderlich wegen des brieffs an den Kayser, den man ihm zuschreibet, und woran man nicht zweiffelt, daß er seine sey. Ich lasse es gut seyn: Er fürchtet sich ohne zweiffel nebenst andern vor dem wachsthum der Calvinischen religion: Es mögen aber diejenigen, die sich mit den Papisten conjungieren, zusehen, daß sie nicht das vaterland den Spaniern zu raube hingeben." Zit. nach GOTTFRIED ARNOLD, Unparteiische Kirchen- und Ketzerhistorie, Frankfurt, Th. Fritschen / Erben 1729, Reprint Hildesheim 1967, Bd. I, S. 893 f.; weitere Voten gegen die Position Hoës und der Leipziger Theologenfakultät aaO., S. 894.

[107] Zur Frage, ob die Ernennung Hoës zum kaiserlichen Pfalzgrafen als erblicher

5. Hoës Predigt über Psalm 83

In seiner Eröffnungspredigt des Leipziger Konvents[108] deutet Hoë im
Lichte des 83. Psalms, einem Klagelied des Gottesvolkes im Angesicht eines
Bundes von Feinden, die Situation der evangelischen Stände: Die Feinde
obsiegen, Gott schweigt und hält inne „mit seiner Rach / mit seinem gestrengen Gericht gegen seine und unsere Feinde".[109] Die im Psalmwort
angekündigte Unheilsverheißung der Feinde: „Wir wollen die Häuser Gottes einnehmen"[110] ist für Hoë im Restitutionsedikt Wirklichkeit geworden.[111] Alle Eigenschaften, die der Psalmist den Feinden Gottes beilegt, findet Hoë bei den gegenwärtigen Gegnern der wahren Kirche, die „das
Marck und Bein der Rechtgläubigen außsaugen"[112]; es sind die auf den
„Römischen Antichrist"[113] eingeschworenen Ligisten. Ihr Bund, ihre
„Liga"[114], ist gegen Gott selbst gerichtet. Während sich die wahre Kirche in

---

Würde eine gezielte Bestechung des gebürtigen Österreichers darstellte, vgl. außer RE³,
Bd. 8, S. 175: Hertrampf 1969, wie Anm. 104, S. 139 ff.; Otto, wie Anm. 103, S. 12 ff.;
zu Bestechungsvorwürfen im Zusammenhang mit dem Prager Separatfrieden vgl. Hitzigrath, wie Anm. 184, S. 25.

[108] Matthias Hoë von Hoënegg, Der drey und achtzigste Psalm / Bey dem von
Churfürstlicher Durchleuchtigkeit zu Sachsen / etc. etc. etc. außgeschriebenen Convent
der Evangelischen und protestirenden Chur= Fürsten und Stände / In der Kirchen zu
S. Thomas / in Leipzig / Den 10. Februarij, Anno 1631. … Leipzig, In Verlegung Z.
Schürers Erben und M. Götzens, Gedruckt bey Gregorio Ritzschen. [Exemplar SuUB
Göttingen 8 H Germ. VIII, 434:1]. Hiernach wird im folgenden zitiert. Von der Eröff-
nungspredigt ist mir noch ein zweiter Druck bekannt, der in einer kleineren Type ge-
druckt ist und deshalb nicht sechs, sondern nur vier Quartbögen umfaßt. Der Zusatz:
„Erstlich Gedruckt zu Leipzig / bey Gregorio Ritzschen / 1631." [Exemplar Hofbi-
bliothek Fürst Thurn und Taxis Regensburg, Sammlung Haeberlin C 36/39d] macht
Schwierigkeiten. Ich interpretiere den Hinweis so, daß es sich um einen *nicht* bei
Ritzsch, Leipzig, erschienenen, nicht-firmierten Nachdruck handelt, analog einem
Druck der Leipziger Schlußpredigt Hoës, vgl. unten Anm. 136. Der mit Angabe der
Verleger erschienene Druck ist bei Otto, wie Anm. 103, S. 31, angegeben.

[109] Wie Anm. 108, B3ʳ.

[110] Wie Anm. 108, A3ʳ, C2ʳ; im Anschluß an Luther [WA DB 10 I, S. 377]. Vom hebräischen Wortlaut her [נְאוֹת אֱלֹהִים Ps 83,13] wäre eher an ‚Auen Gottes' als an geschlossene Gebäude zu denken.

[111] „Wir wollen die Häuser Gottes einnehmen: Wo bißhero Gottes Wort rein und
lauter geprediget worden / da sol es hinfüro nicht mehr geschehen: Die Gotteshäuser /
die Tempel / die Kirchen / die Schulen / die Stifft / die Clöster / die vorhin das Volck
Gottes jnnen gehabt / besessen und zu Gottes Ehre angewendet / die wollen wir ihnen
wegnehmen / entziehen / sie außjagen / und alles zu uns ziehen […]", wie Anm. 108,
C2ʳ/ᵛ; vgl. D3ᵛ – 4ʳ.

[112] Wie Anm. 108, C4ᵛ.

[113] Wie Anm. 108, C4ᵛ; vgl. E2ʳ/ᵛ.

[114] Wie Anm. 108, B4ᵛ; C1ʳ; D1ᵛ u.ö.

Uneinigkeit aufreibt, bilden die Feinde eine „feste ligam".[115] Im Appell des predigenden Hofpropheten Hoë, das in den evangelischen, lutherischen und reformierten Ständen repräsentierte Volk Gottes solle zu „Einigkeit der Gemüther / der Intentionen, der Rathschläge / und dergleichen"[116] finden und sich im gemeinsamen Gebet „wider Gottes / und unsere Feinde"[117] sammeln, ist eine bemerkenswerte Nivellierung der innerprotestantischen Konfessionsdifferenzen vollzogen. Dieser Sachverhalt ist nun gerade bei Hoë, dessen literarische Tätigkeit bisher vorwiegend darauf ausgerichtet gewesen war, den Nachweis zu führen, daß man „lieber mit Papisten Gemeinschaft halten solle denn mit den Calvinisten"[118], und zu beweisen, daß – so der Titel eines Werkes von 1621 – „die Calvinisten in 99 Punkten mit

---

[115] Wie Anm. 108, D1^v; vgl. die ‚Beweisführung', daß die ‚Evangelischen' Gottes Volk, die ‚Papisten' Gottes Feinde sind, in Hoës Leipziger Schluß-Predigt, wie Anm. 136, S. 104 ff.

[116] Wie Anm. 108, D1^r. Das Motiv des vereinten Gottesvolks, „deß Evangelischen Israel in Teutschland", das – analog dem israelischen Stämmebund – in den „Evangelischen Chur= Fürsten und Ständen / gleich als Brüder[n]" in Leipzig zusammengekommen ist, ist auch für die drei in Leipzig gehaltenen Predigten des kurbrandenburgischen Hofpredigers JOHANNES BERGIUS von zentraler Bedeutung: JOHANNES BERGIUS, Brüderliche Eynträchtigkeit / Auß dem Hundert Drey und Dreyssigsten Psalm / Bey der Protestierenden … Zusammenkunft zu Leipzig / Anno 1631. … Frankfurt [O.], Joh. Friedrich Weisse, 1635. [Exemplar Hofbibliothek Fürst Thurn und Taxis Regensburg, Sammlung Haeberlin C 37/2; Abdruck des Titelblattes in: NISCHAN, Prince, wie Anm. 122, S. 254; zum Veröffentlichungsjahr 1635 vgl. meine Überlegungen unten Anm. 184], Zitat S. 4 f.; vgl. 13 u. ö. Als maßgebliches und hinreichendes Kriterium geistlicher Bruderschaft gilt für BERGIUS das Bekenntnis zu Christus, unbeschadet der Differenzen in „Ceremonien", „Opinionen" und „Lehrpuncten" [S. 9]. Auch in den kontroversen Lehrfragen sei man immerhin „so weit" einig, als zur Seligkeit „nöhtig" sei [S. 32]. Die Einigkeit betreffe den „Grund der Seligkeit" und „alle nöhtigen Glaubens und Lebens= Puncte"; daneben gebe es „Privat= Opinionen" [S. 34]. Daß der ‚Irenismus' des BERGIUS nichts mit Indifferenz gegenüber der Lehre „von der Allenthalbenheit des leibs Christi / unnd von der mündlichen Nießung desselben" [ebd.] zu tun hat, ist klar. Es soll darum gehen, in den Lehrdifferenzen „als Brüder einander zu unterweisen" [S. 35]. Zur Rolle des BERGIUS im Kontext der kurbrandenburgischen Politik vgl. die Arbeiten von NISCHAN, wie Anm. 122; besonders zu der durch BERGIUS repräsentierten reformierten ‚Irenik' vgl. NISCHAN, Prince, wie Anm. 122, S. 236–241; KAUFMANN, wie Anm. 281; LEUBE, wie Anm. 95, bes. S. 130 ff. Darüber hinaus führt BERGIUS das Verhalten der „Evangelische[n] Obrigkeiten" an, die sich der Streitigkeiten der Theologen „nie so weit theilhafftig gemacht / daß sie einander auß dem Religionsfrieden hätten außschließen wollen / sondern vielmehr einander allerseits für Mit=Evangelische / für einerley Confessionsverwandte und für Mitgenossen des Religionsfriedens zu jederzeit erkannt haben." [S. 18]. In seiner zweiten Predigt legt BERGIUS dar, in welchen materialen theologischen Lehrfragen Einigkeit unter den Evangelischen bestehe, und geht die einzelnen Loci durch [S. 32 ff.].

[117] Wie Anm. 108, E1^v.

[118] Die Schrift LEYSERs stammt ursprünglich von 1602 [s. Anm. 65]; 1620 gab sie Hoë aus Anlaß der böhmischen Auseinandersetzung mit dem königlichen Hofprediger Fried-

den Arianern und Türken übereinstimmen"[119], bemerkenswert. Nicht zuletzt durch theologische Verhandlungen mit reformierten Theologen Kur-

---

richs V. in Prag, Abraham Scultetus, [vgl. HERTRAMPF 1969, wie Anm. 103, S. 136 ff., vor allem 138] neu heraus; vgl. MÜLLER, wie Anm. 105, S. 124 mit Anm. 260. Scultetus hatte die vom König selbst verordnete „Reinigung" des Prager Doms in seinem „Bericht vom Götzenwerk" gerechtfertigt. Aus dem Triumphkreuz war Brennholz für seine Küche gemacht worden, vgl. zu den Vorgängen die eindrückliche Schilderung von JOSEF HEMMERLE, Die calvinische Reformation in Böhmen. In: Stifter-Jahrbuch 8, 1964, S. 243–276, bes. 258–266; und im Lichte der Flugblattpublizistik: HARMS II, wie Anm. 60, Nr. 182; HARMS IV, wie Anm. 99, Nr. 226. Die Aggressivität, mit der die reformierte ‚Desakralisation' des Doms auf dem Hradschin durchgeführt wurde, trug nicht nur wesentlich zur Entfremdung zwischen den Böhmen und ihrem neuen König bei, sondern ließ die Nähe des Luthertums zur gemeinsamen kultisch-liturgischen Tradition des Abendlandes sinnenfällig werden. Im Angesicht des ‚Greuels der Verwüstung' ist das Bewußtsein zeitgenössischer Lutheraner, den Papisten näher zu stehen als den Calvinisten, nachvollziehbar. Zu LEYSERs Schrift „Ob, wie und warum man lieber mit den Papisten Gemeinschaft halten solle, denn mit den Calvinisten" vgl. OTTO, wie Anm. 103, S. 39. Angriffen von seiten des Heidelbergers David Pareus auf Polykarp Leyser d. Ä. war dessen Sohn POLYKARP d. J. 1616 entgegengetreten. 1620 erfolgte die abermalige Edition, nun mit einem „Appendix" HOËS versehen: Eine wichtige / und in diesen gefährlichen Zeiten sehr nützliche Frag: Ob / wie / und warumb man lieber mit den Papisten gemeinschafft haben / und gleichsam mehr vertrawen zu ihnen tragen solle / dann mit und zu den Calvinisten. Erörtert durch Herrn Polycarpum Leysern …, Leipzig / Bey Abraham Lamberg / und Caspar Kloseman, 1620 [Exemplar SB München 4° Polem. 1783]. Bei der von Leyser entwickelten Möglichkeit, mit den „Catholischen" bzw. „Papisten" „vertreglicher" umzugehen als mit „Calvinisten", sind die Jesuiten ausdrücklich ausgenommen [A2ᵛ]. Lutheraner und „Romanisten" [A3ʳ] seien „einander in der Religion neher verwand" [A3ʳ] als Lutheraner und Calvinisten: „Denn beyde Parten / lutherische und genante Catholische / lehren einmühtiglich / daß Gott allmechtig sey / alles könne und vermöge: Daß er Adams und der Even Fall nicht gewolt: Daß er die Sünde […] / welche er in seinem Gesetz verbeut / noch heutiges tages nicht woelle: […] Daß die gnadenreichen Verheißungen des Evangelii universales und allgemein sein […]." [S. 3 f.]. Hinzu kommen Übereinstimmungen in bezug auf Christologie und Sakramente. Die Differenz gegenüber dem Calvinismus erfuhr – insbesondere im Jahre der abermaligen Veröffentlichung ein Jahr nach den Dordrechter Beschlüssen – eine aktuelle Zuspitzung, die im Interesse des Herausgebers HOË gelegen haben dürfte. Aus der Affinität der Calvinisten zum „orientalischen Antichristen" insbesondere in bezug auf die Christologie – hätten doch die Reformierten „von unserem HErrn Christo keinen bessern Glauben / denn der Mahomet in seinem Türckischen Alcoran gesetzt hat" [S. 12] – folgt nach HOË/LEYSER [s. Anm. 65] auch in politischer Hinsicht eine stärkere Nähe der Lutheraner zu den Papisten. Zur Anwendung der Metapher vom orientalischen Antichristen auf die Reformierten s. auch „Fasciculus ex Bohemia", wie Anm. 104, S. 5. Die Übertragung der Metapher von den Türken auf die Reformierten dürfte durch den Rückgang einer akuten Türkengefahr seit 1606 gefördert worden sein. Als theologische Implikation ist an den von lutherischer Seite mit dem Antichrist-Prädikat gegebenen Verzicht einer innergeschichtlichen Vernichtung [s. o. Anm. 91] zu erinnern. Zur Entstehung der Theorie vom doppelten Antichristen, dem Papsttum und dem Türken, in der Wittenberger Theologie der späten 1520er Jahre und ihrer späteren Ausformung vgl. SEIFERT, wie Anm. 38, S. 12 ff.; passim. Wenn ich recht sehe, erhielt die Auffassung einer größeren Nähe des Luthertums zu den Papisten als zu den Calvinisten durch den von einer konfessionspolitischen Massenpublizi-

brandenburgs, die gleichsam am Rande und inoffiziell, doch mit Billigung und Förderung des sächsischen und des brandenburgischen Kurfürsten in Leipzig geführt wurden[120], konnte Höe von der Notwendigkeit einer in-

stik [vgl. RUDOLF KNIEBE, Der Schriftenstreit über die Reformation des Kurfürsten Johann Sigismund von Brandenburg seit 1613, Halle 1902] begleiteten Konfessionswechsel des kurbrandenburgischen Kurfürsten Johann Sigismund 1613 einen nachhaltigen Aufschwung. In bezug auf den Wittenberger BALTHASAR MEISNER dürfte dies aufgrund eines bei THOLUCK zitierten Briefzeugnisses Evidenz besitzen, vgl. AUGUST THOLUCK, Der Geist der lutherischen Theologen Wittenbergs im Verlaufe des 17. Jahrhunderts, Hamburg/ Gotha 1852, S. 122. Zur anticalvinistischen Polemik Hoës vgl. auch LEUBE, wie Anm. 95, S. 111 ff.; s. auch DIETHELM BÖTTCHER, Propaganda und öffentliche Meinung im protestantischen Deutschland 1628–1636. In: ARG 44, 1953, S. 181–203, Nachdruck in: HANS ULRICH RUDOLF [Hg.], Der dreißigjährige Krieg, [WdF 451], Darmstadt 1977, S. 325–367; vgl. auch HÄNISCH, wie Anm. 138, S. 45–49.

[119] Augenscheinliche Prob, Wie die Calvinisten in Neun und Neunzig Punkten mit den Arianern und Türken übereinstimmen, Leipzig 1621, vgl. OTTO, wie Anm. 103, S. 24. Ähnlich im Appendix 1620, wie Anm. 118, S. 17 f. HOË knüpft mit dem Türkenvorwurf gegen die Reformierten ausdrücklich an PHILIPP NICOLAI, aber auch an die Tübinger an, vgl. nur VD 16, N 1484 ff. Der Vorwurf, die Calvinisten hätten eine „türkische" Religion, ist mindestens seit den 1570er Jahren belegt, vgl. nur die Hinweise bei ELERT, wie Anm. 65, Bd. 1, S. 272 Anm. 4.

[120] Vgl. dazu außer: CARL WILHELM HERING, Geschichte der kirchlichen Unionsversuche Bd. 1, Leipzig 1836, S. 327 ff.; LEUBE, wie Anm. 95, S. 125 ff.; OTTO RITSCHL, Dogmengeschichte des Protestantismus Bd. IV: Das orthodoxe Luthertum im Gegensatz zu der reformierten Theologie und in der Auseinandersetzung mit dem Synkretismus, Göttingen 1927, S. 262–264; SCHÜSSLER, wie Anm. 121, S. 89–91; vgl. zuletzt die knappen Hinweise bei CHRISTOPH BÖTTIGHEIMER, Zwischen Polemik und Irenik. Die Theologie der einen Kirche bei Georg Calixt, [Studien zur systematischen Theologie und Ethik 7], Münster 1996, S. 44 f. Auf die beträchtliche publizistische Bedeutung der Leipziger Verhandlungen hat LEUBE, wie Anm. 95, S. 134, hingewiesen: „Es gibt vielleicht keine Unionsschrift in der evangelischen Kirche der Zeit der Orthodoxie, die so häufig gedruckt worden ist als das Protokoll der Leipziger Verhandlungen." Vgl. auch ARNOLD, wie Anm. 106, Bd. I, S. 922 f. Instruktiv für die – wie es scheint – außerordentlich komplexe Diskussionslage im Anschluß an das Leipziger ‚Religionsgespräch' ist eine scharfsinnige, einem heterodoxen ‚protestantischen' Milieu zuzuweisende anonyme Flugschrift, die wohl nicht lange nach dem Kolloquium bzw. der Veröffentlichung des Protokolls erschien: Kurtzer Discurs, Von der zu Leyptzig anno 1631, mense Martio angestelleten Religionsvergleychung / zwischen den Chur Sächsischen und Chur Brandebürgischen auch Fürstlichen Hessischen Theologen. [Exemplar Hofbibliothek Fürst Thurn und Taxis Regensburg, Sammlung Haeberlin C 37/1; der handschriftliche Eintrag: „MDCXXXI. m. Mart." ist wohl auf das Kolloquium, nicht den Zeitpunkt der Veröffentlichung des ‚Diskurses' zu beziehen]. Der Anonymus weist darauf hin, daß durch die Ignorierung ‚protestantischer' Häretiker wie der Arminianer, der Weigelianer, der Mennoniten, der Socinianer oder Photinianer eine nachhaltige Widerlegung des Papsttums bzw. die Formierung einer protestantischen Einheitsfront verhindert worden sei [A3ʳ]. „Warumb verdencken wirs den Papisten / das sie ihnen einbilden / sie seyen allein die rechte Kirche / ausser welcher nichts als Ketzer und schwermer gefunden werden: weil wir es eben auch also machen?" [A3ᵛ]. Außerdem kritisiert er eine unzureichende Verständigung über die verbindliche Entscheidungsinstanz und kritisiert das in Leipzig gewählte Verfahren, von der Confessio Augustana invariata auszugehen:

nerprotestantischen Annäherung als einer politischen Überlebensfrage
überzeugt werden. Die in den 1630er Jahren forciert wirksamen innerprotestantischen Einigungsbemühungen hatten keineswegs allein in Helmstedt
ihren Geburtsort – für Calixt war die innerprotestantische Union ohnehin
nur ein Schritt auf dem Weg zur Konkordie mit Rom und den Ostkir-
chen[121] – und sie hatten auch in dem unter anderem von den Leipziger
Verhandlungen und ihrem im protestantischen Ausland ausgelösten Echo
beeinflußten Schotten Johannes Duraeus[122] keineswegs ihren in dieser
frühen Phase einflußreichsten Repräsentanten; sie scheinen vielmehr in der
existentiellen religiösen und politischen Bedrängnis des Protestantismus um
1630 ihren Entstehungszusammenhang zu haben und fanden insbesondere
in einer populären Druckpublizistik, in der man seit den 1630er Jahren

---

„Derwegen man es disfals nit besser als die Papisten machet / welche der Kirchen Traditio-
nes und auffsetze / der Conciliorum decreta der väter schrifften zur Richtschnur der Religions Controversien auffwerffen". [A4ʳ] Dieses Verfahren unterstützte das Papsttum; ein
kritischer Durchgang durch die CA soll den Nachweis ergeben, daß auch die evangelischen Konfessionstheologen andere als biblische Argumente zugrundelegen. In einigen
Stücken, etwa der Willenslehre, sei man „zu weit vom bapstumb abgangen", hingegen „in
vielen Stücken noch zu sehr demselben" verbunden" [C4ᵛ].

[121] Vgl. nur JOHANNES WALLMANN, Art. Calixt, Georg. In: TRE 7, S. 552–559, hier:
554; vgl. HERMANN SCHÜSSLER, Georg Calixt. Theologie und Kirchenpolitik, [VIEG
25], Wiesbaden 1961. Zum ‚Ökumenismus‘ Calixts vgl. noch: PETER ENGEL, Die eine
Wahrheit in der gespaltenen Christenheit. Untersuchungen zur Theologie Georg
Calixts, [GTA 4], Göttingen 1976, und zuletzt: BÖTTIGHEIMER, wie Anm. 120 [Lit.].

[122] Vgl. nur C. H. W. VAN DEN BERG, Art. Durie, John. In: TRE 9, S. 242–244 [Lit.].
Nach RITSCHL [wie Anm. 120, S. 264] war vor allem die Tatsache, daß der brandenburgische Verhandlungsführer Johannes Bergius [vgl. über ihn nur: RUDOLF VON THADDEN, Die
Brandenburgisch-Preußischen Hofprediger im 17. und 18. Jahrhundert, (AKG 32), Berlin
1959, S. 175–178; RGG³, Bd. 1, Sp. 1046 f.; vgl. zum historischen Kontext: BODO NI-
SCHAN, Prince, People and Confession. The Second Reformation in Brandenburg, Philadelphia 1994, S. 236–241; 253–257; und dazu: HEINZ SCHILLING, Nochmals „Zweite Reformation" in Deutschland. In: ZHF 23, 1996, S. 501–524; BODO NISCHAN, Confessionalism and Absolutism: The case of Brandenburg. In: ANDREW PETTEGREE – ALASTAIR
DUKE – GILLIAN LEWIS (Hg.), Calvinism in Europe 1540–1620, Cambridge 1994, S. 181–
204] die Akten des Leipziger Gesprächs an Duräus übermittelte, Anlaß für dessen irenische Mission und zugleich Ursache dafür, daß die Lutheraner von der „Leipziger Annäherung" abrückten, vgl. auch LEUBE, wie Anm. 95, S. 130. In der Mark Brandenburg erlangte
das Protokoll der Leipziger Verhandlungen den Rang einer Bekenntnisschrift, vgl. die
Edition in A. H. NIEMEYER, Collectio Confessionum in Ecclesiis Reformatis Publicatarum, Leipzig 1840, S. 653–668. Äußerungen Calixts zum Leipziger Konvent scheinen
nicht überliefert zu sein, vgl. ERNST LUDWIG THEODOR HENKE, Georg Calixtus und seine
Zeit, Bd. I, Halle 1853, S. 460 f. mit Anm. 2; MAGER gibt an, daß Calixt „auch die nach
dem Leipziger Religionsgespräch von 1631 […] in Gang gekommenen Annäherungsver-
suche zwischen Lutheranern und Reformierten" „[m]it Anteilnahme" verfolgt habe.
INGE MAGER, Georg Calixt. In: MARTIN GRESCHAT [Hg.], Orthodoxie und Pietismus,
[Gestalten der Kirchengeschichte 7], Stuttgart u.a. 1982, S. 137–148, hier: 145.

nicht wenige Flugblätter und -schriften findet, die man kaum sicher der lutherischen oder der reformierten Konfession zuschreiben kann[123], ihren
breitenwirksamen Ausdruck.

Der in der konkreten historischen Situation eindeutigen Identifizierung der Feinde der wahren Kirche, der Feinde Gottes[124], mit der katholischen Liga, die Hoë in seiner Eröffnungspredigt zum Leipziger Konvent
vornimmt, entspricht die geschichtstheologische und religiöse Erwartung
des Predigers. Die gegenwärtig erlittene Bedrängnis der wahren Kirche
hält deshalb an, weil „wir […] noch nicht recht oder genug Buß gethan"
haben[125]; wenn wir aber „heute / heute / so wir seine Stimme hören […]
mit Ernst Busse thun / […] wann wir sampt und sonders in allen Ständen
/ uns zum HERRN werden dringen […] so wird Gott auch eilen / so
wird sein schweigen / sein still seyn / sein innen halten aufhören / und ein
Ende nehmen […]".[126] Die für die lutherische Predigt im Angesicht des
Dreißigjährigen Krieges weithin charakteristische Zentrierung auf alttе-
stamentliche Predigttexte und auf die Bußthematik gründet in der Spannung von eigenem Erwählungsbewußtsein als wahrem Gottesvolk und
erfahrener Bedrängnis und zielt auf die Lösung dieser Differenzerfahrung
im Lichte des machtvoll-geschichtswendenden Handelns Gottes ab: Gottes eisernes Szepter soll die Feinde wie Töpfe zerschmeißen und „unver-
züglich" vertilgen.[127] Mit den Worten des Psalmisten beten die in Leipzig

---

[123] Zahlreiche Beispiele für konfessionsneutrale, z.T. an eine überkonfessionelle
Christlichkeit appellierende, oder eine gemeinchristliche Frömmigkeit propagierende
Flugblätter ‚irenischen' Inhalts, deren Produktion sich unmittelbar nach Kriegsausbruch
zu intensivieren scheint, finden sich in der von HARMS herausgegebenen Sammlung,
z.B. I, wie Anm. 43, Nr. 10; Nr. 178; HARMS II, wie Anm. 60, Nr. 148; Nr. 60 [Ende des
16. Jahrhundert]; Nr. 203; vgl. auch WOLFGANG HARMS, Deutsche Illustrierte Flugblätter des 16. und 17. Jahrhunderts Bd. III: Die Sammlung der Herzog August Bibliothek in
Wolfenbüttel, Teil 3: Theologica Quodlibetica, Tübingen 1989, Nr. 54; Nr. 89; vgl. zum
Problem der vielfach zu vermutenden „protestantische[n] Provenienz" [BANGERTER-
SCHMID, wie Anm. 227, S. 24], unten Anm. 185.
[124] Vgl. z.B. die Aussage: „Nun dann die Feinde / nicht unsere Feinde allein sind /
sondern zuförderst seine Feinde / und nun sie gegen das stillseyn GOttes / also wüten /
toben / und den kopff uber sich tragen / so bittet die Kirch / GOtt wolle desto ehe sie
vertilgen und dempffen." Wie Anm. 108, B4r. Die Identifizierung „unsere[r] Feinde"
mit Gottes Feinden durchzieht die ganze Predigt, vgl. E3r; C3v; D1r; E4r.
[125] Wie Anm. 108, B3r.
[126] Wie Anm. 108, B3v; vgl. D4r.
[127] Wie Anm. 108, B2r; vgl. C1v; G1v. Auch in einem aus Anlaß der Schlacht von
Lützen oder des Todes Gustav Adolfs erschienenen „Klag= und Buß=Gebet", das bei
den wöchentlichen Bußpredigten verwendet werden sollte, ursprünglich in Altenburg,
dann in Leipzig, bei Gregor Ritzsch, 1632 gedruckt [Exemplar Hohenemser 5550], wird
die ‚konfessionsübergreifende' antipapistische „Einträchtigkeit" der evangelischen Kirchen [A2v] beschworen und Gott als Kriegsherr angerufen: „Ach Herr stehe du selber

versammelten evangelischen Stände: „[…] mache ihr Angesicht voll
Schande / daß sie nach deinem Namen fragen / und zu schanden werden
und umbkommen müssen" [Ps 83,18].[128]

6. Intensivierung apokalyptischer Deutungsmuster

Der geschichtliche Bestand des Protestantismus ist für Hoë zu einer
letzten Frage geworden; die physische Vernichtung der mit den Anhängern des römischen Antichristen zu identifizierenden Feinde Gottes wird
in einer Sammlung von Zitaten aus Hoës Apokalypsekommentar nicht als
eschatologisches Ende der Geschichte, sondern als geschichtliches Ende
des Papsttums noch vor dem Jüngsten Tage erbeten.[129] Auch hinsichtlich

---

auff / und ziehe immer dar auß für unserm Heer / daß dise Feinde zerstrewet werden /
und die dich hassen / für dir fliehen. Vertreibe sie / wie der Rauch vertrieben wird /
wie das Wachs zerschmiltzet vom Fewer / so müssen ummkommen alle Gottlosen für
Gott." [ebd.]. Die Verfasserschaft Hoës dürfte in bezug auf das Gebet wahrscheinlich
sein. Am Schluß seiner Gedenkpredigt auf Gustav Adolf beschwört auch Hoë im Anschluß an Ex 15,3 Gott als den „rechte[n] Kriegs Mann", vgl. MATTHIAS HOË VON
HOËNEGG, Klagpredigt uber den tödtlichen Hintritt / des Durchlauchtigsten / Großmächtigsten Fürsten und Herrn / Herrn Gustavi Adolphi …, Dresden, W. Seyffert, 1633
[Exemplar Hohenemser 5546], D1[v]. Das Motiv der durch Gustav Adolfs Tod verpflich-
tenden Einigkeit der evangelischen Stände ist zentral für das Bußgebet am Schluß der
Gedenkpredigt des schwedischen Hofpredigers und Pfarrers der deutschen Gemeinde
in Stockholm JOHANN RÖTLÖBEN, Wehmütige Trost=Klage / Auß des Trawr Predigt …
Gustavi Adolphi … Stockholm, Chr. Reußner d. Ä. [1633] [Exemplar Hohenemser
5557], bes. B3[v].
   [128] Wie Anm. 108, G1[v].
   [129] Den sukzessiven, aber von Gott planmäßig verhängten Niedergang des Papsttums
verdeutlicht HOË in einer wohl im Sommer 1631 [vgl. die Überlegungen von TSCHOPP,
wie Anm. 96, S. 33 Anm. 66] vielleicht ohne seine Mitbeteiligung veröffentlichten
Sammlung von einschlägigen Zitaten aus dem unlängst erschienenen sechsten Teilband
seines zwischen 1610 und 1640 in acht Büchern publizierten Kommentars zur Johan-
nesoffenbarung, einem „Hauptwerk der lutherischen Orthodoxie aus der Zeit des Dreißigjährigen Krieges" [WALLMANN, wie Anm. 9, S. 112]. 1671 erschien eine einbändige,
mit einem Vorwort MARTIN GEIERS versehene Neuausgabe des Hoëschen Apokalypse-
kommentars, Leipzig, Schürer [Exemplar SB München 4 Exeg. 1003 a]. Die ausgewähl-
ten Zitate im EXCIDIVM stammen vornehmlich aus dem Zusammenhang der Kom-
mentierung des 17. Kapitels und haben in der zeitgeschichtlich aktualisierenden Deutung der Hure Babylon auf das päpstliche Rom und ihres durch Christus heraufgeführten Sturzes ihr Zentrum. Im Horizont der Zitatensammlung im EXCIDIVM bedeutet
dies, daß das in Apk 17 geschilderte endzeitliche Szenario, jetzt, 1631, stattfindet. Die
Zitate beziehen sich vornehmlich auf Hoës pointiert antirömische Auslegung von
Apk 17. Die Auswahl der Zitate dürfte durch Register, die den Inhalt der einzelnen Bücher in Frageform zusammenfassen, erleichtert worden sein. Ein Vergleich mit dem Text

der vitalisierenden und politisch dynamisierenden Kraft apokalyptischer Deutungen scheint es zwischenzeitlich zu einer gewissen Annäherung zwischen Lutheranern und Reformierten, oder jedenfalls der Suggestion einer solchen, gekommen zu sein. In einer anonymen Flugschrift, die wohl unmittelbar nach dem Leipziger Konvent unter dem Titel „Consilium Politico-Apocalypticum" erschien, wurde mit Hilfe der Johannesapokalypse ein offensiver Kampf gegen Papst und Kaiser gefordert. Die einerseits militante, andererseits hoffnungsvoll-siegesgewisse Grundgestimmtheit der Schrift in der Erwartung des Kampfes gegen den Satan spricht

des Hoëschen Kommentars [Commentaria in Johannis apocalypsin, praef. Martini Geieri, Leipzig, Schürer, 1671; Exemplar SuUB Göttingen 4 Th Bib 1064/38] ergab, daß die Zitatensammlung eine exakte Wiedergabe der Hoëschen Textvorlage darstellt, vgl. z.B. EXCIDIVM, A2^{r}f und II, fol. 108 a/b oder EXCIDIVM, A2^v und II, fol. 108b – 109a. Sollte man damit rechnen können, daß diese Zitatensammlung von reformierter Seite herausgegeben wurde, mit dem Ziel, die Lutheraner nach Leipzig zu einer offensiveren und aggressiveren Politik gegen den Kaiser zu drängen? [S. auch Anm. 130]. Ein Druckvergleich einer der Ausgaben des EXCIDIVM [s. unten Exemplarnachweis] und des „Consilium Politico= Apocalypticum" [Anm. 130] könnte meines Erachtens auf eine Identität der Offizin hindeuten. In der Flugschrift heißt es etwa: „Aus welchen Worten [sc. Apk 17,16] nicht unklar zuschliessen / das Könige und Fürsten vom Pabsthumb abfallen / und der Huren ihre schleckerhafftesten Bißlein endlich entziehen werden. Es haben solches innerhalb hundert Jahren fast viel Königreiche / Chur= Fürsten= und Herzogthüme; Graff= und Herrschafften; Provincien / Länder / Städte und Gemeynden gethan / seynd auch noch mit Haß wider die Huren entbrandt / und fressen ihr Fleisch. Denn wie viel Ertzbisthumb / Bisthumb / Kloster / Ebteyen / wie viel Canonicat werden von den Evangelischen besessen? Wie viel Annaten, Vacantzen / Zehenden / oder dergleichen Zinsen und Renten werden der Römischen Cammer nicht mehr entrichtet?" [S. 8; vgl. S. 11]. Im Lichte dieses Gedankengangs erscheint der Grad des geschichtlichen Erfolges des ‚Protestantismus' als Indikator des von Gott verhängten, zwangsläufig eintretenden und deshalb tröstlichen Niedergangs des Papsttums. EXTREMUM ET TOTALE ROMAE PAPALIS EXCIDIVM Das ist: Daß das Papstliche Rom und Anti-Christische Reich vorm Jüngsten Tage noch solle und müsse zerstöret und umbgekehret werden: Auß des Herrn Doctoris MATTHIAE HOËN VON HOËNEGG … Commentario uber die Offenbahrung S. Johannis … Nunmehr allen frommen / einfältigen / bedrengten Christen zum Trost und Nachricht mitgetheilet. [o.O., o.Dr.] 1631. [Exemplar SB München J publ. E 4° 321–9; BIRCHER A 4863]. Insgesamt sind 1631 vier nicht firmierte Drucke erschienen [BIRCHER A 4862–4864]. Der Schrift kommt demnach innerhalb der bewegten Situation des Sommers 1631 eine zentrale publizistische Bedeutung zu. Mit Luther hat der Fall Roms begonnen [aaO., S. 2; 11], in der Durchführung einzelner territorialer Reformationen setzte er sich fort [S. 11]; der Moment „deß Endes / und des letzten Puncts der Zeit" [S. 11] sei ungewiß, werde gleichwohl „ehestes Tages" [S. 11], „bald", „in kurtzen" [S. 14] erfolgen, und zwar „da Rom vermeinet / das es am meists blühe" [S. 11]. Im Angesicht der aktuellen militärischen Erfolge der katholischen Liga im Jahre 1631 konnte letzterer Hinweis im Sinne einer sehr akuten Untergangsverheißung verstanden werden. Ein aus dem Jahr 1633 stammendes Beispiel für die mit analogen exegetischen Begründungen vorgetragene apokalyptische Erwartung des Falls des Papsttums in der näheren Zukunft bietet HARMS IV, wie Anm. 99, Nr. 239.

neben anderem eindeutig für eine reformierte Provenienz der Schrift, mutmaßlich aus der Umgebung des brandenburgischen Hofpredigers Bergius.[130] Klar ist, daß „alles auffs Blut hinauß" laufe; Kursachsen habe immer wieder erfahren müssen, „daß alles wolgemeynte erinnern / abmahnen / indercediren / bitten und flehen biß dato nichts gefruchtet / und als ein Impossibile bey oben beschriebener der Bestien abominirlicher Unart hiefüro nichts fruchten können wird." Deshalb gelte es „jetzt" im Anschluß an Gustav Adolf „diesem Ubel [mit] eusserster Macht zu widerstehen / daran zu schwächen und zu dämpfen / was immer möglich" und „zum defensions Schwerdt nicht frigide, nicht tepide, sondern fervide zugreiffen."

Der Krieg Gottes, der Krieg seiner Kirche, zielt auf die totale Vernichtung des Gegners ab; im Strudel alttestamentlicher Gottesvolk-Metaphorik ist für die lutherische Fundamentalunterscheidung zwischen Kirche und Staat, zwischen zwei Regimentern und zwei Reichen, kein Raum. Der Existenzkampf der wahren Kirche gegen die Feinde Gottes, zu dessen geistiger und geistlicher Mobilmachung Hoës agitatorische Eröffnungspredigt wegen der Prominenz des Anlasses und ihrer gleichsam ‚offiziellen' Repräsentanzfunktion für die Stellung der evangelischen Stände – auch im Spiegel der katholischen Gegenpublizistik[131] – nicht unwesent-

---

[130] Consilium Politico=Apocalypticum Pro Commodo Statuum Germaniae Protestantium publico scriptum. Autore Anonymo & Incerto, 1631. [Exemplar Hofbibliothek Fürst Thurn und Taxis Regensburg, Sammlung Haeberlin C 34/3]. Eine instruktive Charakterisierung reformierter Apokalyptik aus dem brandenburgischen Kontext bietet: NISCHAN, Confessionalism, in: PETTEGREE, wie Anm. 122, S. 189 f.; zu BERGIUS vgl. außer den oben Anm. 122 gegebenen Hinweisen noch besonders: BODO NISCHAN, Calvinism, The Thirty Years War, and the Beginning of Absolutism in Brandenburg: The Political Thought of John Bergius. In: Central European History 15, 1982, S. 203–223. Ein eindeutiges Indiz für eine reformierte Provenienz der anonymen Flugschrift sehe ich etwa in folgender Formulierung: „Die Doctrina Daemoniorum muß offenbar / Lutherus cum Calvino & vice versa verglichen / die a morte capta Unio rediviva werden / und es ein bessere Augspurgische Confession, und Formulam Concordiae, nicht weniger auch so gar einen rechtschaffenen newen / auf Christliche Warheits libertet beständig gegründten Religions Frieden abgeben […]" [S. 13]. Vgl. auch die apologetische Tendenz gegenüber Friedrich V., aaO, S. 21 ff., sowie die Ortsangabe Emden des auf den 30.6.1631 datierten Schreibens. Sofern die Ortsangabe nicht fingiert ist, dürfte die reformierte Provenienz als sicher gelten. Die Zitate im obigen Text finden sich aaO., S. 6; 14; 13; 11; 13.

[131] Vgl. dazu die Hinweise bei TSCHOPP, wie Anm. 96, bes. S. 34 f. Der von ‚altgläubiger' Seite erhobene Vorwurf gegen HOË, daß er „in seiner Predig so gewaltig zu Feldt blaset / und einmahl wil für alles den wiedrigen Religions=Verwandten / den Garauß geben", ist zutreffend; das Zitat stammt aus: Auß Leipztig / vom 13. Februarij. Kurtzer Bericht / was sich bey angehendem … Convent vernemen lassen. Auß einem Schreiben Bros. Lobw. an seine gnädige herrschaft … Leipzig, G. Ritzsch [fingiert], 1631. [Exem-

lich beitrug, ist in keiner Weise auf eine Frage der Politik, der reichs-, rechts- oder militärpolitischen Pragmatik, des weltlichen Mächtespiels der Staaten reduzierbar. Für Hoë geht es 1631 um einen Kampf zwischen

---

plar Hofbibliothek Fürst Thurn und Taxis Regensburg, Sammlung Haeberlin C 36/40a], S. 4; vgl. S. 22; zur Predigt Hoës vgl. besonders die dem Druck beigefügte Schrift „Provisional Vidimus", S. 21–47. In einer der anonymen Repliken auf Hoës Predigt, die von ‚altgläubiger‘ Seite erschienen, spielt der Aufruhr gegen den Kaiser und der protestantische „blutdurst" [A2^r] eine zentrale Rolle. Hoës Auslegung des 83. Psalms enthalte „ärgerliche / blutdurstige / und wider die höchste Obrigkeit gantz ungehorsame / Gott allzeit mißfällige gedancken." [S. 3]. Der katholische Anonymus behaftet die ‚Protestanten‘ bei der pfälzischen Kriegsoffensive [S. 10/12]; der von Hoë gegen die römisch-katholische Papstpartei geschleuderte Vorwurf, sie wolle das „Volck Gottes" vernichten, wird auf den ‚protestantischen‘ Vernichtungswillen der Gegenseite bezogen: „[…] ist euch [sc. den Protestanten] aber gleichsam wie ein Muttermal angeboren / daß ihr jmmerdar / das Ero mors tua Papa vor Augen und Gedancken habt / unnd darvon nicht köndt ledig werden." [S. 12]. Die in Leipzig vollzogene Verbindung lutherischer und reformierter Stände ist ein sehr zentraler Angriffspunkt der gegnerischen Polemik: „Lutherische und Calvinische Fürsten unnd Ständt / die nit in einem Himmel wöllen beysamen sein und ein ander stets ihm Haar ligen / haben sich da verainiget / in ein Corpus der Vnion einspannen lassen / da haisst es wol / wanns umb Christum zuthun / werden Pilatus und Herodes ains." [S. 14]. Gegen Hoës Anwendung von Psalm 83,13 [s.o. Anm. 110] auf das Restitutionsedikt heißt es: „Laß dirs halt nit verschmahen / mein lieber Psalmist [sc. Hoë] / die Gotteshäuser / so widerumb restituiert werden / seind von Lutherischen nit gebawt / oder gestiftet / von ihnen nicht erkaufft / jhnen nicht geschenckt […]." [S. 14]. Der sachliche Grund dafür sei die ‚Geschichtslosigkeit‘ der evangelischen Kirche: „In welchem Maußloch ist sie gesteckt / vor / und weil Luther Catholisch gewest ist?" [S. 16]. Homiliae Uber den 82 Psalm / so zu Leipzig in dem Convent Der Euangelischen / und Protestierenden Chur=Fürsten / und Stände / den 10. Februarij, Anno 1631. Erkläret / und … in Truck gegeben / Durch MATTHIAM HOË VON HOËNEGG …, [o.O., o.Dr.], 1631. [Exemplar UB München 4 Theol. 5521/4]; Überlegungen zum Verfasser bei TSCHOPP, aaO., S. 34 Anm. 68. Eine ausführliche Auseinandersetzung mit der Kritik an seiner Eröffnungspredigt, die „reissend auffgekaufft / unnd [in] viel tausent Exemplaria in wenig Tagen hin und wider außgebreitet worden" [HOË, Leipzige Schluß-Predigt, wie Anm. 136, S. 37], bietet Hoë in seiner Leipziger Schlußpredigt, wie Anm. 136, S. 37 ff.; vgl. 71 f. Die katholische Flugschriften- und Flugblattpublizistik, die sich im Umfeld des Leipziger Konvents verstärkt meldet, steht für die gesamte Zeitspanne des Krieges quantitativ weit hinter der protestantischen Publizistik zurück. Meinem Eindruck nach ist der Anteil der anonymen und pseudonymen Publikationen in der Volkssprache auf ‚altgläubiger‘ Seite signifikant erhöht, wohl vor allem eine Folge des theologisch begründeten Ausschlusses des Laien aus dem Diskurs über Glaubensfragen, vgl. auch TSCHOPP, wie Anm. 96, S. 70 f. Das einzige Beispiel für ein quantitativ vergleichbares Volumen evangelischer und katholischer Publikationen bildet die 1633/34 geführte Kampagne um die Ermordung Wallensteins im Auftrag des Wiener Hofs, vgl. dazu jetzt: SILVIA SERENA TSCHOPP, Albrecht von Wallensteins Ende im Spiegel der zeitgenössischen Flugblattpublizistik. In: ZHF 24, 1997, S. 25–51. Rückschlüsse auf die ungewöhnliche Heftigkeit der altgläubigen Gegenwehr gegen Hoës Leipziger Predigten erlaubt seine zweite [zur ersten s. Anm. 136] Auseinandersetzung mit Gegenschriften, die er selbst nur z. T. zur Kenntnis nehmen konnte. Aus den Angaben der Vorreden [S. 1–4; s. auch S. 40 ff.; 149 f.] ist zu schließen, daß es sich um minde-

Glauben und Unglauben; er ist in dieser Einschätzung keineswegs für das Luthertum als solches und für dessen sozialethische und politiktheoretische Prinzipien im allgemeinen charakteristisch. Wenn eine frühneuzeitliche Konfession zwischen Religion und Politik zu unterscheiden vermochte, dann bekanntlich noch am ehesten die lutherische. Gleichwohl zeigt das Beispiel Hoës, daß auch prominente Lutheraner die Fanfare zum Religionskrieg blasen konnten und daß der religiösen Prinzipialisierung des politischen Konflikts eine wichtige Bedeutung für die Mobilisierung der evangelischen Stände zu einer konzertierten Tat zukam. Betrachtet man das Selbstverständnis einer geschichtlichen Gegenwart als integrales Moment des geschichtlichen Verstehens[132], scheint es kaum sinnvoll zu sein zu bestreiten, daß der Dreißigjährige Krieg auch für Protestanten, gleichgültig ob für Fürsten, Politiker oder Theologen, ein *Religionskrieg* war, und daß die Predigt ein wichtiges Mittel in diesem Krieg sein konnte. Zugleich ist aber auch zu betonen, daß der Charakter des Krieges, vornehmlich die Frage, ob es sich um einen Religionskrieg handelte, bei den Zeitgenossen selbst strittig war.[133]

---

stens sechs verschiedene Schriften gehandelt haben muß. D. MATTHIAE HOË VON HOË-NEGG ... Nochmalige summarische Verantwortung und Vertheidigung / seiner bey dem Leipzigischen Convent ... gehaltener Predigt. Wider etlicher Päpstischer Nacht=Raben und Ertzlügner außgesprengte Pasquill und Lesterschrifften ..., Leipzig, In Verlegung Zachariae Schürers S. Erben / und Matthiae Götzens, Gedruckt bei Gregorio Ritzschen, 1632. [Exemplar Hofbibliothek Fürst Thurn und Taxis Regensburg, Sammlung Haeberlin C 36/41]. Diese publizistische Kontroverse ist bisher nicht vollständig rekonstruiert. Die Tatsache, daß Hoës Gegner anonym blieben, wurde von ihm als Verstoß gegen Gottes Wort, als Rechtsbruch und Beweis der Unehrenhaftigkeit seiner Gegner gebrandmarkt, vgl. aaO., S. 6 f.; 134 ff.; ähnlich von dem Drucker Ritzsch, wie Anm. 136, bes. S. 4. Hoë meinte gleichwohl zu wissen, wer einer der Kontroversisten war, mit denen er es zu tun hatte, vgl. aaO., S. 9; 150: der Mainzer Jesuit REINHARDUS ZIEGLER [s. SOMMERVOGEL, wie Anm. 81, Bd. 8, Sp. 1488 ff. (wo Hoës Verfasserangabe bestätigt wird); DBA 910, 452 (pseud.: Oedickhovius)]; ein weiterer Gegner ist der ehemalige Dillinger Jesuit und Beichtvater des Augsburger Bischofs von Knoeringen LORENTZ FORER [s. aaO., S. 135; 1; DBA 333,27–30; 1309,282 (pseud. THOMAS VITUS); LThK³ 3, 1995, Sp. 1349 (Lit.)]. Zur Diskussion um sonstige von Zeitgenossen vermutete Verfasser vgl. Hoës Schrift aaO., S. 149 f. Hoë selbst bringt die Zunahme jesuitischer Kontroverspublizistik im Jahre 1631 mit dem Triumph über die Zerstörung Magdeburgs in Zusammenhang. Die Jesuiten meinten, „sie hetten nun gantz gewonnen: Sie möchten nun schreyen und schreiben nach ihrem gefallen." [A.a.O, S. 151].

[132] Vgl. dazu die Überlegungen ARNOLD ESCHS, besonders in: Zeitalter und Menschenalter. Die Perspektiven historischer Periodisierung. In: DERS., Zeitalter und Menschenalter. Der Historiker und die Erfahrung vergangener Gegenwart, München 1994, S. 9–38.

[133] Der Anonymus der „Homiliae" [Anm. 131] formuliert in bezug auf Hoë: „Gib acht / lieber Psalmist / weil ihr Praedicanten mit solchem Kriegpredigen unnd Blutscarteken so offt auffzieht / daß ihr nit ewern guten Namen verlieret / und nicht mehr

Die im Angesicht realer Bedrohtheitserfahrung in Leipzig geglückte
politische Verbindung lutherischer und reformierter Fürsten und Stände
war von eben jener religiös aufgeheizten Atmosphäre getragen und begleitet, die den sächsischen Oberhofprediger das baldige Erscheinen göttlicher „Werkzeuge", die das Papsttum „zerbrechen und zerschlagen" werden, ja eines „Edeln Held [...] / der das Pabsthumb geschwinde darnieder
reisse"[134] erwarten und die Hilfe Gottes für den, der „deß Herren Krieg
führe"[135], erbeten ließen. In einer seiner am Ende des Leipziger Konvents
gehaltenen Predigt angefügten Auseinandersetzung mit seinen Kritikern[136] betont Höe noch einmal die grundsätzliche Loyalität der evange-

---

Praedicanten / sonder Predigkrieg genennt werdet." [S. 3]. Zu verschiedenen zeitgenössischen Voten, die nachdrücklich betonen, daß es sich bei dem Dreißigjährigen
Krieg nicht um einen Religionskrieg handle, s. unten, bes. Anm. 178. Für den anonymen Autor der schlesischen „Frag= Stücke" [wie Anm. 156] ist unstrittig, daß der Krieg
ein „ReligionsKrieg" [A3ʳ] ist, vgl. A3v. Für den anonymen Verfasser des „Duplex Census" [wie Anm. 141] steht fest, daß – wie der gegenwärtige – so „letztliche alle Reli-
gionsKriege" [S. 76] vom Papsttum verursacht sind.

[134] EXTREMUM ... PAPALIS EXCIDIVM, wie Anm. 129, S. 13 f. In seiner auf den
1. Mai 1631 datierten ‚Refutation', die im Anhang der Leipziger Schluß-Predigt erschien [wie Anm. 136], findet sich eine erste überaus positive Stellungnahme Höës zu
Gustav Adolf, vgl. wie Anm. 136, S. 55. S. 81 heißt es in Auseinandersetzung mit Kritik
von katholischer Seite: „Ich [sc. Höe] halten den König in Schweden für einen grossen
mächtigen Potentaten: für einen gottseligen Christlichen Evangel. König: dem auch
seine Feinde das Lob gegeben / daß Ihre Maj. ein devoter und andächtiger König und
Herr seye. [...] Ich halte ihre Maj. für einen großmütigen Helden / der biß hero kein
Hasenpanier aufgeworffen. Ob sie aber der rechte Gideon sey / das wird Gott / und die
Zeit eröffnen." Vgl. S. 86 f. aber auch die Warnung Höes vor triumphalistischer Selbst-
überhebung im Angesicht militärischer Erfolge des Schwedenkönigs.

[135] Wie Anm. 136, S. 82. Ganz entsprechend heißt es in einer wohl unmittelbar nach
Breitenfeld erschienenen Flugschrift, deren Anliegen darin besteht, Gustav Adolfs Sieg
als „Gottes Werck" [B2ʳ] zu erweisen: die Pfeile seines Heeres seien „Pfeile des Heyls
vom Herrn / Pfeile des Heyls wider den Antichristischen Geschwürm und weiter ge-
flogener Hewschrecken" [B1ᵛ]. Ein einfältiges Theologisch Bedencken / Auf die Frage:
Ist des Königs in Schweden vornehmt Gottes Werk? An einen Hochgelahrten Herrn
der Dominicaner Ordnung abgesandt ... Von Dem / der recht Evangelischen / Geringsten Lehrenn ... Erfurt 1631. [Exemplar Hofbibliothek Fürst Thurn und Taxis Regensburg, Sammlung Haeberlin C 36/9].

[136] Leipzige Schluß = Predigt / Von der Fürsten guten Fürstlichen Gedancken / Als
der von Churfürstlichen Durchl. zu Sachsen / Herrn Herrn Johann Georgen / ec. angestellte Hochansehnliche Convent ... glücklich geschlossen und geendet worden / in der
und vieler tausent Menschen Gegenwart in der Kirchen zu S. Thomas in Leipzig gehalten am Sontag Palmarum Anno 1631 ... Mit angeheffter Verantwortung der Predigt /
so auß dem 83. Psalm im Eingang des Hochansehlichen Convents gehalten ... Verfertigt
durch Matthiam Höe von Hoënegg ..., Leipzig, G. Ritzsch, 1631. [Exemplar SB
München J publ. E 4° 321–12]. Andere Druckausgabe Leipzig, Ritzsch, mit variierender
Stellung einer Erklärung des Druckers zu einer unter seinem Namen [Rûtzsch] erschienenen Polemik gegen Höe [Auß Leipzig ..., wie Anm. 131; vgl. auch Tschopp, wie

lischen Stände gegenüber Kaiser und Reich.[137] Die prinzipielle Wertschätzung obrigkeitlicher Ordnung unter Einschluß des Kaisertums soll durch die konkrete historische Option nicht außer Kraft gesetzt sein. In der Hausandacht Höes hat das Gebet für den Kaiser nach täglich mehrmaligem Gesang des — wie es scheint — in der Zeit des Dreißigjährigen Krieges besonders populären lutherischen Liedes „Erhalt uns Herr bey deinem Wort / und steur des Pabsts und Türcken Mord" seinen festen Platz.[138]

Anm. 96, S. 34; S. 325 Nr. 18], die wohl als früherer Druck anzusprechen ist, in einem Göttinger Exemplar: SuUB Göttingen 8 Hist. Germ. un. VIII, 434:3. Zur Identifizierung des anonymen Verfassers der Schrift „Auß Leipzig / vom 13. Februarij" [s. Anm. 131; Tschopp, aaO., S. 34 Anm. 68; Höe, Leipzige Schluß-Predigt, S. 75]. Den beiden genannten Ausgaben der Leipziger Schlußpredigt, die eine Erklärung des Druckers und eine — erste — Verantwortung Höes gegenüber der ‚altgläubigen' Kritik an seiner Eröffnungspredigt enthalten [vgl. Anm. 108; 131], gingen wohl zwei weitere Drucke im Jahre 1631 voraus, die lediglich den Text der Schlußpredigt boten. Daß es sich um zwei Drucke gehandelt haben wird, ist m. E. dem Hinweis: „Erstlich Gedruckt zu Leipzig / bey Gregorio Ritzschen / 1631" [Exemplar Hofbibliothek Fürst Thurn und Taxis Regensburg, Sammlung Haeberlin C 37/11] zu entnehmen. Ich interpretiere dieses Impressum so, daß es sich um einen *nicht* bei Ritzsch, Leipzig, veranstalteten, nicht-firmierten Nachdruck handelt. Demnach kamen zwei Ausgaben der Predigten ohne die Erklärung des Druckers und die Verantwortung Höes und zwei mit denselben heraus. Die bibliographischen Angaben bei Otto, wie Anm. 103, S. 31, der nur einen Druck: „Leipzig, Zacharias Schürers S. Erben und Matthias Götz 1631" angibt, beziehen sich auf die in den von mir eingesehenen Drucken nicht genannten Verleger. Wenn Ottos Angabe Vertrauen verdient, handelt es sich um den eigentlichen Urdruck oder um eine fünfte Ausgabe.

[137] „Sie [sc. die evangelischen Stände] sind so hoch dem Reich mit Pflichten verwand / als die Catholische / und begehren dafür zu sein / daß das ohne das schlotternde Reich / nicht gar zu Boden geworffen werden." Wie Anm. 136, S. 45; zu Sachsens Beziehung zu den Habsburgern s. besonders aaO., S. 59.

[138] „In meinem Hause lasse ich alle Tage etlich mal Weib / Kind / unnd Gesind / mit unnd neben mir / zum Beschluß deß Geistreichen Gesanges / Erhalt uns Herr bey deinem Wort / unnd stewr des Papsts unnd Türcken Mord / also laut und deutlich beten: Gib unserm Keyser / Churfürsten / unnd aller Obrigkeit / fried und gut Regiment / daß wir unter Ihnen / ein geruhiges und stilles Leben führen mögen / in aller Gottseligkeit und Erbarkeit / Amen." Höe, Leipzige Schluß-Predigt, wie Anm. 136, S. 127. „Erhalt uns, Herr" [vgl. dazu Markus Jenny, Luthers geistliche Lieder und Kirchengesänge, (AWA 4), Köln, Wien 1985, S. 118 f.; 304 f.] spielte bei den von Höe inszenierten kursächsischen Jubiläumsfeierlichkeiten schon eine prominente Rolle [vgl. Robinson-Hammerstein, wie Anm. 15, S. 473] und war auch das meistgesungene Lied im Rahmen der mutmaßlich von Höe konzipierten kursächsischen Jubel- und Dankfeierlichkeiten aus Anlaß des ersten Jahrestages der Schlacht von Breitenfeld; vgl.: Abdruck Chur Sächsischen Jubel / Lob / Danck und Denckfestes / so in Ihrer Chur = Fürstlichen Gnaden / gantzem Land auff den 6. und 7. Septemb. in diesem 1632. Jahr in allen Kirchen soll gehalten werden / wegen des Herrlichen Victori und Sieg, so Ihre Churfürstliche Genaden zu forderst mit beystand des Allerhöchsten … und dann deß Herren Gustavi Adolphi … als eines Großmächtigsten Gideons den 7. Septemb. 1631

Aber nur „Simple und Einfältige / ja mit sehenden Augen / vorsetzlich blinde Leute" lassen sich in der zugespitzten Situation noch einreden, daß es „nunmehr nicht principaliter, und fürnemlich / umb die Religion zu thun"[139] sei. Die offenkundige Zielsetzung der Gegenseite, „das Pabstthumb allenthalben wider auffzurichten", verdeutliche, daß es „umb die Religion allein" gehe. Die Feinde meinen, daß sie „Gott einen Dienst leisten / wann sie nur weidlich helffen / die Pästliche [sc. päpstliche] Religion pflantzen / und die Evangelische außrotten [...]".[140]

Bei der rechtstheologischen Argumentation zugunsten eines Krieges gegen das Reichsoberhaupt spielte die Überzeugung, der Kaiser sei eine bloße Kreatur des Papsttums, die entscheidende Rolle. „Und daß ich diese verblümte Rede in rechtem freyem deutschen Verstande von mir gebe / so ist der Kayser ihm selbst unnd dem Reich an seiner Hoheit / Majestet und Freyheit gefähr / weil Er den stoltzen Pfaffen und Götzen / dem Monstro zu Rhom sich undergibt / seinen Stuel und Abgoetterey verthedigt / für ihm krieget und das Evangelium verfolget." Der Gehorsam gegenüber Gott schließe gemäß dem Grundsatz „Oboedientia majoris tollit oboedientiam minoris" den Gehorsam gegenüber dem Kaiser, der seine Schutzpflicht zugunsten der wahren Religion verleugne, aus. Zweck des Krieges müsse es deshalb sein, einen Kaiser zu bekommen, der nicht „den

---

Sieghaftig erhalten ..., Dresden, C. Bergen, 1632. [Exemplar Hohenemser 5493], A2ʳ – A3ʳ; zur Rolle der lutherischen Kirchenlieder, u.a. auch „Erhalt uns, Herr" im Rahmen des CA-Jubiläums von 1630 vgl. ULRIKE DOROTHEA HÄNISCH, ,Confessio Augustana triumphans'. Funktionen der Publizistik zum Confessio Augustana – Jubiläum 1630, [Mikrokosmos 35], Frankfurt/M. 1993, S. 103–107; zum CA-Jubiläum vgl. auch MARSCH, wie Anm. 17, S. 55 ff. 1630 spielte das Lied auch in einem Konfessionskonflikt in Regensburg eine Rolle; gegen die Anweisung des Rates, das Lied als Zeichen der Verständigungsbereitschaft mit dem Kaiser während des Kurfürstentages nicht zu singen, bestand die Geistlichkeit darauf, daß das Lied, insbesondere seine kämpferische Opposition gegen Papst und Türken, unveräußerlicher Teil des Bekenntnisses sei. Am Ende stand der Kompromiß, daß das Lied während der Wochenpredigten weiter gesungen werden durfte, seit Einzug der Schweden im November 1632 wurde es dann wieder im Hauptgottesdienst gesungen. Vgl. DIETER WÖLFEL, Salomon Lentz 1584–1647. Ein Beitrag zur Geschichte des orthodoxen Luthertums im Dreißigjährigen Krieg, [EKGB 65], Gunzenhausen 1991, S. 248.

[139] Wie Anm. 136, S. 45.

[140] Wie Anm. 136, S. 45; vgl. die Aussage Hoës, „daß Geist: und Weltliche / hohes und niedriges Standes Persohnen / den unserigen mehr dann einsten solche Wort ins Angesicht gesaget: Es müsse das Römische Reich vom lutherischen Sawerteig doch endlich gantz außgefeget werden; Es möchten die Ketzer (so nennet man uns) immer bey zeiten ihr Välleßlein zuwege suchen / unnd sich aus Teutschland packen / sie müssen doch raus: Es könte auch ehe keine Ruhe noch beständiger Fried in Teutschland erhalten werden." Wie Anm. 136, S. 90 f.

Bapst erhebe über alles was Gott und Gottes heist und dasselbe mit Gewalt aufdränge".[141]

7. Biblische Kampfworte

Der Dresdener Oberhofprediger Hoë wollte keinesweg vorrangig zum Krieg anstiften; seinem Selbstverständnis nach blieb er „bey des texts Explication unnd der zeit Zustandt nach gebührlicher Application", und auch „des lieben Friedens" habe er „nicht vergessen"[142]. Gerade in dem Anspruch, im Wort der Schrift die eigene Gegenwart unmittelbar und göttlich legitimiert zu deuten, spricht sich das konfessionell-lutherische Identitätsprofil der Hoëschen Position aus: „Wer wil uns den Psalter Davids nehmen? und wie können wir bessere Wort gebrauchen / die ehe durch die Wolcken tringen / als eben die Wort deß heyligen Geistes? Ihrer viel tausent haben nicht gewust / daß der Psalm [sc. der 83.] sich so wol auff jetzigen Zustand der wahren Kirchen Gottes schicke: seiter sie aber es auß der Außlegung erfahren / lassen sie ihnen diesen Psalm desto lieber seyn / und wird nunmehr von viel tausent Menschen desto öffter gebetet".[143] Weil von der explicatio des Textes und seiner applicatio auf die eigene Gegenwart kein Zweifel möglich schien, deshalb ging es um das Ganze, und dies war eben die Religion.

Um die Deutung der eigenen Situation im Krieg im Gebet vor Gott möglichst unter Ausscheidung subjektiver Faktoren und individuell begrenzter Perspektiven vortragen zu können, wurden Gebete als Kollagen aus Schrift-, insbesondere Psalmensprüchen, komponiert. Ein besonders aufschlußreiches Beispiel dafür ist ein 1631 in Nürnberg erschienenes Gebet mit dem Titel „Geistliche Schleuder"[144], das beinahe ausschließlich

---

[141] Duplex Census Oder Zwey fache / und sehr weit unterschiedene Gebühr / Nemlich: Gottes und des Këysers / Worinnen augenscheinlich dargethan wird / Daß nicht itzo von den Lutherischen jegen den Käyser ungebührlich gekrieget wird …, 1634. [Exemplar SB München Res 4. Eur 363–14], Zitate S. 10; 13; 72. Für die anonyme Schrift ist kennzeichnend, daß sie außer ‚orthodoxen' Autoritäten etwa auch Peucer, Melanchthon, Calvin und Althusius zitiert und von einer gemeinevangelisch-antipapistischen Perspektive her argumentiert.

[142] Wie Anm. 136, S. 72.

[143] Wie Anm. 136, S. 74.

[144] Geistliche Schleuder Das ist: Ein christliches Gebet / Genommen für nemblich auß den Psalmen deß Geistreichen Propheten Davids / welches / neben fleissiger Betrachtung Göttlichen Worts / bey diesen schweren / Unfriedsamen und verderbten läufften offt und eyfferig gesprochen / Geistliche und Leibliche Noth verhüten / abtreiben oder doch miltern kan / Allen Nothleydenden zum besten in Truck gegeben. … Nürnberg, L. Lochner, 1631. [Exemplar Hohenemser 5478]. Ähnliche Kompilationen

aus Bibelsprüchen zusammengesetzt ist und dessen im Titel anklingender kämpferischer Ton seinen Klang nicht aus aggressivem zeitgenössischen Menschen-, sondern aus heiligem Gotteswort empfängt.

Lutherische Konfessionskultur im Angesicht des Krieges ist im Horizont gewachsenen Trostbedürfnisses in womöglich noch gesteigerter Intensität Bibelkultur, kollektive Lebensdeutung im Medium des jetzt geltenden Heils-, Buß- und Gerichtswortes. Die politische Wirkung lutherischer Konfessionalität ist auch ein Moment ihrer die gesamte Gesellschaft prägenden Bibelorientierung. Auch für evangelische Fürsten jedenfalls war selbstverständlich, daß man „die Politik auß keinem buch besser lernen können als auß der Bibel", und für evangelische Juristen war klar, daß kein „Schelmstücklein in der Welt geschehe / das nicht in der Bibel stehe".[145]

---

aus Bibelversen stellen die offiziellen kursächsischen Dankesgebete aus Anlaß des Jahrestages der Schlacht von Breitenfeld [wie Anm. 138, A3^v – B2^r] dar. Dasselbe gilt für das mit der Unterschrift HENRICUS ORAEUS F. versehene, auf den 27.1.1632 datierte Dankgebet „Eyfferige Dancksagung Für die Wunderthätige Errettung und Sig / welche Gott seinem heiligsten Namen zu Ehren / und den Evangelischen Kirchen Teutschen Lands zur Fortpflantzung wider den Antichrist / Durch … Gustavum Adolphum … verliehen …, 1632." [Exemplar Hohenemser 5522]. Das Gebet verarbeitet auf knapp sechs Druckseiten nicht weniger als ca. 60 Bibelzitate. Auffällig ist z.B. auch an einer Sammlung von Gebeten, die im schwedischen Feldlager benutzt werden sollten, daß nur ein martialisch gefärbtes Gebet „Wieder die Feinde" [wie Anm. 263, S. 15 f.], nicht jedoch die übrigen, allgemein gehaltenen oder dem König gewidmeten Gebete, als ‚Kollage' aus Psalmworten konzipiert ist und durch entsprechende Verweise am Rand biblisch legitimiert wird. Daneben wird u.a. ein Gebet Luthers für die Kriegsleute [vgl. WA 19, S. 661] abgedruckt; ein weiteres Beispiel für die Kollage eines Kriegsgebetes aus Schriftworten überwiegend des Alten Testaments bei ZEAEMANN, wie Anm. 150, C4^r.

[145] Beide Zitate stammen aus JOHANN BALTHASAR SCHUPP, Salomo oder Regenten = Spiegel, in: Schriften, Hanau 1663 [Exemplar SB München P.o. Germ. 1356^m], S. 5 und 8. Ich zitiere den Kontext: „Herr Cantzler Reinking hat mir oft erzehlet / daß die jetzt regierende Königl. Majest. in Dennemarck durch Ihre bey der Tafel geführte Politische Discurs auß der Bibel / ihm Anlaß geben haben seine Biblische Politik zu schreiben. Wilhelm der weise Landgraf zu Hessen hat pflegen zu sagen: Er habe die Politik auß keinem Buch besser lernen können als auß der Bibel / ec." [S. 5] „Ich [sc. SCHUPP] erinnere mich / daß einsmals der vornehme ICtus zu Rostock / Thomas Lindemanns bey seinem Tisch sagte / Er glaube nicht daß ein Schelmstücklein in der Welt geschehe / das nicht in der Bibel stehe." [S. 8] Vgl. zu SCHUPP zuletzt: JOACHIM WHALEY, Obediant servants? Lutheran attitudes to authority and the society in the first half of the seventeenth century: the case of Johann Balthasar Schupp. In: HistJ 35, 1992, S. 27–42; MARTIN BRECHT, Das Aufkommen der neuen Frömmigkeitsbewegung in Deutschland. In: DERS. [Hg.], Geschichte des Pietismus Bd. 1, Göttingen 1993, S. 176 f.; 186 f. Nach der Nachricht des Schupp-Biographen PETRUS LAMBECIUS [„Kurtz beschriebener Lebenslauff / Des … Hn. Johann Balthasar Schuppens …, in: Schupp, Etliche Tractätlein / Welche theils im Namen Herrn Doctor Joh. Balthasaris Schuppij, gedruckt / und von Ihm nicht gemacht worden …, Hanau 1663, (Exemplar SB München P.o. Germ. 1356^m),

8. *Gottes Sieg bei Breitenfeld und Gustav Adolf-Verehrung*

Daß der militärische Erfolg, den die sächsisch-schwedischen Truppen
am 7. September 1631 in dem nahe Leipzig gelegenen Breitenfeld erran-
gen, als Sieg über die „Papisten als abgesagte Feinde der wahren seligmachenden christlichen Religion"[146], ja als Sieg, in dem Gott „selbst gestrit-
ten für [s]ein Volck"[147] empfunden, und als Heilserweis, den Gott durch
seine „Gesalbten", Kurfürst Johann Georg von Sachsen und König Gustav
Adolf von Schweden[148], geschenkt habe, gedeutet wurde, nimmt angesichts der theologisch legitimierten, religiös aufgeheizten, durch den Fall
Magdeburgs und den Einmarsch Tillys in Sachsen noch einmal gesteigerten Stimmungslage nicht wunder.

Die im Gefolge des Sieges von Breitenfeld aufbrechende „Blüte theologisch fundierter Herrschaftspanegyrik" knüpfte zum einen an die
Selbststilisierungen des Schwedenkönigs als Instrument Gottes[149] an, füg-

---

S. 453–458], heißt es in bezug auf Schupps Anwesenheit bei den Friedensverhandlungen in Münster: „Als er nun / weill er er daselbst in Beywesen der Abgeordneten der
gantzen Christenheit die erste Predigt nach dem Friedensschluß gehalten / und also der
erste Friedens-Verkündiger daselbst gewesen." [S. 457]. Ob dieser Predigtauftritt des
hessisch-braunbachischen Hofpredigers Landgraf Johanns ein ‚offizielles' Gepräge gehabt hat, oder die Wertung nicht doch eher Schuppscher Selbststilisierung entspringt, ist
schwer zu entscheiden. Über die Predigt scheint sonst nichts bekannt zu sein; möglicherweise fand sie im bescheidenen Rahmen eines Hofgottesdienstes statt. Zu Thomas
Lindemann vgl. ADB 18, S. 679; DBA 767, 245–247. Schupp kannte ihn aus seiner Rostocker Studienzeit. Zu Dietrich [Theodor] Reinking, der eine Frau heiratete, deren
Tochter aus erster Ehe mit Schupp verheiratet war, s. ADB 28, S. 90; DBA 1019, 1–60.

[146] Abdruck Chur Sächsischen Jubel ... und Denckfestes, wie Anm. 138, A3ᵛ.

[147] Abdruck Chur Sächsischen Jubel ... und Denckfestes, wie Anm. 138, A4ʳ.

[148] „O unuberwündlicher Herr und Gott / daß Du heute ein Jahr / durch deine
Gesalbten / die Konigl. Majest. in Schweden / unnd Churfürstliche Durchleuchtigkeit
zu Sachsen / unsern gnedigsten Churfürsten und Herrn / auch beyderseits Christliches Kriegsheer / uns grosses Heil bewiesen / unnd wolgethan / daß du selbst ge-
stritten für dein volck / unnd uns allein durch deine unendliche Güte / eine uberauß
herrliche / wunderbahre / glorwürdigste victori wider die Antichristliche Feinde verliehen / dardurch deine eigene Ehre gerettet / Deine elende Kirche erquicket / unnd
uns samptlich / zumahl in diesen Landen / von unserer Verfolger Händen erlöset
hast." Ebd.

[149] Zitat: Tschopp, wie Anm. 96, S. 31; vgl. 42 ff.; passim; s. auch aaO., S. 27 ff. Die
Zahl der Drucke dürfte zwischen 1630 und 1632 bei ca. zwei Dutzend liegen, vgl. die
Hinweise bei Tschopp, wie Anm. 96, S. 48 Anm. 21; 240 mit Anm. 399. Zur Stilisierung
und publizistischen Verbreitung des Bildes des frommen Beters Gustav Adolf ist instruktiv: Gustav Droysen, Gustaf Adolfs Landungsgebet. In: Mitteilungen des Instituts für
österreichische Geschichtsforschung 1901, S. 269–287. Bei Dorsche [wie Anm. 164]
etwa heißt es: „Gebetet hat dieser Siegreiche König bey angehendem Treffen mit seinen
und Gottes Feinden; das Gebet war der erste Cartaunenschuß / welchen er wider seine

te ihn zum anderen unter Rückgriff auf heilsgeschichtlich-typologische Deutungsmuster in den aus der Bibel zu erhebenden Heilsplan ein.

Dankpredigten für die Schlachtensiege, ganz überwiegend zu alttestamentlichen Psalmen- und Prophetentexten oder zu Perikopen aus den apokryphen Makkabäerbüchern gehalten, begleiteten den Heereszug des Schwedenkönigs seit dem Frühjahr 1631. Und außerhalb Brandenburgs und Kursachsens, wo der eigenen Fürsten zumeist mitgedacht wurde, galt der Jubel und die Bewunderung allein ihm. Doch überwogen in den „Heeres- und Kriegspredigten" keineswegs die Freudenklänge oder jene ‚konfessionstriumphalistischen' Töne, die den militärischen Sieg als eine bloße Bestätigung der eigenen Überlegenheit oder gar des eigenen Erwähltseins aufgenommen hätten. In dieser Hinsicht wollte man sich gerade von der papistischen Umgangsweise mit den Siegen Tillys unterscheiden; den Katholiken sagte man nämlich nach, sie hätten „an allen enden und orten jubilirt / triumphiert / und in die Faust gelacht / die arme[n] Lutheraner angepfiffen / die Köpfe über ihnen geschüttelt / und daß Maul wieder ihnen auffgesperret [...]." Auch für die die schwedischen Siege deutenden Predigten stand die Mahnung zur Buße im Vordergrund. Denn gerade mit der religiösen ‚Disziplin' verhielt es sich, so mahnten die Bußprediger, nicht zum besten: „Es seynd deren Leute sehr wenig / die mit jhrem Gebet recht für die Luecken treten / und vor den Riß stehen / wie mans an den Betstunden wol erfehrt / da billich in der Kirchen ein Mann am andern / ein Fraw an der andern / ein Kind am andern stehen solte / wie in einer Schlachtordnung / damit man Gott dem Herrn sein Vaterhertz abgewinnen moechte."

Die Siege wurden als göttliche Gnadenakte verstanden, als „Gottes Werck / der diesen seinen Gesalbten / wie vorzeiten König Cyrum / bey seiner rechten Hand ergriffen / daß er die Völcker für ihm unterwerfe", als grundlose Barmherzigkeit gegenüber dem „biß auff den jnnersten grad verderbten Häufflein" seiner Gemeinde.[150] Die paracelsische Verheißung

---

Feinde auff warts gehn Himmel erschallen ließ / daß von dannen von dem Hüter Israel furcht / schand / plitz / hagel und wetter auff die Feinde herab fiel." [H4ᵛ]. Ein Gebet, das Gustav Adolf seine Truppen nach der Landung beten ließ, findet sich in der Anm. 263 angeführten Sammlung, aaO., S. 19 f.; s. dazu auch DROYSEN, aaO., S. 279 f.

[150] GEORG ZEAEMANN, Zwo Heerpredigten Aus dem gülden Davidischen Kleinod deß Sechtzigsten Psalms ... Beyde zu Strale sunde gehalten ..., Lübeck, Valentin Schmalhertz, In Verlegung Joh. Embß, 1632. [Exemplar Hofbibliothek Fürst Thurn und Taxis Regensburg, Sammlung Haeberlin C 38/55/2]; obige Zitate: D2ʳ; C1ᵛ; C2ʳ vgl. D3ʳ; D3ʳ. Als Beispiel für eine den ‚Geist' von 1 Makk 4 beschwörende, auf dem Höhepunkt der panegyrischen Verklärung Gustav Adolfs stehende Kriegspredigt verweise ich auf die Predigt des Elbinger Pastors JOHANNES SCHILIUS, Erfolgte Danck=Predigt / Auff

eines Löwen aus Mitternacht, eines nordischen Königs, der die kaiserliche
Macht übernimmt und das Papsttum besiegt, fand massenhafte Verbreitung[151] und wurde im Horizont der militärischen Erfolge des Schweden-

---

die vorgängigen Drey Fest= und Bet=Tage Predigten / Uber der Fürtrefflichen /
Hochfrewdigen Victorien … In der Blutigen Feldt= Schlacht mit dem Mächtigen
Kriegs= Heer der Feinde / den 7./17. Septembr. Anno 1631. verliehen … Altstettin, D.
Theten, 1631. [Exemplar Hohenemser 5477].

[151] Diese paracelsische Prophezeiung scheint erstmals 1622 im Druck nachgewiesen,
vgl. KARL SUDHOFF, Bibliographia Paracelsica. Besprechung der unter Hohenheims Namen 1527–1893 erschienenen Druckschriften, Berlin 1894, Nachdruck Graz 1958,
Nr. 322, S. 530–532. SUDHOFF will die Möglichkeit, daß die Prophezeiung von Hohen-
heim selbst stammt, nicht grundsätzlich verneinen, vgl. aaO., S. 531. Zu den weiteren
Ausgaben vgl. Nr. 330, Nr. 338–354, S. 539–541; 548–560. Ich benutze einen 1631 erschienenen, nicht firmierten Druck: Propheceyung / Doctoris Philippi Theophrasti
Paracelsi Anno 1546. Vom Lewen aus Mitternacht. [Exemplar Hofbibliothek Fürst
Thurn und Taxis Regensburg, Sammlung Haeberlin C 36/22]. Unter anderem wird von
dem „gelben Lew von Mitternacht" prophezeit: „Er wird auch gantz Europam und ei-
nestheils Asiam und Africam in seine Gewalt bekommen / er wird Christlicher guter
Lehre seyn / dem alles bald beyfallen wird." [A2ᵛ] „Die Feinde Christi werden sich
mächtig erzeigen / und sie werden groß verderben mit sich bringen […] / wenn nun der
Feind in seinem höchsten Glück stehen wird / so wird GOtt der Allmächtige durch ein
kleines Heufflein so dem starcken Lewen aus Mitternacht nachfolgen wird / demselben
Grausem / sampt seiner Clerisey gantz außrotten […]." [A3ʳ] Die Prophezeiung mündet
in chiliastische Friedenshoffnungen aus: „Wenn als dann gemeldter Lewe von Mitternacht seinen Lauff vollführet hat / unnd des Adlers Klawen gleichsam stumpff gemacht /
alsdann wird allenthalben Fried und Einigkeit kommen / zuvor aber wird er Zeichen
schicken / deß die verlauffenden Boten die Zukunfft des herrn ankündigen werden."
[A3ᵛ] Mit Mühe wird der Löwe „des Adlers Klawen aus dem Reich" [A2ᵛ] biegen. Zu
dem angeblich auf Johann Lichtenbergers Prognosticatio zurückgehenden Text der Prophezeiung vgl. die Hinweise bei TSCHOPP, wie Anm. 96, S. 240 Anm. 400, und HELLMUT
ZSCHOCH, Größe und Grenzen des „Löwen von Mitternacht". In: ZThK 91, 1994, S. 25–
50, 27 mit Anm. 8. Die Parallelität zwischen JOHANN LICHTENBERGERS „Prognosticatio
super magna illa Saturniae ac Iovis coniunctione" [(Köln, Peter Quentel) 1526; VD 16 L
1592; Exemplar HANS-JOACHIM KÖHLER u.a., Flugschriften des frühen 16. Jahrhunderts,
Microfiche-Serie 1978–1988, MF 1643 f., Nr. 4217; vgl. DERS., Bibliographie der Flugschriften des 16. Jahrhunderts, Tübingen 1992, Teil 1, Bd. 2, Nr. 2185; deutsche Ausgaben
VD 16 L 1597: Wittenberg, Hans Lufft, 1527; MF 928 f., Nr. 2309; Bibliographie 2186;
VD 16 L 1599: Köln, Peter Quentel, 1528; MF 1869 f., Nr. 4777; Bibliographie 2987] und
der ‚paracelsischen' Prophezeiung beschränkt sich auf die Erwähnung eines Löwen und
eines Adlers in cap. 23 und 24. Bei LICHTENBERGER wird ein Fürst angesprochen und
diesem angekündigt: „Du wirst den schlaffenden Adler reitzen und entrüsten / Du wirst
machen das sich der wilde lewe wider die Kirchen aufflehne und belle […]." MF
Nr. 2309, L2ʳ. In cap. 24 wird dem Fürsten, der mit dem Löwensymbol metonymisch
identifiziert wird, u.a. angekündigt: „Der Adler wird widder dich erwecken die wilden
thiere des Reichs […]." AaO., L[4]ᵛ. Die lockere motivische Verbindung läßt m. E. keinen rezeptionsgeschichtlichen Zusammenhang erkennen. Das Motiv des Adler-Löwen-
Kampfes, das bei Lichtenberger ein unbetontes Nebenmotiv ist, ist vor dem sicher datierten Erstdruck der paracelsischen Prognostikation weiter verbreitet, vgl. etwa HARMS II,
wie Anm. 60, Nr. 178; 170. Möglicherweise bildete gerade das durch den Konflikt zwi-

königs ausgelegt. Die heilsgeschichtlichen Projektionen, die auf Gustav Adolf fokussiert wurden, stimmten innerprotestantisch durchaus überein, sieht man einmal von dem Umstand ab, daß die in der heilsgeschichtlichen

---

schen Kaiser Ferdinand und Friedrich V. um 1621 besonders verbreitete Motiv vom Adler-Löwen-Kampf den primären Anlaß für den Druck der paracelsischen Prophezeiung. Dann aber wäre die Motivübertragung auf Gustav Adolf gegenüber der primären Anwendung auf den Pfälzer Kurfürsten sekundär und mit der ‚reformierten' Provenienz zumindest des Druckes der Prophezeiung von 1622 zu rechnen. Die von TSCHOPP, aaO., S. 231 ff. aufgewiesenen Übertragungen des ‚Löwen von Mitternacht' auf Gustav Adolf reichen nicht hinter 1630 zurück. Zur prognostischen Literatur vgl. die instruktive Studie von HEIKE TALKENBERGER, Sintflut. Prophetie und Zeitgeschehen in Texten und Holzschnitten astrologischer Flugschriften 1488–1528, [Studien und Texte zur Sozialgeschichte der Literatur 26], Tübingen 1990 [zu Lichtenberger, dessen reichspolitische Prognostiken dezidiert prohabsburgisch (vgl. aaO., S. 68–71; 380; 56 ff.) ausgerichtet sind]. In der Flugschrift „Das Reich von Mitternacht" [wie Anm. 82] wurde die Vernichtung der lateinischen Kirche „von Mitternacht" her auf Joachim von Fiore zurückgeführt, vgl. aaO., S. 14; 29 ff.; zur Rezeption anderer mittelalterlicher Prophetien vgl. aaO., S. 14 ff. 1583 prognostizierte WILHELM MISOCACUS einen „König auß Norden", der die Kirche „Reformiren" und zur apostolischen Einfalt zurückführen werde, aaO., S. 16. Nachweis des Prognosticon für 1583 in: VD 16 M 5481; Exemplar SB München 4° Astr. P 530 (20. Für den Kontext der ‚paracelsischen' Prophetie instruktiv ist der Kommentar zu dem in HARMS II, wie Anm. 60, Nr. 269 edierten Flugblatt „Magische Figurenn Der triumphierenden Löwen" von 1632, S. 468. Ein Beispiel für eine in bezug auf konkrete politische Optionen zugunsten Schwedens oder Kursachsens als von Gott verheißener, den Habsburger auf dem Kaiserthron ablösender und die evangelische Lehre allgemein verbreitender Universalmacht schwankende Parteigesinnung bieten die chiliastischen Vorstellungen des sächsischen Bauernpropheten Johann Warner, vgl. dazu: ROLAND HAASE, Das Problem des Chiliasmus und der Dreißigjährige Krieg, Diss. phil. Leipzig 1933, S. 70 ff. Auf das wichtige Phänomen des angeblich konfessionsspezifisch lutherischen Laienprophetismus ist jetzt ausführlich von JÜRGEN BEYER hingewiesen worden: Lutherische Propheten in Deutschland und Skandinavien im 16. und 17. Jahrhundert. Entstehung und Ausbreitung eines Kulturmusters zwischen Mündlichkeit und Schriftlichkeit. In: ROBERT BOHN [Hg.], Europa in Scandinavia: Kulturelle und soziale Dialoge in der frühen Neuzeit, [Studia septemtrionalia I], Frankfurt/M. u.a. 1994, S. 35–56; DERS., A Lübeck Prophet in Local and Lutheran Context. In: BOB SCRIBNER – TREVOR JOHNSON [Hg.], Popular Religion in Germany and Central Europe, 1400–1800, New York u.a. 1996, S. 166–182; 264–272 [jeweils mit Hinweisen auf weitere eigene Arbeiten]. Die von BEYER analysierten Laienpropheten, von denen es im lutherischen Deutschland des 16. und 17. Jahrhunderts 150, in Skandinavien 50 ‚Fälle' geben soll – ein in dieser Form analogieloses Phänomen! –, verstanden sich als „kirchentreue Lutheraner" [Lutherische Propheten, aaO., S. 37]. Zumeist wurden sie selbst nicht literarisch aktiv, sondern wandten sich an ihre lutherischen Pastoren, die ihre Prophezeiungen veröffentlichten. Im Einzelfall kann ihren Prophezeiungen – wie dies für Warner gilt – ein beträchtlicher politischer Einfluß zuerkannt werden. Zumindest bis zur Mitte des 17. Jahrhunderts dürfte der Laienprophetismus als konfessionskulturell weitgehend integriertes Moment lutherischen Christentums zu bewerten sein, s. zum Problem auch am Beispiel Johann Warners unten Anm. 330. Möglicherweise ist das spezifisch Lutherische an dem von BEYER untersuchten ‚Laienprophetismus' weniger das Phänomen selbst als die Tatsache seiner publizistischen Verbreitung.

Heroisierung eines lebenden Zeitgenossen durch die Wertung des pfälzischen Kurfürsten Friedrich V. sozusagen versierteren Calvinisten gerin-
gere Schwierigkeiten mit dem durch Schweden repräsentierten Widerstand gegen den Kaiser hatten als die Lutheraner.[152]

Das Symbol Gustav Adolf einte den Protestantismus wie nichts und
niemand vorher. Die nur vor dem Hintergrund der apokalyptisch aufgeheizten Spannung vor allem der Jahre 1631 und 1632 verstehbare Verklärung des Schwedenkönigs ist in der Geschichte des frühneuzeitlichen
Protestantismus singulär. Niemand verkörperte wie er die von einer breiten proschwedischen Publizistik geforderte, beinahe als Rückkehr zu einer ,gnesiolutherischen' Position zu wertende Vorstellung, die beiden
„Lichter" der göttlichen Wahrheit, nämlich die reine evangelische Lehre
und die im Augsburger Religionsfrieden gründende Freiheit, seien mit
militärischen Mitteln zu restituieren.[153] In ihm bündelte sich die Hoffnung

---

[152] Vgl. dazu TSCHOPP, wie Anm. 81, S. 69; vgl. zur chiliastischen Stilisierung Friedrichs V. die Hinweise bei HAASE, wie Anm. 151, S. 52 ff., sowie die Flugblätter bei
HARMS, z.B. II, wie Anm. 60, Nr. 152–157. Der Straßburger Lutheraner JOHANN
SCHMIDT [s. unten Anm. 322] wandte sich in seiner Gedenkpredigt auf Gustav Adolf
ausdrücklich gegen die Auffassung, der Schwedenkönig habe die protestantischen Konfessionen vereinigen wollen: „Es haben zwar vermessene Leute von ihm angegeben, er
wolle Lutherische und Calvinische Religion, als die er im Fundament gleich hielte, mit
einander vereinigen. Aber das ist dem sel. König Gewalt gethan." Zitiert nach
HORNING, wie Anm. 299, S. 154 Anm. 1. SCHMIDT beruft sich vor allem auf den Hofprediger Gustav Adolfs, Jakob Fabricius.

[153] Die Gegenwartsanalyse einer 1632 erschienenen Flugschrift etwa sieht in Gustav
Adolf den Befreier aus einer für die Augsburgischen Konfessionsverwandten schlechterdings verzweifelten Lage: „O du redliches Teutsches Hertz! Wie spöttische Proceß im
Religion Wesen und Kriegs= Beträngnissen sind wider alle Evangelische Ständ / auff
Päpstischer Seitten gehalten worden. Unser Augspurgische Confession war Reichskün-
dig / dannoch wolten sie solche in Zweiffel ziehen / sam [sc. als ob] were kein recht-
schuldig Exemplar mehr vorhanden / sondern alle verfälschet worden. Seyen also keine
rechtmässige Confessionisten mehr vorhanden / und wie alle außer dem Religion=
Frieden gesetzt." [S. 11] Die beiden „herrlichste[n] und klarste[n] Liechter" [S. 13], die
wahre Lehre und das Reichsreligionsrecht, sind verdunkelt; „Gottes Wort und Freiheit"
[S. 13] sind von den „Papisten und Ligisten" [ebd.] verschlungen. Die Reaktion des
Kaisers und der Liga auf den Leipziger Konvent habe gezeigt, „daß sie das gantze Evangelische Wesen außrotten / und uns um Himmel und Erden zubringen / im Sinn gehabt / und beschlossen haben." [S. 15]. Gustav Adolf habe im Moment der größten Gefahr die verdunkelten Lichter „Religion und Freiheit" [S. 18] als „verordnete[r] Liecht=
Butzer Gottes" „abgebutzet / in seine Ritterliche Händ eingeschlossen / mit Königli-
cher Zier der gantzen Christenheit / als ein gewunnen köstlich kleinoht / wider auffge-
stecket […]." [S. 19]. Durch die Wiederherstellung der Augsburgischen Konfession und
des Religionsfriedens habe Gustav Adolf die „verlohrne Leibs und Seelen= Freyheit in
dem lieben Teutschland" aufgerichtet [S. 20]. Gottes und deß Heyligen Römischen
Reichs Liecht= Butzer. Das ist: kurtze Erklärung / wie das Geist= und Weltliche Liecht

auf eine „allgemeine geistliche und weltliche Reformation / deß gantzen
Heyligen Römischen Reichs"[154], frei von allen Bindungen an das Papsttum[155], allein „Gottes Wort" und der „alte[n] Teutsche[n] Fryheit"[156] verpflichtet. Wohl kaum ein lutherischer Theologe von Rang, der der Faszi-
nation Gustav Adolfs – jedenfalls temporär – nicht erlegen wäre[157], wenn
sich auch die dramatischsten heilsgeschichtlichen Aufladungen weniger in

---

im Heyligen Römischen Reich / nämblich die Augspurgische Confession und Reli-
gion= Fried … von Ihr königlichen Majestät in Schweden wider herfür gezogen und
gebutzet …, [o.O., o.Dr.], 1632. [Exemplar Hofbibliothek Fürst Thurn und Taxis Regensburg, Sammlung Haeberlin C 43/5a].

    [154] Liecht-Butzer, wie Anm. 153, S. 22.

    [155] „Wann aber dem Paust [sc. Papst] […] nicht alle / so wol Geistliche als Weltliche
Ständ / auß aller seiner Pflicht / subiection und devotion […] herauß gezogen / und
in Kirchen= Religion unnd Reichs= Sachen / respectu Papae, gantz frey gemacht
würden / so ist nimmermehr einiger beständiger Friede mit den Papisten zuhoffen
[…]." Liecht-Butzer, wie Anm. 153, S. 23 f.

    [156] Liecht-Butzer, wie Anm. 153, S. 25; ähnlich Hoë, wie Anm. 127, A4ʳ; A1ʳ. In der
anonymen Flugschrift „Der Evangelischen Exulanten in Schlesien Frag= Stücke / Darinnen zu befinden / wie die Catholischen Ihrer Königlichen Majestät in Schweden ihre
öffentliche Sünden beichten / wie sie die Lutheraner mit Fewer und Schwerd vertilgen
wollen / aber nun von Ihrer Königlichen Majestät aus Schweden die gnädige Absolution begehren, 1632" [Exemplar Hohenemser 5506] wird die Frage „Wer ist der Schwede?" knapp und im Sinne der schwedischen Propaganda präzis beantwortet: „Ein wahrer Beschützer der Teutschen Freyheit und Evangelischen Religion." [A2ʳ]. Unter den
über den Tod Gustav Adolfs klagenden Kräften, Ländern und Instanzen nehmen die
Confessio Augustana und die Teutsche Freyheit die ersten Plätze ein in: DAVID PUSCH-
MANN, Schwedische KlageWeiber …, Braunschweig 1633 [Exemplar Hofbibliothek
Fürst Thurn und Taxis Regensburg, Sammlung Haeberlin C 49/4].

    [157] Ich beschränke mich auf einige knappe Hinweise. In bezug auf JOHANN GER-
HARD spricht BAUR von einer „kurzen Phase der Begeisterung für Gustav Adolf", die
freilich schon Ende 1632 vorbei war, JÖRG BAUR, Die Leuchte Thüringens. Johann Gerhard [1582–1637]. Zeitgerechte Rechtgläubigkeit im Schatten des Dreißigjährigen
Krieges. In: DERS., Luther und seine klassischen Erben, Tübingen 1993, S. 335–356, hier:
354 f. – unter Verweis auf ERDMANN RUDOLPH FISCHER, Vita Johannis Gerhardi, Leipzig, Joh. Christoph Coerner 1723 [Exemplar SB München Biogr. 451ª], S. 180 f. Im Juni
1632 wurde Gerhard von dem als Heerführer in schwedischen Diensten tätigen sächsischen Herzog Wilhelm nach Weimar gerufen, „ut aliquot dies in castris ipsi adesset, hac-
que occasione Regis Sueciae faciem intueri posset." Dem 7000 Soldaten umfassenden
Heer predigte Gerhard zehn Tage lang zweimal täglich. FISCHER, ebd. Der Vorgang dürfte vielleicht weniger eine Begeisterung für Gustav Adolf als die Loyalität gegenüber den
wettinischen Landesherren spiegeln. 1632 trat Gerhard sodann mit einer volkssprachlichen „kurtzen anleitung zur busse" hervor [FISCHER, S. 456], die für die konventionelle
bußtheologische Verarbeitung der zeitgeschichtlichen Herausforderungen charakteristisch ist. Wie es scheint, lassen sich wertende Äußerungen Gerhards über Gustav Adolf
nicht nachweisen. Gemessen an der lautstark-panegyrischen Publizistik deutscher
Lutheraner zu Gustav Adolf könnte gerade darin das Besondere des Jenenser Theologen
zu sehen sein. Hoë hielt 1632 eine Trauer-, MEYFART eine Gedenkpredigt auf Gustav
Adolf; beide halten an einer heilsgeschichtlichen Sendung des Schwedenkönigs fest, vgl.

den massenhaft ihm gewidmeten, auf Buße gestimmten und seinen Tod auch und vor allem als Strafe für die Sünden seiner Anhänger, etwa auch die Sünde der Divinisierung, deutenden Predigten – für keine Gestalt der

ERICH TRUNZ, Johann Matthäus Meyfart. Theologe und Schriftsteller in der Zeit des Dreißigjährigen Krieges, München 1987, S. 258–260. Eine nur schwerlich zu übertreffende panegyrische Stilisierung des „Großmächtigsten Christlichen Helden" [A2ᵛ], der sein „Königliches Blut / umb der wahren allein seelig machenden Evangelischen Religion / und der Teutschen wol hergebrachten Libertät und Freyheit willen Christ=Ritterlich vergossen" habe [A3ᵛ; vgl. 2ʳ; wörtlicher Anklang an einen im Dezember 1632 verbreiteten Zeitungsbericht von der Schlacht bei Lützen, zitiert bei HARMS, wie Anm. 159, S. 173] und der in heilsgeschichtlicher Typologie als „Gesalbter" [3ʳ] bezeichnet wird, findet sich in der Trauerpredigt des Ulmer Superintendenten KONRAD DIETRICH: Königliche Schwedische Leich-Klag / Uber dem Christlichen Hochseeligsten Tödtlichem Ableiben ... Herrn Gustavi Adolphi ..., Ulm, Meder, 1633 [Exemplar ZB Zürich, 18.1532.10]. Der Tod Gustav Adolfs entspricht Gottes Willen: er zeigt vor allem, daß dieser „auch ein sterblicher Mensche / gleich wie die andern geboren" [6ʳ] sei und Gott ihn zu einem „König im Himmel machen" wollte [7ʳ]. Zugleich ist Gustav Adolfs Tod Strafe für die Verfehlungen seiner Anhänger, etwa der, daß man seine Person „allzuhoch erhaben / gleichsam per Apotheosin / einen Gott auß ihr gemacht" habe [9ʳ]; dasselbe Motiv bei HOË, wie Anm. 127, C1ᵛ-2ʳ; und ähnlich unter direktem Verweis auf seinen Freund DIETRICH bei: ZEAEMANN, wie Anm. 212, D3ᵛff, bes. F1ᵛ. Aus diesem Anlaß zitiert DIETRICH dann ein Wort Gustav Adolfs, das die Begrenztheit seiner menschlichen Natur betont, zugleich aber prophetische Geistträgerschaft zu verraten scheint: Gustav Adolf habe zu seinem Hofprediger gesagt: „Mein Herr Doctor, die sachen stehen alle wol / und gehet alles nach wunsch / Aber Ich sorg / Ich sorg / weil mich jederman so sehr venerirt, unnd gleichsam vor ein Gott hält / es werde mich GOtt deßwegen einmal straffen [...]." [9ʳ]. Noch in der Abwehr seiner Göttlichkeit wird die Analogie zur Passion Christi, nun in Gestalt einer Leidensankündigung, durchgehalten. Soweit mir bekannt, war diese Christus-analoge Stilisierung im Protestantismus vor Gustav Adolf nur auf Luther angewandt worden, vgl. JOHANNES SCHILLING, Passio Doctoris Martini Lutheri, [QFRG 57], Gütersloh 1989; zu den literarischen Vorläufern bes. aaO, S. 96 ff.; zu KONRAD DIETRICH vgl.: MONIKA HAGENMEIER, Predigt und Policey. Der gesellschaftspolitische Diskurs zwischen Kirche und Obrigkeit in Ulm 1624–1639, [Nomos-Universitätsschriften 9.1], Baden-Baden 1989. Die Gedenkpredigt des Gustav Adolf wohl am nächsten stehenden Hof- und Feldpredigers JAKOB FABRICIUS ist einerseits von der Warnung vor „Götzendienst" [A4ʳ] im Umgang mit dem Tod des Schwedenkönigs, andererseits vom Gedanken des stellvertretenden Strafleidens des Verstorbenen für „unsere eygene Sünde" [C1ᵛ] und den Ruf zur Buße geprägt: JACOBUS FABRICIUS, Iusta Gustaviana Das ist Christliche Klag- und EhrenPredigt / bey Erhebung und abführung der königlichen Leiche Des ... Herrn Gustavi Adolphi ... In der Schloßkirchen zu Wolgast / den 16. Julj 1633. gehalten ... [Nürnberg], W. Endter, [1633]. [Exemplar Hofbibliothek Fürst Thurn und Taxis Regensburg, Sammlung Haeberlin C 49/23]. Über FABRICIUS vgl. nur: BBKL 1, 1975, Sp. 1589 f. [Lit.]. Die Deutung des frühen Todes Gustav Adolfs als Strafe Gottes für die Sünden der evangelischen Christenheit dürfte als die dominierende bußtheologische Verarbeitungsstrategie anzusprechen sein, durchaus in einer gewissen Spannung zu Flugschriften und Flugblättern, die die anhaltend wirksame Gegenwart des Verstorbenen [s. dazu HARMS, wie Anm. 159, S. 173 ff.] suggerieren. Instruktiv dafür ist etwa der Rekurs auf Gustav Adolf aus Anlaß der am 10.11.1633 gehaltenen Dankespredigt für die Befreiung Regensburgs

deutschen Frühneuzeit dürften ähnlich viele, die Zahl von drei Dutzend
wohl deutlich überschreitende Leichen- und Gedenkpredigten gehalten

---

durch schwedische Truppen unter Führung Herzog Bernhards von Sachsen-Weimar, die
der Superintendent der Reichsstadt SALOMO LENTZ hielt: Göttliche Kunst Dürre Bäwme
grunend zu machen / Bey der Danck Predigt den 10. Novembris / als der Durchleuchtige / ... Bernhard / Hertzog zu Sachsen ... die Uhralte ReichStadt Regensburg mit
Accord erobert unnd eingenommen / Erkläret Durch M. SALOMONEM LENTZIUM ...,
Nürnberg, W. Endter, 1633. [Exemplar Hohenemser 5552]. Instruktiv ist, wie LENTZ die
Deutung des Todes Gustav Adolfs und die Hoffnung auf den sächsischen Führer miteinander verbindet: „Als aber nun alles also dürr war in den Evangelischen Kirchen Teutsches Landes / so hat der Allmächtige grosse Gott / der die dürren Baewme grunend
machet / geblasen einen Wind von Mitternacht / unter die dürren Bäume / und nach
seiner Weißheit gesendet den Großmächtigen König GUSTAVUM ADOLPHUM, der
Gothen und Wenden König / beat: mem: einen sehr hohen Regenten Bawm / unter
dem die Evangelische Kirch widerumb Schirm unn Schatten gefunden / das sie wider
Safft und Krafft bekommen: Denn da hub an zu grunen die Christliche Religion in Kirchen und Schulen / die Gerechtigkeit in der Policey / und im HaußStand Liebe und
Trew. Und obwol Gott umb der Evangelischen ChristenSünd (die noch an den meisten
Orten groß) willen disen hocherhabenen grünen Bawm bald dürr gemacht / unn in die
Erd versencken lassen / sihe / so hat doch Gott abermal erwecket ein grünes Zweiglein /
auß dem uhralten und löblichen Stamm deß Hauses Sachsen / welches jetzo tanquam ex
sanguine constantis Confessoris Joh. Friderici, deß löblichen Churf. zu Sachsen / gleich-
sam auß dem Geblüt deß beständigen unn theuren Bekenners Johan. Friderici seel. Gedächtnuß / grunet unn blühet / nemlich den Durchleucht. unn Hochgebornen Fuersten
und Herrn / Herrn Bernharden Hertzogen zu Sachsen / etc." E1rf. Zum historischen
Kontext der Predigt und zu dieser selbst vgl. WÖLFEL, wie Anm. 138, S. 249 f.; 271–274.
WÖLFEL hebt bei seiner Interpretation der Predigt darauf ab, daß Gott nach der Deutung
LENTZENS durch Evangeliumsverkündigung und Austeilung der Sakramente „seine Kir-
che in der Welt" erhalte, „nicht aber durch die Militärmaschinerie der Schweden",
S. 273. Im Lichte des obigen Zitates dürfte aber grundsätzlich zu bestreiten sein, daß für
LENTZ die hier aufgestellte Alternative gegeben war. Bei JOHANN VALENTIN ANDREÄ
sind an die Gestalt Gustav Adolfs eschatologische Hoffnungen geknüpft. In seiner
Traumerzählung Apap proditus [1631; im Druck erschienen 1633, DÜNNHAUPT, S. 275
Nr. 51; vgl. dazu TRE 2, S. 681; MARTIN KRUSE, Speners Kritik am landesherrlichen Kir-
chenregiment und ihre Vorgeschichte, (AGP 10), Witten 1971, S. 107–113; MARTIN
BRECHT, Kirchenordnung und Kirchenzucht in Württemberg vom 16. bis zum 18. Jahr-
hundert, (QFWKG 1), Stuttgart 1967, S. 63 ff.; BRECHT, wie Anm. 178, S. 164] erscheint
Gustav Adolf als Vernichter des Staatskirchentums und als Erneuerer des von Johann
Arndt propagierten wahren Christentums, bzw. als Befreier der pietas. Zum Problem der
Veröffentlichung der Schrift erst nach Lützen vgl. BRECHT, S. 64 f.; KRUSE, S. 112 f. Bei
DORSCHE [wie Anm. 164] ist das Gedenken an Gustav Adolf ganz auf seine exemplarische Hausvaterschaft für Deutschland, die Fürsorge und religiöse Leitbildhaftigkeit einschließt, zentriert. Heilsgeschichtliche Deutungsmomente treten demgegenüber stark
zurück. Aus dem Tod Gustav Adolfs folgt für DORSCHE im Horizont von 2 Kg 13,14: „Es
stehet auff unserer seiten der Wagen unnd die Reuter der grossen unüberwindlichen
Rach= ubenden Göttlichen Allmacht", wie Anm. 164, L1v. Der im Lichte der Entrük-
kung Elias ausgelegte Tod Gustav Adolfs verbürgt den Sieg der himmlischen Heerscha-
ren im militärischen Kampf der Evangelischen. Eine seiner ‚irenisch'-unionistischen
theologischen und seiner reichisch-prokaiserlichen Position entsprechende Zurückhal-

und gedruckt worden sein wie für ihn[158] –, als in den zumeist aktuelle Kriegsereignisse kommentierenden Flugblättern und Flugschriften finden lassen.[159] Daß dem „Held von Gott erkohren" „Wind und Meer" zu „geboten" stehen, er das „Heyl", der „Heyland", ist[160], steht da zu lesen, oder im Angesicht des von den apokalyptischen Tieren aus dem Abgrund –

tung gegenüber der konfessionstriumphalistisch-panegyrischen Verherrlichung Gustav Adolfs scheint bei Georg Calixt nachweisbar zu sein. Charakteristisch dafür dürfte ein von HENKE [wie Anm. 122, S. 459] zitiertes Briefzeugnis sein: „Saluti nostrae nulli magis adversantur quam qui sese ad nos salvandos venisse simulant." Direkte Äußerungen Calixts über Gustav Adolf fehlen, aaO., S. 458; zu Calixts Stellung zu Kaiser und Reich im Lichte einer akademischen Rede von 1626 vgl. aaO., S. 388 ff.; zum Problem einer auf einer Handschrift bezeugten persönlichen Begegnung zwischen Calixt und Gustav Adolf s. aaO., S. 470 f. Anm. 2. Einen Sonderfall unter den von mir gesichteten Predigten zum Tode Gustav Adolfs stellt die des Lützener Pastors PAULUS STOCKMANN [Lamentatio prima Lüzensium, Das ist: Klagelied der verwüsteten Stadt Lützen / Oder Die erste Bußpredigt / …, Leipzig, A. Lamberg / Erben, 1632 (Exemplar Hofbibliothek Fürst Thurn und Taxis Regensburg, Sammlung Haeberlin C 44/49)] dar. Sie wurde unmittelbar nach dem 6.11.1632, dem Todestag Gustav Adolfs, gehalten und verzichtet auf jede besondere Stilisierung des Schwedenkönigs. Sollten hier bereits negative Erfahrungen mit der schwedischen Soldateska im Hintergrund stehen?

[158] Vgl. nur die über 30 Leichen- und Gedenkpredigten auf Gustav Adolf in der Stolbergschen Leichenpredigt-Sammlung, bearbeitet von FRIEDRICH WECKEN, Katalog der fürstlich Stolberg-Stolberg'schen Leichenpredigten-Sammlung, [Bibliothek familiengeschichtlicher Quellen 2], Bd. 4, Leipzig 1932/5, S. 276 f. Nr. 20750–20782. Die Predigten wurden zumeist an allgemein verordneten Trauer-, Bet- und Bußtagen in den ersten Wochen nach dem Tod oder an Gedenktagen des Jahres 1633 gehalten. Gepredigt wurde wohl ausschließlich über alttestamentliche Texte; überregionale Vereinheitlichungen, wie sie etwa beim Reformationsjubiläum praktiziert wurden, sind nicht zu erkennen. In brandenburgischen und kursächsischen Gedenkpredigten spielt die Treue Gustav Adolfs zur militärisch-politischen Allianz und zur regierenden Dynastie eine hervorgehobene Rolle, vgl. etwa HOË, wie Anm. 127, C4ᵛ; D2ʳ; JOACHIM SCHWARTZKOPFF [Prediger in Neurupin], Ah! Quomodo cecidit potens … Das ist: Allgemeine Klage der Evangelischen Kirchen … uber den kläglichen doch seligen Todesfall … Gustav Adolphi, Wittenberg, S. Selfisch, 1633 [Exemplar Hohenemser 5560].

[159] Vgl. dazu außer dem Beitrag von ZSCHOCH, wie Anm. 151: TSCHOPP, wie Anm. 96, passim und: WOLFGANG HARMS, Gustav Adolf als christlicher Alexander und Judas Makkabaeus. Zu Formen des Wertens von Zeitgeschichte in Flugschrift und illustriertem Flugblatt um 1632. In: Wirkendes Wort 35, 1985, S. 168–183. Durch historische Informationen über die Einführung der Reformation in Schweden unter Gustav Adolf I. wurde das deutsche Lesepublikum gezielt von der Treue des Schwedenkönigs zur Confessio Augustana überzeugt und zugleich an heilsgeschichtliche Deutungen seiner Person gewöhnt. Als Beispiel sei verwiesen auf die anonyme Flugschrift: Relatio Historica De Duobus Gustavis, Regibus Sveciae … Das ist: Historische Relation von zween Königen in Schweden, 1632 [Exemplar Hohenemser 5526]. In der oben Anm. 86 zitierten Flugschrift „Held von Norden" findet sich eine spezifische, von biblisch-heilsgeschichtlichen Deutungen abweichende Interpretation des Schwedenkönigs, und zwar als Erfüllung und Konsequenz der antipäpstlichen Kaiserpolitik des Mittelalters.

[160] 1. Zitat: HARMS II, wie Anm. 60, Nr. 261; 2. Zitat aus: Der Mitternächtige Post-Reuter, 1631, nach dem Faksimile bei TSCHOPP, Anm. 96, S. 382; 385; 387; 389. Gustav

dem Papst und den Jesuiten – befreiten Augsburg[161] das an christologische Wendungen erinnernde „Diß ist der Mann der helffen kann"[162]; Gott hat ihn „als wie den Machabaeum werth"[163] geschätzt; er ist „der Gesalbte des HERRN / der unser Trost war / an dem die gantze rechtgläubige Kirch so grosse Frewd und Wonne gehabt / daß wir uns trösten / wir wolten unter seinem Schatten leben".[164] Sein Tod geschah für die Kirche und machte ihn Gott „ehnlich"; im Kriegsglück seiner Kirche lebt der Schwede über seinen physischen Tod hinaus fort.[165]

Adolfs „heroisches Gemüth" und „grosse eminentz" [S. 28] wurde minutiös durch die Gestirnskonstellationen bei Empfängnis, Geburt, in der Todesstunde und bei entscheidenden Ereignissen seiner Lebensgeschicht „demonstrirt" und „approbiret", vgl. das Werk des Mathematikers ANDREAS GOLDTMEYER, Astrologische Schwedische Kriegs // Chronica, Straßburg, D. Hautten, 1635 [Exemplar Hofbibliothek Fürst Thurn und Taxis Regensburg, Sammlung Haeberlin C 52/11]. Das Werk bietet nicht weniger als eine vollständige Biographie Gustav Adolfs im Lichte der Astrologie, die der Verfasser als Mittel zur Hebung der ‚Wehrkraft' mit wissenschaftlichen Mitteln ansieht, vgl.):(4^r.

[161] Vgl. nur die Blätter bei HARMS II, wie Anm. 60, Nr. 265 ff., S. 460 ff.; HARMS IV, wie Anm. 99, Nr. 193 ff.; Nr. 232 und die Kommentare.

[162] HARMS II, wie Anm. 60, Nr. 267; vgl. Ein feste Burg, Strophe 2, EG 362. Eine geradezu exzessiv zu nennende Anwendung christologischer Prädikationen aus evangelischen Lieddichtungen auf Gustav Adolf findet sich in den von dem Poeten und Wittenberger Theologiestudenten KARL LINKE aus Anlaß des Kondukts des königlichen Leichnams und seines Durchzuges durch die Universitätsstadt veröffentlichten „Klagge-dichten / Uber die frühzeitige / jedoch seelige lebensEndschafft Des ... Herrn Gustavus Adolphus ..., Wittenberg, Georg Müller, 1632" [Exemplar Hofbibliothek Fürst Thurn und Taxis Regensburg, Sammlung Haeberlin C 44.43].

[163] HARMS IV, wie Anm. 99, Nr. 176, S. 224; vgl. ZEAEMANN, wie Anm. 212, bes. C4^{v}f; bei SCHWARTZKOPFF, wie Anm. 158, D2^v; D4^{v}ff ist dies ein dominierendes Motiv; ebenso bei GLOCKER, wie Anm. 164, S. 13 ff. Im Hintergrund steht natürlich die theologische Legitimation der vocatio extraordinaria eines militärischen Retters bei Luther, vgl. etwa WA 30 III, S. 281.

[164] ZEAEMANN, wie Anm. 212, B1^r. Die Formulierung „der Gesalbte des Herrn / der unser Trost" [Klg 4,20] wörtlich auch in: JOHANNES GEORGIUS GLOCKER [Pfarrer von Wimpffen], Suevicus Maccabaeus, Sive Pugnator, Das ist Christliche TrawerPredig / Von deß ... Gustavi Adolphi ... Lebens / Kriegs und Todeskampff ..., Frankfurt, F. Weiß, 1633 [Exemplar ZB Zürich 18.20,13], S. 4; 7. Ähnlich auch bei CASPAR AUGUSTIN, Der newen Cornet und Fahnen / welche in Augspurg der ... Burgerschafft gegeben ..., Augsburg, Joh. G. Morhardt, 1633 [Exemplar SB München Res 4° Eur 362–62], A2^v-3^r; ausführlich bei DORSCHE: JOHANN GEORG DORSCHE, Christlicher Klag Sermon Uber den hochbetrawerlichen todtlichen Fall Deß Durchleuchtigsten / ... Herren Gustav Adolphi ..., Straßburg, E. Welpern, 1633 [Exemplar Hofbibliothek Fürst Thurn und Taxis Regensburg, Sammlung Haeberlin C 44/56], B1^v; zu DORSCHES Predigt vgl. HORNING, wie Anm. 299, S. 153–158. Von ‚altgläubiger' Seite kam der verständliche Vorwurf, Gustav Adolf sei „unser Messias", zitiert nach HOË, Nochmahlige summarische Verantwortung, wie Anm. 131, S. 136.

[165] Erstes Zitat: HARMS IV, wie Anm. 99, Nr. 225: „Der König hat für euch sein thewres Blut vergossen | Daß er GOtt ehnlich würd / und stürb auch als ein Held / Ach edler Todt für GOtt und vor der gantzen Welt." In einem unter dem Pseudonym ASCA-

9. Kritische Stimmen zum „Religionskrieg"

Doch sollte man sich von den religiös verklärenden, selbst vor der Anwendung christologischer Titulaturen auf den Schwedenkönig nicht halt-machenden, noch den Tod auf dem Schlachtfeld bei Lützen als Heilsereig-nis pro nobis interpretierenden panegyrischen Propagandismen einer lite-rarischen Massenproduktivität den Blick nicht allzusehr trüben lassen. So wichtig die von Sieg zu Sieg gesteigerte Gewißheit einer heilsgeschichtli-chen Sendung des Schwedenkönigs für die religiöse Mobilisierung von Kampfbereitschaft in der protestantischen Bevölkerung gewesen sein dürfte, so wenig war der auf weltlichen Erfolg programmierten religiösen Ideologie geschichtliche Dauerhaftigkeit beschieden. Denn schon auf

---

NIUS OLIVARIUS erschienenen Gedicht „Sieges- und Triumph Fahne Gustavi Adolphi Magni" wird Gustav Adolfs gesamtes Lebenszeugnis als exemplarischer Gottesdienst ge-deutet. Der Schwedenkönig „war ein Christ und führte Gottes Krieg". Der Dichter läßt ihn beten: „Ich suche nicht mehr Ehr und Ruhm, Ich suche dir [sc. Gott/Christus] dein Christentum." Zitiert nach CLEMEN, wie Anm. 102, S. 39. Vgl. auf dem nach Gustav Adolfs Tod erschienenen Flugblatt „Der Schwede lebet noch" die Verse: „Der Schwede lebet noch / und wird so lange leben | so lang als Gott wird Glück unn Sieg der Kirchen geben: | Wird sagen jederman: Das ist das Schweden Joch / | Das Babels Rücken drückt. Der Schwede lebet noch.|" HARMS II, wie Anm. 60, Nr. 305, S. 535. Aufgrund angeb-licher Schreiben, die Hamburger Kaufleute von Hofbeamten aus Schweden erhalten hätten, läßt ein anonymer Verfasser, der als Theologe bezeichnet wird, in einem am 19. 1. 1633 datierten Brief nach Nürnberg das zeitgenössische Lesepublikum wissen, daß sich der Schwedenkönig „in Stockholm wolauff befinde" [A1ᵛ]. Im Frühjahr werde „unser Josua" „mit einer starcken Armee wieder aufbrechen / und Italien uber das Was-ser besuchen" [ebd.], also wohl die Niederschlagung des Papsttums einleiten. Rationes Das Kon. Mayst. zu Schweden noch lebt, Gedruckt im Martio 1633 [Exemplar Hofbi-bliothek Fürst Thurn und Taxis Regensburg, Sammlung Haeberlin C 46/7]. Bei ZEAEMANN, wie Anm. 212, C4ʳ, heißt es: „König Gustavus holdselig und lieblich / schön und ansehnlich in seinem Leben / ist auch im Todt von uns nicht gescheiden / weil seiner grossen Trew / die er uns Teutschen biß an seinen seligsten Todt erwiesen / biß an Jüngsten Tag nimmermehr wird vergessen werden." Besonders signifikant für die Adaption christologischer Deutungsmuster auf Gustav Adolf ist die Umdichtung des Epiphaniasliedes Philipp Nicolais: „Wie schön leuchtet der Morgenstern" [EG 70] auf den Schwedenkönig: Der Mitternacht Stern / Das ist: Ein schön: und anmütiges Danck-liedt / daß der Getrewe Gott ... den theuren König in Schweden / als einen klaren Mit-ternacht Stern erwecket ..., 1632 [Exemplar ZB Zürich 18.22/42]; bei dem Lied ist z. T. kaum entscheidbar, ob Christus oder Gustav Adolf angesprochen werden. Geradezu ‚sä-kularisierend' nüchtern wird der Tod Gustav Adolfs in der anonymen, „von einem Trewen Deutschen Patrioten" abgefaßten Flugschrift „Grab Mahl Ihr Königl. Meytt. zu Schweden ..., 1633" [Exemplar Hohenemser 5545] gedeutet: „Ich [sc. stilisierte Rede Gustav Adolfs] bin ein blosser Mensch gewesen / ich bin gestorben wie ein Mensch / und also wil ich am Jungsten tage aufferstehen: Alßdenn wird mich krönen mein Herr Jesus / mit der Crone der Gerechtigkeit / dem ich allein gedienet habe." [A4ʳ]. Der Anonymus erwartet einen Rächer Gustav Adolfs, vgl. A4ᵛ.

dem Höhepunkt des militärischen Erfolgs und der panegyrischen Verklärung des Schwedenkönigs, nicht erst im Angesicht des Prager Separatfriedens oder unter dem Eindruck der schwedischen Greuel auch an protestantischen Bevölkerungsgruppen, erscholl der dumpfe Donnerhall lutherischer Bußpredigt, der eigentliche Grundton, auf den die theologische
Umgangsweise mit der geschichtlichen Erfahrungsvielfalt gestimmt war
und im wesentlichen auch gestimmt blieb.

9.1. Apokalyptischer Deutungsrahmen

Eine aus dem Jahr 1322 stammende niederdeutsche Prophezeiung, die
Johannes Bugenhagen während seines Aufenthalts zur Einführung der
Reformation in Lübeck 1532 in einer alten Bibel gefunden und abge-
schrieben haben soll, und die für das Jahr 1628 gewaltige historische Umbrüche ankündigte, wurde von einem bergischen Pfarrer ans Licht gezogen und im Horizont lutherischer Theologenzeugnisse auf die gegenwärtige Erfahrung appliziert.[166] Die Übereinstimmung des angekündigten

---

[166] Trewhertzige BußPosaune / Angeblasen uber eine sehr denckwürdige zur Zeit
Kaysers Ludowici Bavari vor 300. Jahren / Anno 1322. Geschehene Propheceyung /
Von jetzt = und zukünfftigen zustandt des Teutschlands / Kayserthumbs / und andrer
Stände / auch des Königs in Schweden ec. ... Durch CHRISTOPHORUM ANDREAE, R.
geordinirten Pastorem auff Immekeppel, [o.O., o.Dr.] 1632. [Exemplar Hohenemser
5494]. Die Vorrede wurde in Köln abgefaßt und ist auf den 24.7.1632 datiert [ )(3ᵛ].
Der Herausgeber der Prophezeiung ist CHRISTOPH ANDREAS ROSELIUS [auch RASE-
LIUS], Pastor auf Immekeppel, im Herzogtum Berg. Die Identität des Herausgebers geht
nicht aus dem Druck von 1632, sondern aus einer zweiten Auflage hervor, die 1643 unter dem Verfassernamen CHRISTOPH ANDREAE ROSELIUS Ratisponensis erschien, Exemplar HAB Wolfenbüttel 466. 30 Theol. [1]; Abbildung der Titelblätter beider Drucke
in: BIRCHER A 10777–10778. Als Druckort beider Drucke dürfte Amsterdam in Frage
kommen. Der Druck von 1643 ist verzeichnet, der von 1632 nicht beschrieben in: JOHN
BRUCKNER, A Bibliographical Catalogue of Seventeenth-Century Books Published in
Holland, [Anglica Germanica XIII], Den Haag, Paris 1971, Nr. 111, S. 96 f. Der Herausgeber gibt an, daß er die „vor 300. Jahren / mitten unterm Pabstumb", 1322, von einem
„Albertus Auesten zu Ertfurt" [ )(1ʳ] ausgesprochene Prophezeiung dadurch erhalten
habe, daß Philipp Sigismund (1568–1623), Bischof zu Verden und Osnabrück, Herzog
zu Braunschweig-Lüneburg [vgl. zu den konfessionellen Verhältnissen in den geistlichen
Territorien bis 1623, als die Rekatholisierung Osnabrücks einsetzte, zuletzt: HANS-WAL-
TER KRUMWIEDE, Kirchengeschichte Niedersachsen, Erster und Zweiter Teilband, Göttingen 1996, S. 151–154], diese „aus des seligen herren D. Pomerani handschrift" von
Offizieren und Räten abschreiben ließ; daraufhin sei sie „vielen anderen communiciret
worden / dannenhero es auch an mich gelanget ist." [ )(1ʳ]. Da der Vorgang „bey Le-
benszeiten" des Bischofs geschah [ebd.] und R. selber angibt)(1ᵛ), schon vor geraumer
Zeit mit der Prophezeiung bekannt geworden zu sein, sie damals aber „wenig geachtet
oder verstanden" zu haben, „biß so lang ich mich derselben bey jetzigem zustand Teutschen Landes wiederumb erinnert / sie aus vilen scriptis herfür gesuchet / ihre wort et-

Schwellenjahres 1628 mit entsprechenden Datierungen der anhebenden
endzeitlichen Verderbnis der Christen bei Philipp Nicolai und dem Witt-
munder Pastor Conrad Potinius[167], der über eine nahe bei Jever zur Welt

---

was tiefsinniger erwogen und endlich [...] befunden / das dieselbe so/wol mit h. Göttlicher schrifft / als auch der täglichen erfahrung / des jetzt und noch zukünfftigen zustands Teutschen Landes sehr genaw ubereinkomme" [ebd.], dürfte als terminus post
quem non das Ableben Philipp Sigismunds sicher sein. Das Datum des Bugenhagen-
schen Fundes war der Dienstag nach Cantate 1532 (= 1.5.), A1ʳ. Bei dem niederdeutschen Bibeldruck dürfte es sich um den Lübecker Druck Steffan Arndes, 1494, handeln,
vgl. CONRAD BORCHLING – BRUNO CLAUSEN, Niederdeutsche Bibliographie Bd. 1:
1473–1600, Neumünster 1931–1936, Sp. 107 f. Nr. 241. R. druckt die Prophezeiung im
niederdeutschen Original und in hochdeutscher Übersetzung [S. 2] ab und kommen-
tiert dann den knappen Text umfänglich [S. 3 ff.]. Als Skopus des Schriftchens wird die
„wahre busse" [ )(1ᵛ] herausgestellt. Der ursprüngliche Kontext der Prophezeiung dürfte der Kampf Ludwigs des Bayern gegen das avignonensische Papsttum gewesen sein,
der sich 1322, nach dem Sieg Ludwigs über den Gegenkönig Friedrich von Österreich,
auf seinen Höhepunkt zubewegte. Die paränetische Absicht der historischen Prophezeiung könnte die Ankündigung eines definitiven Untergangs des Papsttums gewesen sein.
Zu Unheilsprophezeiungen über das Kirchensystem im 14. Jahrhundert, in deren Kontext das Erfurter Stück gehören könnte, vgl. FRANTIŠEK GRAUS, Pest – Geissler – Judenmorde, [Veröffentlichungen des Max-Planck-Instituts für Geschichte 86], Göttingen
1987, S. 144 ff. Ein instruktives Vergleichsbeispiel für die Rezeption einer Prophezeiung
aus dem Jahr 1158 im Jahr 1620 bietet HARMS II, wie Anm. 60, Nr. 160. Der von CHRI-
STOPH ANDREAS ROSELIUS als Prophet des großen Krieges angeführte JOHANN ARNDT
[s. Titelblatt, S. 77] wurde auch schon 1625 in diesem Sinne zitiert [vgl. den Hinweis bei
ARNOLD, wie Anm. 106, S. 901], und auch von JOHANN VALENTIN ANDREÄ wie sie ge-
braucht, vgl. KRUSE, wie Anm. 157, S. 110; BRECHT, wie Anm. 157, S. 64. Die diesbezüg-
liche Erwähnung Arndts kann also als relativ verbreitet gelten. Zur Rezeption propheti-
scher Texte aus der Zeit Kaiser Friedrich Barbarossas vgl.: Das Reich von Mitternacht,
wie Anm. 81, S. 15 f. Zur konfessionspolitischen Situation in Jülich-Berg, wo ROSELIUS
damals tätig war, vgl.: HERIBERT SMOLINSKY, Jülich-Cleve-Berg. In: ANTON SCHINDLING
– WALTER ZIEGLER [Hg.], Die Territorien des Reichs im Zeitalter der Reformation und
Konfessionalisierung. Land und Konfession 1500–1650, Bd. 3: Der Nordwesten, [KLK
51], Münster ²1995, S. 86–106, bes. S. 103. Zu CHRISTOPH ANDREAS ROSELIUS vgl.
ADB 27, S. 319–321; DBA 100, 17–19; ROSELIUS gehört in den Umkreis des Radi-
kalarndtianers Paul Felgenhauer [s. BRECHT, wie Anm. 178, S. 220 f.; ERNST GEORG
WOLTERS, Paul Felgenhauers Leben und Wirken. In: JNKG 54, 1956, S. 63–84; grundlegend auch: HANS JOACHIM SCHOEPS, Philosemitismus im Barock, Tübingen 1952, S. 18–
45; DÜNNHAUPT, 1457–1477]. Vor ihm und Felgenhauer war vom Ministerium Tripoli-
tanum der Hansestädte Lübeck, Hamburg und Lüneburg am 23. 3. 1633 ausdrücklich
wegen spiritualistisch-weigelianischer Lehren gewarnt worden, vgl. SCHOEPS, aaO.,
S. 31 f., und die Hinweise ADB 27, S. 320 f.; KAUFMANN, wie Anm. 191, S. 114; AR-
NOLD, wie Anm. 106, Bd. II, S. 147 f. Für Roselius war das Luthertum nach Luthers Tod
verfallen, erst durch Johann Arndt sei das wahre Christentum wieder entdeckt worden,
vgl. ARNOLD, aaO., S. 148, eine Einschätzung, die etwa Quistorp d.Ä. in Rostock zu-
rückwies, vgl. KAUFMANN, ebd. Roselius als definitiv außerhalb des Luthertums stehend
zu kennzeichnen besteht um so weniger Anlaß, als er Rechtgläubigkeitszeugnisse u.a.
aus Rostock [vgl. die weiteren Orte: ADB 27, S. 320 f.] beibringen konnte.

[167] Gemeint sind: PHILIPP NICOLAI, De regno Christi, Vaticiniis Propheticis et Apo-

gekommene Mißgeburt Endzeitberechnungen angestellt hatte, bestätig-
ten dem anonymen Herausgeber, hinter dem Christoph Andreas Roselius
steht, daß die „Evangelischen" als „das volck Gottes" wegen ihrer Ver-
strickung in die „weltgreuel", z.B. „Gottes lästerung / fluchen / meineid
/ hurerey" usw., nicht von den politischen Mächten des Protestantismus,
sondern allein von Gott durch Buße gerettet werden können.[168] Die
Überzeugung, daß die Lehrer der eigenen konfessionellen Tradition, allen
voran Luther und Philipp Nicolai, verbindliche prophetische Zukunfts-
prognosen abzugeben hatten, die in der eigenen Gegenwart, zumal im
Umkreis des Jahres 1628, eintrafen, dürfte nicht nur an den ‚Rändern' des
Luthertums verbreitet gewesen sein. Neben der prophetischen Deutung
der Gegenwart im Lichte mittelalterlicher Prophetien, die eine zentrale
Bedeutung erhielten, spielte also gleichsam ein eigener ‚konfessioneller'
Prophetismus eine Rolle.

---

stolicis Accomodatorum, Libri Duo, Quorum Prior Hodiernam Ecclesiae Christi Amplitudinem propagationemque … explanat. Alter Tempora Ecclesiae Novi Testamenti in
Ezechiele, Daniele et Apocalypsi revelata … Frankfurt/M. …, 1596/7; deutsche Ausgaben: Frankfurt 1598; Nürnberg 1628. Die deutsche Ausgabe von 1628 dürfte vielleicht
den Anlaß für Christoph Andreas Roselius' Rekurs auf Nicolai gebildet haben;
dasselbe gilt auch für die von mir unten Anm. 169 zitierte Schrift. Zu Nicolais ‚De regno Christi' zentral: Hess, wie Anm. 171; s. auch unten Anm. 169. Zu Conradus Potinius vgl. Jöcher, Bd. 3, S. 1731: Prognosticum divinum 1629 [Jöcher, Bd. 6,
Sp. 740 f.]; DBA 974, 318–320; vgl. die Hinweise bei Arnold, wie Anm. 106, Bd. II,
S. 127 b. Nach Auskunft Brecklings [Arnold, aaO., S. 1090 b] hat Roselius dessen
Schrift „De tribulatione magna instanti" „zusammen gezogen und gedruckt". Poti-
nius geriet in Konflikt mit dem Auricher Superintendenten Michael Walther, aaO.,
S. 1301 b; zur Dokumentation der Auseinandersetzung vgl. Arnold II, S. 925 ff. Vgl.
Trewhertzige BußPosaune, wie Anm. 166, S. 3 f. Weitere Hinweise auf zeitgenössische
Mirakel als Zorneszeichen Gottes vgl. S. 28 f. (siamesische Zwillinge); Kometen: S. 60 f.;
Erfindung des Schießpulvers 1380 (S. 61); und zur Anknüpfung an Philipp Nicolai vgl.
besonders S. 73; 77; 83.

[168] Vgl. Trewhertzige BußPosaune, wie Anm. 166, S. 6; vgl. 90 f. „Daher [sc. weil
die Evangelischen an den Sünden der babylonischen Hure teilnähmen] trifft uns auch
der fluch und schwur / das unglück und die plagen der Babylonischen huren am ersten / darvon hat uns nicht befreyen können weder Pfaltzgraff / noch Union, weder
Manßfelder / noch Durlacher / noch Braunschweiger / weder König in Dennemarck
noch Nieder Sächsischer Kraiß. Und werden wir noch nicht aufhören / noch mehr
aus demselben zauberischen weltkelch / grevel / laster und schande in uns wie wasser
zu sauffen / so wird uns auch der König in Schweden noch einiger andrer Artz von
solcher plagen nicht können entheben / sondern Gottes grosse macht / wird wieder
uns durchdringen: O Vatter beweiß an uns deine gütige barmhertzigkeit zur buß / und
nicht deine zörnige grosse gewalt zu unserm verderben. Amen." Trewhertzige Buß-
Posaune, wie Anm. 166, S. 7. Vgl. ähnlich S. 15, wo das über Magdeburg, Prag und
Böhmen vollstreckte Unheilsgericht allen deutschen Städten und Territorien angekündigt wird, wenn sie nicht Buße tun.

In einer in Rostock erschienenen anonymen Flugschrift aus diesem
Jahr wurde Luther als „gleichsam letzter Elia" bezeichnet; seinen Ankün-
digungen entnahm man, daß die Unbußfertigkeit im „lieben Vaterlandt
Teutscher Nation" die im gegenwärtigen Krieg erlittene „schwere Straff
Gottes" heraufgeführt habe. Ziel der „Propheceyung" war die Einschär-
fung der Buße. Die Veröffentlichung der prophetischen ‚Väterzeugnisse'
sollte wohl auch dazu dienen, die in Predigten der Rostocker Theologen
im Angesicht der Kriegserfahrungen allenthalben betonte Pflicht zur
Buße zu unterstützen, zugleich aber auch die prophetische Zeitdiagnostik
zu kanalisieren. Gebet und Buße, nicht spekulative Rechnerei, erschienen
als angemessene Umgangsweisen mit dem als nahe bevorstehend geglaub-
ten Weltende.[169] Die apokalyptische Endzeitprophetie, die die Gegenwart

---

[169] Eigentliche Prophecey und Geistreiche Verkündigung Itziges Hochkläglichen
und allerbetrübtesten Zustands unsers allgemeinen lieben Vaterlandes Deutscher Nation / etc. Auch was es etwa biß auff die fröhliche Erscheinung und Zukunfft unsers
HErrn JEsu Christi für einen Event und Außgang damit erreichen werde / Auß 1. Doctoris Martini Lutheri … 2. D. Philippi Nicolai … 3. Und Johannis Woltheri, zu Liechtenhagen in Preussen gewesen Pastorn / Theologischen Schrifften / …, Rostock, A.
Ferber, 1628 [Exemplar Hofbibliothek Fürst Thurn und Taxis Regensburg, Sammlung
Haeberlin C 26/2; BIRCHER, A 4416]. Zitate im obigen Text: A3[r]; [die seit der frührefo-
rEmatorischen Bewegung bekannte, bei Flacius beliebte Anwendung der Elia-Prädika-
tion auf Luther war in Rostock von JOHANNES TARNOW pointiert benutzt worden, und
zwar in einer im Zusammenhang mit dem Reformationsjubiläum stehenden Abhandlung; vgl. zu dem Titel der Schrift und den Exemplaren: KAUFMANN, wie Anm. 191,
S. 666, s.a. 1618]; A3[v]. Als Grund der Veröffentlichung gibt der anonyme Herausgeber
an: „Als aber jhre Schrifften Menniglichen nicht bekandt / jedermans thun auch nicht
ist / solche zukauffen und jhre Meinung zusuchen oder auffzuschlagen: Uber daß es
auch sehr gebreuchlich / daß man solchen oder dergleichen Sachen entweder einen
Zusatz oder Abbruch zu thun / oder sie als unbekand / gar zuvernichten unn zuverach-
ten pflegt. Jst es derhalben für Rathsam angesehen / auch von Vornehmen begehrt worden / auß beyderseits gedachten Schrifften das fuernembste und wichtigste / sonderlich
aber / was uns wegen jetziges Zustandes und aller groessesten Beschwerten / auch etwa
was noch ins zukuenfftige doran uns sonderlich gelegen zumercken / einen kurtzen
Extract und Außzug zumachen / denselben auch auff etzlich wenig Bogen / damit es
der gemeine Mann haben und zahlen koente / drucken zulassen." A3[v]. Die Vorrede ist
auf März 1628 datiert, d.h. die Schrift erschien wenige Wochen nachdem der Kaiser
Wallenstein das besetzte Mecklenburg als Entgelt für die von ihm aufgewandten Kriegs-
kosten überlassen hatte [19. 1. 1628] und wohl vor der Huldigung der Stände am 8. 4.
1628, vgl. dazu: KARL SCHMALTZ, Kirchengeschichte Mecklenburgs. Zweiter Band: Reformation und Gegenreformation, Schwerin 1936, S. 221; zur Predigt Rostocker Theologen im Krieg vgl. KAUFMANN, wie Anm. 191, S. 591 ff. Etwa gleichzeitig mit der
„Propheceyung" erschienen QUISTORPS D.Ä. Kriegspredigten oder Erklerung des Propheten Nahum in demselben Offizin Ferbers, vgl. KAUFMANN, wie Anm. 191, S. 593
Anm. 978. QUISTORP widmete seine Nahum-Predigten den Rostocker Bürgermeistern
und setzte eine Übereinstimmung seiner und ihrer Intention bezüglich der Bußver-
pflichtung voraus. In diesem Milieuzusammenhang dürften auch die im obigen Zitat er-

erreicht, und die Schreckensbilder der eigenen geschichtlichen Erfahrung, leiten nicht dazu an, in exzeptionellen Aufschwüngen der Geschichte den Rücken zu kehren, sondern schärfen das Bewußtsein für den Umgang mit Differenzerfahrungen und prägen ein, was heute gilt, weil es gestern galt, was morgen gelten wird, wenn es denn ein Morgen gibt: „Darumb thut buße und demütigt euch unter die gewaltige hand Gottes / so wird er euch erhöhen und erhalten".[170]

Der an die Evangelischen ergehende Bußruf bedeutet, daß sie dem Zornesgericht entgehen können; über den missionarisch-expansiven, triumphalistischen Weltkatholizismus wird es mit Sicherheit hereinbrechen.[171] Die unzureichende Bußbereitschaft der Evangelischen wird für Christoph Andreas Roselius daran offenbar, daß man „zwar billich" 1617 ein großes Jubelfest gehalten, aber angesichts einer Kometenerscheinung

---

wähnten ,Vornehmen' gehören. Von PHILIPP NICOLAI wird aus dessen „De regno Christi", s. oben Anm. 167, zitiert. Die weit gestreuten Luther-Zitate kündigen Jammer und Krieg über Deutschland als Folge der Mißachtung des Wortes Gottes und des Unglaubens an. Bei NICOLAI kommt dem Jahr 1625 eine Schlüsselrolle zu [weitere Belege für 1625 bei LEUBE, wie Anm. 244, S. 152]: „Kan derhalben wol geschehen / daß im Jahr Christi 1625 das Kind des Verderbens seinen letzten Gewalt und Tyranney versuche [...] und eine grawsame Verfolgung wider die Lutherischen anstelle [...]." [S. 13]. 1629 sollte der Sieg des Antichristen in eine Niederlage umschlagen; zwischen 1629 und 1670 solle „das Ansehen der heiligen Bibel [...] wider gewaltig herfür kommen" und der Triumph der Gottseligen anheben [S. 14], vgl. auch S. 27 ff. zum Jahr 1670 als Ende der Geschichte. Der Herausgeber des Rostocker Drucks hat Übersichtstabellen zur Berechnung der Endzeit beigegeben, vgl. S. 33 f., aber auch Nicolais Erklärung, sich keinesfalls auf seine Berechnungen festlegen zu wollen, S. 35 f. Bei dem Zitat des preußischen, vorher in Peine tätigen Pastors JOHANNES WOLTHER [S. 37–40] handelt es sich um eine wohl zuerst 1605 in Königsberg erschienene Auslegung des 12. Kapitels des Danielbuches. WOLTHER deutete Dan 11,45 auf einen vom Papsttum veranlaßten Übergriff auf die wahre Kirche Gottes, die Anhänger der Confessio Augustana im Reich. WOLTHERS Schrift „Aureum ... Das ist: Gulden Arch / Darinn der wahre Verstand und Einhalt der wichtigsten Geheimnussen ... in der Offenbarung Johannis" war 1623 [BIRCHER, A 12087] und unter verändertem Titel 1629 mit einem zweiten Teil, der Auslegung von Dan 12, in Rostock bei Johann Richel, verlegt bei Johann Hallervord, erschienen [BIRCHER, A 12088/9]. In dem Werk setzte sich WOLTHER mit rosenkreutzerischen und calvinistischen Auslegungen der apokalyptischen Schriften der Bibel auseinander.

[170] Trewhertzige BußPosaune, wie Anm. 166, S. 15; vgl. 55 f.; passim; bes. 84 ff.

[171] Zur fundamentalen Kritik an der Praxis der außereuropäischen Jesuitenmission unter Rekurs auf PHILIPP NICOLAI vgl. Trewhertzige BußPosaune, wie Anm. 166, S. 82 f.; zum Problemzusammenhang vgl. zuletzt: REINHARD SCHWARZ, Die Entdeckung Amerikas – Eine Frage an die Kirche. In: Luther 63, 1992, S. 60–66; KLAUS KOSCHORKE, Konfessionelle Spaltung und weltweite Ausbreitung des Christentums im Zeitalter der Reformation. In: ZThK 91, 1994, S. 10–24; sowie die wichtigen Arbeiten von: WILLI HESS, Das Missionsdenken bei Philipp Nicolai, [Arbeiten zur Kirchengeschichte Hamburgs 5], Hamburg 1962 und ELERT, Morphologie Bd. 2, wie Anm. 65, bes. S. 278 ff.

des Jahres 1618, einem der sich in der Gegenwart mehrenden Zeichen des Zornes Gottes, kein „allgemeine[s] Fasten / Rechtschaffenes Buß= Gebet und thränen fest"[172] veranstaltet habe. Aus dem Bußappell folgt eine schonungslose Abrechnung mit einer der Glaubenshaltung der Confessio Augustana widerstreitenden, von der geforderten, sich in „gedult und demut unter de[m] creutz"[173] äußernden Martyriumsbereitschaft Abschied nehmenden Kriegsführung im Namen des Glaubens. „Eigene Rachgier" und „vorgefaßte[r] haß gegen die Papisten", „fette praebenden, nicht [...] die Religion"[174], nicht, wie man vorgebe, „Gottes wort und die Teutsche freyheit"[175], hätten zu einer Kriegsbereitschaft geführt, die „Land und Leute an die spitzen des degens gewaget", Unschuldige, auch „glaubensgenossen", „frawn und Jungfrawen", „ja viel 1000 menschen elendiglich auf die fleisch banck geliefert".[176] Gustav Adolf, dessen heilsgeschichtlicher Auftrag anerkannt wird, soll seine Truppen daran hindern, Greuel zu verüben[177], der Auftakt einer schon 1632 einsetzenden, nicht mehr abrei-

---

[172] Trewhertzige BußPosaune, wie Anm. 166, S. 23; vgl. 87 f. Lehmann gibt an, daß über die drei Kometenerscheinungen von 1618 „nicht weniger als 120 Flugschriften" publiziert worden waren, wie Anm. 14, S. 125; vgl. zu der Angabe Hans Ludendorff, Die Kometen-Flugschriften des 16. und 17. Jahrhunderts. In: Zeitschrift für Bücherfreunde 12, 1908/09, I, S. 501–506, hier: 509. In bezug auf den Zusammenhang der Kometenerscheinungen mit dem Kriegsbeginn formuliert Ludendorff: „Und alle diese pessimistischen Weissagungen schienen ihre Erfüllung zu finden in dem Dreißigjährigen Kriege. Es ist kein Wunder, daß namentlich in Deutschland das Zusammenfallen des Beginns dieser furchtbaren Kriegszeit mit dem Auftreten dreier Kometen dem Aberglauben neue Nahrung gab." Ebd. Ein instruktives Beispiel für die apokalyptische Deutung himmlischer und irdischer Wunderzeichen in einem Flugblatt aus dem Jahr 1618 in: Harms I, wie Anm. 43, Nr. 193; weitere Beispiele für spätere Flugblätter, die auf die Erfahrung mit den Kometen von 1618 im Sinne eines historischen Exempels als wahr erwiesener Prognostik Bezug nehmen bzw. diese mit aktuellen Unheilsprophezeiungen in Verbindung bringen, aaO., Nr. 193; Nr. 195; Nr. 200; Nr. 236; Harms II, wie Anm. 60, Nr. 219.

[173] Trewhertzige BußPosaune, wie Anm. 166, S. 23. Die Sicherung des Glaubens mittels militärischer Gewalt ist ein zentrales propagandistisches Motiv in zahlreichen Flugblättern im Umkreis des schwedischen Kriegseintritts; vgl. nur Harms II, wie Anm. 60, Nr. 259; Harms IV, wie Anm. 99, Nr. 204.

[174] Vgl. Trewhertzige BußPosaune, wie Anm. 166, S. 48.

[175] Trewhertzige BußPosaune, wie Anm. 166, S. 23.

[176] Trewhertzige BußPosaune, wie Anm. 166, S. 23 f.; vgl. 47 f.

[177] Trewhertzige BußPosaune, wie Anm. 166, S. 67 f. Triumphalistische Rachemotive sind etwa in den schlesischen „Frag= Stücke[n]" [wie Anm. 156] von entscheidender Bedeutung: „[...] thut den Papisten wie sie euch gethan haben / und vergeltet ihnen zweyfeltig in meinem [sc. Gustav Adolfs] Gedechtniß." [A3ʳ]. Der Flugschrift ist eine fingierte Beichte des Papstes gegenüber dem schwedischen König angefügt, dem das Oberhaupt der römischen Kirche u.a. bekennt, „[s]eine Eltern / so Lutherisch verflu-

ßenden deutschen lutherischen Klage über das Schreckensregiment der Schweden im Reich. Die Bestreitung des Charakters des Dreißigjährigen Krieges als eines Religionskrieges erfolgte durchaus von einem sich selbst dezidiert lutherisch verstehenden Standpunkt aus, ja klingt auch etwa bei Dannhauer an, spielt aber dann vornehmlich in den sich separierenden, der lutherischen Konfessionskultur entwachsenden Milieus eine Rolle.[178]

---

chet" und „die lutherischen / wenn ich gekont erschlagen", daneben auch „manch finstere Metten mit der Köchin in der Cammer gelesen" zu haben [A4v].

[178] Zu Dannhauer, vgl. WALLMANN, Theologie und Frömmigkeit, wie Anm. 9, S. 99 Anm. 36; zur Predigt DANNHAUERS s. unten, Anm. 333. Bei Christian Hoburg, der den Krieg als Gericht Gottes deutet, spielt die Absage an jeden Versuch, dem Zorn Gottes durch menschliche Kriegspolitik zu entgehen, eine entscheidende Rolle, vgl. die Analyse seiner Schriften aus dem Jahre 1644 bei KRUSE, wie Anm. 157, S. 154–160; ERNST KOCHS, Das Kriegsproblem in der spiritualistischen Gesamtanschauung Christian Hoburgs. In: ZKG 46, 1928, S. 246–275; zu Hoburg zuletzt: MARTIN BRECHT, in: DERS. [Hg.], Geschichte des Pietismus Bd. I, Göttingen 1993, S. 221 ff.; ähnliche Positionen bei Joachim Betke [vgl. ebd.]; MARGARETE BORNEMANN, Art. Betke, Joachim. In: TRE 5, 1980, S. 763–765; ERNST FRITZE, Michael Fritze [1603–1691], Joachim Betke [1601–1661] und Arndts „Wahres Christentum". Eine biographische Studie zum Frühpietismus in der Mark Brandenburg. In: JBBKG 59, 1993, S. 22–71, 49 ff.; zu den an Arndt anknüpfenden „Antikriegs-Propheten", vgl. BRECHT, aaO., S. 218–221. Charakteristisch für die Position dürfte in bezug auf die Deutung des Krieges und des Friedensschlusses sein, daß einerseits betont wird, daß dieser „unter dem schein der religion" [so ARNOLD, wie Anm. 106, I, S. 888; ähnlich VON FRANCKENBERG, hg. von TELLE, wie Anm. 228, S. 361, 232] geführt wurde, daß er andererseits ein Gericht Gottes über die Christenheit als ganze, nicht allein über eine bestimmte ‚Konfessionspartei' [vgl. ARNOLD, aaO., S. 899 ff.] darstellt und daß schließlich auch der Friede als „unzulänglich" erscheint, „den so grossen schaden" hinsichtlich der wahren Religion und pietas „zu heilen" [ARNOLD, aaO., S. 902]. Für einen Mann wie den Rostocker Pastor Theophil Grossgebauer [vgl. über ihn zuletzt: KAUFMANN, wie Anm. 191, passim; UDO STRÄTER, Meditation und Kirchenreform in der lutherischen Kirche des 17. Jahrhunderts, (BHTh 91), Tübingen 1995, passim, bes. S. 149 ff.] war aus der historischen Rückschau des ‚Nachgeborenen' gerade die religiöse Begründung und biblische Legitimation der Kriegsführung eine der entscheidenden Ursachen des Atheismus, vgl. dazu die Hinweise von HANS-MARTIN BARTH, Atheismus und Orthodoxie. Analysen und Modelle christlicher Apologetik im 17. Jahrhundert, [FSÖTh 26], Göttingen 1971, S. 112 f. Die Bestreitung einer religiösen Kriegslegitimation spielt auch in zeitgenössischen Flugblättern, die ihrerseits zumeist im Namen überkonfessioneller Christlichkeit argumentieren, eine nicht zu unterschätzende Rolle. Dies gilt verstärkt für die Publizistik der 1630er Jahre, vgl. etwa HARMS II, wie Anm. 60, Nr. 310, klingt aber schon in einem Nürnberger Gebetsblatt von 1621 an, in dem es knapp und pointiert heißt: „Warumb sollen die Christen dein / Einer deß andern Würger sein?", HARMS III, wie Anm. 123, Nr. 19, S. 32. Zu den irenischen Flugblättern im Kontext reichsstädtischer Ausgleichs- und Integrationsstrategien vgl. MICHAEL SCHILLING, Bildpublizistik der frühen Neuzeit. Aufgaben und Leistungen des illustrierten Flugblatts in Deutschland bis um 1700 [Studien und Texte zur Sozialgeschichte der Literatur 29], Tübingen 1990, S. 185–187. Für den anonym bleibenden Verfasser der „Theologischen Gewissensfrage" [s. Anm. 263] ist der

9.2. Kriegskritik im Namen ‚wahren Luthertums‘

Im Angesicht realer Kriegsgreuel und eines evangelischen Triumphalismus führt gerade eine sich als ‚genuin‘ lutherisch verstehende Bußpredigt dazu, die realen machtpolitischen Interessen einer im Namen des Evangeliums geführten Kriegspolitik schonungslos offenzulegen.[179] Wer zum Krieg rät, wendet sich vom Evangelium ab.[180] Die Kriegsgesinnung beider Parteien fördert den Standpunkt des Friedens, als eines dritten, neutralen[181], ohne daß freilich das konfessionelle Profil geopfert würde. Die Friedensforderung ergeht im Namen wahrer Bußgesinnung. Nicht als

gegen den Kaiser gerichtete „Schwedische Krieg" nach 1635 illegitim. Die Kriegsgreuel sind ein Angriff auf Christus selbst. Die religiösen Kriegsmotive werden als Vorwände entlarvt: „Wiewohl sie [sc. die Schweden] sich sehr heilig stellen / und ihren Krieg meisterlich zu bescheinen wissen. Da schützen sie vor die Ehre Gottes / da rühmen sie sich Feinde des Bapstthumbs / und Verfechter der seligmachenden Lehre / welches der Schaff Beltz ist / den diese Wölffe brauchen / und damit viel Einfältige betriegen / ist aber / wenn mans beym liechten besicht / alles erlogen. Denn die That kömbt nicht über ein mit den Worten / sie haben Esau Hände und Jacobs Stimme." Wie Anm. 263, S. 7. Dasselbe gilt für die Legitimierung des Krieges durch die angebliche Verteidigung der „Teutschen Freyheit", die man durch den Krieg zerstört [vgl. S. 10 ff.]. „Evangelische Religion" und „Teutsche Libertet" sind eben jene Werte, die seitens der proschwedischen Propaganda und der ihr folgenden Publizistik in den Vordergrund gerückt wurden, vgl. etwa oben Anm. 156. Im „Teutschen Brutus" von 1636 [s. Anm. 263] heißt es ganz analog: „Er [sc. Gott] sieht wol daß ihr den Namen Freyheit fürschützet / daß ihr [sc. die Schweden] / den Deckmantel deß Evangelij brauchet / und dargegen wie die Türcken lebet." [S. 5]. Zur Berufung auf Reichsfreiheit und Evangelium im Namen des Geistes des sich selbst opfernden Gustav Adolf gegen den Prager Frieden s.: Traumgespenste, wie Anm. 184; HARMS IV, wie Anm. 99, Nr. 240.

[179] CHRISTOPH ANDREAS ROSELIUS übt scharfe Kritik an zahlreichen ‚Mißständen‘ des evangelischen Kirchenwesens, vgl. zur Kritik am geistlichen Regiment evangelischer Fürsten besonders Trewhertzige BußPosaune, wie Anm. 166, S. 35 f.; zum Pfarrstand, den Ordinationsexamina und den Universitäten [unter Rekurs auf Johann Arndt], vgl. S. 36 ff.

[180] „So weiß man ja wol / das D. Luther seliger den Confessoribus primis niemals zum Krieg rathen hat wollen. Mich wundert das sich etliche Theologen und Feldprediger haben lassen so bald abwenden vom Evangelio Jesu Christi / welches ja ein Evangelium des friedens ist [...]". Trewhertzige BußPosaune, wie Anm. 166, S. 49.

[181] Trewhertzige BußPosaune, wie Anm. 166, S. 49 f. „Ein jegliche parthey sagt / er habe eine gerechte sache / Gott werde ihm helffen / der widerparth hab alle schuld ec. und sagen friede / friede / beide partheyen ruffen Passawischer vertrag / der so hoch betheurte Religion und profan fried / den sie verwenden / und ist doch kein fried / zu beden theilen haben sie Krieg im sinn / und traut keiner mehr dem andern. Darumb werden (beide) mit schanden bestehen / das sie solche grevel treiben [...]. Derhalben ihr Papisten die ihr gleichwol meine liebe Landt= Leute seit / und ihr heutige Confessionisten meine glaubensgenossen / sehet euch zu beiden seiten wol für / in dem ein jeder theil meinet / er wolle des andern hölzern joch nicht tragen / das euch Gott nicht ein harters eisernes auff den hals zu tragen lege [...]." AaO., S. 49 f.

Abkehr, sondern als Hinwendung zur wahren lutherischen Konfessionalität gelingt die Unterscheidung von Religion und Politik.

Die ultimative Forderung nach Buße steigert die Sensibilität in der Wahrnehmung von Greueln in der evangelischen Kirche und macht empfindsam für die Mirakel und Himmelszeichen als Vorboten des göttlichen Zorns. Die scharfe Abrechnung des Predigers Christoph Andreas Roselius etwa mit der zeitgenössischen evangelischen Geistlichkeit hat ein dezidiert konfessionell-lutherisches Gepräge; der „arme, einfeltige Lutherus mit seinem schlechten wullenen priesterhabit / und geringen umschleg kräglein (am hembd genähet)" wird da gegen den Kleiderluxus der Pastoren beschworen. Luther, so heißt es in eindrücklicher Anspielung an die konfessionscharakteristischen Porträts des Reformators in lutherischen Kirchen, muß „in der Kirchen hinder der thüren gemahlt stehen", während „seine vermeinte successores auff den Cantzeln mit grossen kraussen Frantzösischen haarkolben / mit dick ausgebrochenen blauen halskragen / die fast so groß / als an etlichen orten die Pflugräder sein … röcken / peltzen / breiten seidenen Leibhosen"[182] auftreten und prangen. Die Zeitansage des jetzt von Gott her anstehenden Zornes setzt sittlichen Eifer frei und hebt die Standards des Wohlverhaltens – „Reformatio" des Lebens im Anschluß an Johann Arndt[183], aber vor dem Hintergrund der durch Luther erreichten „Reformatio" der Lehre.

---

[182] Trewhertzige BußPosaune, wie Anm. 166, S. 40; durchgängiger Urteilsmaßstab CHRISTOPH ANDREAS ROSELIUS' ist die Confessio Augustana, vgl. nur S. 51 f. Wichtige Hinweise zu Reformatorenbildnissen bietet: KURT LÖCHER, Humanistenbildnisse – Reformatorenbildnisse. Unterschiede und Gemeinsamkeiten. In: HARTMUT BOOCK-MANN – LUDGER GRENZMANN – BERND MOELLER – MARTIN STAEHELIN [Hg.], Literatur, Musik und Kunst im Übergang vom Mittelalter zur Neuzeit, [AAWG. Ph K III, 208], Göttingen 1995, S. 352–390; umfassende Untersuchungen zur Verbreitung und Bedeutung von Lutherbildnissen und den dem späten Cranachschen Bildtypus der Lutherdarstellungen nachempfundenen Superintendenten- und Pastorenbildnissen und Porträtzyklen in lutherischen Kirchenräumen scheinen zu fehlen. Eine instruktive Einzelstudie bietet: ERNST KOCH, Solange er lebte, lebte er Christus. Bemerkungen zu einigen Porträts von Martin Chemnitz. In: W. A. JÜNKE [Red.], Der zweite Martin der lutherischen Kirche. Festschrift zum 400. Todestag von Martin Chemnitz, Braunschweig 1986, S. 130–145.

[183] „In unsern Städten ist die Reformatio Secunda aus dem Papsttumb zur reinigkeit der ersten Apostolischen Lehre durch Lutherum angegangen / und nun uber die hundert Jahr glücklich continuiret. […] In unsern Stätten ist die Reformatio Tertia, durch herrn Johann Arnds nützliche arbeit angegangen / durch welche er das wilde wüste heidnische Leben bey der Reynigkeit der Evangelischen Lehre mit gebürlichem ernst gestraffet / und das falsche zu wahrem Christenthumb reduciret." Trewhertzige BußPosaune, wie Anm. 166, S. 71, vgl. 77. Von diesem Quellenzeugnis her dürfte sich möglicherweise eine Relativierung folgender von JOHANNES WALLMANN geäußerter These nahelegen: „Seit Philipp Jakob Spener ist Johann Arndt im Pietismus unmittelbar neben

Als mentalitätsprägende Merkmale konfessionell-lutherischer Identität
im Angesicht des Krieges scheinen – unabhängig davon, ob man den
Krieg selbst als religiöses oder mit religiösen und theologischen Mitteln
ideologisiertes machtpolitisches Ereignis verstand – ein radikaler Bußernst
mit schonungsloser Ständekritik, eine intensivierte apokalyptische Zeitdiagnostik sowie eine verfeinerte, individualisierte Selbstwahrnehmung
des Sünders aufweisbar zu sein. Keines dieser Merkmale ist erst durch den
Krieg geschaffen worden; ihre wechselseitige Intensivierung dürfte
gleichwohl im Zusammenhang des Krieges gefördert worden sein.

Die verbreitete Überzeugung, die letztendlich zum Frieden führende
irenische Gesinnung gründe in einer konfessionsneutralen oder konfes-
sionsindifferenten Position, dürfte im Lichte der zeitgenössischen Publizistik problematisch erscheinen. Die – soweit ich sehe – publizistisch wir-
kungsreichste Thematisierung von Kriegsüberdruß und Friedenssehn-
sucht steht im Zusammenhang des höchst umstrittenen Prager Separatfriedens zwischen Kaiser Ferdinand II. und Kurfürst Johann Georg von
Sachsen von 1635[184], jener schließlich durch Frankreich und Schweden
vereitelten größten Friedenshoffnung vor 1648, und stammt vorwiegend
von lutherischen Christen. Auch für andere irenische Flugblätter wäre

---

Luther gestellt worden. Wie Luther als der Reformator der christlichen Lehre galt, so
sah man in Johann Arndt den Reformator des christlichen Lebens." WALLMANN, wie
Anm. 9, S. 13.

[184] Vgl. die Hinweise von HEINRICH HITZIGRATH, Die Publizistik des Prager Friedens (1635), [Hallesche Abhandlungen zur Neueren Geschichte 9], Halle 1880; s. auch
TSCHOPP, wie Anm. 96, S. 60 f.; vgl. HARMS II, wie Anm. 60, Nr. 310; zur Kritik am Prager Frieden vgl. HARMS IV, wie Anm. 99, Nr. 240; instruktiv auch: HARMS IV, Nr. 242;
244; 246; SCHILLING, wie Anm. 178, S. 184; 186 f. Der durch die schwedische Publizistik
beschworene Geist Gustav Adolfs [vgl. etwa die Flugschrift: „Traum=Gespenste // Auff
des Königes von Schweden Geistes Anrede an den Churf. von Sachsen / wegen Bre-
chung des Bündnisses / den 20. May des 1635. Jahrs. Nach dem NiderLändischen Exemplar" (Exemplar Hofbibliothek Fürst Thurn und Taxis Regensburg, Sammlung
Haeberlin C 53/6)] vermochte gegen die durch schwedische Kriegsgreuel verursachte
tiefgreifende Ablehnung im deutschen Luthertum [s. Anm. 263] nicht mehr aufzukom-
men. Die Vorlage der deutschen Flugschrift ist ein wohl im Frühjahr 1636 in Utrecht
erschienenes illustriertes Flugblatt, ediert in: HARMS IV, wie Anm. 99, Nr. 240. Zu Johann Gerhards engagiertem publizistischen Einsatz zugunsten des Prager Friedens vgl.
die instruktiven Hinweise BAURS, wie Anm. 157, S. 354–356; sowie die an den hessischen Kanzler Antonius Wolfius zu Todtenwardt adressierte Widmungsepistel zu seiner
lateinischen Evangelienpostille, die auch separat erschien, bei FISCHER, wie Anm. 157,
S. 459. Daß die Veröffentlichung der Leipziger Predigten des BERGIUS [s. Anm. 116] ins
Jahr des Prager Separatfriedens fiel, dürfte in den Zusammenhang reformierter Kritik an
dem Friedensschluß als ,lutherischem Sonderweg' gehören. Die Leipziger Überein-
kunft der Protestanten diente BERGIUS als argumentatives Mittel dazu, die Legitimiät des
Prager Friedens zu bestreiten.

zum Teil ein konfessionell-lutherischer Hintergrund aufzuweisen oder wahrscheinlich zu machen.[185] Eine Deutungsperspektive, die den Anteil der konfessionellen Religion lediglich auf der Seite der kriegsfördernden Momente verbucht, den Frieden hingegen als Emanzipation der politischen Vernunft gegen die Logik des Konfessionellen wertet, simplifiziert die Sachlage und unterschätzt die insbesondere im Luthertum im Horizont der Fundamentaldistinktion von Gesetz und Evangelium ausgebildete Fähigkeit, zwischen Politik und Religion zu unterscheiden.

Das Verhältnis der Konfessionen zu Krieg und Frieden ist historisch bewegt und im Ergebnis durchaus ambivalent. Kriegstreibende und seit 1635 vornehmlich friedensfördernde Momente bestimmen das in bezug auf das Luthertum im Reich zu gewinnende Gesamtbild. Die Frage, ob einer konfessionsneutral-gemeinchristlichen oder einer konfessionell grundierten Irenik die entscheidenden Impulse in Richtung auf den Frieden zukommen und wie das Verhältnis beider zueinander zu bestimmen ist, dürfte noch keineswegs entschieden sein.

---

[185] Zur dominierenden Rolle der Reichsstädte Augsburg und Nürnberg als Zentren der Flugblattpublizistik vgl. SCHILLING, wie Anm. 178, bes. S. 170; eine konfessionskulturell lutherische Milieuprägung dürfte etwa in dem ‚konfessionsneutralen' Augsburger Flugblatt „Sunt mala mixta bonis", HARMS I, wie Anm. 43, Nr. 10, aufweisbar sein, insbesondere hinsichtlich der gnadentheologisch gewendeten gubernatio divina. Ähnliches dürfte für HARMS I, Nr. 56: „Der Welt schneller Lauf und Leb." [Augsburg, ca. 1620–1630] gelten, besonders hinsichtlich des Schlußappells: „Ach lieber Leser glaub unbeschwerden / Daß noch wol kan geholffen werden / Wann wir GOTT hertzlich rufen an / Mit Hülff und Trew Er wurd beysthon [...]." Ähnliches würde ich in bezug auf HARMS III, wie Anm. 123, Nr. 89, vermuten. Ähnliche Überlegungen ließen sich auch in bezug auf das Augsburger Blatt von 1629: „Von Unnötigen Krigen", HARMS I, Nr. 178, in Anschlag bringen, wo die besonderen Interessen an einer transkonfessionell-gemeinchristlichen Einigung in der militia gegen die Türken im Angesicht des Restitutionsediktes evident sind, vgl. den Kommentar S. 364. Ein ‚lutherisches Substrat' dürfte auch bei folgenden Blättern irenisch-konfessionsneutralisierenden Inhalts vorhanden sein: HARMS II, wie Anm. 60, Nr. 148; HARMS II, Nr. 203. Das vielleicht aus Nürnberg stammende Blatt „Typus Ecclesiae" ist, unbeschadet der Abschwächung des konfessionellen Moments gegenüber seinen Vorlagen [HARMS III, wie Anm. 123, Nr. 54, S. 110], hinsichtlich seiner ekklesiologischen Grundtendenz dezidiert ‚protestantisch' ausgerichtet; ähnliche Tendenzen sehe ich z.B. auch in HARMS III, Nr. 14; bei dem Blatt HARMS IV, wie Anm. 99, Nr. 236, läßt der Bezug zu Hans Sachs einerseits, zu Kursachsen andererseits eine exakte konfessionell-lutherische Grundierung der Irenik erkennen. Daß Irenik, Arndtsche Frömmigkeitsreform und konfessionell-lutherischer Positionalismus ineinandergehen können, hat BLAUFUSS an Saubert gezeigt: DIETRICH BLAUFUSS, Johannes Saubert. In: Fränkische Lebensbilder Bd. 14, Neustadt/A. 1991, S. 123–140, bes. 127 ff.; stärker melanchthonisches Erbe – unbeschadet der Begeisterung für Arndt – ist bei dem zweiten exponierten Nürnberger Theologen greifbar: vgl. GERHARD SCHRÖTTEL, Johann Michael Dilherr und die vorpietistische Kirchenreform in Nürnberg, [EKGB 34], Nürnberg 1962, bes. S. 24 ff.

III. Wirkungen des Krieges
auf Theologie und Frömmigkeit

Die folgenden Hinweise beschränken sich auf einige knappe, thetisch zugespitzte Bemerkungen, zunächst zur orthodox-lutherischen Theologie.[186] Die Vorstellung von der lutherischen Orthodoxie als einer gleichsam monolithischen Größe, die an den als einheitliches Lehrgesetz gehandhabten Bekenntnisschriften ausgerichtet gewesen sei[187], ist bekanntlich ein insbesondere von ihren pietistischen und aufklärerischen Gegnern produziertes Zerrbild, das schon für die vier Jahrzehnte zwischen dem Abschluß der Konkordienformel und dem Ausbruch des Krieges unzutreffend ist. Wenn ich recht sehe, wurde die beträchtliche binnenlutherische Pluralität vor dem Krieg dann zwischen 1618 und 1648 noch wesentlich gesteigert.

---

[186] An Literatur zur lutherischen Orthodoxie sei lediglich verwiesen auf die Lexikonartikel von MARKUS MATTHIAS, Orthodoxie I: Lutherische Orthodoxie. In: TRE 25, 1995, S. 464–485; JÖRG BAUR, Orthodoxie, Genese und Struktur. In: TRE 25, 1995, S. 498–507; THEODOR MAHLMANN, Orthodoxie/orthodox. In: JOACHIM RITTER – KARLFRIED GRÜNDER [Hg.], Historisches Wörterbuch der Philosophie 6, 1984, Sp. 1380–1385; JÖRG BAUR – WALTER SPARN, Orthodoxie, lutherische. In: EKL³, 3, 1992, Sp. 953–959, sowie auf die Aufsatzsammlungen von JÖRG BAUR [wie Anm. 157] und JOHANNES WALLMANN [wie Anm. 9]. In bezug auf die Bedeutung der Melanchthon-Rezeption in der sog. Frühorthodoxie vgl. meinen Beitrag: Martin Chemnitz [1522–1586]. Zur Wirkungsgeschichte der theologischen Loci. In: HEINZ SCHEIBLE [Hg.], Melanchton in seinen Schülern, [Wolfenbütteler Forschungen 73], Wiesbaden 1997, S. 183–254; eine knappe Übersicht vermittelt ULRICH G. LEINSLE, Einführung in die scholastische Theologie, [UTB 1865], Paderborn u.a. 1995, bes. S. 283 ff.

[187] Kritisch dazu: JOHANNES WALLMANN, Die Rolle der Bekenntnisschriften im älteren Luthertum. Zuletzt in: DERS., Theologie und Frömmigkeit, wie Anm. 9, S. 46–60. Zur binnenlutherischen Pluralität im Spiegel der keineswegs auf calvinistische und flacianische Kritiken am Konkordienwerk einzuengenden Auseinandersetzung um die Formula Concordiae und ihre Apologie instruktiv: IRENE DINGEL, Concordia controversa. Die öffentlichen Diskussionen um das lutherische Konkordienwerk am Ende des 16. Jahrhunderts, [QFRG 63], Gütersloh 1996; zur Frage der Autorität der CA bes.: S. 619–629.

1. Lehrgutachten in der Zeit des Krieges

Eine überterritoriale ‚lehramtliche' Entscheidungsinstanz hat das deutsche Luthertum bekanntlich nicht ausgebildet. Die z. T. sehr engen Kontaktnetze zwischen den Fakultäten, die häufig im Zuge der akademischen Mobilität der späteren Professoren während ihrer Studienzeit geknüpft worden sind und vor allem durch Korrespondenzen, die Übersendung von Disputationsthesen, die an einzelnen Fakultäten verhandelt worden waren, sowie durch regelmäßige Besuchsreisen der neu in ihre Ämter eintretenden Theologen bei ihren Kollegen an anderen Orten aufrecht erhalten wurden, ermöglichten einen permanenten kommunikativen Austausch auch bezüglich anstehender Lehrfragen. Auch Religionsgespräche oder Konvente, an denen Theologen verschiedener Universitäten beteiligt sein konnten, spielten, je nach der von den zuständigen Obrigkeiten eingeschlagenen Verfahrensform, im Fall von Lehrauseinandersetzungen gelegentlich eine Rolle; maßgebend waren sie aber weder vor dem Krieg noch während des Krieges. Das wichtigste Instrument zur überterritorialen Regulierung von Lehrkonflikten bestand in dem im wesentlichen neuartigen und bisher nicht hinreichend erforschten oder gewürdigten, im ganzen mit beträchtlichem Erfolg gehandhabten Verfahren der gutachterlichen Konsultation verschiedener universitärer oder kirchenleitender Instanzen.[188] Unter den Bedingungen des Krieges freilich funktionierte dieses seit Jahrzehnten erprobte Regulierungsinstrument nurmehr mäßig oder gar nicht. Die gerade in der ersten Hälfte des 17. Jahrhunderts zu beobachtende Inflationierung der in Konflikten eingeholten Gutachten oder der Rechtgläubigkeitszeugnisse, die Druckschriften beigegeben wurden, deutet auf eine krisenhafte Entwertung dieses Mediums hin. Einheitliche, weithin als bindend geltende und als verbindlich rezipierte Entscheidungen zu brennenden innerlutherischen Diskussionen, etwa zur ‚Orthodoxie' Johann Arndts, zum skripturalen und sakramentalen ‚Spiritualismus' Hermann Rathmanns und Kaspar Movius', zur christologi-

---

[188] Vgl. UDO STRÄTER, Wittenberger Responsen zur Zeit der Orthodoxie. Eine Quelle zur Fakultätsgeschichte. In: STEFAN OEHMIG [Hg.], 700 Jahre Wittenberg. Stadt Universität Reformation, Weimar 1995, S. 289–302; THOMAS KAUFMANN, Rostocker Fakultätsgutachten in der zweiten Hälfte des 16. Jahrhundert. In: HARTMUT BOOCKMANN – BERND MOELLER – MARTIN STAEHELIN, Göttinger Akademie-Abhandlungen, voraussichtlich 1999. Instruktive Hinweise zur Gattung am Beispiel von Gutachten, die für die Stadt Hamburg im späten 17. Jahrhundert erstellt wurden, finden sich in: JOHANNES GEFFEKEN, Über die theologischen Responsa und deren Bedeutung im 17. Jahrhundert. In: Zeitschrift des Vereins für hamburgische Geschichte, Erster Band, 1841, S. 249–280.

schen Debatte zwischen den theologischen Fakultäten in Tübingen und Gießen, zu dem zeitlebens innerhalb der lutherischen Kirche verbleibenden Jakob Böhme, zum Synkretismus Calixts oder zum Chiliasmus kamen entweder nicht zustande oder fanden doch keine allgemeine Anerkennung.[189] Der seit den 1630er Jahren im lutherischen Bereich einsetzende Rezeptionsprozeß englischer Erbauungsliteratur war – jedenfalls was die historisch dominanten Effekte angeht – weitgehend dogmatisch unkontrolliert abgelaufen, ja das deutsche Luthertum war auch in bezug auf die

---

[189] Zur Debatte um *Arndt* vgl. nur: WILHELM KOEPP, Johann Arndt. Eine Untersuchung über die Mystik im Luthertum, [NSGTK 13], Berlin 1912, Nachdruck Aalen 1973, S. 101 ff.; WALLMANN, Pietismus, wie Anm. 9, S. 19–21; DERS., Herzog August zu Braunschweig und Lüneburg als Gestalt der Kirchengeschichte. In: DERS., Theologie und Frömmigkeit, wie Anm. 9, S. 20–45; BRECHT, wie Anm. 178, S. 142–151; FRIEDER SEEBASS, Die Schrift „Paraenesis votiva pro pace ecclesiae" [1626] und ihr Verfasser. Ein Beitrag zu den Arndtschen Streitigkeiten. In: PuN 22, 1996/1997, S. 124–173. Die Auseinandersetzungen um Rathmann und Movius sind vornehmlich als Fortsetzungen der ungeklärten *Arndt*schen Streitigkeiten zu deuten. Zum *Rathmann*schen Streit, bei dem etwa eine freilich keineswegs endgültig klärende Lösung geradezu unter Ausschaltung der Fakultätsgutachten durch einen vom Danziger Rat veranstalteten Theologenkonvent zustande kam, vgl.: HEINRICH HALVERSCHEID, Lumen Spiritus prius quam Scriptura intellecta. Hermann Rathmanns Kritik am lutherischen Schriftprinzip, Diss. theol. Marburg 1971, bes. S. 21–26. Zum *Tübinger-Gießener Streit* vgl.: JÖRG BAUR, Auf dem Weg zur klassischen Tübinger Christologie. In: DERS., wie Anm. 157, S. 204–289; zur Auseinandersetzung um *Böhme,* die in Görlitz von einem melanchthonisch geprägten Opponenten des Schusters eröffnet und geführt wurde: WERNER HEIMBACH, Das Urteil des Görlitzer Oberpfarrers Richter über Jakob Böhme. In: HerChr 9, 1973/74, Berlin 1975, S. 97–151; der Ausgang des Dresdener Böhme-Verhörs war in der zweiten Hälfte des 17. Jahrhunderts strittig: Vgl. HELMUT OBST, Zum „Verhör" Jakob Böhmes in Dresden. In: PuN 1, 1974, S. 25–31; sowie die Hinweise bei BRECHT, aaO., passim, bes. 205–218; zur Auseinandersetzung um *Calixt* vgl. die oben Anm. 120 f. und unten Anm. 281 genannten Arbeiten sowie: HEINZ STAEMMLER, Der Kampf der kursächsischen Theologen gegen den Helmstedter Synkretismus, unter besonderer Berücksichtigung ihrer Schrift „Consensus Repetitus fidei verae Lutheranae" von 1655, Diss. theol. masch. Halle 1963; SCHÜSSLER, wie Anm. 121, S. 133 ff.; WALLMANN, Theologie und Frömmigkeit, wie Anm. 9, S. 56 ff. Für die Folgen des *‚synkretistischen' Streites* ist die Formulierung eines brandenburgischen Konsistorialprotokolls von 1686 instruktiv. In ihm heißt es, es gebe „zweyerley Lutheraner im lande [sc. Brandenburg] wie auch in gantz Deutschland [...], welche ungleiche Meinung haben der tolerantia vel exclusione Reformatorum, sintemahl es etliche mit den Wittenbergern halten welche statuieren, daß die Reformirten im Grunde irren und exitiales errores haben, andere aber mit den Helmstedtern gleich gesinnet seind, welche zwar auch den Reformirten schuld geben, daß sie irren, aber doch dabey gestehen, daß sie nicht im Grunde irren, und demnach ihre Lehren nicht exitiales errores sein [...]." Zitiert nach FRITZE, wie Anm. 178, S. 62 f. Zum *Chiliasmus* vgl. BRECHT, aaO., passim; HAASE, wie Anm. 151; WALLMANN, Reich Gottes und Chiliasmus in der lutherischen Orthodoxie. In: DERS., Theologie und Frömmigkeit, wie Anm. 9, S. 105–123; DERS., Pietismus und Chiliasmus. In: AaO., S. 390–421; s. auch unten Anm. 330.

englische Erbauungsliteratur „nicht mehr auf einen einheitlichen Kurs zu bekommen", ein über die Arndt-Rezeption und andere frömmigkeitstheologische Impulse etwa Valentin Weigels hinaus wichtiges Moment der innerlutherischen Pluralisierung. Neben den gleichsam im 16. Jahrhundert gründenden, niemals definitiv gelösten, mit dem „Melanchthonianismus" und dem nonkonkordistischen Luthertum verbundenen Momenten innerlutherischer Pluralität, neben den theologisch eigengeprägten, das gesamte Schöpfungs- und Weltverhältnis des Glaubens berührenden Mystikrezeptionen etwa Martin Mollers, Philipp Nicolais oder Johann Arndts und der „ständige[n] Virulenz" spiritualistischer Traditionen, kamen also Impulse des neuen Jahrhunderts hinzu, die die theologische und frömmigkeitsgeschichtliche Pluralisierung des Luthertums dynamisierten und die Frage nach der „unitas in necessariis" und der „libertas in non necessariis" sowie die Bestimmung des einen wie des anderen zu einem Dauerproblem werden ließen.[190]

Im Scheitern einer einheitlichen Position zum Helmstedter Synkretismus in den Jahren nach dem Kriegsende manifestiert sich der in den Jahrzehnten zwischen 1618 und 1648 maßgeblich forcierte Integrationsverlust einer lutherisch-orthodoxen Konfessionstheologie. In bezug auf die nach

---

[190] Erstes Zitat: UDO STRÄTER, Sompton, Bayly, Dyke and Hall, [BHTh 71], Tübingen 1987, S. 53; vgl. im ganzen 8 ff.; 44 ff.; zweites Zitat: MARTIN BRECHT, Der Beitrag des Spiritualismus der Reformationszeit zur Erneuerung der lutherischen Kirche im 17. Jahrhundert. In: GÜNTER VOGLER [Hg.], Wegscheiden der Reformation. Alternatives Denken vom 16. bis zum 18. Jahrhundert, Weimar 1994, S. 369–379, hier: 378; drittes Zitat nach SEEBASS, wie Anm. 189, S. 136 u. ö. Zur Mystikrezeption Mollers vgl. ELKE AXMACHER, Praxis Evangeliorum. Theologie und Frömmigkeit bei Martin Moller [1547–1606], [FDKG 43], Göttingen 1989. STEIGER sucht die Diskussion um die Mystikrezeption im Luthertum in systematisierender Einseitigkeit auf die Frage ihrer Vereinbarkeit mit der reformatorischen Rechtfertigungstheologie festzulegen, vgl. zuletzt JOHANN ANSELM STEIGER, Johann Gerhard [1582–1637]. Studien zur Theologie und Frömmigkeit des Kirchenvaters der lutherischen Orthodoxie, [Doctrina et Pietas Abt. I, Bd. 1], Stuttgart-Bad Cannstatt 1997, S. 52–123. Aussagekräftig für STEIGERs Beitrag zur Lösung der mit der Mystikrezeption im Luthertum gegebenen theologischen Probleme sind folgende Formulierungen: „Wie bei Luther wird auch bei Gerhard die Mystik um die rechtfertigungstheologische Achse zentriert, nur mit dem Unterschied, daß die Felge jetzt viel breiter ist und mystisches Gedankengut deswegen weitaus größere Berücksichtigung findet [oder: besser rollt?]. […] Bei Luther wie bei Gerhard müssen Bernhard, Tauler und Thomas von Kempen sozusagen ein Aufbaustudium betreiben und eine Zusatzprüfung ablegen. Erst so werden sie – nun reformationstheologisch weitergebildet – zu Kommilitonen der orthodoxen Theologie." AaO., S. 65 f. Zum „Kirchenvater" zuletzt: JOHANN ANSELM STEIGER, Der Kirchenvater der lutherischen Orthodoxie. In: KuD 43, 1997, S. 58–76. Zur Sache: THEODOR MAHLMANN, Die Stellung der unio cum Christo in der lutherischen Theologie des 17. Jahrhunderts. In: MATTI REPO – RAINER VINKE [Hg.], Unio. Gott und Mensch in der nachreformatorischen Theologie, [SLAG 35], Helsinki 1996, S. 72–99.

dem Krieg virulenten theologischen Positionierungen im Luthertum dürfte sich ganz überwiegend zeigen lassen, daß sie bereits während des Krieges zumindest in nuce ausgebildet waren. Hinsichtlich der inneren Pluralisierung des Luthertums sind die mittelbaren Wirkungen des großen Krieges also im ganzen hoch zu veranschlagen.

2. Individualisierung als Mentalitätswandel

Bereits vor dem Krieg setzte ein dann unter den Bedingungen des Krieges dynamisierter, alle Bereiche der Theologie und des kirchlichen und gesellschaftlichen Lebens sukzessive erfassender, fundamentaler Mentalitätswandel ein, den ich als *„Individualisierungsschub"* bezeichnen möchte. Ob im protestantischen Religionsrecht, in dem erstmals zwischen öffentlicher und privater Religion unterschieden wurde, ob in der amtstheologischen Literatur und Homiletik, in der die individuelle Pietas der Amtsperson gegenüber ihren ‚objektiven' Aufgaben in den Vordergrund trat[191], ob im Kirchenlied[192] oder in der Postillenpredigt[193], in denen das im 16. Jahrhundert dominierende Personalpronomen ‚wir' durch das individuelle ‚ich' der Glaubensaneignung und der religiösen Ausdrucksform ersetzt wurde, ob in der dogmatischen Methodologie, in der der Übergang von der traditionellen lokal- zur „(pastoral orientierten) analytischen Methode"[194] und damit die dispositionelle Ausrichtung der Glaubenslehre an der persönlichen „Seligkeit als dem Zielgedanken der Religion"[195] – unbeschadet der initialen Umformung bei Balthasar Mentzer (1610) und Bartholomäus Kerkemann (1614) – zeitlich weitgehend synchron mit

---

[191] Zum „religiöse[n] Individualismus" als Faktor staatskirchenrechtlicher Diskussionen in der ersten Hälfte des 17. Jahrhunderts vgl. HECKEL, wie Anm. 175, bes. 170 f.; zur Amtstheologie: THOMAS KAUFMANN, Universität und lutherische Konfessionalisierung, [QFRG 66], Gütersloh 1997, S. 253 ff.

[192] Vgl. PATRICE VEIT, Das Gesangbuch als Quelle lutherischer Frömmigkeit. In: ARG 79, 1988, S. 206–229; DERS., Private Frömmigkeit. Lektüre und Gesang im protestantischen Deutschland der frühen Neuzeit: Das Modell der Leichenpredigten. In: RUDOLF VIERHAUS u.a. [Hg.], Frühe Neuzeit – Frühe Moderne? Studien zur Vielschichtigkeit von Überlieferungsprozessen, Göttingen 1992, S. 271–295; DERS., Das Gesangbuch in der Praxis Pietatis der Lutheraner. In: RUBLACK, wie Anm. 15, S. 435–454.

[193] KAUFMANN, wie Anm. 191, S. 435 ff. [Lit.]; zur Predigt im 16. und 17. Jahrhundert bietet einen bündigen Überblick: ALBRECHT BEUTEL, Art. Predigt VIII. In: TRE 27, 1996, S. 296–302 [Lit.]; wichtige mentalitätsgeschichtliche Hinweise zur lutherischen ‚Gewitterpredigt' bei KITTSTEINER, wie Anm. 210.

[194] JÖRG BAUR / WALTER SPARN [wie Anm. 186], Sp. 953–959, hier: Sp. 958.

[195] HOLL, wie Anm. 3, S. 319.

dem Krieg[196] vollzogen wurde, allenthalben trat der einzelne Mensch mit neuartiger Intensität in den Mittelpunkt von Theologie und Kirche. Dieser Individualisierungsschub stellt ein globales Phänomen von gesamteuropäischem Ausmaß dar, an dem das deutsche Luthertum teilhatte und der eben deshalb, weil er nicht als bewußter „Paradigmenwechsel", sondern als eher unbewußte Teilhabe an unhinterfragten Plausibilitäten zu gelten hat, durchaus sachgemäß auf der Ebene der „Mentalität" verortet wird.

3. „Christentum" im Spiegel von Leichenpredigten

In der literaturgeschichtlichen Entwicklung der hinsichtlich ihres statistischen Schwerpunktes vornehmlich als protestantisches, ja in den lutherischen Territorien Mitteldeutschlands beheimatetes Phänomen anzusprechenden Leichenpredigten[197] läßt sich dieser „Mentalitätswandel" insbesondere an der in den beiden Jahrzehnten vor dem Dreißigjährigen Krieg vollzogenen Verselbständigung eines mehr oder weniger ausführlichen biographischen Personalteils gegenüber der eigentlichen Predigt dokumentieren.[198] Als Quelle der lutherischen Frömmigkeitskultur sind die vornehmlich als Oberschichtsphänomen[199] anzusprechenden Leichen-

---

[196] Vgl. Hans Emil Weber, Der Einfluß der protestantischen Schulphilosophie auf die orthodox-lutherische Dogmatik, Leipzig 1908, Nachdruck Darmstadt 1969, S. 26 ff.; Johannes Wallmann, Der Theologiebegriff bei Johann Gerhard und Georg Calixt, [BHTh 30], Tübingen 1961, bes. S. 56 ff.; 92 ff.; s. auch Otto Ritschl, Dogmengeschichte des Protestantismus, Bd. III: Die reformierte Theologie im 16. und 17. Jahrhundert in ihrer Entfaltung und Entwicklung, Göttingen 1926, bes. S. 272 ff.; Bd. IV, wie Anm. 120, bes. S. 388 ff.; zuletzt: Böttigheimer, wie Anm. 120, bes. S. 123 ff.; Schüssler, wie Anm. 121, S. 19 ff.; instruktiv auch: Inge Mager, Einleitung in: Epitome Theologiae 1619. In: Dies., [Hg.], Georg Calixt, Dogmatische Schriften, [Werke in Auswahl Bd. 2], Göttingen 1982, S. 30–54, bes. 42 ff.; S. 92 Anm. 76; vgl. auch Kenneth G. Appold, Abraham Calov als Vater der lutherischen Spätorthodoxie. In: Wallmann – Koch, wie Anm. 270, S. 49–58, hier: 50–54.

[197] Vgl. umfassend: Rudolf Lenz, De mortuis nil nisi bene? Leichenpredigten als multidisziplinäre Quelle unter besonderer Berücksichtigung der historischen Familienforschung, der Bildungsgeschichte und der Literaturgeschichte, [Marburger Personalschriften-Forschungen 10], Sigmaringen 1990 [Lit.]; Ders., Art. Leichenpredigten. In: TRE 20, 1990, S. 665–669; Ders. [Hg.], Leichenpredigten als Quelle historischer Wissenschaften, 3 Bde., Köln/Wien und Marburg 1975, 1979 und 1984.

[198] Vgl. Lenz, De mortuis, wie Anm. 197, bes. S. 12.

[199] Lenz beziffert den Anteil der Angehörigen der Oberschicht gewidmeten Leichenpredigten am Volumen der Gattung auf 87 %; den Anteil der Mittelschicht-Personen auf 8,5 %; Angehörige der Unterschicht seien nicht vertreten, De mortuis, wie Anm. 197, S. 20.

predigten bisher kaum[200] umfassend gewürdigt worden. Der Boom der gedruckten Leichenpredigten dürfte Bestandteil eines umfassenden Bedeutungszuwachses sein, den das gedruckte religiöse Buch im 17. Jahrhundert erfuhr, und mit dem gesteigerten Bedürfnis nach häuslicher, privater Andacht zusammenhängen.[201]

---

[200] Vgl. aber in bezug auf die Bedeutung der Gesangbücher: VEIT, Private Frömmigkeit, wie Anm. 192; zu einem aus Leichenpredigten zu konstruierenden ‚Amtsprofil‘ der Pfarrfrau vgl. LUISE SCHORN-SCHÜTTE, „Gefährtin" und „Mitregentin". Zur Sozialgeschichte der evangelischen Pfarrfrau in der frühen Neuzeit. In: HEIDE WUNDER – CHRISTINA VANJA [Hg.], Wandel der Geschlechterbeziehungen zu Beginn der Neuzeit, Frankfurt/M. 1991, S. 109–153; zu Leichenpredigten und akademischen Exequialprogrammen für Rostocker Theologieprofessoren und Pastoren vgl. KAUFMANN, wie Anm. 191, S. 129 ff.; grundlegend: EBERHARD WINCKLER, Die Leichenpredigt im deutschen Luthertum bis Spener, [FGLP R. 10, 34], München 1967; RUDOLF MOHR, Der unverhoffte Tod. Theologie- und kulturgeschichtliche Untersuchungen zu außergewöhnlichen Todesfällen in Leichenpredigten, [Marburger Personalschriften-Forschungen 5], Marburg 1982; DERS., Protestantische Theologie und Frömmigkeit im Angesicht des Todes während des Barockzeitalters hauptsächlich auf Grund hessischer Leichenpredigten, Diss. theol. Marburg 1964; instruktiv ferner noch immer: WINFRIED ZELLER, Leichenpredigt und Erbauungsliteratur im Protestantismus. In: DERS., Theologie und Frömmigkeit. Gesammelte Aufsätze Bd. 2, hg. von BERND JASPERT, [MThSt 15], Marburg 1978, S. 23–34; sowie die von LENZ herausgegebenen Bände, wie Anm. 197.

[201] Vgl. HANS ERICH BÖDEKER – GÉRALD CHAIX – PATRICE VEIT [Hg.], Le Livre religieux et ses pratiques / Der Umgang mit dem religiösen Buch. Studien zur Geschichte des religiösen Buches in Deutschland und Frankreich in der frühen Neuzeit, [Veröffentlichungen des Max-Planck-Instituts für Geschichte 101], Göttingen 1991; die eindringlichen Forschungen zum religiösen Buchbesitz und zur Wertschätzung des geistlichen Buches als „erster und seligster Hausrat" [S. 455], die HANS MEDICK aufgrund von Inventaren aus der Zeit zwischen 1748 und 1820 aus Laichingen vorgelegt hat, dürften – nicht zuletzt aufgrund der bemerkenswerten Präsenz von Autoren des 17. Jahrhunderts [vgl. S. 532 ff.] – partielle Rückschlüsse auch auf die religiöse Mentalität des 17. Jahrhunderts zulassen: HANS MEDICK, Weben und Überleben in Laichingen 1650–1900. Lokalgeschichte als allgemeine Geschichte, [Veröffentlichungen des Max-Planck-Instituts für Geschichte 126], Göttingen 1996, S. 447–560. Eine gewisse Anschaulichkeit hinsichtlich der Verwendung gedruckter Leichenpredigten vermittelt der schleswig-holsteinische Generalsuperintendent STEPHAN CLOTZ in seiner Dedikationsepistel für eine Sammlung von ihm während mehrerer Jahrzehnte gehaltener Leichenpredigten an die schleswig-holsteinische Herzogin Sybilla Ursula: „Ewr. Durchl. aber Gnädige Fürstin / habe diese meine geringfügige Arbeit Unterthänig zuschreiben und vorzeigen wollen / weil mir wol wissend / daß Sie als eine grosse Liebhaberin des Heiligen Worts Gottes nicht allein im gehör desselben / sondern auch im fleissigen durchlesen andächtiger Schrifften der Lehrer der H. Schrifft / derer in Ihrer schönen Bibliothek eine grosse Anzahl vorhanden / wie ich selbst mit grosser Verwunderung gesehen habe / Sich übet: Insonderheit auch in betrachtung solcher Sermonen / die von der Nichtigkeit / Eitelkeit und Sterbligkeit des Menschlichen Lebens handeln / Ihre Ergetzung suchet." STEPHAN CLOTZ, Geistlich Cypressen Kräntzlein Das ist / Betrachtungen und Andachten auß unterschiedenen Sprüchen H. Schrifft. Bey vornehmen Leich=Begängnissen zu Tage geleget ..., Lübeck, U. Wetzstein, 1669 [Exemplar UB

An einzelnen Leichenpredigten, die zwischen 1618 und 1648 gehalten
bzw. gedruckt wurden – also in die Zeit des Krieges fallen, in der die Ge-
samtproduktion an Leichenpredigten, gegenläufig zur Sterbestatistik, signifikant zurückging[202] –, lassen sich instruktive Beobachtungen machen.
Sie verdienen auch deshalb Beachtung, weil sie die „Katastrophe" der
Kriegszeit gleichsam im Modus ihrer gattungsbedingten religiös-konven-
tionierten Veralltäglichung spiegeln. Integraler Bestandteil der Personalia
der Leichenpredigten ist eine Charakterisierung der religiösen Lebensführung, die die individuellen Besonderheiten einzelner Verstorbener im
Medium des gattungsbedingten Leitinteresses an christlicher Exemplarität, am „Typus fidelium", thematisiert, wobei der Schwerpunkt der Darstellung allerdings auf der zum Teil ausgesprochen ausführlichen Sterbe-
szene liegt. Denn vom Ende der von Gott „bestimbten zeit"[203] her erfährt
das Leben eine sinnhafte Zusammenschau. Sehr häufig wird die religiöse
Lebensführung unter dem durch Johann Arndts „Vier/Sechs Bücher vom
wahren Christentum"[204] nachdrücklich popularisierten Leitbegriff des
Christentums abgehandelt. Der Begriff „pietet" spielt demgegenüber in
unserem zeitlichen Rahmen eine quantitativ untergeordnete Rolle.[205]
Das semantische Umfeld des Begriffs läßt sich am besten an seinem exemplarischen Gebrauch verdeutlichen.

Halle AB: 132826],)(4[r]. Die lutherische Leichenpredigt erscheint demnach als konfessionskulturell spezifische, wortzentrierte Verarbeitung barocker Vanitas-Stimmung. Zu
CLOTZ in Rostock vgl. KAUFMANN, wie Anm. 191, passim [Lit.].

[202] Vgl. das Diagramm 1 bei LENZ, De mortuis, wie Anm. 197, S. 18.

[203] Wie Anm. 206, G2[r].

[204] Zu Arndt vgl. nur KOEPP, wie Anm. 189; EDMUND WEBER, Johann Andts vier
Bücher vom wahren Christentum als Beitrag zur protestantischen Irenik des 17. Jahrhunderts, Hildesheim ³1978; ERIC LUND, Johann Arndt and the Development of a Lu-
theran Spiritual Tradition, Diss. phil. Yale 1979; ERNST F. STOEFFLER, Johann Arndt. In:
MARTIN GRESCHAT [Hg.], Gestalten der Kirchengeschichte, Stuttgart 1992, S. 37–49;
CHRISTIAN BRAW, Bücher im Staube. Die Theologie Johann Arndts in ihrem Verhältnis
zur Mystik, Leiden 1985; WOLFGANG SOMMER, Gottesfurcht und Fürstenherrschaft, wie
Anm. 65; HANS SCHNEIDER, Johann Arndts Studienzeit. In: JGNKG 89, 1991, S. 133–
176; JOHANNES WALLMANN, Johann Arndt und die protestantische Frömmigkeit. Zur
Rezeption der mittelalterlichen Mystik im Luthertum. In: DERS., Theologie und Fröm-
migkeit, wie Anm. 9, S. 1–19; STRÄTER, wie Anm. 178; HANS SCHNEIDER, Johann
Arndts „verschollene" Frühschriften. In: PuN 21, 1995, S. 29–68; zum schwierigen Problem von ARNDTS „Luthertum" vgl. HANS SCHNEIDER, Johann Arndt als Lutheraner?
In: RUBLACK, wie Anm. 15, S. 274–298.

[205] Vgl. aber etwa CASPAR BERTRAM, Christlicher Leich-Sermon Bey der Volckreichen Sepultur … Der Annen Brauns, Jena, Johann Weidners Witwe, 1630, [Exemplar
SuUB Göttingen Conc. fun. 39:8], S. 28; vgl. auch MEISNER, wie Anm. 221, S. 27.

Über den 1618 beigesetzten Wolfenbütteler Kaufmann und Kirchenvorsteher Georg Böse wird etwa – „sein christenthumb belangend"[206] –
mitgeteilt, „daß er kein Maulchrist gewesen / sondern es ihm umb die
Seligkeit habe lassen ein rechten ernst sein". Die Authentizität seines
„Christentums" findet in der Bezogenheit auf Wort und Sakrament ihren
Grund und ihren Ausdruck: „Gottes Wort hat er geliebet / gerne gehöret
und sich fleissig zu dem Hochwirdigen Abendmahl gehalten / mit fleissi-
gem Gebet / daß GOtt durch diese seine ordentliche Mittel denn Glauben
in ihm erhalten und stärcken wolle". *Christentum* ist demnach weder durch
Distanz zur Konfessionskirche charakterisiert, noch geht es in „Kirchlichkeit" auf[207]: *Christentum* gründet in Wort und Sakrament als göttlichen

---

[206] HENRICUS WIDEBURGIUS, Christliche Leichpredigt / Gehalten bey der Begräb-
nus Des Ehrenvesten / Achtbarn und Fürnemen Herrn Georg Bösens / Kirchvatern der
Kirchen in der Heinrich-Stadt …, Wolfenbüttel, E. Holwein, 1618. [Exemplar SuUB
Göttingen 8 Conc. fun. 20(9); Personalia: G2^r – 3^v, daraus auch die folgenden Zitate].
[207] Zur Begriffsgeschichte von „Christentum" grundlegend: TRUTZ RENDTORFF,
Art. Christentum. In: OTTO BRUNNER – WERNER CONZE – REINHARD KOSSELLECK
[Hg.], Geschichtliche Grundbegriffe, Bd. 1, 1972, Unv. Nachdruck Stuttgart 1997,
S. 772–814, bes. 772–777. RENDTORFF entwickelt vor allem unter Rekurs auf JOHANN
ARNDT und den spärlich belegten Begriff „Christianismus" bei Luther die These, daß
„nicht die Lehre, sondern das Leben der Ursprungsort des Begriffs ‚Christentum' war"
[aaO., S. 775]. In bezug auf das 17. Jahrhundert und etwa den in den lutherischen Leichenpredigten bezeugten Sprachgebrauch ist zu betonen, daß mit dem Begriff ‚Christentum' kein dezidiert emanzipativer, die primäre Zuständigkeit von Theologie und
Kirche in Frage stellender Impetus verbunden war [aaO., S. 772], sondern eine Integration von Kirchlichkeit, Frömmigkeit und Lebenswelt ausgesprochen wurde. Für
ARNDTs Verwendung des Begriffs [vgl. Vorrede zum 1. Buch der Sechs Bücher vom
wahren Christentum 1606, Ausgabe Schaffhausen 1857, S. 59–64] sind die Oppositio-
nen zu „Heidenthum", „gottlosem Wesen", Theologie als „bloße[r] Wissenschaft und
Wortkunst" konstitutiv. „Wahres Christentum" besteht „in Erweisung des wahren, lebendigen, thätigen Glaubens, durch rechtschaffene Gottseligkeit [= lat. pietas], durch
Früchte der Gerechtigkeit", ist Nachfolge des „armen, sanftmüthigen, demüthigen, ver-
achteten, niedrigen" Christus, „neues Leben" und als solches von dem allein auf das
vollkommene Verdienst Christi vertrauenden Rechtfertigungsglauben unterschieden.
‚Christentum' ist das Wirksamwerden des Glaubens im Leben, ist also durch integrative
ebenso wie durch oppositive Momente geprägt. Ein Zusammenhang von ‚Christentum'
und Kirchlichkeit, Christentums- und lutherischer Konfessionskultur ist etwa auch bei
Spener greifbar: „Das vornehmste aber achte ich dieses zu sein / weil ja unser gantzes
Christenthum bestehet in dem innern oder neuen menschen / dessen Seele der Glaube
und seine Würckungen die früchten deß Lebens sind: Daß dann die Predigten insge-
sampt dahin gerichtet sollen werden." PHILIPP JAKOB SPENER, Pia desideria, hg. von
KURT ALAND, [KlT 170], Berlin ³1964, S. 79, 34–38. Die breite Verwendung des Begriffs
‚Christentum' in den Leichenpredigten widerlegt die etwa von ROLF SCHÄFER [Art.
Christentum, Wesen des. In: RITTER – GRÜNDER, wie Anm. 186, Bd. 1, 1971, Sp. 1008–
1016, hier: 1011] vertretene Auffassung, die „pietistischen Erbauungsschriften" hätten
dem Wort den Weg „in die Volkssprache" gebahnt. Einen dominant überkonfessionell-

Heilsmitteln, die den Glauben schaffen und in denen Gott in der wahren Kirche gegenwärtig ist. Der Begriff *Christentum* hat in gewisser Weise seinen Schwerpunkt auf dem Aspekt dessen, was der einzelne Mensch tut – Wort hören und Sakrament empfangen –, im Unterschied zum Begriff „Glauben", bei dem die Unverfügbarkeit der Gottesgabe im Vordergrund steht. *Christentum* umfaßt Glauben und die aus ihm folgenden Werke: „Welchen Glauben er denn auch in die Wercke hat herfürbrechen lassen", und zwar einerseits in bezug auf die „Nehesten", andererseits in bezug auf seinen Beruf oder seine „Amptsverrichtungen". Hier wird nun gewürdigt, daß der Verstorbene 20 Jahre lang Kirchenvorsteher war, und zwar mit „fleiss" und „Freundligkeit", und daß er in diesem Amt offenbar beliebt war. Entscheidend wichtiger Bestandteil des *Christentums*, im Aufriß der Personalia häufig am Übergang zu Krankheit und Tod abgehandelt, ist die Umgangsweise mit dem „Creutz", vor allem im Angesicht der Allgegenwart des Todes: Gott ist es, der dem Wolfenbütteler Kirchenvorsteher nicht allein „fünff liebe Kinderlein / sondern auch zweyen hertzliebe Ehegenossen von der seiten hinweg genommen"; Gott ist es, der ihn „mit Leibes Schwachheit beleget" und „heim holen" will; Gott ist es, der im Trost seines Wortes beim Sterbenden ist. Die Hoffnung des Sterbenden ist allein, „sich von dem Angesicht Christi bald [zu] ersettigen / der solte in ihm alles seyn / denn wolte er sehen / wenn die Glocke würd fünff schlagen". *Christentum* ist der Vollzug eines im Vertrauen auf Gottes Wort und seine Gegenwart im Sakrament gegründeten Lebens.

Christentum im Sinne seines exemplarischen Gebrauchs im frühen 17. Jahrhundert ist ein für die lutherische Konfessionskultur und ihr religiös-theologisches Selbstverständnis zentraler Begriff, der das personale menschliche Heil an Wort und Sakrament, nicht an die partikulare konfessionskirchliche Institution bindet, zugleich aber die Angewiesenheit auf geschichtliche Vermittlungsinstanzen einschärft. Nicht um seiner selbst willen, als sich „absolutsetzende[s] theologisch-weltanschauliches System mit eigener Denkkultur und einem hohen geistigen und institutionellen Organisationsgrad" – so die einschlägige Definition von „Konfession" bei

---

kirchenkritischen Grundakzent besaß der Begriff im 17. Jahrhundert keineswegs, gegen FRIEDRICH-WILHELM GRAF, Art. Christentum. In: Wörterbuch des Christentums, hg. von VOLKER DREHSEN u.a., Gütersloh 1988, Sonderausgabe München 1995, S. 204–207, hier: 204 f. Eine synonyme Verwendung von Christentum und Konfessionskirche findet sich z.B.: Abdruck Chur Sächsischen Jubel, wie Anm. 138, B3^r: „Wie wol nun alsobald nach dem bescherten Sieg [sc. von Breitenfeld] im gantzen Christenthumb / eine offentliche Dancksagung / auff allen Cantzeln gegen Gott geschehen." Die Papisten sind die „Feinde unserer Christlichen wahren Religion". Ebd.

Heinz Schilling[208] –, sondern als geschichtlicher Raum der Wortverkün-
digung und Sakramentsverwaltung, als Pflanzstätte des *Christentums* in der
Welt, versteht sich die lutherische Kirche der frühen Neuzeit. Das die
konfessionskirchliche Partikularität transzendierende und im Horizont
des in Wort und Sakrament kommenden Gottes relativierende Konzept
Christentum hat seinen historisch identifizierbaren Ursprung in der lutherischen Konfessionskirche.

3.1. Soldatischer Tod

Im Rahmen dieses unter dem Leitbegriff des „Christentums" firmie-
renden Konzepts, innerhalb dessen – wie gesagt – die Verarbeitung des
Leidens, der Schicksalsschläge und Kontingenzen eine wichtige Rolle
spielt, findet auch die Erfahrung mit dem Dreißigjährigen Krieg ihren
Ort. Das bewegte, nach wechselnden Dienstverhältnissen plötzlich durch
„des Feindes= Kugel an die Stirn" beendete Leben des Oberstleutnants
Johann Georg Hövel[209], der einen „unversehenen" und deshalb den Ster-
bekonventionen noch der nachreformatorischen Zeit entsprechend ‚be-
unruhigenden' Tod starb[210], ist als Ganzes eine Illustration dafür, daß „un-

---

[208] HEINZ SCHILLING, Konfessionskonflikt und Staatsbildung, [QFRG 48], Gütersloh 1981, S. 15.

[209] JOHANN COBERSTEIN, Unversehener / und gleichwol Seeliger Kriegs Todt. Das
ist: Christliche Leich-Predigt … Bey Ansehnlicher Volckreicher Begräbniß Des Weyland Edlen und Mannvesten Herrn Johann Georg Hövels …, Altenburg/Meissen, O.
Michael, 1648. [Exemplar SuUB Göttingen Conc. fun. 7/10:10]. Zitate: S. 39.

[210] MOHR, Protestantische Theologie, wie Anm. 200, S. 382–391; speziell zum Sol-
datentod: 391–397; DERS., Der unverhoffte Tod, wie Anm. 200, passim. Das frömmigkeitsgeschichtliche Problem noch des nachreformatorischen Luthertums läßt sich nach
MOHR im Lichte der Leichenpredigten auf unverhofft Verstorbene so zusammenfassen:
„ […] drückt sich in diesem schrecklichen Geschick ein negatives Urteil Gottes aus
und muß man also für die Seligkeit derer, die keine Zeit mehr für eine richtige Ster-
bevorbereitung hatten, in großer Sorge sein?" AaO., S. 195. JAKOB FABRICIUS [s.
Anm. 157] etwa diskutierte und verneinte die Frage, ob Gustav Adolf „umb jrgendei-
ner sonderlichen Ubelthat willen […] mit so unversehenem schnellen Todte im Kriege
überfallen und gestrafft seyn […]." Wie Anm. 157, S. 49. Er stellte der geläufigen Vorstellung ein Wort des Königs entgegen: „Ach wie froh muß doch die Seele eines frommen Menschen seyn / wenn sie in einer Feldschlacht / bald wird von dem Leibe abge-
fordert / daß sie ins Himmlische Paradeyß kann schleunig kommen / und darff nicht
lange vorher auff dem Siechbette gequelet werden?" [S. 51]. Die massive Kritik an den
Schweden und den in schwedischen Diensten tätigen deutschen Soldaten [s. z. B. unten
Anm. 263] mußte die beunruhigende Frage nach dem ‚seligen Ende' des Soldaten geradezu dramatisch zuspitzen. Vgl. auch die Hinweise von PHILIPPE ARIÈS, Geschichte
des Todes, München 1980, bes. S. 394 ff., sowie – im Kontext der Gewissensthematik

ser Christenthumb in dieser Welt ja auch nichts anders ist / als ein Kampff-Leben".[211] Ein „Gottseliger / Bußfertiger Kriegsman" müsse ebensowenig wie „iemand sonst in seinem Beruff" an der „Seligkeit" zweifeln[212], da der Glaube, nicht bestimmte Todesumstände, die Seligkeit verbürgen. Christentum als „Kampff-Leben" ist durch Leidensbereitschaft bestimmt und läßt alle Bindungen an die Welt fahren, übt sich vielmehr darin, „züchtig / gerecht und gottselig in dieser Welt" zu leben, in der steten Erwartung „auff die selige Hoffnung und Erscheinung / der Herrligkeit des grossen Gottes und unseres Heylandes Jesu Christi".[213] Im Modus eines normativen Verhaltensprofils entsprach das Kriegerethos des betont lutherischen Offiziers, der seine erste, katholisch aufgewachsene Frau durch Gebetbücher zum Luthertum hingeführt hatte[214], dem „Christentum". Schon als Kind „eines recht Teutschen / redlichen und auffrichtigen Gemüths"[215] habe der Soldat die „Haußwirthe" „in seinen Quartieren" „nicht geängstet / tribuliret / gebrandschatzet / oder geprügelt / wie andere verfluchte Leute", auch seinen Soldaten nicht gestattet, „daß sie Muthwillen an den Leuten übeten"; Übertretungen seiner Söldner in schwedischen Diensten habe er scharf gestraft; mit einer Spende zugun-

---

im frühneuzeitlichen Luthertum –: HEINZ D. KITTSTEINER, Die Entstehung des modernen Gewissens, [stw 1192], Frankfurt/M. 1995, S. 34 ff.

[211] Wie Anm. 209, S. 15; vgl. 20. MOHR bestimmt die Bedeutung des Dreißigjährigen Krieges in frömmigkeitsgeschichtlicher Perspektive dahingehend, daß dieser „dem Barockmenschen die Überzeugung einprägen konnte, daß Leben Leiden sei." Protestantische Theologie, wie Anm. 200, S. 343. Über dem Leiden wird man ein „Christliche[r] Rittersmann", ein „gutter Streitter", vgl. CLOTZ, wie Anm. 201, S. 139.

[212] Wie Anm. 209, S. 17; im Hintergrund steht natürlich LUTHERs Schrift „Ob Kriegsleute auch im seligen Stand sein können" von 1526 [WA 19, S. 618–662]. Auch in den Predigten auf Gustav Adolfs ‚unverhofften' Tod [s. oben Anm. 157; 210] wird durchweg betont, daß es ein seliger Tod war, vgl. nur GEORG ZEAEMANN, Planctus Coronae Grosse und bittere Kronen Klag: Oder Zwo Trawrpredigen / Über den hochstbetrübten und unverhofften / doch seligsten Todesfall … Gustavi Adolphi …, Lübeck, Johann Embs, 1633 [Exemplar Hohenemser 5565]. In der Schrift MENGE-RINGS [s. Anm. 258; 263] ist die grundsätzliche Bejahung des „Kriegshandwerks" und die scharfe Absage an die Kriegsgreuel bzw. der Versuch ihrer ethischen Restriktion das maßgebliche Spannungsmoment, durchaus in unmittelbarem Anschluß an Luther, vgl. z.B. S. 5 [Ausgabe 1638]; zum Tugendethos des frommen Kriegsmannes s. aaO., S. 34 ff.

[213] Wie Anm. 209, S. 22.

[214] „Diese seine [sc. Hövels] erste Frau ist zwar in Papstischer Lehr erzogen worden / aber der Herr Oberste = Leutnant S. hat durch fleissigen Unterricht / auch steten Brauch schöner lutherischer Gebetbücher sie bald dahin beredet / daß sie sich zur Seligmachenden Evangelischen Lehr bekehret […]." Wie Anm. 209, S. 36 f.

[215] Wie Anm. 209, S. 40.

sten des Orgelwerks in seiner Heimatstadt habe sich der „beherzte und unverdrossene Krigsmann" als „freygebig" erwiesen.[216]

Die Greuel des Krieges sind die Folge von Unbußfertigkeit und Sündenschuld und Ausdruck einer immanent nicht korrigierbaren, geradezu ,notwendigen' Verstricktheit des Sünders. „Wenn nun jemand [...] bedencket den jetzigen Lauff der Welt / wie der meiste Theil der Menschen ein so wüst / unordentlich / verrucht / gottloses Leben führet / so möcht er darüber Blut weinen / Dann er darauß gewiß schliessen kan und muß / daß der Gottlosen viel tausendmal tausend in die Hölle fahren."[217] Der Krieg stellt an den Christen keine grundsätzlich anderen Anforderungen als das Leben selbst.

3.2. Weibliches „Amt"

Der soldatische Kampf des wackeren Offiziers, dessen Tod seinen Vorgesetzten Tränenströme weinen ließ[218], ist eine spezifische Variante des christlichen Lebenskampfes, wie ihn etwa Frauen in dem ihnen auferlegten *Amt* des Kindergebärens zu bewähren hatten. Wie diese Bewährung aussah, sei an einem beliebigen, gleichwohl repräsentativen Beispiel veranschaulicht[219]: Anna Braun, geb. 1591, 20jährig verheiratet, Tochter eines Juristen und Bürgermeisters von Naumburg und Ehefrau eines thüringischen Beamten, bringt in ihren 18 Ehejahren 12 Kinder zur Welt; nur eines stirbt, die anderen sind bei ihrem Tod „meistentheils noch klein und unerzogen", nun allein mit dem „Herrn Vater und hochbetrübten Witwer", der sich nicht geringen „Sorgen und Mühe[n] der Education halber" gegenübersieht. Die Verstorbene hatte „das Ihrige in der lieben Kinderzucht und ihrer grossen weitleufftigen Haußhaltung mit allem Fleisse in der Stille verrichtet". Ihre letzte Schwangerschaft war von Todesahnungen begleitet; am Karfreitag fertigte sie ihre „Sterbegerethlein [...] damit nach ihrem seligen Ableiben bekleidet seyn wollen" an; ihren Mann, die Kinder

---

[216] Wie Anm. 209, S. 40 f.

[217] GEORG ALBRECHT, Vae Nobis, Vae Nobis! Ewiges Ach und Weh! Das ist: Gründliche und weitläuffige Erklärung deß schröcklichen Artickels von der Ewigen Höllen=Pein ... Durch M. GEORGIUM ALBRECHT / Evangel. Pfarrern und Superintendenten in deß H. Röm: Reichs=Stadt Nördlingen, ... Ulm, B. Kühnen, 1648 [Exemplar UB München 4° Hom. 350], S. 695; ähnliche Argumentation bei MEYFART, vgl. TRUNZ, wie Anm. 157, S. 113 ff.; für SCHUPP hat der Krieg geradezu den Charakter einer anthropologischen Notwendigkeit, vgl. dessen Schrift: „Der beliebte und belobte Krieg", in: DERS., Schriften, wie Anm. 145.

[218] Wie Anm. 209, S. 41.

[219] Wie Anm. 205, die folgenden Zitate S. 25–32.

und das Gesinde bat sie um Verzeihung; am Ostersonntag ging sie zur Beichte und „praeparierte" sich mit dem Empfang des heiligen Abendmahls für ihre „letzte Reise". Die Geburt, die ihre letzte sein sollte, bezeichnet der Prediger als „schwere Amptsarbeit". Das Kindlein kam zur Welt, eine Tochter; die Nachgeburt aber blieb im Leib, und nun folgte der Abschied von der Familie, eine letzte Absolution auf dem Sterbebett aus dem Mund des herbeigeholten Pfarrers und die Rezitation einzelner biblischer Trostsprüche. Endlich, „uber dem güldenen Sprüchlein Also hat Gott die Welt geliebet" [Joh 3,16] hat sie ihren „Mund zugethan" und verschied. Lutherische Konfessionskultur lebt im Angesicht des Todes aus dem Vertrauen auf den in seinem Wort gegenwärtigen Herrn.

Ob sich bestimmte, auf einem statistisch nicht repräsentativen Bestand beruhende Beobachtungen zu geschlechtsspezifischen Mustern[220] konfessionskulturellen Verhaltens im Rahmen umfassenderer Untersuchungen bestätigen lassen, bleibt zu prüfen. Gleichwohl scheint mir, daß regelmäßige Gottesdienstbesuche besonders in Verbindung mit häuslicher Frömmigkeitspflege in Gemeinschaft der Kinder und des Gesindes vorwiegend in den Personalia der Frauen eine Rolle spielen. Dasselbe gilt für die Lektüre religiöser Literatur, Gebetbücher und Gesangbücher; auch die häufig noch auf dem Sterbebett angestimmten geistlichen Lieblingslieder scheinen häufiger bei Frauen als bei Männern, und hier vorwiegend bei Pastoren, genannt zu werden.

---

[220] Diese Hinweise basieren auf ca. 200 Leichenpredigten aus dem Zeitraum zwischen 1618 und 1648, die ich in Sammelbänden der Staats- und Universitätsbibliothek Göttingen [vgl. das gedruckte Verzeichnis: Katalog der Leichenpredigtensammlung der Niedersächsischen Staats- und Universitätsbibliothek in Göttingen, bearbeitet von MANFRED VON TIEDEMANN, Bd. 1–3, Göttingen 1954–1955] benutzt habe. Auf die Anführung von Referenzbelegen wird im folgenden verzichtet; lediglich zitierte Leichenpredigten sind nachgewiesen. Zu Geschlechtsmustern und familialer Binnenstruktur in der Frühneuzeit auf der Grundlage von Leichenpredigten vgl.: LENZ, De mortuis, wie Anm. 197, bes. S. 49 ff.; DERS., „Ehestand, Wehestand, Süßbitter Standt"? Beobachtungen zur Familie der Frühen Neuzeit. In: AKuG 68, 1986, S. 371–405. Der von LENZ im Anschluß an die französische Forschung aufgestellten These: „Zuwendung, Zuneigung, Zärtlichkeit, ja Liebe hat es in der Familie der Frühen Neuzeit nicht gegeben!" [aaO., S. 49] wurde aufgrund der Analyse von Leichenpredigten auf Angehörige evangelischer Pfarrfamilien widersprochen, vgl. SCHORN-SCHÜTTE, wie Anm. 249, bes. S. 305 ff.; KAUFMANN, wie Anm. 191, bes. S. 164 ff.; zum Bild der Pfarrfrau aufgrund von Leichenpredigten vgl. außer dem Anm. 200 zitierten Aufsatz von SCHORN-SCHÜTTE auch: AaO., S. 310 ff. Zahlreiche der für die Pfarrfrau genannten religiösen und hausberuflichen Verhaltenstugenden gelten cum grano salis für die bürgerliche lutherische Hausfrau als solche. In bezug auf die sozialen Rollenmuster wichtig: HEIDE WUNDER, Frauen in den Leichenpredigten des 16. und 17. Jahrhunderts. In: LENZ, Bd. 3, wie Anm. 197, S. 57–68; vgl. DIES., „Er ist die Sonn', sie ist der Mond". Frauen in der Frühen Neuzeit, München 1992, S. 12–18; passim.

3.3. Konfessionsbewußtsein bei Männern

In Hinblick auf die Schilderung männlicher Frömmigkeitsprofile in lutherischen Leichenpredigten scheint die Frage der identifizierbaren konfessionellen Position gelegentlich eine wichtige Rolle zu spielen, bei Frauen hingegen ist sie praktisch ohne Bedeutung, d.h. findet keine ausdrückliche Erwähnung. Von Gewicht ist das Bekenntnis vor allem bei den Pastoren, aber keineswegs bei ihnen allein. Der Wittenberger Theologieprofessor Meisner hebt etwa in einer Leichenpredigt auf einen Kollegen aus der juristischen Fakultät[221] hervor, daß dieser nicht nur „mit andächtigem gehör göttliches worts" und „fleißigem gebrauch des H. Abendmals", mit „täglicher Lesung und betrachtung der H. Schrifft / welche er gar offt von Anfang biß zu Ende hinaus gelesen" sein Christentum kultivierte, sondern daß er sich auch durch das Nachschreiben von Predigten[222] und durch den Widerstand gegen „Irrgeister" hervorgetan habe. In einer Predigt auf einen weitgereisten sächsischen Kammerrat[223] konnte sich der Leichenprediger daran erfreuen, daß schon das Geschlecht, dem der Tote entstammte, der in der Confessio Augustana formulierten wahren evangelischen Lehre zugetan und dem „Stuel zu Rom" niemals „günstig" gesonnen gewesen sei. Bei einem Rombesuch habe der Verstorbene „den Abgott den Bapst in seiner Herrligkeit zwar gesehen / aber ihme" nicht „die Füsse geküsset". Den Willen Gottes entnahm der fürstliche Beamte „dem geoffenbahrten Wort" Gottes, das er „in der Bibel und Schriften

---

[221] Balthasar Meisner, Christliche Leichpredigt / Uber das tröstliche Sprüchlein S. Pauli / Rom. 8 vers. 17.18 … Bey Volckreicher Leichbegängnus … Wolfgangi Hirschbachii …, Wittenberg 1620 [Exemplar SuUB Göttingen Conc. fun. 7/10:8], die nachfolgenden Zitate S. 24–28; vgl. zu Meisner: Tholuck, wie Anm 118, bes. S. 14 ff.; Leube, wie Anm. 244, passim; zuletzt: BBKL, Bd. 5, 1993, Sp. 1172–1174. Wichtige Hinweise auf konfessionelle Handlungsmotive, Standesprofile und religiöse Deutungsmuster in Leichenpredigten auf schleswig-holsteinische Juristen bietet: Christian Becker, Beata Justorum Translatio. Juristen in schleswig-holsteinischen Leichenpredigten [Rechtshistorische Reihe Bd. 136], Frankfurt/M. u.a. 1996, S. 180 ff.; anti-römische Akzente in Leichenpredigten auf Männer z.B. auch in: Clotz, wie Anm. 201, S. 109 f.; vgl. 30.

[222] Verschiedene Elemente dieses Lernverhaltens weisen schlagende Übereinstimmungen mit den einschlägigen Bestimmungen der Studienanweisungen Melanchthons und David Chytraeus' auf, vgl. dazu Kaufmann, wie Anm. 191, S. 253 ff.; Heinz Scheible, Melanchthon. Eine Biographie, München 1997, S. 49–51; vgl. auch das charakteristische Beispiel in: Michael Beyer u.a. [Hg.], Melanchthon deutsch, Bd. 1, Leipzig 1997, S. 103–105.

[223] Johann Maior, Begräbniß Sermon / Bey Adelicher Leich Bestattung Des Woledlen / Gestrengen und Vhesten Friederichen von Cospodt …, Jena, E. Steinmann, 1632. [Exemplar SuUB Göttingen Conc. fun. 42/1:15], Personalia in: F2^v – H1^v; daraus die folgenden Zitate.

Luthers fleissig gelesen" habe. „Der wahren seligmachenden Religion war er aus ehrlichem / auffrichtigem / lutherischen Hertzen eyferig beygethan / entgegen aber dem Abgöttischen Bapstthumb sampt den Calvinischen und allen andern Fladergeistern spinnefeind".

Die Beobachtung, daß Merkmale konfessioneller Identität vornehmlich in Leichenpredigten für Männer eine Rolle spielen, findet ihre indirekte Bestätigung darin, daß diese auch thematisiert werden können, wenn Zweifel an der Konfessionszugehörigkeit bestehen. Ein Beispiel:[224] In Wittenberg verstarb ein aus Edinburgh/Schottland stammender Kaufmann, der nur wenige Wochen dort erkrankt zugebracht hatte und über dessen Person wenig bekannt war. Er hatte bei dem Theologieprofessor Jakob Martini gewohnt; einiges wußte man über seine weitläufige Reisetätigkeit. Als Leibgardist des französischen Königs war er tätig gewesen und als Offizier in schwedischen Diensten; sodann – nach dem böhmischen Krieg – hatte er eine zweite Karriere als Kaufmann begonnen. Diese Nachrichten waren aus Hinweisen von verschiedenen Wittenberger Gesprächspartnern des Schotten bekanntgeworden. Die Kaufleute, mit denen er in Wittenberg zu tun gehabt hatte, stellten ihm ein „sonderlich gut Zeugnis seines wohl verhaltens" aus. Was nun das „Christenthumb" des Verstorbenen betraf, ging man davon aus, daß er „unser Religion und Glaubens gewesen", wußte freilich nicht sicher, ob er nicht vielleicht dem reformierten Bekenntnis angehört hatte.[225] Doch selbst wenn dies so sei,

---

[224] PAULUS RÖBER, Mercatura omnium nobilissima, felicissima, preciosissima ... / Die Alleredleste / Fruchtbarlichste / und Thewerbarste Kauffmannschafft / Bey Christlichen Leichbegängnis Deß Ehrenvesten ... Wolgeachten / Herrn Jacob Homsen / von Edenburg auß Schottland / ..., Wittenberg, Joh. Haken, 1632. [Exemplar SuUB Göttingen 8 Conc. fun. 7/10:14], Zitate: F1ʳ – G1ᵛ. Zu PAUL RÖBER vgl. zuletzt: BBKL Bd. 8, 1994, Sp. 504 f.; WÖLFEL, wie Anm. 138, S. 67 ff.; 348 Anm. 71 f.; s. auch THOLUCK, wie Anm. 118, S. 43 ff.; 87 ff.; LEUBE, wie Anm. 244, bes. S. 135 f.

[225] Zum Problem der Beisetzung nicht-lutherischer Christen in konfessionell lutherischen Städten oder Territorien finden sich einige einschlägige Testimonia in: GEORG DEDEKENN [zu Dedekenn: DBA 225, 71–85; ADB 5, S. 11]: Thesaurus consiliorum et decisionum, Vol. 1 und 2, Jena, Hertel, Nisis, ²1671 [Exemplar SuUB Göttingen Theol. Mor. 100/7:1.2], I/3, z.B. S. 1090–1092, ein undatiertes, anonym abgedrucktes [Adressat Hamburg?] Rostocker Gutachten, das die Frage, ob in einer lutherischen Stadt Calvinisten gemeinsam mit lutherischen Christen beerdigt werden dürfen, aus prinzipiellen Gründen zwar verneint. Rückschlüsse auf das seelsorgetheologische Verhalten in Einzelfällen erlaubt dieses rechtstheologische Grundsatzvotum aber nicht. Auch in dem Rostocker Gutachten wird nämlich zwischen öffentlichen Konfessionsrepräsentanten und „andere[n] schlechte[n] und einfeltigen", die über die „zwischen uns / und der zuvor angedeuteten Calvinisten schwebenden controversia" nicht unterrichtet sind, sondern „auß Franckreich / Engellandt / Niderlandt und andern örtern / ihrer gewerb und handels halben / ankommenden und sich niederlassenden / und derer Kinder und Ge-

stelle dies kein Problem dar, da man lutherischerseits „einen Unterscheidt
mache zwischen den Personen unn dem Irrthumb", zwischen „Verfüh-
rer[n] und Verführeten", zumal es nachweislich reformierte Christen gebe,
die mit den konfessionellen Zentrallehren der reformierten Konfession
etwa bezüglich der Prädestination oder des Abendmahls gar nicht bekannt
geworden seien.[226] Auf dem Höhepunkt der militärischen Erfolge protestantischer Truppen, im Jahr nach der geglückten politischen Verbindung zwischen Kursachsen und Brandenburg im Leipziger Konvent, wenige Monate nach der Schlacht von Breitenfeld, nutzt man den Tod eines
evangelischen Christen mutmaßlich reformierten Bekenntnisses zur freilich von theologischen Annäherungen an reformierte Positionen abse-
henden Einladung an die Gegenseite, sich „zum Liecht der Warheit [zu]
bekennen / Wolan / so stehet auch ihnen Thür und Thor offen zu Christ-

---

sinde / wann sie etwa derer orter sterben / ehe sie zu unsern Christlichen Glauben
hetten können geführet werden / welche auch sonsten in ihrem Leben / ohn jemands
Ergerniß sich scheid und friedlich verhalten / auch nach Gelegenheit der Kirchen und
Predigten [...] sich nicht eussert" hätten, unterschieden. In bezug auf diese Gruppe, der
der schottische Kaufmann zweifellos zuzurechnen wäre, schlugen die Rostocker ein
Verfahren vor, das dem in Wittenberg praktizierten exakt entspricht: „Mit diesen und
dergleichen / achten und halten wirs mit andern Theologis, daß billich in derer
Begraebnuß ein solcher unterscheid gehalten und getroffen werden muesse / welche
durch die Christliche liebe also gemoderiret und gemiltert werde / daß auff beyden seiten keine schwachen geergert / der Glimpff auff unser seiten erhalten / die jrrigen mehr
herzu gelocket / die hartneckigen von jhrer halstarrigkeit abgeschrecket werden muegen / und so viel mueglich / nach dem Richtschnur Goettliches Worts ein Mittelweg
muege gebahnet werden / damit der loeblichen und guten Stadt N. die gedeyliche com-
mercia also mehr und mehr in auffnehmen kommen und bleiben muegen / daß der al-
lerhoechste schatz des Wortes Gottes / und die wahre Christliche Religion für und ob
allen dingen auff festen fueß stehen und bleiben muegen / ohn welchen alle Welt Gueter nicht anders seyn / alß ewiger schaden und Verdamnuß. Und wann auff solche Personen / wegen jhrer Begraebnuß / auff angedeutede weise / rechtmessige ordnung ge-
buehrlich gemachet wird / hett ein jeder sich billich darnach zu achten." AaO., S. 1092.
Analog votierte die Wittenberger Fakultät in einem Gutachten vom 15. 8. 1614, in:
Consilia, wie Anm. 66, Theil III, S. 69. Hinsichtlich der römisch-katholischen Position
in der Begräbnisfrage scheint nicht der Aspekt der Seelsorge gegenüber den Hinterblie-
benen, sondern der der Autorität und Glaubwürdigkeit der verfaßten Kirche und die
Bindung der Gewissen an die Weisungen derselben im Vordergrund zu stehen. Dies jedenfalls ist der Behandlung der Frage, ob Katholiken und Ketzer auf demselben Fried-
hof beigesetzt werden können, bei MARTIN BECANUS [vgl. die Hinweise oben Anm. 81]
zu entnehmen. BECANUS bejaht die Frage, sofern es sich um paritätische Städte handelt,
in denen beide Konfessionen zugelassen sind; in diesem Fall sei eine entsprechende
Praxis als „opus misericordiae" möglich. „At in alijs locis, ubi prohibitum est Catholicis
conversari cum haereticis, sub poena excommunicationis, non licitum est Catholicis
haereticorum funera prosequi aut comitari." MARTINUS BECANUS, Manuale Controversiarum huius temporis in quinque libros distributum, Würzburg, Johann Volmar,
Michael Dal, 1623 [Exemplar UB München 4° Theol. 67], Lib. V cap. IX, S. 457. Zu den

brüderliche Liebe und Freundschafft". Die Umgangsweise mit einem fremdkonfessionellen Toten, ein Problem, das durch die im Kontext des Krieges einsetzende Mobilität nachhaltig gesteigert worden war, wurde also durch grundsätzliche Aufrechterhaltung konfessioneller Maßgaben bei gleichzeitiger pragmatischer Relativierung derselben durch die Unterscheidung von Verführern und Verführten bestimmt.

Die vornehmlich bei männlichen Toten reflektierte Konfessionalität ist mit ihrem „Christentum" weder einfach identisch noch von diesem einfach verschieden, sondern in analoger Weise auf dieses bezogen. Darin dürfte die konfessionstheologisch spezifische lutherische Lösung des Problems des Verhältnisses von der wahren Kirche des Glaubensbekenntnisses zu der geschichtlichen Partikularkirche bestehen.

Die, wenn ich recht sehe, vornehmlich im Luthertum konfessionskulturell prägend wirksam gewordene unterscheidende Bezogenheit von Christentum und Konfessionalität aufeinander könnte den Hintergrund für eine nicht geringe Zahl ‚erbaulicher‘ illustrierter Flugblätter abgeben.[227] Demnach dürfte durchaus Grund zu der Annahme bestehen, daß eine sich sukzessive gegen die konfessionellen Fixierungen, ja gegen die Konfessionssysteme als solche im Namen des Christentums erhebende Position historisch und theologisch auch, ja wohl vornehmlich in der lutherischen Konfession wurzelte. Sofern man einer konfessionsneutralisierenden Irenik und der ihr zugrundeliegenden Entschränkung von Christentum und Bindung an die konfessionskirchliche Institution eine Bedeutung für den Westfälischen Frieden zuschreibt, ist diese auch hinsichtlich ihrer konfessionskulturellen Voraussetzungen in Rechnung zu stellen.

---

wichtigsten lutherischen Repliken auf die bedeutsame Schrift des kaiserlichen Beichtvaters vgl. TRUNZ, wie Anm. 157, S. 85–87.

[226] „Das muß ich [sc. der Professor und Superintendent P. RÖBER] bezeugen / daß mir Reformirte aus Franckreich unn anderer Ort bekennet / daß ihnen die Lehr von dem blossen Rathschluß Gottes / den grösten Theil der Menschen zu verdammen / niemahls sey vorgetragen / auch vom H. Abendmal in der Alten bekäntnis der Reformirten in Franckreich viel anders gelehret sey / als was sie in Teutzland von den Zeichen und Abwesenheit des Leibes Christi gehöret." Wie Anm. 224, F3^r. Andere Beispiele für Leichenreden Wittenberger Theologen auf Calvinisten, die THOLUCK dem in der Wittenberger Theologie der ersten Jahrhunderthälfte angeblich vorherrschenden Geist der „Duldsamkeit" zuweist [THOLUCK, wie Anm. 118, S. 115 ff.], aaO., bes. S. 129 ff.

[227] Vgl. dazu im ganzen umfassend: EVA-MARIA BANGERTER-SCHMID, Erbauliche Illustrierte Flugblätter aus den Jahren 1570–1670, [Mikrokosmos 20], Frankfurt u.a. 1986; vgl. einige Beispiele bei HARMS III, wie Anm. 123, Nr. 3a; Nr. 5; Nr. 6; Nr. 14; Nr. 69; Nr. 90; Nr. 100; Nr. 108 f.; HARMS IV, wie Anm. 99, Nr. 1.

4. Lutherische Konfessionskultur als Christentumskultur im Spiegel literarischer Texte

Eine konfessionsneutralisierende Position entwickelte sich nicht einfach gegen die Konfessionalität als solche, sondern aus einer spezifischen konfessionskulturellen Prägung heraus. Der folgende Satz, den der später zum Katholizismus übergetretene Grimmelshausen seinen Simplicius sprechen läßt, dürfte wohl in einer konfessionskulturell lutherisch geprägten Erziehung gründen: „der Herr Pfarrer hört ja wohl / daß ich ein Christ bin / und wann ich keiner wäre / so würde ich mich nicht so offt in der Predigt haben eingefunden / im übrigen aber gestehe ich / daß ich weder Petrisch noch Paulisch [1 Kor 3,4] bin / sondern allein simpliciter glaube / was die 12. Articul deß Allgemeinen H. Christlichen Glaubens in sich halten [...]".[228] Und daß die Offenheit für irenische Bestrebungen

---

[228] Hans Jacob Christoph von Grimmelshausen, Der Abentheurliche Simplicissimus Teutsch, Buch 3, Kap. 20, hg. von Rolf Tarot [Grimmelshausen Gesammelte Werke 1], Tübingen 1967, S. 268. Volker Meid [Art. Grimmelshausen in Killy, Bd. 4, 1989, S. 358–368, hier: 359] geht von einem sechs- bis siebenjährigen Besuch des 1621 oder 1622 Geborenen in der Lateinschule in der hessischen Reichsstadt Gelnhausen aus. Die Konversion scheint vor der Heirat am 30.8.1649 erfolgt zu sein. Zur frömmigkeits-theologischen Einordnung Grimmelshausens vgl. Dieter Breuer, Grimmelshausens simplicianische Frömmigkeit: zum Augustinismus in der frühen Neuzeit. In: Ders. [Hg.], Frömmigkeit in der frühen Neuzeit, [Chloe 2], Amsterdam 1984, S. 213–252; Literatur allgemein: Dünnhaupt, 1825–1851. Das oben angeführte Zitat dürfte auch auf das zum Zeitpunkt des Erscheinens des „Simplicissimus" [1669] bereits ‚popularisierte' Konzept eines auf die Regula fidei zentrierten Consensus antiquitatis bezogen sein; in diese konfessionstranszendierende Perspektive wären Breuers Überlegungen zum ‚Augustinismus' Grimmelshausens [aaO., S. 236 ff.] einzubeziehen. Dabei wäre allerdings zu betonen, daß die theologische Inanspruchnahme Augustins in allen drei Konfessionen vital war [vgl. z.B. Harms III, wie Anm. 123, Nr. 69; Koch, wie Anm. 276, S. 31; 39 f.; in Johann Gerhards „Meditationes sacrae" etwa ist Augustin nach Bernhard der meistzitierte Autor]. Die eminente Bedeutung der Bibellektüre im „Simplicissimus" [vgl. Yves Carbonel, Drei Erbauungsbücher in einem: Der Simplicius Simplicissimus von Grimmelshausen. In: Breuer u.a., wie Anm. 13, II, S. 693–701] und sein gegenüber jeder priesterlich-institutionellen Heilsvermittlung distanziertes ‚religiöses Konzept' dürften eher aus lutherischen als aus römisch-katholischen Konfessionsprägungen heraus verständlich sein. Dies gilt unbeschadet dessen, daß der Konvertit Grimmelshausen sein „Tatchristentum" [Siegfried Streller, „Der Wahn betreugt". Das religiöse Konzept in Grimmelshausens Simplicianischen Schriften. In: Breuer, aaO., S. 703–710] und sein „Verständnis von Selbstverantwortung" aufgrund theologischer [S. 708] Hindernisse in der reformatorischen Rechtfertigungskonzeption, eher im römischen Katholizismus zu verwirklichen für möglich gehalten haben dürfte. Das Insistieren auf dem tätigen Glauben ist nun allerdings auch ein Grundmotiv lutherischer Theologie des 17. Jahrhunderts und integraler Bestandteil des Arndtschen Konzepts des „wahren Christentums", s. Anm. 207. In bezug auf Friedrich von Logaus berühmtes satirisches Epigramm [s. o. Anm. 2] ist der konfessionskulturelle Milieuzu-

keineswegs mit innerlicher Gleichgültigkeit gegenüber der eigenen lutherischen Konfession einhergehen muß, sondern im Gegenteil als Ausdruck
konfessioneller Selbstgewißheit erscheinen kann, ist etwa an Andreas Gry-

---

sammenhang innerhalb der konfessionell komplexen Situation Schlesiens zu berücksichtigen. Zu Schlesien als Literaturlandschaft vgl. die knappen Hinweise bei UWE-K.
KETELSEN, in: HORST ALBERT GLASER [Hg.], Deutsche Literatur. Eine Sozialgeschichte,
Bd. 3: Zwischen Gegenreformation und Frühaufklärung: Späthumanismus und Barock
1572–1740, Hamburg 1985, S. 122–124; zur Konfessionsgeschichte: FRANZ MACHILEK,
Schlesien. In: ANTON SCHINDLING – WALTER ZIEGLER [Hg.], Die Konfession des Reichs
im Zeitalter der Reformation und Konfessionalisierung Bd. 2: Der Nordosten, [KLK
50], Münster 1990, S. 102–138 [Lit.]. Für den Kontext LOGAUS unmittelbar einschlägig
ist das 1646 von ABRAHAM VON FRANCKENBERG herausgegebene Briegische Bedencken, vgl. dazu zuletzt: JOHN BRUCKNER, Das von Abraham von Franckenberg herausgegebene *Briegische Bedencken* [1627] – ein vorpietistisches Dokument? In: BREUER, wie
Anm. 13, S. 143–151; STRÄTER, wie Anm. 178, S. 76. Bei der Interpretation des bis ins
erste Drittel des 18. Jahrhunderts in 10 Ausgaben weit verbreiteten Textes sollte m. E.
deutlich betont werden, daß es ihm um Reformimpulse in bezug auf das lutherische
Kirchenwesen geht. Der auch für vergleichbare Reformtexte aus der Mitte des 17. Jahrhunderts symptomatische, rückwärtsgewandt-pragmatische Orientierungsrahmen ist
die Konfessionskirchlichkeit, nicht die christliche Ökumene als solche. Historische Urteile, die in dem Bedenken „Zeichen, die schon das Ende des ‚konfessionellen Zeitalters'" ankündigen [BRUCKNER, aaO., S. 151], wahrnehmen, überschreiten den zeitgenössischen Bezugskontext und verkennen die Anknüpfungsversuche [aaO., S. 149 zur
Katechetik] an ältere Praxistraditionen des Luthertums. VON FRANCKENBERGS Urteil
über Böhme etwa, er habe „in dem puren vnd läutern LutherThumb biß zu der letzten
Hinfarth beständig und unabwendig gestanden" [ABRAHAM VON FRANCKENBERG,
Briefwechsel. Eingeleitet und herausgegeben von JOACHIM TELLE, Stuttgart – Bad
Cannstatt 1995, S. 141, 55 f.; vgl. die die Bedeutung Luthers und Arndts für VON
FRANCKENBERG hervorhebenden Bemerkungen TELLES, bes. aaO., S. 37 ff.; vgl. auch
364; 366 f.; 368; 371], indiziert ein bei aller Polemik gegen die konfessionelle akademi-
sche Kontroverstheologie aufrechterhaltenes kritisch-produktives Verhältnis zur lutherischen Tradition. Von FRANCKENBERGS Ringen mit dem Luthertum verdichtet sich in
Sätzen wie: „Difficile esse hodie ministrum esse Ecclesiae …". AaO., S. 355, 25. In seiner
glanzvollen religionssoziologischen Beschreibung des schlesischen Geisteslebens des 17.
und 18. Jahrhunderts hat HERBERT SCHÖFFLER Logau unter die „Träger des weltlich-
schöngeistigen Lebens", die in dem im Zuge des Dreißigjährigen Krieges weithin katholisch regierten Schlesien ausnahmslos Lutheraner waren, gerechnet, vgl. Deutsches
Geistesleben zwischen Reformation und Aufklärung, Frankfurt/M. ²1956 [³1974],
S. 40. Nun einige knappe Bemerkungen zu FRIEDRICH VON LOGAUS Epigramm, s.o.
Anm. 2: Gegen LOGAUS entschieden lutherische Position spricht es nicht; LOGAU konnte
durchaus polemisch und – zumal gegenüber dem Katholizismus – in unversöhnlicher,
assertorischer Weise für seinen lutherischen Glauben argumentieren [vgl. etwa: FRIED-
RICH VON LOGAU, Deutscher Sinn-Getichte Drey Tausend. Drei Teile in einem Band,
Hildesheim, New York 1972, III, 7,4: „Der Bapst / der wil durch thun : Calvin / wil
durch verstehn / In Himmel aber wil durch Glauben / Luther gehn."]. Vgl. dazu die
überzeugende Studie von ANDREAS PALME, Konfessionalität und Interkonfessionalität in
den Sinngedichten Friedrich von Logaus. In: BREUER, wie Anm. 13, S. 621–630. In dem
hier angesprochenen Epigramm [s. oben Anm. 2; von LOGAU, aaO., II, 1/100; vgl. III,
4,33] scheint dies nicht der Fall zu sein. Eigentlicher Skopus des Epigramms – hierin

phius eindrücklich gezeigt worden.[229] Die Fähigkeit lutherischer Dichter, sich von bestimmten Erscheinungen der eigenen Konfession zu distanzieren, ist keineswegs ein Ausdruck der Entfremdung vom Luthertum oder das Symptom einer überkonfessionellen Irenik, sondern ein Moment ihrer spezifischen konfessionskulturell verwurzelten Bindung an das Christentum. Und der Wille, politischen Frieden zu machen, bedeutet keineswegs den Verzicht auf konfessionelle Polemik in Glaubensfragen. In bezug auf die Frage nach der friedensfördernden Bedeutung der Konfessionen im allgemeinen, des Luthertums im besonderen, ist − jedenfalls dann, wenn man es mit der Revision der Karikatur der frühneuzeitlichen Konfessionen als allein durch Polemik geprägter, sklerotisch erstarrter Lehrsysteme ernst meint − eine grundsätzliche Korrektur überfällig.

Das Wachstum irenischer Pflänzlein auf dem lutherischen Kulturacker dürfte im wesentlichen eine Tränen- und Blutsaat des Dreißigjährigen Krieges gewesen sein, jedenfalls dann, wenn man das Luthertum als in sich

---

folge ich der Interpretation von THOMAS ALTHAUS, Epigrammatisches Barock, [Quellen und Forschungen zu Literatur- und Kulturgeschichte 9 (243)], Berlin u.a. 1996, S. 143 f.; zu LOGAUS Epigrammen im ganzen: S. 115–150 [Lit.] − ist der „Ausweis des Verlustes der gemeinsamen Substanz ‚Christenthum‘, Abweichung von der eigenen Intention" [S. 144]. Gerade im Namen des Glaubens und des Christentums soll gegen deren Verkümmerung durch konfessionellen Antagonismus argumentiert werden. Diese Geisteshaltung dürfte in dem lutherisch geprägten Glaubens- und Christentumsverständnis LOGAUS verwurzelt sein, hat aber mit Indifferenz gegenüber lutherischen Grundpositionen nichts zu tun. WIECKENBURG hat die Beziehung LOGAUS zum Luthertum bzw. den lutherischen Charakter seiner Frömmigkeit in ihrer geschichtlichen Bewegtheit zu beschreiben versucht, indem er auf die Interpretationsmöglichkeit hingewiesen hat, „daß die schreckliche und mit den Denkkategorien des Neustoizismus nicht mehr zu bewältigende Wirklichkeit seiner Zeit es war, die anderen − eben den in Luthers Theologie bereitliegenden − Weltinterpretationen Durchsetzungskraft verlieh. [...] Weltpessimismus sowie lutherische Kreuzestheologie wären dann nicht von vornherein der tragende Grund von Logaus Frömmigkeit, zu ihnen hätte er vielmehr erst unter dem Druck der Realität Zuflucht genommen." ERNST-PETER WIECKENBURG [Hg.], FRIEDRICH VON LOGAU, Sinngedichte, Stuttgart 1984, S. 309. Das Epigramm II, 1, 100 [s. oben Anm. 2] scheint 1648/49 entstanden zu sein [vgl. FRIEDRICH VON LOGAU, Sämtliche Sinngedichte, hg. von GUSTAV EITNER, (Bibliothek des Litterarischen Vereins in Stuttgart 113), Tübingen 1872, S. 741], also noch in einer gewissen Erfahrungsnähe zum Krieg zu stehen; vgl. zu LOGAU auch: DÜNNHAUPT, 2584–2588 [Lit.].

[229] Vgl. die in Hinblick auf die Rekonstruktion konfessionskulturell lutherischer Prägungen im literarischen Werk des ANDREAS GRYPHIUS Maßstäbe setzende Studie von HANS-HENRIK KRUMMACHER, Der junge Gryphius und die Tradition, München 1976, bes. S. 477 ff.; sowie die eindrücklichen Hinweise zu GRYPHIUS' christologischen und abendmahlstheologischen Prägungen bei JÖRG BAUR, Lutherische Christologie. In: RUBLACK, wie Anm. 15, S. 83–124, bes. 110–113 [Lit.]. Zur gegenwärtigen Debatte finden sich wichtige Hinweise in den von BREUER herausgegebenen Sammelbänden, wie Anm. 13.

vielstimmiges, ja plurales Konfessionsgebilde versteht und z.B. die bei Lutheranern bezeugten Huldigungen für christliche Kriegsmänner anderer Konfessionen, die etwa von „unnützen Bauernplagern", den „Blutvergießern" und „Aufschneidern" im eigenen konfessionellen Lager abgesetzt werden, und die eine moralische, keine konfessionelle Bewertung erfahren[230], als im Rahmen des Christentums erfolgende, gleichwohl nicht konfessionsindifferente Äußerungen versteht. Und um das beargwöhnte Ende des „theils in der Päbstischen, theils in der Calvinischen Religion" lebenden gewesenen Lutheraners Martin Opitz als „christliches" zu verteidigen und darauf zu bestehen, daß selbst die Zugehörigkeit zur falschen Konfessionspartei nicht „nothwendig" den Mangel des „wahren Glaubens an Christum" bedeute, mußte der Wedeler Pastor Johann Rist kein Anhänger des Calixt[231] sein, ebensowenig wie es der Rostocker Theologieprofessor und Pastor Johannes Quistorp d. Ä. war, der, 1645 an das Todeslager des die Konfessionsgrenzen wissenschaftlich transzendierenden Hugo Grotius, der auf der Rückreise von Stockholm nach Paris in Rostock starb, gerufen, im Bekenntnis des berühmten Gelehrten zu Christus als einzigem Grund seiner Hoffnung die Basis der Heilsgewißheit sah.[232] Nicht konfessionsneutrale Irenik, Neustoizismus oder Humanität als solche, sondern die konfessionell identifizierbare Unterscheidung zwischen der universalen wahren Kirche des Glaubens und ihren historischen Gestaltwerdungen in der Form der partikularen Konfessionskirchen läßt ein

---

[230] Vgl. etwa in bezug auf Johann Rist: THEODOR HANSEN, Johann Rist und seine Zeit. Aus den Quellen dargestellt, Halle 1872, Reprint Leipzig 1973, S. 50 f.; in diesen Kontext gehört auch die etwa bei Johann Matthäus Meyfart bevorzugte [vgl. HOLL, wie Anm. 3, S. 306 f. mit Anm. 6; zu MEYFARTs Gedenkpredigt für Gustav Adolf instruktiv: TRUNZ, wie Anm. 157, S. 258–261] Ermahnung, daß auch die Feinde zu Gott beteten.

[231] Zitiert nach HANSEN, wie Anm. 230, S. 56 f. Angesichts dessen, daß ein erklärter Gegner des Calixt, der Celler Generalsuperintendent Michael Walter, die „Musikalischen Katechismusandachten" Johann Rists propagierte, bestehen beträchtliche Zweifel an der von HANSEN wohl auf der Basis des Vorurteils, ‚irenische' Neigung deute auf Calixtinismus, behaupteten These, Rist habe Calixt nahegestanden. Rists Weiterdichtung des von Friedrich von Spee verfaßten katholischen Passionsliedes ‚O Traurigkeit, o Herzeleid' um den Vers: ‚O grosse Not! / Gott selbst liegt tot. / Am Kreuz ist er gestorben; / hat dadurch das Himmelreich / uns aus Lieb erworben' dürfte lediglich unter der Voraussetzung der christologischen Idiomenkommunikation in ihrer lutherischen Interpretationsgestalt verständlich sein und zeugt von einer Intensität der religiösen Aneignung, die für den christologisch ‚sterilen' Calixtinismus kaum vorstellbar ist. Vgl. zu RIST auch besonders MARTIN BRECHT, in: Pietismus Bd. 1, wie Anm. 178, S. 192; KILLY, Bd. 9, 1991, S. 481–484 [Lit.]; BBKL Bd. 8, 1994, Sp. 388–394; DÜNNHAUPT, 3374–3432 [Lit.] und zur Auseinandersetzung um den Rist-Vers instruktiv: EBERHARD JÜNGEL, Gott als Geheimnis der Welt, Tübingen ⁴1982, S. 84 f.

[232] Vgl. dazu KAUFMANN, wie Anm. 191, S. 220.

unter dem Mobilitätsschub des Dreißigjährigen Krieges zum Alltagsproblem werdendes christliches Sterben und die ewige Seligkeit nicht-lutherischer Christen zu. Gerade darin, daß die neuere Konfessionalisierungsforschung die tiefgreifenden konfessionstheologischen Differenzen im Verständnis der *Kirche* in den drei frühneuzeitlichen Konfessionen unter ökumenischem Parallelisierungszwang und funktionsanalytischem Systematisierungsdruck nivelliert hat[233], werden aus kirchengeschichtlicher Sicht die Grenzen des gesellschaftsgeschichtlichen Paradigmas deutlich.

5. Lieddichtung

Neben Leichenpredigten, Postillensammlungen[234] und der reichen volkssprachlichen Gebets- und Erbauungsliteratur kann die religiöse Lieddichtung als besonders charakteristische Ausdrucksform lutherischer Konfessionskultur und ihrer private wie öffentliche Religion gleichermaßen prägenden Dynamik gelten.[235] Der Aufschwung der deutschen

---

[233] Vgl. dazu THOMAS KAUFMANN, Die Konfessionalisierung von Kirche und Gesellschaft. Sammelbericht über eine Forschungsdebatte. In: ThLZ 121, 1996, Sp. 1008–1025; 1112–1121; DERS., wie Anm. 191, S. 23 ff.; zum letzten Stand der Konfessionalisierungsdebatte vgl. HEINZ SCHILLING, wie Anm. 122; DERS., Literaturbericht: Konfessionelles Zeitalter. Teil I. In: GWU 48, 1997, S. 350–370. In bezug auf die durch das Restitutionsedikt entstandene Diskussionslage wird lutherisches Kirchenverständnis etwa in der oben Anm. 63 zitierten Flugschrift zum Ausdruck gebracht: „Wir reden allhier nicht so gar unnd eigentlich von der allgemeinen heiligen Christlichen Kirchen / vom H. Geist durchs Wort allenthalb gesamblet / und in alle Welt zerstrewet. Wer hierin ein wahres Glied ist / der ist seelig / wer aber kein wahres Glied ist / der ist verdampt / ohn ansehen der Persohn. Sondern wir reden mehrertheils von gebawten gewissen Kirchen und Stifften / so dem Wert und den gemeinden Gottes allenthalb / hin und her / in Staetten und Doerffern / gebawen worden / da man offentlich koenn zusammen kommen / Gottes Wort hoeren / und Christen werden." AaO., S. 4.

[234] Vgl. HANS-CHRISTOPH RUBLACK, Lutherische Predigt und gesellschaftliche Wirklichkeiten. In: DERS., wie Anm. 15, S. 344–395; quantifizierende Beobachtungen zum Rückgang der Buchproduktion im allgemeinen [vgl. LEHMANN, wie Anm. 14, S. 110 f.; vgl. 114 ff.], zur Predigtproduktion [SABINE HOLTZ, Theologie und Alltag. Lehre und Leben in den Predigten der Tübinger Theologen 1550–1750, (Spätmittelalter und Reformation N.R. 3), Tübingen 1993, S. 41] und zu den Postillendrucken [s. RUBLACK, wie oben] weisen auf einen drastischen quantitativen Rückgang der Buchproduktion bzw. ihren qualitativen Wandel während der Zeit des Dreißigjährigen Krieges hin.

[235] Vgl. außer den oben Anm. 192 zitierten Arbeiten von VEIT: ALFRED DÜRR – WALTHER KILLY [Hg.], Das protestantische Kirchenlied im 16. und 17. Jahrhundert, [Wolfenbütteler Forschungen 31], Wiesbaden 1996; INGEBORG RÖBBELEN, Theologie und Frömmigkeit des deutschen evangelisch-lutherischen Gesangbuches des 17. und des frühen 18. Jahrhunderts, Berlin 1957; BRECHT, Die Blütezeit des kirchlichen Liedes im

Dichtkunst infolge der Opitzschen Poetik von 1624 fand in der seit der Reformationszeit produktivsten Epoche lutherischer Lieddichtung seinen frühzeitigen Niederschlag. Die von Opitz aufgestellten Dichtungsregeln kamen der „praktischen Verwendung"[236] zugute. In der Lieddichtung gingen die neuartigen literarischen Ausdrucksmittel und die intensivierten religiös-theologischen Deutungsbemühungen eine für die konfessionskulturelle Entwicklung des Luthertums epochale Verbindung ein. Die Tatsache, daß es zu dieser Synthese kam, dürfte wesentlich durch die geschichtlichen Herausforderungen, insbesondere durch das Bedürfnis nach persönlichem Trost, Erbauung und theologischer Kontingenzbewältigung im Angesicht des Krieges veranlaßt sein.[237] Die Wandlung des Liederbestandes „durch die Zeit des 30 jährigen Krieges"[238] ist inhaltlich durch die Dominanz neuartiger Motive, wie z.B. das Motiv des sich Ergebens in den Willen Gottes, des Gottvertrauens und des Vorsehungsglaubens, auch des Vanitas-Motivs[239], und durch eine spezifische Intensität der persönlichen und christologischen Leidensthematik zu bestimmen und trägt durchaus die Züge einer poetischen Verarbeitung von Kriegserfahrungen.

Ähnlich wie bei den Leichenpredigten ist freilich zu beobachten, daß die Kriegserfahrung kaum als solche, sondern eher als Moment der Grundsituation des homo peccator thematisiert wird. Auch wenn zahlreiche Lieddichtungen, die Kriegserfahrungen spiegeln und bearbeiten,

---

17. Jahrhundert und die Frömmigkeitsbewegung. In: DERS., wie Anm. 178, S. 188–194 [Lit.]. Siehe auch WILHELM NELLE, Geschichte des deutsch-evangelischen Kirchenliedes, ³1928, S. 100 ff.; und den von MARKUS JENNY verfaßten Artikel Kirchenlied, in: TRE 18, 1994, S. 602–629, bes. 620 f.; 628 f. [Lit.]; LEHMANN, wie Anm. 14, S. 116 f.; s. auch ALEXANDER VÖLKER, Art. Gesangbuch, in: TRE 12, 1984, S. 547–565, bes. 552 ff. [Lit.]. Die etwa von VEIT, Private Frömmigkeit, wie Anm. 192, betonte integrative Bedeutung der lutherischen Gesangbuchdichtung in bezug auf öffentliche und private ‚Religion' im Luthertum ist in der Darstellung des „Lutherischen Frömmigkeitsliedes" bei KEMPER verkannt. KEMPER sieht im Lied in einer m. E. nicht gerechtfertigten Einseitigkeit eine Art „Hilferuf" [S. 230] der individuellen Frömmigkeit gegen den Dogmatismus der „konfessionellen Verkündigung". Vgl. im ganzen: HANS-GEORG KEMPER, Deutsche Lyrik der frühen Neuzeit. Bd. 2: Konfessionalismus, Tübingen 1987, S. 227–265.

[236] BRECHT, wie Anm. 178, S. 189.

[237] Die These einer prägenden Bedeutung der Kriegserfahrungen für die dichterische Blütezeit der lutherischen Lieddichtung wurde schon in der älteren Forschung nachhaltig vertreten [vgl. z.B. WANGEMANN, Kurze Geschichte des Evangelischen Kirchenliedes sowie der Kirche in ihrem Liede, Berlin ⁵1865, S. 212 ff.] und wurde zuletzt von BRECHT [wie Anm. 178], S. 189, erneuert.

[238] RÖBBELEN, wie Anm. 235, S. 16; vgl. 22 Anm. 20; 61; ähnlich HOLL, wie Anm. 3, S. 302 ff.; 330.

[239] RÖBBELEN, wie Anm. 235, S. 266; 341; 350; 399; 80; 260 Anm. 76.

während des Krieges entstanden sind, fanden sie erst mit zum Teil mehreren Jahrzehnten Verspätung Aufnahme in die Gesangbücher.[240] Hinsichtlich der religiösen Bewältigung unmittelbarer Kriegsbedrängnisse wurden weiterhin die alten, seit Generationen bewährten Reformationslieder gesungen; Paul Ebers Lied „Wenn wir in höchsten Nöten sein" soll die Herzen schwedischer Offiziere mehrfach erweicht und sie zur Ermäßigung ihrer Geldforderungen oder zum Einstellen der Kampfhandlungen veranlaßt haben.[241] Gleichwohl dürfte in bezug auf die von der Opitzschen Dichtungsbewegung inspirierte und den Anforderungen, aber auch den Ausdrucksformen einer individualisierten Frömmigkeitskultur entsprechende lutherische Liedpoesie die konfessionskulturell prägende Langzeitwirkung des Dreißigjährigen Krieges evident sein.

6. Der lutherische Pfarrer im Krieg

In der älteren Forschung herrschte ein bemerkenswerter Konsens darüber, daß dem Dreißigjährigen Krieg eine wichtige Bedeutung in bezug auf einen Wandel im Verhältnis der evangelischen Geistlichkeit zu ihrer Gemeinde zukomme. Drews urteilt: „[...] der Pfarrer hört jetzt auf, einseitig nur der Zuchtmeister seiner Gemeinde zu sein; er lernt es unter den Nöten des Krieges allmählich, auch ihr Helfer, Berater, Tröster und Freund zu werden. Der Seelsorger rückt langsam in den Vordergrund".[242] Und in bezug auf Reformforderungen Grossgebauers stellt Holl fest: „Der Pfarrer soll nicht bloß Lehrer sein, sondern auch Hirte".[243] Und bei Troeltsch heißt es: „Die Nöte des Dreißigjährigen Krieges brachten dann eine Vertiefung der seelsorgerlichen Aufgaben und Gesinnungen, und der geistliche Stand erwies sich hier im ganzen als das Rückgrat der ganzen lutherischen Kultur".[244] Auch Elert, freilich mit gegenläufiger Wertung,

---

[240] Otto Clemen, Volksfrömmigkeit im Dreißigjährigen Kriege, [Studien zur religiösen Volkskunde Heft 10], Leipzig 1939, S. 14 unter Rekurs auf Beobachtungen Nelles, wie Anm. 235; vgl. auch die Übersicht über das Material bei Röbbelen, wie Anm. 235, passim, sowie die Materialübersicht in: Albert Fischer – Wilhelm Tümpel, Das deutsche evangelische Kirchenlied im 17. Jahrhundert, 6 Bde., Gütersloh 1904–1916; Reprint Hildesheim 1964, bes. die Bibliographie Bd. 6.

[241] Clemen, wie Anm. 240, S. 13 f.

[242] Paul Drews, Der evangelische Geistliche in der deutschen Vergangenheit, Jena 1905, S. 72.

[243] Holl, wie Anm. 3, S. 333.

[244] Troeltsch, wie Anm. 12, S. 540. Dieses Urteil Troeltschs über die orthodoxe Geistlichkeit hat Hans Leube positiv herausgehoben, Die Reformideen in der deutschen lutherischen Kirche zur Zeit der Orthodoxie, Leipzig 1924, S. 35 Anm. 1.

bestätigt eine in der zweiten Hälfte des 17. Jahrhunderts aufkommende, das „pietistische Seelsorgerideal" vorbereitende Fundamentaldisjunktion von Hirten- und Predigtamt, die damit verbunden gewesen sei, daß die Lehraufgabe des Pfarrers zurücktrat gegenüber der Pflicht, dem einzelnen Gemeindeglied „‚auf allerlei Weise' so lange zuzusetzen, bis ‚wir merken, daß sie wiedergeboren'" sind.[245] Zu der Deutung des Seelsorgeamtes als „Amt der individuellen Seelenführung und Seelenerforschung" gebe es Parallelen in der jesuitischen Moraltheologie, die sich in der Ausbildung einer evangelischen Kasuistik ausgeprägt habe.[246] Elert und Holl sehen die maßgeblichen Impulse hinsichtlich einer Veränderung im Verhältnis von evangelischen Pfarrern zu ihren Gemeinden nach dem Krieg wirksam werden[247], Drews und der weitgehend von diesem abhängige Troeltsch hingegen sehen den positiv gewerteten Wandel in der Seelsorgerrolle des evangelischen Pastors in den mit dem Krieg gegebenen gemeinsamen Erfahrungen, in der Teilhabe des Pastors am Leiden des Volkes, gründen. Doch sollte die Alternative nicht überbetont werden, da sich ereignisgeschichtliche Prozesse und Mentalitätswandel weder als kongruente noch als beziehungslose Aspekte geschichtlicher Wahrnehmung erfassen lassen.

Unlängst hat Walter Sparn die These entwickelt, daß in der lutherischen Theologie „bis etwa 1625" ein neuartiger Praxisbegriff in Anwendung gekommen sei, der nicht mehr – so der Skopus des älteren Theologiebegriffs – Theologie als „das ‚zum-Heil-Kommen' (to pervenire) des Theologen selbst", sondern als „‚zum-Heil-Führen' (to perducere) anderer Menschen durch den Theologen, d.h. durch Predigt, Sakramentsverwaltung und Kirchenzucht"[248], bestimmte. Dieses theologiegeschichtliche Ergebnis scheint mit bildungs- und sozialgeschichtlichen Beobachtungen zu konvergieren, denen zufolge mit dem um 1600 weitgehend abgeschlossenen Akademisierungsprozeß der evangelischen Geistlichkeit

---

[245] ELERT, wie Anm. 65, I, S. 319.

[246] Ebd.; zur Kasuistik vgl. auch HOLL, wie Anm. 3, S. 346.

[247] ELERTS Position ist als nicht ausdrücklich geführte Absage an HOLLS Interpretation mit diametral entgegengesetztem Ergebnis zu verstehen. Während HOLL bei Grossgebauer den „echt lutherischen Kirchenbegriff" „mit genialem Verständnis wiederentdeckt" [wie Anm. 3, S. 337] findet, sieht ELERT im „pietistischen Gemeindeideal" [I, wie Anm. 65, S. 320; vgl. 319 f.] eine „schwerwiegende Verschiebung des lutherischen Kirchengedankens eingetreten oder im Anzuge", insofern der „Glaube Luthers an die Allmacht des Evangeliums und seiner Verkündigung [...] im Erlöschen sei." [I, S. 320].

[248] WALTER SPARN, Die Krise der Frömmigkeit und ihr theologischer Reflex im nachreformatorischen Luthertum. In: RUBLACK, wie Anm. 15, S. 54–82, hier: 72.

und ihrer berufsständischen Formierung eine Zunahme an methodischer und fachwissenschaftlicher ‚Professionalität' verbunden war.[249]

Dem ‚professionalisierten' evangelischen Geistlichen wuchsen im 17. Jahrhundert zusehends mit seinem eigenen Lebenszeugnis verbundene Verpflichtungen zu ethisch-religiöser Exemplarität zu, denen eine entscheidende Bedeutung für die Wirksamkeit seines Amtes zuerkannt wurde. Ein „Seelsorger" wurde nicht nur dann zum „Seelenwürger", wenn er „mit Gottes Wort streitende ketzerische Lehre" predigte, sondern vor allem wenn er davon absah, die Gemeinde „öffentlich" und jeden Einzelnen „ins geheim" ihrer Sünde zu überführen. Entgegen der Interpretation Drews' ist die Kirchenzucht als maßgebliche Form der Seelsorge zu bestimmen. In Analogie zu dem Sprichwort „Weiche gelinde Ärtzte / machen faule und stinckende Wunden" galt: „auch gelinde Seelenärtzte / machen stinckende Seelenwunden".[250] Der persönlichen Entschiedenheit, dem Tugendethos der geistlichen Person, der Vorbildlichkeit der Zeugen Christi, die in ihrem „Zeug= Ampt des Heil. Geists" auch „für sich selbst trachten / daß sie mit ihrem Leben" eine „Beweisung des Geists unn der Krafft" liefern[251], kommt eine maßgebliche, die Wahrheit der Botschaft verbürgende Funktion zu. Vor diesem Hintergrund des im ersten Drittel des 17. Jahrhunderts auch in Quellengattungen, die kaum primär an eine professionelle theologische Leserschaft adressiert waren, viel-

---

[249] Vgl. SCHORN-SCHÜTTE, wie Anm. 89, bes. S. 152 ff.; 226; KAUFMANN, wie Anm. 191, S. 251 ff.; wegen des ausführlich ausgebreiteten archivalischen Materials vermittelt die beste alltagsgeschichtliche Anschauung von den Pfarrersnöten im Krieg: F. FRITZ, Die württembergischen Pfarrer im Zeitalter des dreißigjährigen Krieges. II. Kapitel. In: BWKG. NS 32, 1928, S. 289–311; 33, 1929, S. 41–132.

[250] JOHANNES QUISTORP [d. Ä.], Predigten Uber die KlagLieder des Propheten Jeremiae ..., Rostock, J. Fueß, 1633, [Exemplar UB Rostock], S. 405 f.

[251] HEINRICH MÜLLER, Evangelische Schluß=Kette / Und Krafft= Kern / Oder Gründliche Außlegung der gewöhnlichen Sonntags= Evangelien, Frankfurt, Chr. Wust, 1672, [Exemplar UB Rostock; BIRCHER B 4983], S. 619. „Noch hat das Zeug= Ampt des Heil. Geists nicht auffgehöret. Er zeuget überall in der Christlichen Kirchen von Christo durch trewe Lehrer und Prediger. Die sind Christi Lehr= Zeugen / [...] daß sie die Apostolische Lehre dem Volck vortragen / im Lehren auff den einigen Grund bawen / der da ist Christus / und was sie bawen wider alle Ketzer / treulich verthädigen: seine Lebens= Zeugen / nicht nur weil sie sein Leben der Heerde zum Exempel vorstellen / sondern auch für sich selbst trachten / daß sie mit ihrem Leben in ihm erfunden werden: seine Leidens= Zeugen / als die nicht allein sein vielfältiges Leyden ihren Schäflein zum Trost und Fürbild vorstellen / sondern auch selbst viel leyden müssen umb seines Namens willen. Dies Zeugnüß ist ein Zeugnüß des Heil. Geist / drumb muß ein Prediger sich beweisen als ein Diener Gottes im Heil. Geist / und nicht kommen mit hohen Worten / oder hoher Weißheit zuverkündigen die göttliche Predigt / sondern in Beweisung des Geists unn der Krafft. Wer sich im Ampt von seinem Fleisch regieren läst / durch den zeuget nicht der Geist / sondern das Fleisch". Ebd.

fältig vorgetragenen Bildes von der religiös erleuchteten und sittlich vor-
bildlichen geistlichen Amtsperson dürften auch die chronistischen und
sonstigen Überlieferungen zum Verhalten evangelischer Pastoren im
Krieg zu interpretieren sein. In dem besonderen Interesse daran, Tun und
Ergehen evangelischer Pastoren im Krieg zu überliefern, dürfte sich auch
ihre Rolle als personaler „Mittelpunkt"[252] der Gemeinde und die sich in
Vorbildlichkeit spiegelnde Weise, in der sie diese Aufgabe wahrnahmen,
bzw. ihre Rolle wahrgenommen wurde, ausdrücken.

Der evangelische Pastor teilte als Hausvater die elementaren lebensweltlichen Bedingungen seiner Gemeinde; als Seelsorger, der in die Häuser ging, setzte er sich und seine Familie der erhöhten Gefahr der Pest aus,
der maßgeblichen Sterbeursache auch der Pfarrer im Krieg.[253] Um die
Infektionsgefahr für die übrige Familie zu verringern, legte z.B. ein Pfarrer seine 7 1/2 Jahre alte Tochter aufs „freye Felde"; „unter einem grünen
Baume, dahin das liebe selige Hertz geleget", verstarb sie. Neben ihrem
Bett, so verzeichnet der Chronist, stand „ein kleines Kind, mit einem
schneeweißen Kleide angethan, ist außer allem Zweifel ein heiliger Wech-
ter oder Engel gewesen, welcher auf ihr seeliges [Ende] gewartet [...]".[254]

Daß Kirchen, Pfarrhäuser und Grabstätten als die ersten Ziele soldati-
scher Übergriffe angesehen wurden, kann im allgemeinen als sicher gelten[255], wobei neben der Beuteabsicht auch konfessionelle Kampfmotive

---

[252] DREWS, wie Anm. 242, S. 72.

[253] Zahlreiche Beispiele für an der Pest verstorbene Pfarrer bei BEYER, wie
Anm. 255; instruktiv auch: FRITZE, wie Anm. 178, S. 41; 45 ff.

[254] CLEMEN, wie Anm. 240, S. 21 Anm. 15.

[255] Vgl. DREWS, wie Anm. 242, S. 76, unter Verweis auf eine Predigt mit dem Titel
„Pastor calamitosus ...". Ein anschauliches Beispiel für schwedische Übergriffe auf die
mecklenburgische Pfarrei Belitz 1638 bietet: C. BEYER, Kulturgeschichtliche Bilder aus
Mecklenburg. Der Landpastor im evangelischen Mecklenburg, [Mecklenburgische Geschichte in Einzeldarstellungen 2], Berlin 1903, S. 30 f.; 32. Instruktive Hinweise auf
Schneeberg und Zwickau bei ARNOLD, wie Anm. 106, Bd. I, S. 900; vgl. auch die Schilderung JOACHIM BETKES von 1640, zit. aaO., S. 901. Bei BACMEISTER d. J. [s. unten
Anm. 270] heißt es: „At [im Unterschied zur Achtung der Heiden gegenüber Kultstät-
ten] hodierno in bello, omni divini numinis metu impie a gregariis militibus projecto, &
spreta superiorum auctoritate ac edicto ruptisque omnibus disciplinae militaris vinculis:
in Templa primus fit impetus: Haec enim hostili ausu violenter effringuntur: frustra de-
precantibus sacerdotibus diripiuntur: in equorum stabula convertuntur: suggestus dejici-
untur: subsellia tumultuose confringuntur: pavin enta spe lucri abscondita perfodiuntur:
Vestes & vasa sacris usibus destinata, rapacitate improbißima auferuntur: nonnullibi
etiam foede conspurcantur: Libri rituum Ecclesiasticorum in altaribus inventi, malitiose
lacerantur, vel turpißime commaculantur: Conventus Ecclesiastici multis jam septimanis
impediuntur [...]." Wie Anm. 270, A4ʳ; vgl. A6ᵛff; vgl. Theologische Gewissens-Frage,
wie Anm. 263, bes. S. 4 f.

eine Rolle gespielt haben dürften. Ein plündernder Pole soll in einem leergebrannten Pfarrhaus folgenden Zettel hinterlassen haben: „Der Pfarrer ist ein Scelm und Dieb und ist nicht werth, daß er in der Kirche soll predigen; denn die Kirche ist catolis gebaut, und ihr Scelm seid lutherisch geworden, habt die rechte Glaube verlettert, der von Anfang gewest ist und bleiben wird bis am letzten Tag ... Martinus Luther Scelm, Hundsfort, und du bist Hundsfot".[256]

Auf alltagsgeschichtlicher Ebene nivellierten sich die Erfahrungen mit gegnerischen oder Truppen der eigenen Seite teilweise vollständig; mit den „armen benachbarten Papisten", denen von schwedischen Söldnern das Vieh fortgetrieben wurde, hatte ein Heldburger Pfarrer – jedenfalls zeitweilig – Mitleid.[257] Und in einer von Kurfürst Johann Georg von

---

[256] Zitiert nach Drews, wie Anm. 242, S. 74. Im Modus eines ‚Soldatenwitzes‘, der in einer anonymen altgläubigen, sich als protestantisch ausgebenden Flugschrift [s. Anm. 131] berichtet wird, läßt sich der Eindruck gezielter, konfessionell bedingter Übergriffe auf Geistliche bekräftigen. Im Zusammenhang eines Gesprächs über die Kosten der Söldnerheere und den geringen Kriegsidealismus derselben äußert sich ein „Obrister Leutenant" folgendermaßen: „Es were noch nit an dem / daß man verzagen solte / ob schon diese Inconvenientien zu besorgen / man auch nicht allerdings zum Uberfluß mit dem Nervo belli versehen / so lebte doch Gott noch: der wuerde der rechten Sachen beystehen / zu dem / so were er vor sich selbsten / und wueste noch wol ein Tausent rechtschaffener Cavallier / welche das Evangelium zuverfechten / all jhr Vermoegen wolten dran strecken / als Aventurirer ohn einigen Soldt dienen: Allein daß jhnen hernacher moechte bleiben / was sie den Pfaffen und jhren Knechten mit der Faust abnaehmen. Wir haben zwar all gelacht / bevorab weil er ein solcher Soldat / dem nie kein Glueck zugeschlagen / unnd unterschiedlich mahl auß Kriegszuegen / die er zu Pferdt versucht / zu Fuß heimkommen / daß er gleichwol so wol gehertzt / und ohne Sold wolte dienen / vielleicht wieder einmahl ohne Pferdt reitten." Auß Leipzig vom 13. Februarij, wie Anm. 131, S. 8. Freilich lehrt die Erfahrung, daß die ‚Pfaffen‘ besonders kampferprobt sind; ein anderer Soldat berichtet nämlich: „Unnd was sagt jhr von denen mit der Faust den Pfaffen abgedrungenen Guetern / die jhr an statt ewerer Besoldung begehret: Wie / wann wir Ohnzeichen bekaemen / und die Pfaffen / wans an Klopffen gehet / uns die Stoeß geben: Es ist uns schon mehr wiederfahren / unnd haben warlich die Pfaffen harte Faeust / unnd weil sie die kalte Winterzeit lang bloß in der Kirchen bleiben / habens auch harte Koepff / und hat weder Manßfelder / noch Halberstaetter / noch andere viel an jhnen erobert. Es erfehrt es jetzt mit Schmertzen mancher ehrlicher Cavalljer im Reich / dem man als rebelli seine Gueter confiscirt / was man an den Pfaffen gewinnet. Ich reibe mich nicht an sie / jhre Roecke haben gar zu viel Falten." AaO. S. 9.

[257] Lebensbeschreibung des aus Franken stammenden Pastors Martin Bötzinger, im Auszug abgedruckt in: Gustav Freytag, Bilder aus der deutschen Vergangenheit Bd. II, Reformationszeit und Dreißigjähriger Krieg, Sonderausgabe München 1987, S. 286–298. Ein Abdruck der Lebensbeschreibung erschien zuletzt 1994, hg. von Harald Rockstuhl, Bad Langensalza. Die folgenden Verweise sind auf die Freytagsche Ausgabe bezogen. Weitere Hinweise auf Bötzinger sind zu entnehmen: Johann Werner Krauss, Beyträge zur Erläuterung der Hochfürstl. Sachsen= Hildburghaeusischen

Sachsen privilegierten Kampfschrift gegen den „Kriegs-Belial oder Soldatenteufel" kämpfte der Hallenser Superintendent Arnold Mengering, wohl auch im Angesicht schwedischer Greuel, gegen Gott- und Sittenlosigkeit der Soldaten aller Konfessionen und Nationen.[258] Als „beste Cavalliers-Art" gelte heute, so Mengering: „gantz nicht beten / und wie das unvernünfftige Viehe auffstehen und sich niederlegen / von und zu Tische gehen / wie die Saw zum Troge / Ja nicht allein wird das Gebet unterlassen / sondern auch noch uber das Gott also schrecklich mit den allergrewlichsten Flüchen und Blasphemica täglich beleidiget und erzürnet".[259] Durch „Excessus und Enormiteten" werden Gott und Menschen beleidigt; „zeitliche und ewige Straffe" müsse zwangsläufig folgen[260]; Gottesfurcht und sittliche Tugend hingegen führen zum militärischen Erfolg[261] derer – wie Mengering hofft –, die gegen den Antichristen und für das Evangelium streiten. Als Mahner zu Gottesfurcht und Sittenzucht wollten lutherische Pastoren ebenso zu größerem Kriegsglück ihrer Seite wie zu weniger „Ungerechtigkeit im Soldatenwesen"[262] beitragen.

Kirchen= Schul= und Landes= Historie … Des I. Theils erster Beytrag von Heldburg, Greitz jm VoigtLande, Abraham Gottlob Ludewig [1750], wo sich zwei Carmina BÖTZINGERs abgedruckt finden: S. 24–36 [aaO., S. 36 weitere Hinweise auf ihn]. Die Carmina sind Heldburger Amtmännern der beiden vorangegangenen Jahrhunderte gewidmet; vgl. auch noch unten Anm. 265.

[258] ARNOLD MENGERING, Perversa Ultimi Seculi Militia, Oder Kriegs-Belial / Der Soldaten= Teuffel / Nach Gottes Wort und gemeinem Lauff der letzten Zeit …, 3. revidierte und corrigierte Edition, Altenburg/Meissen, O. Michael, 1641, [Exemplar SB München Asc. 5537²]; zu ARNOLD MENGERING vgl. zuletzt: BBKL, Bd. 5, 1993, Sp. 1259 f.; WÖLFEL, wie Anm. 138, S. 69, sowie die Hinweise S. 348 Anm. 78; LEUBE, wie Anm. 244, passim, bes. S. 118 ff.; 135 ff.; 141 ff.; speziell zum Kriegs-Belial: S. 122; s. auch TRUNZ, wie Anm. 157, passim.

[259] MENGERING, wie Anm. 258, a5ʳ.

[260] MENGERING, wie Anm. 258, b[8]ʳ. Durch religiöses und sittliches Wohlverhalten solle das Kriegsglück wachsen [b2ʳ]. MENGERINGs wohl ursprünglich 1633 [a[6]ᵛ] geplante Schrift nimmt besonders auf die sächsische und die brandenburgische Dynastie [b5ʳff] Bezug, fügt sich also in die zeitgenössische kursächsische Politik, gleichsam als ‚offizielles' Manifest, nahtlos ein, was auch einem Widmungsgedicht HOËs zu entnehmen ist. HOËs Gedicht ist ein Aufruf zum ‚heiligen Krieg' gegen das Papsttum: „Qui pro lege DEI, qui pro grege militat Ejus, ‖ Militiaeque sacrae commata cuncta tenet: ‖ Qui vitiis cunctis pergit contrarius esse, ‖ Militis officium sustinet Ille Boni. ‖ At qui pro lolio pravo. Papaeque cohorte ‖ Pugnat, & inscelerum gurgite saepe vertat, ‖ Militis Is veri nomen titulumque meretur ‖ Nunquam, sed Sathanae mancipium esse solet. ‖ Ergo sibi caveat miles, Belialis sub astu ‖ Saevo, sic faciet, quod liber iste jubet." [c5ʳ].

[261] MENGERING, wie Anm. 258, S. 703.

[262] MENGERING, wie Anm. 258, S. 9 f. Als Vorbildgestalt wird ein lüneburgischer Adliger geschildert, der vor einer Schlacht das Vaterunser betete, sich dann aufs Pferd setzte und „uberlaut / daß es seine Soldaten hören können / die Wort gesprochen: ‚Ich habs ihm gesagt' / damit er gemeynet / er habe Gott die Schlacht und Außgang dersel-

Die Erfahrungen mit den schwedischen Greueln, die Pastoren an der eigenen Haut erlitten, führten dazu, daß man auch den in schwedischen Diensten stehenden deutschen Soldaten die Teilnahme an Beichte und Abendmahl zu verweigern forderte. Aus der alltäglich gewordenen Entheiligung und Verderbnis des Schafstalls Christi erging die Gewissensforderung an die evangelischen Geistlichen, die „verwegene[n] Buben / die so erschreckliche / abschewliche Thaten begehen / oder darzu helffen / oder zum wenigsten sie gut heissen / und einen gefallen daran tragen /" keinesfalls „zum Tisch des Herrn" zuzulassen, sondern sie als „schädliche Umbkehrer / schändliche Entheiliger / und leichtsinnige Mordbrenner der Altäre / der Predigtstühle / der Taufsteine / der Kirchen / der Schulen ec. von dem Heiligthumb" zu „verstossen".[263]

---

ben im Gebet heimgestellt und befohlen / und ist alsdenn ritterlich und mit Frewden an den Feind gangen." [S. 704]. Als konfessionsfremdes Beispiel eines sittlichen Kriegsmanns wird ein Florentiner Obrist namens Franciscus Sforza genannt, der eine schöne Jungfrau gegen seinen Vorsatz unter dem Eindruck eines Marienbildes nicht vergewaltigte und sie „Unverletzter Ehren" [S. 707] ihrem Bräutigam „zustellen" ließ; vgl. MENGERING, wie Anm. 258, a[6]ᵛ.

[263] Theologische Gewissens Frage / Von der Absolution und Communion der Feinde des Vaterlandes / Nach beyderseits Gründen / Satz und Gegensatz erörtert / Durch einen Christlichen Evangelischen / und von obgedachten Feinden / hefftig verfolgten Pfarrer / nunmehr seeligen / M. Joh. H. Pf. und D. zu H. in T. Jetzo von seinem Erben in Druck gegeben. … 1644. [Exemplar SB München Th. Thet. 925], S. 7. Zu der Schrift s. auch HOLL, wie Anm. 3, S. 309. Diese Schrift dürfte – ähnlich wie die antischwedische Flugschrift „Rossomalza" aus demselben Jahr [s. u. Anm. 364] – in den historisch-politischen Kontext des schwedischen Angriffs auf das Erzstift Bremen im Rahmen des schwedisch-dänischen Krieges 1643/45 gehören, vgl. dazu knapp: REPGEN, Der Westfälische Friede und die zeitgenössische Öffentlichkeit, wie Anm. 323, S. 56. Zu scharfer Kritik an Lutheranern, die Kriegsgreuel an ihren Glaubensgenossen begingen, vgl. MENGERING, wie Anm. 258, Ausgabe 1638 [Microfilm German Baroque Literature No. 82 b], S. 591 ff. und besonders die aus der Hölle abgesandte „Copey und Abschrifft … der alten Teutschen Soldaten / so zur Zeit der Passion Christi im Jüdischen Lande unter … Pontii Pilati Commando sich befunden / und zur Creutzigung des Herrn Christi haben gebrauchen lassen", aaO., S. 647–663. Entscheidender Anklagepunkt des Briefes der alten heidnischen deutschen Soldaten gegen die lutherischen Soldaten der Kriegszeit ist die Vernichtung des „eigen Vaterland" [S. 651] durch Grausamkeiten gegen Menschen, die schlimmer sind als die Peinigungen, die Christus widerfuhren. Wenn ich recht sehe, entsprach der fortschreitenden ‚Barbarisierung' und dem religionslosen Vandalismus im schwedischen Heer ein Rückgang an obrigkeitlichen Einflußnahmen auf das religiöse Verhalten der Soldaten. Verbindliche Gebetstexte sind mir jedenfalls nur aus der Frühzeit des schwedischen Kriegseintritts bekannt, z.B.: Christliche Kriegs Gebett / Welche In dem Schwedischen Feldtlaeger gebraeuchlich / Angeordnet Durch Johannem Botvidi, des Feldt= Consistorij Presidentem. … 1631 [Exemplar Hofbibliothek Fürst Thurn und Taxis Regensburg, Sammlung Haeberlin C 36/7]. Dieses „Taschengebetbuch der schwedischen Truppen" [DROYSEN, wie Anm. 149, S. 279] war erstmals 1630 in Duodezformat gedruckt; der von mir benutzte Druck ist ein Quartdruck. Es

Der Pfarrer Bötzinger, der seine Erlebnisse im Krieg in Lebenserinnerungen für seine Kinder verschriftlichte, berichtet, daß Gemeindeglieder in seiner Person „einen Trost zu haben" hofften und mit ihm zu fliehen versuchten. Als sie von acht Kroaten in ligistischen Diensten aufgespürt wurden, traf ihn besonderer Haß: „Endlich wurden sie [sc. die Kroaten] gewahr, daß ich ein Pap oder Pfaff wäre, welches ich auch gestand; da hieben sie mit ihren Säbeln auf mich hinein, ohne Diskretion, und ich hielt meine Arme und Hände entgegen, habe durch Gottes Schutz nur eine kleine Wunde unten an der Faust bekommen. Etlich gaben den Rat, mich zu entmannen, der Obrist aber, ein stattlicher Mann, wollte es nicht zugeben".[264] Wie der Pfarrer besonderer Zielpunkt feindlicher Übergriffe ist, so wird ihm im eigenen Lager Hilfe zuteil, eben weil er Pastor ist.[265] Klei-

---

besitzt einige Wahrscheinlichkeit, daß die Sammlung seit Beginn der schwedischen Kriegsexpedition an die Soldaten verteilt wurde und so etwas wie ein offizielles Gebetbuch der Truppe darstellte. Bei der schwedischen Einnahme Augsburgs im April 1632 hatten der Psalmengesang der Schweden und Finnen und die Frömmigkeit Gustav Adolfs Eindruck gemacht, vgl. BERND ROECK, Als wollt die Welt schier bersten. Eine Stadt im Zeitalter des Dreißigjährigen Krieges, München 1991, S. 247 ff. Das Beispiel einer schonungslosen Abrechnung mit den Schweden stellt folgende anonyme Flugschrift dar: Der Teutsche Brutus Das ist: Ein Abgeworffenn Schreiben / Worauß zu sehen / was die Schwedisch= affectionierten anjetzo von dem schwedischen Kriegswesen halten …, 1636 [Exemplar Hofbibliothek Fürst Thurn und Taxis Regensburg, Sammlung Haeberlin C 54/7a]. Der vernichtende Widerspruch gegen die Schweden erfolgt im Angesicht der Kriegsbelastungen, der Übergriffe auf die Bevölkerung und im Namen eines protestantischen Reichspatriotismus. „Und warlich das Reich hats hoch von nöthen / daß es endlich / wo müglich / der Fremden Ärzten los werde." „Die Teutschen lassen sich wol bewegen / gegen ihren Keyser auffzustehen / aber sie nehmen keinen an / der nicht irer Sprach und irer Geburt ist" [S. 7–9]. In prinzipieller Absage an die Verherrlichung Gustav Adolfs [s. Anm. 162] heißt es: „Gott allein ist nun mehr der Mann der helffen will und kan […]." [S. 8]. Die Menschen „beten wider" [S. 7] die Schweden; das „unschuldig vergossene Blut" brennet „wider" die Schweden „zur ewigwerenden Rach" [S. 7].

[264] BÖTZINGER, wie Anm. 257, S. 289. BÖTZINGER rettete sein Leben, weil einer der Kroaten, der sagte, er „wäre gut schwedisch", ihm mit den Worten „Pape, Pape, leff, leff, du müst sonst sterfen" [ebd.] zur Flucht verhalf.

[265] Vgl. BÖTZINGER, wie Anm. 257, S. 290; 298: Verweis auf eine Druckschrift BÖTZINGERS vom Johannistag 1640, in der er Coburger Bürgern für ihm und seiner Familie erwiesene Hilfen dankt [s. DBA 121, 153]. Ähnliches Solidaritätsverhalten gegenüber Pfarrfamilien ist bei BEYER, wie Anm. 255, S. 33 f., bezeugt. Zu den Vorgängen in Coburg 1632 verfaßte BÖTZINGER das Versepos: Repetitio plenior des überaus großen und erbärmlichen Jammers, welcher wegen feindseliger Belagerung der Hauptstadt Coburg, durch Plünderung und Brennens, sonderlich zu Heldburg vorgegangen, 1632; es ist abgedruckt in KRAUSS, wie Anm. 257, S. 233–245. In der Flugschrift „Das Reich von Mitternacht" erinnert sich ein anonym schreibender Pfarrer 1632, daß er in den vergangenen zehn bis zwölf Jahren „nicht 10. sondern 30. 40. 50. mahl [sei] Ranzionirt worden / wie Pfarrhauß und Kirchen zehen und mehrmals erbrochen / spolirt / beraubet / alles

ne Flüchtlingstrupps mit den wenigen Überlebenden einer Gemeinde
suchten unter Führung der Pfarrer Schutz in Städten[266], wenn nicht vorher schon die ganze Gemeinde geflohen war und der Pfarrer, als letzter
übriggeblieben, sein Glück als schwedischer Feldprediger zu finden suchte.[267] In Mecklenburg, einer der mit mindestens drei kaiserlich-ligisti-
schen und drei schwedischen Truppendurchmärschen heimgesuchtesten
Landschaften im Reich, scheint nur von einem Pastor bezeugt zu sein, daß
er seine Gemeinde nach der Zerstörung des Pfarrgehöftes verließ; von einer Insel in einem benachbarten See aus hielt er aber die gottesdienstliche
Versorgung aufrecht.[268]

Weil die Pastoren die bevorzugten Zielpunkte feindlicher Übergriffe
waren, stellte sich in bezug auf sie als „praecipua membra" der Gemeinde,
in deren Schicksal eine Ankündigung des göttlichen Strafgerichtes wirksam wurde[269], besonders die Frage, ob ihnen zu fliehen erlaubt sei, ein
Problem, dem der Güstrower Superintendent Lucas Bacmeister 1637 eine
ausführliche, mit zahlreichen patristischen und reformationszeitlichen
Sentenzen versehene Abhandlung widmete.[270] Ziel der Darstellung war

---

zertrümmert und zerschlagen / und eine solche Wüsteney angerichtet / daß zu verwun-
dern gewest / ob Menschen in der Welt wehren die solchen grausamen Unfug und Tyranney anstellen solten wie uns geschehen / zugeschweigen der Einlagerung / und deroselben kostbahren außhalten auff viel Tage / ja Wochen / Monat und Jahr [...]." Wie
Anm. 81, S. 28.

[266] BEYER, wie Anm. 255, S. 31; vgl. 33 f.

[267] BEYER, wie Anm. 255, S. 31; vgl. 32 f.

[268] BEYER, wie Anm. 255, S. 33; vgl. 4; zu Mecklenburg im Dreißigjährigen Krieg
vgl. nur: KARL SCHMALTZ, Kirchengeschichte Mecklenburgs, wie Anm. 169, S. 220 ff.,
bes. 229 f., sowie KAUFMANN, wie Anm. 191, bes. S. 591 ff. Aus BACMEISTERs Schilderung [s. Anm. 270] gewinnt man allerdings den Eindruck, daß die Zerstreuung ganzer
Gemeinden, die in den Wäldern Zuflucht suchten, sehr verbreitet war, ohne daß die
Schuld dafür allein bei untreuen Hirten gelegen hätte: „Hinc plurimarum in Megapoli
Ecclesiarum tanta sequuta est dißipatio; ut usus Verbi divini et Sacramentorum multis
jam septimanis & mensibus cessarit: recens nati infantes vel sine baptismo decesserint, vel
is etiam tardius ipsis conferri potuerit, non autem ministrorum Ecclesiae, sed temporum
horum nulli hominum generi parcentium culpa [...]." Wie Anm. 270, A5[r-v].

[269] Vgl. PAUL TARNOW, zitiert in BACMEISTER, wie Anm. 270, S. 30; vgl. ALBRECHT,
wie Anm. 217, B2[r]-3[v].

[270] LUCAS BACMEISTER [d. J.], Sententiae Praecipuorum quorundam Theologorum
cum Prisci, tum nostri Aevi. De Quaestione hoc tempore non minus Ardua & Utili,
quam Necessaria An Verbi & Sacramentorum Ministris, Tempore Belli ... FUGA suae
suorumque saluti & incolumitati consulere, Tyrannidi cedere, seque melioribus temporibus Ecclesiis reservare liceat ..., [Rostock], J. Hallervord, 1637. [Exemplar SuUB Göttingen 8 Th pol. 208/55]; Nachdruck in: Fasciculus quaestionum theologicarum darin
enthalten etzliche hochwichtige Fragen und Bedencken mit ihren kurtzen und deutlichen Antwortungen ... von LUCA BACMEISTERO ... Ausgegeben durch M. LUCAM BAC-
MEISTERUM ... des sel. verstorbenen Sohn, Leipzig, J. Willigaven, P. Fuhrmann, 1663.

die Benennung von Kriterien, die es dem Pastor erlaubten, vor dem inneren Richter, seinem Gewissen, zu bestehen, wenn die Umstände eine Flucht vor den „fleisch-gewordenen Teufeln"[271] erforderlich machten.[272] Nicht leichtfertige, sondern vor allem von skrupulöser Amtstreue geprägte Pastoren sah der Superintendent vor sich. Bei Verfolgungen, die der Person des Pastors galten, war – etwa für Johann Gerhard, der eine repräsentative Position vertrat, – klar, daß Flucht legitim war; bei Kriegsbedrängnis hatte sich der Pfarrer vor seine Gemeinde zu stellen und bei ihr zu bleiben oder gemeinsam mit ihr zu flüchten, es sei denn, daß die Gemeinde seiner Flucht zugestimmt hatte, bzw. die pastorale Versorgung der Gemeinde sonst irgendwie gesichert war.[273]

[Exemplar Rostock UB Fk 3195³], Bd. I, S. 452–547; Zitate im Folgenden nach dem Urdruck von 1637. Die zitierten Zeugen sind: Augustin, Gregor von Nazianz, Aegidius Hunnius, Johann Gerhard, Nikolaus Selnecker, Paul Tarnow, Leonhard Hutter, Balthasar Meisner, Conradus Theodoricus, Caspar Finckius, Christophorus Pelargus, Benedictus Aretius, Rudolphus Gualtherus, Petrus Martyr, also auch Theologen reformierten Bekenntnisses. Am Schluß [S. 72] wird auf Schriften von William Perkins und Johannes Wigand verwiesen. Auch jenseits der eigenen Konfessionsgrenzen sind also rezeptionsfähige theologische Positionen wahrnehmbar. Diese Haltung ist keineswegs untypisch für die sog. ‚Orthodoxie‘ der dritten und vierten nachreformatorischen Generation, deren Bildungsbedingungen auch insofern von der ihrer Vorgänger spezifisch abwichen, als sie durch einen höheren Mobilitätsgrad, insbesondere durch ausländische Universitätsbesuche, geprägt waren. Zu den bildungsgeschichtlichen Rahmenbedingungen im späteren 16. Jahrhundert und unter den Bedingungen des Krieges vgl.: NOTKER HAMMERSTEIN [Hg.], Handbuch der deutschen Bildungsgeschichte, Bd. I, 15. bis 17. Jahrhundert, München 1996, bes. S. 83 ff.; 91 ff.; wichtige Hinweise zur peregrinatio academica bietet HAMMERSTEIN in seinem Aufsatz: Universitäten und Reformation. In: HZ 258/2, 1994, S. 339–358, 351 mit Anm. 35. HAMMERSTEINS These, die „neugläubige[n] Theologieprofessoren" hätten an der intellektuellen Mobilität des Zeitalters nicht teilgenommen, sondern seien in ihren Studien „im allgemeinen auf ihre Territorien und die dort geltenden Vorschriften festgelegt" gewesen [ebd.], ist unzutreffend, vgl. KAUFMANN, wie Anm. 281, bes. S. 70 ff.; DERS., wie Anm. 191, S. 149 ff.; andere Ergebnisse sind in bezug auf die ‚Mobilität‘ der ‚einfachen‘ Geistlichkeit zu konstatieren, vgl. SCHORN-SCHÜTTE, wie Anm. 249, bes. S. 111. Auf die Konfessions- und Ländergrenzen überschreitende Weitläufigkeit der Gelehrtenkorrespondenz ist wiederholt hingewiesen worden, vgl. zuletzt: KAUFMANN, wie Anm. 191, S. 117 ff.; JOHANNES WALLMANN, Die lutherische Orthodoxie zur Zeit Ernst Salomon Cyprians. Stand der Forschung. In: DERS. – ERNST KOCH [Hg.], Ernst Salomon Cyprian [1673–1745] zwischen Orthodoxie, Pietismus und Frühaufklärung, [Veröffentlichungen der Forschungs- und Landesbibliothek Gotha 34], Gotha 1996, S. 9–20, hier: 15.

[271] BACMEISTER, wie Anm. 270, A[10]ᵛ.

[272] „Cum enim non ignorem [sc. BACMEISTER], nonnullos violentia militum coactos, adeoque invitos a suis Ecclesiis discesisse: quosdam metu praepropero stationes suas dereliquisse: & ministerij sui partes, inprimis autem Baptismi administrationem, vel aeditivi indocti, vel obstetricibus minus saepe in re tam ardua providis, sub specie Casus Necessitati commisisse [...]." Wie Anm. 270, A[11]ʳ.

[273] BACMEISTER, wie Anm. 270, S. 24 ff.; vgl. PAUL TARNOW, De sacrosancto ministe-

Nicht zuletzt auch im Lichte ‚altgläubiger' Konfessionspolemik gegen die protestantische Geistlichkeit, wie sie z.B. auf zeitgenössischen Flugblättern gelegentlich begegnet[274], wird die zentrale, integrationsstiftende Rolle der Geistlichkeit für die Formierung und Stabilisierung einer lutherischen Konfessionskultur deutlich. Der im alltagsgeschichtlichen Kontext gleichsam alleinige institutionelle Bezugspunkt konfessionell-lutherischer Kirchlichkeit, der predigende und die Sakramente verwaltende Pastor, dessen Person im Zuge der Individualisierungs- und Professionalisierungstendenzen seit Beginn des 17. Jahrhunderts eine entscheidende Bedeutung erlangt hatte, prägt und verbürgt die lutherische Konfessionskultur in eminentem Maße.

Die lutherische Kirche ist Pastorenkirche, und der lutherische Pastor „Rückgrat der ganzen lutherischen Kultur"[275], durchaus im Unterschied zu der durch presbyteriale Elemente mitgeprägten reformierten und der durch Ordenswesen und Ritenvielfalt institutionell präsenten römisch-katholischen Kirche. Bei alledem ging der Pastor als exemplarischer Christ auf einem Weg voran, der allein zu Christus führen sollte. In bernhardinischen Sprachanklängen[276] formulierte ein Erinnerungsblatt für den 1633 verstorbenen Hallenser Pastor Martin Röber im Angesicht des beklagenswerten Zustandes des deutschen Vaterlandes für lutherische Frömmigkeit durchaus repräsentativ: „O JESU süß / wollst mich dein Lieb / dein Gliedmaß nennen / ‖ Und mir dein Creutzesstab zur Himmelsleiter gönnen / ‖ Des Lebens Thür und Schlüssel ist in deiner Hand / ‖ Ja du bist selbst der Weg / du selbst das Vaterland ‖".[277]

---

rio libri III, in quibus de Ministerio evangelico ... agitur, Rostock, J. Pedanus, J. Hallervord, 1623/4. [Exemplar SuUB Göttingen 8 Th past 50/43], lib. 3, cap. 3, S. 1309 ff.

[274] Vgl. z.B. HARMS II, wie Anm. 60, Nr. 169, S. 300 f.; II, Nr. 168, S. 298 f.

[275] TROELTSCH, wie Anm. 12, S. 540.

[276] Zur Bedeutung der Bernhard-Rezeption im konfessionellen Luthertum vgl. exemplarisch: ERNST KOCH, Therapeutische Theologie. Die Mediationes sacrae von Johann Gerhard (1606). In: PuN 13, 1988, S. 25–46, bes. 31; 31 f.; STEIGER, wie Anm. 190, S. 53 ff.; vgl. auch den Sammelband: KASPAR ELM [Hg.], Bernhard von Clairvaux. Rezeption und Wirkung in Mittelalter und Neuzeit, [Wolfenbütteler Mittelalterstudien 6], Wiesbaden 1994; dort besonders die auf Johann Arndt bezogenen zurückhaltenden Bemerkungen JOHANNES WALLMANNS: Bernhard von Clairvaux und der deutsche Pietismus, aaO., S. 353–374; und in demselben Band: ERNST KOCH, Die Bernhard-Rezeption im Luthertum des 16. und 17. Jahrhunderts, S. 333–351; vgl. auch WALLMANN, Theologie und Frömmigkeit, wie Anm. 9, S. 15 f. mit Anm. 47.

[277] Edition und Kommentar in: HARMS III, wie Anm. 123, Nr. 223, S. 436 f.

IV. Die Deutung des Friedens

1. Rechtliche Aspekte

Die Reaktionen des Luthertums auf den Friedensschluß von Münster und Osnabrück sind vielfältig, freilich hinsichtlich ihrer dominanten Züge nicht disparat. Kritische Stimmen einzelner Lutheraner[278] bezogen sich vornehmlich auf die Form, in der die reichsrechtliche Anerkennung der reformierten Religionspartei geregelt wurde. „Duldung und politische[r] Schutz"[279] der Reformierten wurden von den Lutheranern nachdrücklich bejaht. Strittig war allerdings die auf Betreiben Hessen-Kassels und Brandenburgs schließlich durchgesetzte Behandlung der Reformierten als „Untergruppe der Augsburger Konfessionisten (d.h. der Lutheraner)", die

---

[278] Von besonderer Bedeutung ist hier das Werk des JOHANNES BOTSACCUS aus Danzig: Defensio assertionis constantis, qua demonstratum est reformatos Calvinianos genuinae illius et non variatae Conf. Aug. socios esse adversus D. JOH. CROCIUM, 1650 [nach LEUBE, wie Anm. 95, S. 189 f.], das mit einer Vorrede der Leipziger Theologenfakultät erschien. Sowohl für BOTSACCUS als auch für CALOV [vgl. WALLMANN, TRE 7, 1981, S. 563–568, bes. 565], der durch Intervention bei dem schwedischen Kanzler Oxenstierna die Aufnahme der Reformierten in den Westfälischen Frieden zu verhindern versucht hatte, sind die Erfahrungen mit der in bezug auf das Luthertum repressiven Religionspolitik des ‚Großen Kurfürsten' in Preußen in Rechnung zu stellen, vgl. auch JOHANNES WALLMANN, Abraham Calov – theologischer Widerpart der Religionspolitik des großen Kurfürsten. In: OEHMIG, wie Anm. 188, S. 303–311, bes. 308 f. Siehe auch GERD HEINRICH [Hg.], „Ein sonderbares Licht in Teutschland". Beiträge zur Geschichte des großen Kurfürsten von Brandenburg [1640–1688], [Zeitschrift für Historische Forschung Beiheft 8], Berlin 1990, bes. den Aufsatz von ANTON SCHINDLING, Der Große Kurfürst und das Reich, aaO., S. 59–74, 62 ff.; NISCHAN, wie Anm. 122; KLAUS DEPPERMANN, Die Kirchenpolitik des Großen Kurfürsten. In: PuN 6, 1981, S. 99–114; zuletzt: GUNTER ZIMMERMANN, Die Religion des Großen Kurfürsten nach seinem Politischen Testament von 1667. In: JBBKG 59, 1993, S. 71–92.

[279] HECKEL, wie Anm. 2, S. 207; vgl. DERS., Reichsrecht und „Zweite Reformation": Theologisch-juristische Probleme der reformierten Konfessionalisierung. In: HEINZ SCHILLING [Hg.], Die reformierte Konfessionalisierung in Deutschland – Das Problem der „Zweiten Reformation", [SVRG 195], Gütersloh 1985, S. 11–43, bes. 38 ff.; für die einzelnen Etappen der Verhandlungen sei verwiesen auf LEUBE, wie Anm. 95, S. 163 ff.; VOLKER PRESS, Außerhalb des Religionsfriedens? Das reformierte Bekenntnis im Reich bis 1648. In: VOGLER [Hg.], wie Anm. 190, S. 309–335.

einen den theologischen Wahrheitsanspruch des Bekenntnisses suspendie-
renden, „säkularisiert verballhornten Begriff"[280] desselben zugrunde legte.
Die reichsrechtliche Verwiesenheit und politisch notwendige Koexistenz-
pflicht beider im Corpus Evangelicorum verfassungsrechtlich verbunde-
ner evangelischer Konfessionen setzte der wechselseitigen theologisch-re-
ligiösen Polemik deutliche Grenzen. Die Genese des frühneuzeitlichen
‚Protestantismus' ist das Ergebnis einer politisch erzwungenen Suspendierung der theologischen Wahrheitsfrage, die sich gleichwohl – man denke
nur an die preußische Religionspolitik des Großen Kurfürsten! – im Namen des ‚Gemeinevangelischen' als konfessionelle Begünstigungspolitik
darstellen konnte.[281] Zu einer gesellschaftsgeschichtlich wirksamen Neu-
tralisierung konfessionellen Identitäts- und Differenzbewußtseins dürfte
der juridifizierte Bekenntnisbegriff in bezug auf das Verhältnis der Protestanten zu den Katholiken gar nicht, in bezug auf das Verhältnis von Lutheranern und Reformierten bestenfalls in beträchtlichen historischen
Fernwirkungen beigetragen haben. Unbeschadet der juristisch eindrucks-
und politisch wirkungsvollen reichsrechtlichen Säkularisierung des Bekenntnisbegriffs bildete die Trikonfessionalität ein nachhaltig wirksames
mentalitätsprägendes gesellschaftsgeschichtliches Strukturelement der
deutschen Geschichte. In bezug auf die longue durée einer Werdezeit der
Moderne geurteilt, entsprach der Widerspruch lutherischer Theologen
gegen die mit der reichsrechtlichen Anerkennung der Reformierten unter dem Dach der CA rektifizierte Säkularisierung des Bekenntnisbegriffs
der gesellschaftsgeschichtlichen Langlebigkeit konfessioneller Identitäts-
und Unterscheidungsmuster, ein Sachverhalt, den ein auf die „Abkopp-
lung von Konfession und Politik"[282] programmierter Modernisierungste-
leologismus zwangsläufig vernachlässigen oder gar ignorieren muß.

Doch über das im Luthertum lebendige Bewußtsein, daß der Westfälische Friede die Reformierten einfach ‚sensu politico', nicht ‚sensu theologico' zu Anhängern der CA gemacht hatte, hinaus ist zunächst und vor
allem auch die nachdrückliche und dankbare Bejahung des Friedenswerkes herauszustellen. Dies gilt zunächst in bezug auf die als Gelehrtendis-
kurs in der lateinischen Sprache geführte publizistische Abwehr römisch-
katholischer Friedensgegner im Vorfelde des Friedensschlusses.

---

[280]　Heckel, Deutschland, wie Anm. 2, S. 207.

[281]　Vgl. dazu Thomas Kaufmann, Königsberger Theologieprofessoren im 17. Jahrhundert. In: Dietrich Rauschning – Donata von Nerée [Hg.], Die Albertus-Universität zu Königsberg und ihre Professoren, [JAUK 29/1994], Berlin 1995, S. 49–86
[Lit.].

[282]　Schilling, wie Anm. 61, S. 45.

1.1. Wangnerecks Angriff auf Friedenspläne

Der Dillinger Jesuit Heinrich Wangnereck etwa, publizistischer Wort-
führer einer um den späteren Kardinal Wartenberg und den Augsburger
Bischof Knoeringen gesammelten Gruppe von römisch-katholischen
Kompromißgegnern[283], trat unter dem Pseudonym „Ernestus de Eusebiis,
civis Romanus" 1646/47[284] protestantischen Friedensvorstellungen ent-

---

[283] Vgl. JEDIN, wie Anm. 2, S. 665; Hinweise zum einigermaßen weiten Meinungsspektrum innerhalb der katholischen ‚Partei‘ bei HECKEL, wie Anm. 315, S. 139 mit
Anm. 140 [Lit.] und RITTER, wie Anm. 95, S. 589, der den bei aller Vielfalt einheitlichen „Grundsatz von dem Recht der katholischen Kirche auf die Alleinherrschaft und
von der Pflicht der christlichen Staatsregierung, dieses Recht den Ketzern gegenüber
mit ihrer Zwangsgewalt durchzuführen", betont. S. auch LUDWIG STEINBERGER, Die Jesuiten und die Friedensfrage in der Zeit vom Prager Frieden bis zum Nürnberger Friedensexekutionshauptrezeß 1635–1650, [Studien und Darstellungen aus dem Gebiete
der Geschichte 5, Heft 2–3], Freiburg/B. 1906; BERNHARD DUHR, Geschichte der Jesuiten in den Ländern deutscher Zunge, Bd. 2: In der ersten Hälfte des 17. Jahrhunderts,
Teil 1, Freiburg/B. 1913; KONRAD REPGEN, Die Römische Kurie und der Westfälische
Friede, Bd. I/1, Tübingen 1962; Bd. I/2, Tübingen 1965; DERS., Wartenberg, Chigi und
Knoeringen im Jahre 1645. Die Entstehung zum Plan des päpstlichen Protestes gegen
den Westfälischen Frieden als quellenkundliches und methodisches Problem. In: RU-
DOLF VIERHAUS – MANFRED BOTZENHART [Hg.], Dauer und Wandel der Geschichte.
Festschrift für KURT VON RAUMER, Münster 1966, S. 213–268.
[284] Die Identifizierung des pseudonymen Autors ist durch einen zeitgenössischen
handschriftlichen Eintrag auf dem Göttinger Exemplar [„i. e. Henrici Wangnereck":
SuUB Göttingen 8 Hist. germ. un. 1415:1] nahegelegt, aber auch sonst gesichert, vgl.
die Hinweise bei REPGEN, Kurie, wie Anm. 283, Bd. I/1, bes. S. 147–149; I/2,
S. 225 ff.; RITTER, wie Anm. 95, S. 631; HECKEL, wie Anm. 315, S. 139 Anm. 141; vgl.
DBA 1324, 261–267; SOMMERVOGEL, wie Anm. 81, Bd. 8, 1960, Sp. 979–986; Judicium
Theologicum, super Quaestione, An Pax, qualem desiderant Protestantes, sit secun-
dum se illicita? [...] Opera ac studio Ernesti de Eusebiis civis Romani. Sumptibus &
Typis Theodosi de Sicecela Armona: Ecclesiopoli, ad Insigne pietatis: 1647. Die Schrift
WANGNERECKS lag in einer ersten Fassung bereits Mitte Dezember 1640 vor; in über-
arbeiteter Fassung erschien sie 1646 im Druck, vgl. REPGEN, I/2, S. 225. Die besondere
Brisanz der WANGNERECK-Schrift bestand in ihrer Behauptung, die Päpste des
16. Jahrhunderts hätten den Religionsfrieden verdammt, vgl. REPGEN, I/1, bes.
S. 148 f. mit Anm. 259. Der als Beweis dafür angeführte Protest des Kardinallegaten
Commendone auf dem Reichstag von 1566 [zur Interpretation des Sachverhalts vgl.
REPGEN, I/1, bes. S. 116 ff.], der nach REPGENs Rekonstruktion unterblieben ist, fin-
det sich in der von mir benutzten Ausgabe des WANGNERECKschen Judicium aaO.,
S. 31. Schon DORSCHE [s. u. Anticrisis, wie Anm. 299, S. 188–190] äußerte Zweifel an
der Historizität des Protestes: „Neque enim ex actis publicis certitudo ea de re habere
potest", Anticrisis, wie Anm. 299, S. 189. Und DORSCHE folgert: „Non igitur Com-
mendoni negotiatio nomine Pontificis M. Pacem religionis ipsam spectabat." AaO.,
S. 190. Im Bayerischen Hauptstaatsarchiv München befindet sich ein Konvolut mit der
Aufschrift „Censurae a variae litterae de thesibus Henrici Wangnereck S.J. 1644–
1710" [Sign.: Jesuiten 721]. Der Titel des Konvoluts ist irreführend, einerseits weil
WANGNERECK bereits 1664 einem Schlaganfall erlegen war, andererseits weil es sich

gegen und löste eine lebhafte literarische Kontroverse – Heckel spricht
von einer „gespenstischen Schlacht der Geister"[285] – aus. Die Anwendung
des Augsburger Religionsfriedens auf die nach 1555 von Protestanten eroberten katholischen Gebiete erschien unerträglich[286]; die Restitution
katholischer Gebietsgewinne sei gleichfalls inakzeptabel, da sie in einem

---

zum Teil um von WANGNERECK selbst verfaßte Gutachten handelt. Als Kanzler der
Dillinger Akademie gehörte es wohl zu WANGNERECKS Aufgaben, von ihm begutach-
tete Thesen „ad tribunal S. Inquisitionis Romanae" zu senden, eine Aufgabe, die er
offenbar zur Zufriedenheit des ihm persönlich nicht bekannten, gleichwohl von seiner
Gelehrsamkeit und seiner Treue zur Kirche bewegten römischen Kardinals de Lugo
ausübte, vgl. das Schreiben vom 20. 1. 1645. In seinem Kampf gegen die „sectarios"
hatte er den Kardinal hinter sich [13. 4. 1645]. Die konsequent römische Gesinnung
WANGNERECKS wird nicht nur darin deutlich, daß er ein römisches Urteil selbst dann
einzuholen vorschlug, wenn er keinen Anstoß nahm, allein darum, „ut tanto securius"
verfahren werden könne. Instruktiv ist auch ein Zusatz, den WANGNERECK zu Thesen
gegen das Verständnis der guten Werke in der Confessio Augustana vorschlägt: „In
fine Thesium addendum: Has et priores Theses subjeci iudicio S. Matris Ecclesiae". Im
Druck der Disputation ist dies berücksichtigt worden: Antitheses Catholicae de fide et
bonis operibus Articulo IV. VI. XX. Confessionis Augustanae oppositae, quas praeside
R. P. Henrico Wangnereck … Publicae disputationi pro licentia Doctoratus Theologici proposuit … D. LUDOVICUS THEODORICUS BILDSTEIN … Die 17. Maij Anno M. DC.
XLV. Dilingae [Exemplar Staatliche Bibliothek (Provinzialbibliothek) Amberg Diss.
theol. 251.5]. Der Promovend unterwirft sich in einem vorangestellten Brief mit der
von Wangnereck vorgeschlagenen Formel dem Urteil der Mutter Kirche und des Papstes [ ) (2ᵛ]. Am Anfang des Druckes ist ein Auszug aus dem Schreiben Kardinal de
Lugos vom 13.4.1645 wiedergegeben, dem zu entnehmen ist, daß de Lugo Teile der
Dissertation dem Kardinalskollegium zu lesen gab und die Abhandlung dessen Billigung erfuhr. Der gründlichen dogmatischen Auseinandersetzung der Dillinger Akademie mit dem Verständnis des Glaubens und der guten Werke in der Confessio Augustana und der Apologie der CA kommt gleichsam ein ‚offizieller' Charakter zu. Als
maßgeblicher Irrtum der „Protestantes" bezüglich der Rechtfertigungslehre wird unter Rekurs auf das Tridentinum herausgestellt, daß sie die Notwendigkeit der guten
Werke nicht allein „ratione meriti", sondern auch „ratione dispositionis" bestreiten.
Letzteres aber sei für das römische Glaubensverständnis essentiell: „Unde tollitur studium poenitentiae, timoris Dei, aliorumque actuum, quibus ad Iustificationem dispo-
nimus." [S. 77]. Zu Wangnereck vgl. ANTON MARIA KOBOLDT, Baierisches Ge-
lehrten=Lexikon, Landshut 1792, S. 727 f.; DERS., Ergänzungen und Berichtigungen
zum Baierischen Gelehrten=Lexikon. Nebst Nachträgen von GANDERSHOFER, Landshut 1824, S. 291; 491; ADB 40, S. 590; JÖCHER, Bd. 4, Sp. 1810. Auf DORSCHES Schriften [s. unten Anm. 299] reagierte WANGNERECK mit einem „Anti-Dorschaeus". Zum
publizistischen Kontext der durch Wangnereck eröffneten reichsreligionsrechtsge-
schichtlichen Debatte vgl. REPGEN, Der Westfälische Friede und die zeitgenössische
Öffentlichkeit, wie Anm. 323, S. 56–61.

[285] HECKEL, wie Anm. 2, S. 207; vgl. DERS., wie Anm. 315, bes. S. 139 ff.

[286] „Eadem pax [sc. der Augsburger Religionsfriede von 1555] extendatur ad bona
& Jura Ecclesiastica, quae post & contra illam eripuerant." Judicium, wie Anm. 284,
S. 5.

gerechten Krieg erworben worden seien[287], ebenso die Anerkennung des Calvinismus.[288] Eine dauerhafte Friedensordnung, wie sie die Protestanten wünschten, widerstreite dem als Rückkehrforderung in die Einheit der römischen Kirche interpretierten Gebot der „amicabilis compositio", die freilich mit Ketzern sowieso nicht möglich sei.[289] Ein Kompromißfriede mit den Ketzern stelle nicht nur einen Verstoß gegen die Kirchen- und Vätertradition und eine Beleidigung des Papsttums, sondern auch eine „injuria" gegen Gott und die wahre Religion dar[290] und sei Ursache der Seelenverderbnis [causa perditionis animarum][291], da die Rückgabe katholischer Gebietsgewinne eo ipso illegitim sei.[292] So wenig sich die katholischen Diplomaten und Verhandlungsführer auf dem Westfälischen Friedenskongreß von Stimmen wie der Wangnerecks irre machen ließen[293], so nachdrücklich wirkten sie in der Öffentlichkeit, nicht zuletzt durch die protestantischen Gegenschriften, die sie provozierten.

---

[287] Ebd.

[288] Ebd.

[289] „Non enim magis possibilem aut sperandam esse amicabilem compositionem haeresis cum fide Catholica, quam concordiam ignis & aquae, lucis et tenebrarum, Christi & Belial, experientia a Christo nato docuit. Idem Germani experimur. Nam cum initio saepius ejus modi compositio in Comitiis maxime, tentata fuerit, nunquam tamen successit." Judicium, wie Anm. 284, S. 17; vgl. Vehiculum Iudicii Theologici [als Anhang an das Judicium, wie Anm. 284, beigefügt], bes. S. 69; vgl. zur amicabilis compositio: HECKEL, wie Anm. 2, S. 98 f.; 205 ff.; DERS., wie Anm. 315, passim, bes. S. 702 ff.

[290] Judicium, wie Anm. 284, S. 19 f.

[291] Judicium, wie Anm. 284, S. 20 f.; vgl. 52.

[292] „Nam Pax Religionis solum concessit, ut Protestantes, quae Catholicis ante eripuerant, retinerent; non autem ut Catholicis eriperentur, quae tum legitime tenebant, aut recuperarant." Judicium, wie Anm. 284, S. 21.

[293] In einer protestantischen Replik auf das Judicium WANGNERECKs wird das Urteil des kaiserlichen Verhandlungsführers Trauttmansdorff über das Werk zitiert: „Scholasticas esse ineptias. Es sey Bachantereye." [A2ᵛ]. Ansonsten hebt der anonyme Kontrahent besonders auf den Häresievorwurf des Dillinger Jesuiten [[...] „primarium totius operis fundamentum illud esse: quod Protestantes sint haeretici." [A3ʳ]] und die seiner Argumentation zugrundeliegende, der „haeresis" [D3ʳ] Papst Gregors VII. entsprechende Papaltheorie ab: „Nec antiqua & vera Christi Ecclesia unquam talem eorum verborum [sc. Mt 16,18; Joh 21,15] sensum agnovit, aut Majestati civili Christianae sacrorum curam abjudicavit, eamque soli Romano Pontifici attribuit. Longe aliud docet vetus Ecclesiastica historia." [D2ʳ] Discussio Brevis Judicii Theologici Super quaestione, an pax qualem desiderant Protestantes, sit secundum se illicita? ... 1647. [Exemplar SuUB Göttingen 8 Hist. germ. un. 1415:2].

1.2. Hermann Conring gegen Wangnereck

Der Helmstedter Jurist Hermann Conring[294] trat unter der Maske eines
‚wohlberatenen Friedensfreundes' katholischer Konfession – Irenaeus Eubulos Theologus Austriacus nannte er sich –[295] den friedensgesinnten Ver-
handlungsführern in den Kongreßorten bei und lieferte ganz in scholasti-
scher Manier entwickelte und in friedvollem Ton vorgetragene Argumente, die einen Friedensschluß mit den Protestanten geraten erscheinen lassen sollten.[296] Der Friedensschluß schränke gerade die bösen Potenzen der
Ketzerei, die außerhalb des Friedens umso zügelloser wüte, ein, und auch
das Papsttum habe unter der Bedingung einer für die Kirche gebotenen
Notwendigkeit dem Religionsfrieden zugestimmt.[297] Der Schlußsatz der
Schrift schärft die unbedingte Wiederherstellung des Friedens ein: „Gott
möge das Schwert seines Zorns endlich in der Scheide verbergen und sich

---

[294] Vgl. über ihn außer DBA 200, 308–337; NDB 7, S. 342 f.; vgl. PATRICIA HERBER-
GER [Hg.], Hermann Conring 1606–1681. Ein Gelehrter der Universität Helmstedt.
Ausstellungskatalog der Herzog August Bibliothek Nr. 33. Zu CONRINGS Auflösung der
These einer verfassungsrechtlichen Kontinuität zwischen dem alten römischen und dem
neuen deutschen Reich und seiner Bestreitung des weltmonarchischen Geltungsan-
spruchs desselben, die ihn von der im Luthertum der Mitte des 17. Jahrhunderts dominierenden Auffassung eines Fortbestehens der vierten Monarchie unterscheidet, vgl.
SEIFERT, wie Anm. 38, S. 101 ff.; vgl. 169 ff.
[295] Pro Pace Perpetua Protestantibus Danda Consultatio Catholica: Autore IRENAEO
EUBULO Theologo Austriaco. … Frideburgi, Apud Germanum Patientem. 1648 [Exem-
plar SuUB Göttingen 8 Hist. Germ. un. 1415:4]. Auf dem Göttinger Exemplar findet
sich unter dem Pseudonym von zeitgenössischer Hand: „i. e. HERMANN CONRING";
ebenso auf dem Wolfenbütteler Exemplar [HAB 36.12 Pol (2)]; vgl. zu der Schrift: Con-
ring-Katalog, wie Anm. 294, S. 63 f. Zu CONRINGS Kritik an der Ablehnung des paritätischen Konfessions-Systems vgl. auch die Hinweise von HECKEL, wie Anm. 2, S. 208;
DERS., wie Anm. 315, S. 139 ff.; 194.
[296] „Caeterum quaestio ardua est, num talis perpetua Pax Protestantibus, hoc est,
haereticis, a S.[acra] C.[aesarea] M.[aiestate] & reliquis Catholicis Imperii Rom. ordini-
bus salva conscientia poßit concedi. Videas [sc. der Leser] enim in partes hic abire Ca-
tholicorum maximae auctoritatis statuum sententias: nec desunt gravißimi Theologi [sc.
wohl WANGNERECK], qui editis scriptis illicitam ejusmodi pacem pronunciare non dubi-
taverint. Nos citra cujusquam hominis praejudicium, servantes integram omnium aucto-
ritatem & dignitatem, consultabimus itidem in publico hac de re. Quod ut faciamus, im-
pellimur communi totius Germaniae, cumprimis autem Ecclesiae Catholicae, salute,
quae in huius pacis cardine, nisi fallimur, unice versatur. Agemus autem breviter & non
oratorio sed scholastico simplici modo, ne cui videamur fucum orationis illecebris factu-
ri." Wie Anm. 295, S. 5.
[297] „Quae autem mala ab hęresi proveniunt, non vi pacis proveniunt, sed proveniunt
aeque sine pace, immo magis provenirent & copiosius. […] Num a pace Augustana fuit
occupatio tot Episcopatuum & monasteriorum post transactionem Passaviensem?"
AaO., S. 23. „Nimirum ne illi [sc. die Päpste] quidem unquam dixerunt, non licere talem
pacem concedere, si id summa postulet Ecclesiae necessitas […]." Wie Anm. 295, S. 33.

des daniederliegenden Deutschland erbarmen, indem er ihm einen dauer-
haften und stabilen Frieden zurückgibt".[298]

1.3. Johann Georg Dorsche gegen Wangnereck

Die umfänglichste und wohl auch gründlichste, theologisch profilier-
teste Replik auf das „Judicium Theologicum" Wangnerecks, die auch darin eine Besonderheit darstellt, daß sie unter dem authentischen Namen
ihres Verfassers erschien, stammt von dem Straßburger Theologen Johann
Georg Dorsche.[299] Unter breitem Rückgriff auf Kirchenväterzeugnisse

---

[298] „Idem [sc. Deus] tandem aliquando recondat gladium irae suae in vaginam, ne
misereatur afflictissimae Germaniae, reddita illi perpetua & stabili pace." Wie Anm. 295,
S. 35.

[299] JOHAN. GEORGII DORSCHEI SS.Th.D. & P.P. Argent. Anticrisis Theologica,
Opposita Judicio Theologico Ernesti de Eusebiis Civis Romani Super Quaestione, An
pax qualem desiderant Protestantes, sit secundum se illicita? Straßburg, L. Zetzner, 1648.
[Exemplar SuUB Göttingen 8 Hist. Germ. un. 1415:5]. Datum der Vorrede: 20. 11.
1647,):( ):( ):(2ᵛ. Vgl. zu DORSCHE: WILHELM HORNING: Dr. Johann Dorsch, Professor
der Theologie und Münsterprediger zu Straßburg im 17. Jahrhundert. Ein Lebenszeuge
der lutherischen Kirche geschildert nach unbenutzten Urkunden und Manuskripten,
Straßburg 1886; WINFRIED ZELLER, Lutherische Orthodoxie und mittelalterliche
Scholastik. Das Thomas-Verständnis des Johann Georg Dorsch. In: DERS., Theologie
und Frömmigkeit. Gesammelte Aufsätze Bd. 2, hg. von BERND JASPERT, [MThSt 15],
Marburg 1978, S. 103–121; einzelne Hinweise bei WALLMANN, Theologie und Frömmigkeit, wie Anm. 9, bes. S. 89 f.; 96–98; 256 f.; MARTIN BRECHT, Philipp Jakob Spener
und das wahre Christentum. In: PuN 4, 1979, S. 119–154; JOHANNES WALLMANN, Philipp Jakob Spener und die Anfänge des Pietismus, [BHTh 42], Tübingen ²1986, bes.
S. 247 ff.; passim; zu DORSCHE in Rostock vgl. KAUFMANN, wie Anm. 191, passim.
TOBIAS WAGNER hält die jesuitischen „Rabenmässige[n] Lästerungen wider den Friedensschluß" [S. 6], für die auch für ihn der „vermumbte ERNEST[us] AB EUSEBIIS" [S. 5]
steht, vor allem durch „Friedliebende Irenaeis und Theologen" wie DORSCHE [S. 6;
vgl. 23] erledigt. Außer DORSCHES Schrift erwähnt er [Esslinger Freuden-Fest, wie
Anm. 324, S. 6; 23] die pseudonyme Flugschrift: Iniquitates Iudicii Theologici, ab
ERNESTO DE EUSEBIIS, super Pace a Protestantibus desiderata, lati; Demonstratae per
Irenaeum Phil-Adolphum: Cum Gratia & Privilegio liberae linguae, in libera Civitate.
1648. [Exemplar SuUB Göttingen 8 Hist. Germ. un. 1415:9]. Dem in Anhang des
WANGNERECKschen Judicium (wie Anm. 284) gedruckten „Vehiculum Iudicii Theo-
logici" [wie Anm. 284, S. 53–69] hat DORSCHE eine eigene Entgegnungsschrift ge-
widmet: JOHANN GEORGII DORSCHEI SS.Th.D. & P.P. Argent. Prodromus Anticriseos
Theologicae, seu Invectiva in Vehiculum Iudicii Theologici, Straßburg, L. Zetzner, 1648.
[Exemplar SuUB Göttingen 8 Hist. Germ. un. 1415:6]; Datum der Vorrede: 23.11.1647.
Als dritte, dem Datum der Vorrede [13.11.1647] nach früheste Veröffentlichung DOR-
SCHES zur Sache war erschienen: Triga ΣΥΝΔΡΟΜΟΣ Anticriseos Theologicae, Hoc
est, Pro Pace Religionis Consilium Jure consultorum Patavin. … Praefixa est dissertatio
de Angelis Pacis, Straßburg, L. Zetzner, 1648. [Exemplar SuUB Göttingen 8 Hist. Germ
un. 1415:7]. Diese Schrift besteht vornehmlich aus dem Abdruck von drei DORSCHE aus

und neuere Autoren, neben Erasmus und Hugo Grotius auch Weigel und
den Sozinianer Christoph Osterrodus aus Goslar[300], entwickelt Dorsche,
daß das Kriegführen in Spannung zur Schrift stehe und nur um des Frie-
denszieles willen ethisch legitimiert werden könne.[301]

Bei seiner „Anticrisis" spielte Dorsches öffentliche Verantwortung als
Theologe eine Rolle, mußte er doch zum Zeitpunkt ihrer Abfassung noch
fürchten, daß Wangnerecks Position eine ernsthafte Gefährdung des Frie-
densprozesses bedeuten könnte.[302] Dem gewichtigen Einwand Wangnerecks, eine Zustimmung zu einem Frieden mit Ketzern sei deshalb ver-
wehrt, weil sie die Anerkennung der Irrlehre[303] voraussetze, begegnet

---

einem gedruckten Consilienband [vgl. S. 21] vertrauten Rechtsgutachten Paduaner Juristen des 16. Jahrhunderts und dem ausführlichen Kommentar DORSCHES zu diesen.
Ähnlich wie in der „Anticrisis" oder in der pseudonymen Schrift CONRINGS wird deutlich, daß man den Argumenten der Friedenskritiker mit Rechtsnormen zu begegnen
versuchte, die von der konfessionellen Gegenseite anerkannt waren. In den Gutachten
ging es um die spezifischen rechtlichen Probleme eines Notstandsfalls (türkische Waffenhilfe gegen christliche Ketzer). Das ‚tertium comparationis‘ zu den Rechtsproble-
men des Friedensschlusses war die „necessitas", ob es im Zusammenhang einer Ketzerei
ethisch-rechtliche Notstandsbedingungen geben könne oder nicht. Die angefügte Dissertatio über den Friedensengel ist ein dichterischer Friedensappell in Gebetsform. Zu
DORSCHES Auseinandersetzung mit WANGNERECK und anderen Kritikern der Friedensverhandlungen vgl. auch HORNING, aaO., S. 162–176. In einer 1648 unter dem Titel
„Nothwendige Entdeckung des blutdürstigen Urteils, welches der vermummte Ernst
von Eusebiis … über die Frag, ob der Frieden in Deutschland … für sich selbst uner-
laubt und ungerecht sei …, Straßburg, L. Zetzner E., 1648" [Exemplar HAB Wolfenbüttel 32.19 Pol (5); BIRCHER A 3480] erschienenen Abhandlung führte DORSCHE unter
Rekurs auf eine gegen ihn erschienene Schrift WANGNERECKS [Vorrede, S. 18 ff.] die
Kontroverse in der Volkssprache weiter. Sein Anliegen ist nun vor allem die Information
der Öffentlichkeit über den friedensgefährdenden Charakter der Position des pseudonymen römischen Pamphletisten Ernestus de Eusebiis. Zugleich wirbt er um Verständnis für eine politische Friedenslösung, die die religiöse Wahrheitsfrage allererst einer Lösung zuführen könne. Denn der Religionsfriede wirke nicht den Unglauben, sondern
schaffe die Voraussetzung zur Ausbreitung des Glaubens. Die Argumentation verläuft
weithin parallel mit den lateinischen Schriften zur Sache. Auch die ausführlichen kir-
chenhistorisch-patristischen und kanonistischen Diskurse [vgl. S. 208 ff.] werden in die
volkssprachliche Veröffentlichung aufgenommen.

[300] DORSCHE, Anticrisis, wie Anm. 299,):(3ʳ −):( ):(3ᵛ.

[301] „Atque ita […] militia sese contra nonnullorum sive meticulosa, sive temeraria
judicia, ex summa actionum nostrarum norma sacra scriptura, & antiquitatis emendatio-
ris suffragiis tuetur. […]. Finis vero bellorum PAX est." Wie Anm. 299,):( ):(4ᵛ; zum
friedensethischen Diskurs des 16. und 17. Jahrhunderts vgl. auch TRE 11, 1983, S. 625–
628.

[302] DORSCHE, Anticrisis, wie Anm. 299,):( ):( ):(1ᵛ − 2ʳ; vgl. DORSCHE, Tria ΣΥN-
ΔΡΟΜΟΣ, wie Anm. 299, ★3ʳ/ᵛ.

[303] Zur Widerlegung des Ketzereivorwurfs gegen die CA-Verwandten vgl. DOR-
SCHE, Anticrisis, wie Anm. 299, S. 117 ff.; für DORSCHE ist die Confessio Augustana „ein
Bekenntnis zur Katholizität der Kirche", vgl. ZELLER, wie Anm. 299, S. 106. Entschei-

Dorsche mit der aus der lutherischen Unterscheidung des geistlichen und des weltlichen Regiments entwickelten Disjunktion von Religion und Religionsrecht. Jene falle keineswegs in die Verantwortung weltlicher Obrigkeiten, dieses sehr wohl.[304] Für die Frage des politischen Friedensschlusses dürfe nicht das ‚dogmatische Übel' (malum dogmaticum) der Häresie, sondern müsse das ‚moralische Übel' (malum morale) des fortdauernden Krieges das maßgebliche ethische Entscheidungskriterium sein.[305] Die von weltlichen Obrigkeiten gewährte Judentoleranz wird von Dorsche als rechtsempirisches Beispiel dafür angeführt[306], daß dauerhafte Rechtsbeziehungen im Horizont der politischen Ordnung möglich seien, ohne daß die religiöse Wahrheitsfrage davon berührt wäre.[307] Analog dazu

---

dend sei die Unterscheidung zwischen der religio Catholica und dem „Papismus". Zur Charakterisierung der Papstkirche führt Dorsche einen Passus aus dem Speculum haereticorum des Ambrosius Catharinus von 1544 an, aaO., S. 121; 125, den er auch sonst gern zitierte, vgl. z.B. Johann Georg Dorsche, Unterschiedliche Religions= Scrupel Welche von Pabstischer seyten bey Fürnehmen Leuten zu befürderung deß abfalls eingeschoben … Straßburg, J. Thiele, 1652. [Exemplar SB München Polem. 762], B[11]^v – C1^v. Im „Prodromus" [wie Anm. 299] legt Dorsche vornehmlich in Auseinandersetzung mit dem Tridentinum ausführlich dar, daß es unangemessen sei, die Protestanten als Vertreter eines „Acatholicismus" zu bezeichnen, vgl. S. 1 ff.

[304] „Aliud autem est religio ipsa, aliud jus religionis. Illa proprie in transactionem humanam non cadit. Jus autem religionis est aliqua ἐξοχή sive ἐξουσία. Magistratibus & summatibus adnexa." Dorsche, Anticrisis, wie Anm. 299, S. 8; vgl. 14 ff.; 42 ff. ausführlich zur ‚Kompetenz' der weltlichen Obrigkeiten zum Friedensschluß.

[305] Dorsche, Anticrisis, wie Anm. 299, S. 9 f.

[306] „Nec satisfacit Ernestus [sc. Pseudonym Wangnerecks] instantiae de permissione Judaeis promissa. Dicit 1. talem permissionem non niti lege perpetua. Atqui id experientia refutat. Nam Caesares tolerantiam cohabitationis Judaeorum nonnullis civitatibus Imperialibus lege perpetua imposuerunt. […] Si licet defendere Judaeos, ut libere possint ritus suos exercere, possunt etiam defendi, & in patrocinium suscipi, qui corruptae religioni Christianae adhaerent." Dorsche, Anticrisis, wie Anm. 299, S. 16; ähnliche Argumente finden sich bei [Juan Caramuel y Lobkowitz], Pax licita, wie Anm. 316, S. 17 f.

[307] Dorsche, Anticrisis, wie Anm. 299, S. 16 f.; vgl. 235 f. 1622 hatte Hoë die beklagenswerte Situation des Luthertums damit beschrieben, daß es „unserer in dem reichs= und religions= frieden begriffener religion nicht besser [gehet] denn der Calvinisten, sondern auch der Juden selbst". Zitiert nach Arnold, wie Anm. 106, Bd. I, S. 895. Als Lehrer Jakob Helwigs und Esdras Edzards [vgl. Martin Friedrich, Zwischen Abwehr und Bekehrung. Die Stellung der deutschen evangelischen Theologie zum Judentum im 17. Jahrhundert, (BHTh 72), Tübingen 1988, S. 87; 109; 112] scheint Dorsche keine unwichtige Bedeutung innerhalb des Meinungsspektrums der lutherischen Orthodoxie zum Judentum zuzukommen, so auch Wallmann, Philipp Jakob Spener, wie Anm. 299, S. 335 mit Anm. 48, und dazu Friedrich, aaO., S. 87 mit Anm. 15. Maßgeblich für dieses Urteil scheint aber v. a. die Tatsache zu sein, daß sich Spener in seinen „Pia desideria" auf ihn berief, wie Anm. 207, S. 37, 9 ff. Von Dorsche her dürfte sich die Frage nach der Bedeutung der lutherischen Fundamentaldisjunktion von Gesetz und Evangelium für die nach der Analyse Friedrichs zugleich auf Apologetik und Missionierung

sei die Ehe im Anschluß an Augustin als eine von Gott verordnete Rechts-
form zur Eindämmung der Sünde zu deuten, stelle aber keine Legitimation derselben dar.[308] Der Friedensschluß biete eine Sicherung des jus ci-
vile und einen Schutz der einander widerstreitenden Religionsparteien
und könne deshalb mitnichten als Unrecht gegenüber dem Schöpfer oder
der wahren Religion beurteilt werden.[309] Eine Ursache der Seelenverderbnis könne der Religionsfrieden deshalb nicht darstellen, weil er keinen Glaubenszwang enthalte, auch keinen Anlaß zur Apostasie gebe, die

---

zentrierte Umgangsweise der Orthodoxie mit dem Judentum und die der Funktion beider entsprechende Inpflichtnahme der weltlichen Obrigkeiten stellen. Zur lutherischen
Diskussion in der Zeit des Krieges vgl. die wertvollen Hinweise FRIEDRICHS aaO., S. 55–
82. Einen instruktiven, an calvinistische und römische Positionen anknüpfenden Krite-
rienkatalog dafür, unter welchen Bedingungen weltliche Obrigkeiten Juden ein Aufent-
halts- und ein Recht des Geldhandels gewähren durften, bietet LEONHARD HUTTER:
1. wenn sie sich der Schmähung Christi und des Evangeliums enthalten, 2. die öffentliche Ordnung respektieren, sich 3. bei Verträgen und Handelsvorgängen an die geltenden Gesetze halten und 4. keine Zinskredite an Menschen vergeben, bei denen kaum
Aussicht auf Rückzahlungsmöglichkeit besteht, schließlich 5. darauf verzichten, je-
manden „a Christianismo ad impietatem ad blasphemias Judaicas [...] abstrahant". LE-
ONHARD HUTTER, Loci Communes Theologici, ex Sacris Literis diligenter eruti ...,
Witebergae, Joh. Matthaei, P. Helwichij, 1619, S. 1037 f. Einer der entscheidenden theologischen Gründe für die Duldung der Juden besteht für HUTTER in der Röm 11,25
verheißenen Rettung Israels, S. 1038; die maßgebliche Aufgabe der Obrigkeit gegenüber den Juden sieht HUTTER in der „coactio ad audiendum Verbum Dei, ad frequen-
tandos Christianorum coetus sacros". Ebd. HUTTER kritisiert an den Obrigkeiten den
mangelnden Eifer um Judenbekehrung und preist die Region und den Staat glücklich,
„quae ab hoc hominum genere plane est immunis & libera". Ebd. Zum weitläufigen
Meinungsspektrum bezüglich der Bekehrung Israels nach Rom 11,25 f. innerhalb der
Orthodoxie instruktiv: J.F.A. DE LE ROI, Die evangelische Christenheit und die Juden
unter dem Gesichtspunkte der Mission geschichtlich betrachtet, Bd. 1, Karlsruhe und
Leipzig 1884, Reprint Leipzig 1974, bes. S. 98 f.; WALLMANN, Pietismus und Chiliasmus,
in: DERS., Frömmigkeit und Theologie, wie Anm. 9, bes. S. 405; FRIEDRICH, aaO., passim,
bes. S. 26 ff.; 56 ff.; 83 ff.; 127 ff. Anregende Hinweise zur Diskussion um den frühneuzeitlichen ‚Antijudaismus' und das Problem einer Abgrenzung vom modernen ‚Antisemitismus' bietet jetzt: RAINER WALZ, Der vormoderne Antisemitismus: Religiöser Fanatismus oder Rassenwahn? In: HZ 260, 1995, S. 719–748. In bezug auf die Gesamtsituation der Juden im Dreißigjährigen Krieg kommt MORDECHAI BREUER zu dem instruktiven Ergebnis, daß „die Lage der Juden an vielen Orten günstiger [war] als die der
allgemeinen Bevölkerung" und „die Zahl der jüdischen Bevölkerung insgesamt nur ge-
ring" sank. MORDECHAI BREUER – MICHAEL GRAETZ, Deutsch-Jüdische Geschichte in
der Neuzeit, 1. Bd. 1600–1780, München 1996, S. 98, vgl. 97–100; wichtig in bezug auf
die Situation der deutschen Juden in der Zeit des Dreißigjährigen Krieges die jüngste
Darstellung von ARNO HERZIG, Jüdische Geschichte in Deutschland. München 1997,
S. 109–113.

[308] DORSCHE, Anticrisis, wie Anm. 299, S. 19 ff.
[309] DORSCHE, Anticrisis, wie Anm. 299, S. 30 ff., bes. 31.

Frage der Wahrheit beider Religionen suspendiere[310] und am Wiederver-
einigungsgebot festhalte.[311] Die drängende gegenwärtige Not zwinge
dazu, eine Ketzerei bzw. eine ,verworfene Religion' – also aus lutherischer
Sicht die päpstliche, aus römisch-katholischer die protestantische – zu to-
lerieren und ihren Anhängern bürgerlichen Schutz und sogar Kirchengut
zuzugestehen.[312] Die Gewährung des Religionsfriedens, dessen ausdrück-
liches Ziel die Vermeidung einer „cooperatio directa" zwischen beiden
Religionsparteien sein müsse[313], erfolge kraft des Reichsrechtes und ohne
Zustimmung des Papsttums, könne also durch dieses auch nicht annulliert
werden.[314]

Ähnlich wie Conring alias Irenaeus Eubulos argumentierte Dorsche
vornehmlich unter Rekurs auf die Rechtsnormen, deren Verbindlichkeit
er auf der Gegenseite voraussetzen konnte. Die Zielsetzung dieser protestantischen Publizistik war auch weniger auf die eigenen Konfessionsverwandten als besonders auf die verantwortlichen katholischen Diplomaten
und Politiker in den westfälischen Verhandlungsorten abgestellt. Gleichwohl ist in bezug auf Dorsches Repliken auf das „Judicium Theologicum"
Wangnerecks bemerkenswert, daß die im Anschluß an die juristische Lösung des Augsburger Religionsfriedens[315] produktiv aufgenommene Suspendierung der religiösen Wahrheitsfrage ihrerseits theologisch verant-

---

[310] Im Zusammenhang der weitläufigen Argumentation sind als Randglossen formuliert: „Pax religionis nulli animae neceßitatem credendi imponit." DORSCHE, Anticrisis, wie Anm. 299, S. 33. „Pax religionis non dat facultatem apostatandi." AaO.,
S. 38. „Pax religionis non gignit opinionem de veritate utriusque religionis." AaO.,
S. 39; vgl. 153 f.

[311] DORSCHE, Anticrisis, wie Anm. 299, S. 41.

[312] „Licet urgente necessitate vel gravi periculo, praesertim religionis, haeresin & im-
probatam religionem tolerare, dissimulando, immo & resignando atque renunciando
poenam, jure positivo & ex arbitrio constitutam, & ea quae ad ejus exercitium sunt necessaria, concedendo […]. Licet & expedit improbatae religionis hominibus pacis causa,
si aliter obtineri non possit, generalem amnistiam, seu oblivionem omnium injuriarum
& maleficiorum concedere, quae occasione belli contigerunt. Licet necessitate urgente
templa, monasteria, aliaque bona Ecclesiastica improbatae religionis assertoribus concedere […]." DORSCHE, Anticrisis, wie Anm. 299, S. 254; vgl. 255 f.; vgl. DORSCHE, Prodromus, wie Anm. 299, S. 96.

[313] „Non licet sive in perpetuum, sive ad tempus, ullam conditionem pacis inire,
quae includat cooperationem directam cum haeresi. Quia talis cooperatio est per se illicita." DORSCHE, Anticrisis, wie Anm. 299, S. 255.

[314] „Si quid improbatae religionis hominibus de bonis Ecclesiasticis conceditur, non
opus est, ut fiat consensu Pontificis, quia illa concessio fit potestate summa imperii […]."
DORSCHE, Anticrisis, wie Anm. 299, S. 255; vgl. 256.

[315] Vgl. die Arbeiten von HECKEL, außer Anm. 2 besonders die einschlägigen Beiträge in: DERS., Gesammelte Schriften. Staat Kirche Recht Geschichte Bd. I und II, hg. von
KLAUS SCHLAICH, [Jus Eccl 38], Tübingen 1989, bes. S. 37 ff.; 134 ff.; 642 ff.

wortet ist und auf der Basis einer fundamentalen Differenzierung zwischen Politik und Glauben, Recht und Religion, Gesetz und Evangelium legitimiert wird. Als weltlicher Reichsfriede wird der Westfälische Friede lutherischerseits juristisch begründet und theologisch bejaht.[316]

Dies gilt in gleicher Weise auch für die volkssprachliche Publizistik im Umfeld des Friedensschlusses. In geschichtstheologischer Hinsicht herrscht in diesen Texten, unbeschadet einzelner instruktiver Deutungsnuancen, große Übereinstimmung darin, daß der Friede als Gottes Wille und Gabe, der Krieg als seine Strafe, die Sünde als Ursache des Krieges gilt[317] und daß Gott selbst hinter dem Friedensschluß steht. „Biß kam die rechte Zeit es müßte Friede werden / | Darob sich hat erfrewt der Himmel und die Erden / | Also war Gottes will / also hat Ers bestellt / | wann es

---

[316] In der Tendenz ähnlich argumentiert die anonyme Schrift des Zisterziensers JUAN CARAMUEL Y LOBKOWITZ: [HECKEL, wie Anm. 315, S. 139 ff.; 194 mit Anm. 410; ADB 3, S. 778; DBA 178, 366–369] S.R. Imperij PAX licita Demonstrata, 1648. [Exemplar SuUB Göttingen 8 Hist. Germ. un. 1415:8]. CARAMUELs Meinung, die er in der auch gegen WANGNERECKs Position gerichteten Flugschrift weitläufig begründet [vgl. S. 76 ff.], ist: „posse salva conscientia cedi Protestantibus bona Ecclesiastica, si id ad Catholicae Religionis securitatem & pacem obtinendam necessarium sit [...]." S. 9. In seiner Argumentation weiß sich CARAMUEL in Übereinstimmung mit dem Mainzer Erzbischof, vgl. S. 4–7; 70 f. Seine Position zielt bei aller Bejahung des ‚Vernunftfriedens‘ zugleich darauf ab, einer ‚Säkularisierung‘ der Politik entgegenzutreten: „Sub Deo justo non debet Politica Commoditas praescribere sanctae Theologiae; sed ancillari potius, & animo servire dimisso." S. 8. Letzteres kann unter der für ihn prägenden Voraussetzung einer Konsonanz von göttlichem und menschlichem Recht [vgl. S. 300 u.ö.] kaum anders sein. CARAMUEL stand zur damaligen Zeit in den Diensten Kaiser Ferdinands III.; seine Position dürfte für die Grundtendenz der habsburgischen Politik im Zusammenhang der Friedensverhandlungen charakteristisch sein.

[317] Auf diesen Grundton ist etwa die „Schwerdt-Predig" TOBIAS WAGNERs gestimmt: Schwerdt-Predig / Von der Landstraff deß Krieges / Auß dem 7. Psalmen / V. 13. ... Gehalten ... den 21. Maii 1649 ... Durch Tobiam WAGNERN ..., Ulm, B. Kühnen. [Exemplar UB Tübingen], bes. S. 23 ff. Die Predigt ist einem schwedischen Major, der auch den Druck veranlaßt hatte, gewidmet. Die entscheidende Gegenposition, die Wagner bekämpft, betrifft radikal pazifistische Auffassungen derjenigen, „welche alles Kriegen und Streitten mit dem eusserlichen Schwerdt verdammen [...]." S. 46. Die entscheidende Intention der im Jahr nach dem Westfälischen Frieden gehaltenen Predigt ist auf die theologische Legitimation des ‚Kriegshandwerks‘ und seine ethische Regulierung in engem Anschluß an Luthers ‚Ob Kriegsleute auch in seligem Stand‘ [1523] gerichtet. Zu WAGNER vgl. HOLTZ, wie Anm. 234; SCHRÖDER, wie Anm. 324, bes. S. 406 f. [Lit.]; zuletzt: ALBRECHT BEUTEL, Lehre und Leben in der Predigt der lutherischen Orthodoxie. Dargestellt am Beispiel des Tübinger Kontroverstheologen und Universitätskanzlers Tobias Wagner (1598–1680). In: ZThK 93, 1996, S. 419–449. Eine hinsichtlich der Ursachen des Krieges ähnliche, in der Betonung der Schuld der Obrigkeiten am Krieg deutlich anders akzentuierende Position vertritt Hoburg; vgl. KRUSE, wie Anm. 157, S. 154.

schon tausendmal dem Teufel nit gefelt|" heißt es in einem Augsburger
Flugblatt aus dem Jahre 1649.[318]

2. Lutherische Friedensfreude

Die Freude über den Frieden ist mit der Hoffnung auf eine dauerhafte,
rechtlich gesicherte Lebensordnung, mit der Erwartung von Wohlstand
und weltlichem Lebensglück und – unter Rekurs auf die wechselvollen,
zwischen Niederschlagung, Triumph und relativer Duldung schwanken-
den Erfahrungen der Protestanten in Augsburg – mit der Freude über eine
dauerhafte Bestandssicherung des lutherischen Kirchentums verbunden.[319] In einem Friedensblatt, dessen konfessionell-lutherischer Hintergrund zwar nicht offenkundig ist, gleichwohl rekonstruierbar sein dürfte,
verbindet sich mit dem Frieden eine Hoffnung für die Religion: Der
„Gott beliebte" Friede, der „von dem Himmel kompt", läßt „die Religion
in Würden […] bleiben", ja: „Die recht Religion mit Creutz und Buch
geziert / | wird mit dem Friden auch zugleich herein geführt. |"[320] Der
hier verwandte Begriff von „Religion" geht weder in Konfessionalität auf,
noch sieht er in der Bindung an die Konfessionen die „Würde" der Religion verletzt; er setzt vielmehr auf die durch die Bezogenheit auf den Gekreuzigten und die Schrift verbürgte ‚Religionsfähigkeit' der Konfessionen unter den Bedingungen des Friedens, und das heißt unter Ausscheidung einer mißbräuchlichen Instrumentalisierung der Religion.

Mit dem Westfälischen Frieden verbanden sich Erwartungen religiöser
Intensivierung; als Säkularisierung der Politik wurde er von lutherischer
Seite jedenfalls nicht gedeutet. Neben der Freude über die „securitas ecclesiae" spielte der Jubel über die Restitution der „Reichs= Freyheit"[321]
auf Flugblättern, in Flugschriften und in den zumeist aus Anlaß des Nürnberger Exekutionsschlusses vom 20. 6. 1650 gehaltenen Dankesfestpredig-
ten eine wichtige Rolle. Auch wenn sich im Lichte des publizistischen
Befundes der Eindruck nahelegt, daß die Freude über und der Dank für
den Frieden, unbeschadet dessen, daß sie obrigkeitlicherseits verordnet

---

[318] HARMS II, wie Anm. 60, Nr. 321, S. 558 f.; vgl. auch die auf die Nürnberger Exe-
kutionsbeschlüsse bezogenen Flugblätter Harms II, S. 562 ff.
[319] Vgl. HARMS II, wie Anm. 60, Nr. 322, S. 560 f.
[320] HARMS II, wie Anm. 60, Nr. 321, S. 558 f.
[321] HARMS II, wie Anm. 60, Nr. 329, S. 574 f. Bei WAGNER [wie Anm. 324, a2ʳ] heißt
es, Gott habe „seiner Kirchen vor den Verfolgungen durch gestifften Frieden mit den
Wiederwärtigen […] lufft gemacht […]."

waren[322], bei den lutherischen − im Unterschied zu den jesuitischen −
Theologen[323] im Vordergrund standen und die Freuden- und Dankpubli-
zistik zum Westfälischen Frieden in quantitativer Hinsicht ein vorwiegend
protestantisches Phänomen war, so läßt sich gleichwohl ein differenzierte-
res Meinungsspektrum hinsichtlich der Wertung und Deutung des Friedens rekonstruieren.

2.1. Tobias Wagner: Innerlutherische Meinungsvielfalt

Hilfreich dafür sind einige Hinweise, die der Esslinger Pfarrer und spätere Tübinger Theologieprofessor Tobias Wagner in seiner Freudenfest-
Predigt vom 11. August 1650 bietet[324]: Demnach will die „Frewd / die wir

---

[322] Allerdings muß natürlich mit einer Konsultation der geistlichen Leitungsorgane
bei der Planung der Dankfeiern zum Friedensschluß gerechnet werden. Ich verweise
etwa auf das Beispiel Straßburgs, wo die Initiative zu Lob und Dank „in offentlicher
Gemein und der gantzen Christlichen Kirchenversamlung" von den politischen Lei-
tungsinstanzen (Rat und XXI) ausging, aber vor der eigentlichen Beschlußfassung eine
„communication mit einem Ehrwürdigen Kirchenconvent" stattfand. Danach kam es
zu einer Entscheidung des Rates und der XXI, die in einem Mandat veröffentlicht wurde. Das entsprechende Straßburger Ratsmandat ist in der Dankespredigt des Präsidenten
des Kirchenkonvents, dem Theologieprofessor Johann Schmidt, abgedruckt: Johann
Schmidt, Christliche Danck-Predigt Bey dem / auff Gottseelige anordnung / eines
Ehrsamen Raths und löblichen Magistrats … den 30. Julij dieses 1650. Jahres / Hochfeyrlich begangenen Frewdenfest. Wegen deß / auß Göttlicher Gnad und Barmhertzigkeit verlihenen lang= gewünschten allgemeinen Teutschen Fridens …, Straßburg, Ph.
Mülben / J. Städel [1650]. [Exemplar HAB Wolfenbüttel 145. 5 Theol. 4° (3)], zit. (:) 2ᵛ;
Abdruck des Mandates: (:) 2ʳ − 3ᵛ. Zu Schmidt vgl. einzelne Hinweise in den Anm. 333
genannten Arbeiten von Wallmann; zu seiner Korrespondenz instruktiv: Jean Rott,
Les Relations extérieures de la Faculté de Théologie de Strasbourg de 1570 à 1658
d'après les correspondances passives de Jean Pappus et de Jean Schmidt. In: RHPhR 68,
1988, S. 41−53.
[323] Vgl. Wagner, wie Anm. 324, T. 2, S. 5; 23; zum Westfälischen Frieden und zur
Friedenspublizistik vgl. jetzt die grundlegende Bibliographie von Heinz Duchhardt
[Hg.], Bibliographie zum Westfälischen Frieden, bearb. von Eva Ortlieb und Matthias Schnettger, [Schriftenreihe der Vereinigung zur Erforschung der Neueren Geschichte 20], Münster 1996, bes. S. 28−41. In bezug auf die ‚Öffentlichkeitsdimension'
der Friedensverhandlungen zwischen 1645 und 1648 und ihr publizistisches Echo in
Gestalt von Flugschriften juristisch-politischen Inhalts, Verhandlungsakten und Ver-
tragstexten jetzt grundlegend: Konrad Repgen, Der Westfälische Friede und die zeitgenössische Öffentlichkeit. In: HJ 117, 1997, S. 38−83; zur Durchführung von Friedensfeiern exemplarisch: Konrad Repgen, Die Feier des Westfälischen Friedens in Kulmbach [2. Januar 1649]. In: ZBLG 58, 1995, S. 261−275 und Ders., Das Dankgebet für die
Friedensfeiern des 2./12. Januar 1649 im Markgrafentum Brandenburg-Kulmbach. Ein
Nachtrag. In: ZBLG 59, 1996, S. 185−190.
[324] Tobias Wagner, שְׁלָמֵי Ecclesiae Esslingensis: Das ist: Eßlinger FrewdenFest /
Uber dem Allgemeinen Reichs Frieden / mit Ankünden / Singen / Betten / Predi-

Evangelische zu dieser gegenwärtigen Zeit / uber den [...] Reichs Frieden haben / nicht jederman in Kopff".[325] Gemeint sind nicht papistische Auffassungen, sondern ein plurales innerlutherisches Meinungsspektrum, das Wagner in nicht weniger als vier „Partheyen"[326] von Friedensskeptikern repräsentiert sieht.

Die erste Partei ist aufgrund tiefen Mißtrauens gegenüber dem Friedenswillen der Papisten „in grossen Sorgen [...] auch dieser Fried werde nicht lang bestehen".[327] Sie rät, sich nach 1 Kor 7,30 des Friedens zu freuen, als freue man sich nicht. Dieser Position spricht Wagner insofern ein gewisses Recht zu, als auch er die Gefahr sieht, der Friede könne im Sinne einer „Fleischlichen Sicherheit" verstanden und die durch den Frieden von Gott gebotene Möglichkeit, ihn durch „Frombkeit und Gottesfurcht [...] [zu] befestigen"[328], könne vertan werden.

Eine zweite, starke Partei besteht aus denjenigen, die sich infolge der territorialen Neuregelungen bzw. des Normaljahres zur Emigration in ein protestantisches Gebiet gezwungen fühlen. Auch ihnen begegnet Wagner mit Verständnis, freilich nicht ohne die Vorzüge der Osnabrücker gegenüber der Augsburger Regelung des ius emigrandi hervorzuheben.[329] Eine scharfe Absage Wagners richtet sich an die dritte Partei, die den Frieden ablehnt, weil die nach ihrer apokalyptischen Weltdeutung entscheidende Friedensvoraussetzung, die Vernichtung des Papstes und seines Babylon, nicht erreicht sei.[330] Bei dieser unter Verweis auf Gottes Initiative beim

---

gen / Loben und Dancken / den 11. Tag Augusti / dieses hinlauffenden 1650. Jahrs celebrirt: ..., Ulm, B. Kühnen, 1651. [Exemplar UB Tübingen]. Zu WAGNER in Esslingen vgl.: TILMANN MATTHIAS SCHRÖDER, Das Kirchenregiment der Reichsstadt Esslingen, Grundlagen – Geschichte – Organisation, [Esslinger Studien Schriftenreihe Bd. 8], Sigmaringen 1987, bes. S. 168 ff.

[325] WAGNER, wie Anm. 324, S. 4.

[326] Ebd.

[327] WAGNER, wie Anm. 324, S. 4.

[328] WAGNER, wie Anm. 324, S. 5.

[329] WAGNER, wie Anm. 324, S. 5 f.; zu den einschlägigen Bestimmungen des Art. V § 31 IPO vgl. auch HECKEL, wie Anm. 2, S. 202; DERS., wie Anm. 315, passim, bes. S. 927 f.; vgl. 488 ff.; DERS., wie Anm. 75, bes. S. 168 f.

[330] „Die dritte Parthey ist die Unwürsche / welche darumb uber unser Friedens-Frewd nicht mit uns zu frieden / weil durch den gemachten Frieden auch dem Papstthumb indemnitas Exercitii ist vegonnet / und mit der Evangelischen Fewr und Schwerdt der Garauß nicht gemacht worden / [>] Welches doch / solcher Parthey Vorgeben nach / unter anderen / GOtt angenehmen Mitteln / hätte sollen das sonderbare / nothwendige zum Frieden seyn / daß nemlich der Papst vorhin noch uberzogen / und sein Babylon zu Grund verstöhret werde / weil der jetzige Krieg der siebenden Schalen [Apk 16,17 ff.] noch wehrete / als binnen welcher Zeit deß Weltlichen Erdbebens und Schlusses Gott die Stadt Rom nach seinem Zorn hinrichten / jhr doppel so viel Qual /

Niederzwingen des Antichristen scharf abgewiesenen Position hat Wagner den selbst bei geachteten lutherischen Theologen geschätzten Bauernpropheten und chiliastischen Visionär Johannes Warner vor Au-

---

als es dem Heiligen angerichtet / durch sein Volck einschencken wolle / ec. [<]." WAGNER, wie Anm. 324, S. 7. Die zitierten Worte scheinen einem Werk entnommen zu sein, dem WAGNER „schon vor 8. Jahren [sc. 1642]" in seinem „Bedencken uber die vorgebne Warnerische Visionen" [S. 11; vgl. 9] entgegengetreten war, vgl. die aaO, Teil 2, S. 23; 24 erwähnten „Visiones Larvati Warneri". Der visionäre Bauernprophet aus Bockendorff bei Freiberg in Sachsen Johann Warner war von respektablen Repräsentanten der lutherischen Orthodoxie, u.a. Nikolaus Hunnius in Lübeck, für rechtgläubig erklärt, ja als „von Gott gesandter Prophet und Engel" apostrophiert worden, vgl. die Hinweise in: ARNOLD, wie Anm. 106, Bd. II, S. 233, zit. 234; zu WAGNERs Auseinandersetzung mit WARNER zwischen 1642 und 1650 vgl. aaO., S. 234 f.; s. auch: F. FRITZ, Die württembergischen Pfarrer im Zeitalter des dreißigjährigen Krieges. In: BWKG NS 30, 1926, hier: S. 56 ff.; zu lutherischen Propheten im 16. und 17. Jahrhundert, unter denen WARNER allerdings nicht vorkommt, vgl. die oben Anm. 151 genannten Arbeiten von BEYER. Anlaß der Kontroverse war vor allem eine gegensätzliche Beurteilung des Prager Friedens, den WAGNER mit den kursächsischen Theologen pries, Warner für Teufelswerk hielt. Trotz alles ,Außenseiterischen' an der Gestalt Warners scheint er eine beträchtliche Anhängerschaft gefunden zu haben, die auch Geistliche einschloß, neben Johannes Saubert auch Johann Valentin Andreä und den Stettiner Superintendenten Fabricius, vgl. HAASE, wie Anm. 151, S. 73 Anm. 28. Warner wird demnach von WAGNER durchaus zu Recht als Vertreter einer Position innerhalb des lutherischen Meinungsspektrums wahrgenommen. Warner gehört zu jenen „im Luthertum während und nach dem Dreißigjährigen Krieg nicht selten auftretenden chiliastischen ,Laientheologen'" [WALLMANN, Reich Gottes und Chiliasmus in der lutherischen Orthodoxie, in: DERS., Theologie und Frömmigkeit, wie Anm. 9, S. 105–123, hier: S. 118 Anm. 55], die WALLMANN aus seiner Skizze der Auseinandersetzung der lutherischen Orthodoxie mit dem Chiliasmus bewußt ausgeklammert hat. Gerade an einer Gestalt wie Warner wird deutlich, daß der Chiliasmus schon in der ersten Hälfte des 17. Jahrhunderts eine beträchtliche Resonanz innerhalb des Luthertums hatte, vgl. etwa auch ARNOLD, wie Anm. 106, Bd. II, S. 925 ff. Am ,Fall Seidenbecher' zeigt sich, daß chiliastische Positionen durchaus mit dem Willen zur ,Orthodoxie' verbunden sein konnten und ihre Ausgrenzung keineswegs unproblematisch war. Dies dürfte gegen WALLMANNs These sprechen, erst im frühen Frankfurter Pietismus sei der „in den Untergrund abgedrängte Strom chiliastischer Erwartungen mitten in einer zur lutherischen Volkskirche sich haltender Gruppe öffentlich" wieder aufgetaucht, [WALLMANN, Spener und die Anfänge des Pietismus, wie Anm. 299, S. 325; vgl. auch aaO., S. 332 ff.; DERS., Theologie und Frömmigkeit, wie Anm. 9, hier: S. 402 f.]. Möglicherweise sind die Grenzen zwischen ,Orthodoxie' und ,Heterodoxie' hinsichtlich des Chiliasmus in der Zeit des Dreißigjährigen Krieges nur als ,fließend' zu bestimmen; vgl. auch die materialreichen Hinweise bei WALLMANN, aaO., S. 340 ff.; DERS., wie Anm. 9, S. 401 ff. [vorwiegend zum letzten Viertel des 17. Jahrhunderts]. Instruktiv auch: WALTER SPARN, „Chiliasmus crassus" und „Chiliasmus subtilis" im Jahrhundert Comenius'. Eine mentalitätsgeschichtliche Skizze. In: NORBERT KOTOWSKI – JAN B. LÁŠEK [Hg.], Johannes Amos Comenius und die Genese des modernen Europa, Fürth 1992, S. 122–129. Zum Urteil der Universität Jena gegen den Chiliasmus des Pfarrers Georg Lorenz Seidenbecher [WALLMANN, aaO., S. 118 ff.; DBA 1171, 378–386] von 1661 finden sich umfängliche Aktenauszüge bei ARNOLD, wie Anm. 106, Bd. II, S. 1151 ff. Seidenbecher etwa sieht sich in einem Traditionszusammenhang, der auch die

gen, der sich einer beträchtlichen Anhängerschaft erfreute, von Zeitgenossen neben Luther gestellt wurde und also keineswegs außerhalb des konfessionellen Luthertums der Jahrhundertmitte stand.

---

neuere Entwicklung innerhalb des Luthertums einschließt. Unter anderem berief er sich auf Justus Jonas [vgl. aaO., S. 1153 f.; 1158 f.]. Er versteht seine chiliastische Position als Teil derjenigen „wahrheit, welche bey der ersten reinen und Apostolischen Kirchen sich befunden, und aber mit der zeit bey ankunfft des Päbstischen gewalts in der Kirchen Gottes verloren, jetzt aber wiederum bey etlichen eine zeitlang empor zu kommen angefangen, geschehen, so wohl mich als andere die anlaß gegeben, hierinnen zu üben." Er zählt sie unter diejenigen Glaubensartikel, die „nicht de via salutis omnibus credentibus absolute necessaria" seien [aaO., S. 1152], bei denen gleichwohl die Glaubwürdigkeit des Schriftprinzips auf dem Spiel stehe [S. 1155; 1158]. Seidenbecher wollte dezidiert orthodox sein und erklärte: „daß ich der Augspurgischen unveränderten Confession, als bey welcher ich gebohren und erzogen, von hertzen noch zugethan sey, und vor gewiß & sincere dafür halte, daß die bewuste und von mir angezogene meynung oder erklärung loci apocalyptici, so andere inter Lutheranos auch beliebet und toleriret worden, keinem eintzigen artickel darinnen zuwider lauffe." [AaO., S. 1158]. Demnach argumentiert er in der Frage des Chiliasmus mit einer pluralen Lehrauffassung innerhalb des Luthertums; besonders verbunden weiß er sich offenbar außer mit Johann Arndt mit Philipp Nicolai und Johann Valentin Andreä [vgl. S. 1159]. Zu Seidenbechers Tragik gehört, daß er ohnehin nur widerstrebend Pfarrer geworden war, vgl. VON FRANCKENBERG, hg. von TELLE, wie Anm. 228, S. 227. Nach dem ersten Urteil der Jenaer Fakultät [aaO., S. 1160 f.] wurde Seidenbechers Stellung problematisch, weil er seine als Privatmeinung akzeptable Lehrauffassung nicht nur öffentlich vertreten, sondern darüber hinaus die Kritiker des Chiliasmus für verblendet erklärt hatte. Zugleich warf sie ihm ein Abweichen von CA 17 vor, vgl. S. 1161, hielt aber unter bestimmten Umständen sein Verbleiben im Amt für tragbar, eine Einschätzung, die sie durch Seidenbechers weiteres Verhalten im Prozeßverlauf in einem zweiten Votum [aaO., S. 1166–1168] widerlegt sah. Gleichwohl ist festzustellen, daß die Jenaer Fakultät Seidenbechers Abweichung von der Kirchenlehre nicht ausdrücklich für „falsch", wohl aber für „ungewiß und unbegründet" [S. 1167] erklärte. Nicht zuletzt durch Seidenbechers eigenes Sendungsbewußtsein in dieser untergeordneten Lehrfrage wurde seine Integration als lutherischer Pastor unmöglich, nicht jedoch sein Verbleib in der lutherischen Kirche, vgl. S. 1170. Wenn WALLMANN ihn den „ersten chiliastischen Ketzer des Luthertums" [aaO., S. 120] nennt, dürfte der Begriff der Ketzerei nicht in einem strikten kirchenrechlichen Sinne gemeint sein. Seidenbecher starb, trotz Neigungen zu den Remonstranten und trotz Verbindungen zu Breckling ebenso wie zu Duraeus, als Glied der lutherischen Kirche. Als Beispiel für den Hang der ‚Orthodoxie', doktrinale Lehrvereinheitlichungen durchzusetzen, ist der ‚Fall Seidenbecher' im Kontext des Chiliasmus-Problems ebenso ungeeignet wie der ‚Fall Potinius' [vgl. Anm. 167] drei Jahrzehnte zuvor. Ein von mir hier unberücksichtigt gelassener Handschriftenbestand zum ‚Fall Seidenbecher' befindet sich in der Forschungs- und Landesbibliothek Gotha, Signatur Chart. A 291 und 299. Chart. A 299 ist der dritte Band eines von Ernst Salomon Cyprian zum Zweck der Widerlegung Arnolds gesammelten Apparatus ad historiam ecclesiasticam novam, ‚Pietistica et Chiliastica', und enthält Abschriften von Briefen von, an und über Seidenbecher. Für die weitere Beschäftigung mit Seidenbecher dürfte seinem Verhältnis zu VON FRANCKENBERG eine Schlüsselrolle zukommen; zahlreiches Material hierzu in VON FRANCKENBERG, hg. von TELLE, wie Anm. 228, passim, wo auch Teile der Gothaer Handschriftenbestände ediert sind.

Die vierte Partei scheint mit der dritten annähernd identisch zu sein und ist durch eine in visionärer Gottesunmittelbarkeit gründende scharfe Gerichts- und Unheilsverheißung über die evangelischen Fürsten gekennzeichnet, die Gottes Wirken in Wort und Sakrament mit dem Friedenswerk von Münster und Osnabrück Schranken auferlegt hätten.[331] Im Fortbestand des vierten Weltreichs, des Römischen Imperium, das nicht durch ein fünftes „Reich der Heiligen"[332] abgelöst worden sei, sieht Wagner die historische Widerlegung des chiliastischen Prophetismus besiegelt.

2.2. Johann Conrad Dannhauers Friedenswarnung

Soviel also zum Meinungsspektrum der lutherischen Friedensskeptiker, -kritiker oder -gegner. Die erstgenannte ‚Partei' der Friedensskeptiker dürfte sich durchaus eines gewissen Zulaufs erfreut haben, zumal der Zweifel an der Dauerhaftigkeit des Friedens mit Dankbarkeit für den erreichten Frieden einhergehen konnte. In gewisser Weise kann man den Straßburger Theologen Johann Conrad Dannhauer dieser ‚Partei' zuordnen, dessen „Friedens-Danck-Predigt" Wagner durchaus gekannt haben könnte.[333] Dannhauers Wertung des Westfälischen Friedensschlusses ver-

---

[331] WAGNER zitiert abermals Warner: „Ich der Allerhöchste habe Gedancken uber die Evangelische Fürsten und ReichsStänd / zum Bösen / und nicht zum Guten / sie heimzusuchen in meinem grimmigen Zorn / und nicht in Gnaden. Darumb wil ich ihnen solches thun / weilen sie mich zu Oßnabruck und Münster / mit meinem Wort und hochheiligen Sacramenten haben umbschrancket / mir Ziel und Maß gesteckt / wie fern / und wie weit ich mit meinem Wort und hochheiligem Namen Macht und Platz haben soll / und wie fern und wie weit ich mit meinem Wort / und hochheiligen Sacramenten / und mit meinem grossen Namen / keine Macht noch Platz haben soll. Darumb wil ich sie heimsuchen in meinem bittern und grimmigen Zorn / und nicht in Gnaden." WAGNER, wie Anm. 324, S. 9. Zu positiven Urteilen über antichiliastische Schriften DORSCHES vgl. aaO., T. 2, S. 6; 23.
[332] WAGNER, wie Anm. 324, S. 10.
[333] WAGNERs Freundschaft mit dem Straßburger Theologen Sebastian Schmidt [vgl. den Hinweis bei BEUTEL, wie Anm. 317, S. 427] läßt eine regelmäßige Bekanntschaft mit Straßburger Publikationen erwarten; DANNHAUERs Predigt wurde am 30. 7. 1650 gehalten, WAGNERs am 11.8. Zumindest bei der erst 1651 im Druck erschienenen schriftlichen Endfassung der WAGNERschen Predigt könnte eine Bekanntschaft mit DANNHAUERs Predigt vorausgesetzt werden. Diese trägt den Titel: Christliche Friedens= Danck= Predigt / Auß der Ersten Epistel S. Pauli an die Thessal. im Fünfften Capitel / vers 3, 4, 5, 6. Auff den Dreyssigsten Heumonat / im Jahr Tausend Sechshundert und Funffzig / Zu Straßburg im Münster auff Mittag … abgelegt …, Straßburg, Joh. Ph. Mülben / J. Städel [1650]. [Exemplar HAB Wolfenbüttel 145. 5 Theol. 4° (5)]. Für die Interpretation der Predigt wegweisend: JOHANNES WALLMANN, Die Eigenart der Straßburger lutherischen Orthodoxie im 17. Jahrhundert. Apokalyptisches Endzeitbewußtsein und konfessionelle Polemik bei Johann Conrad Dannhauer. Zuletzt in: DERS.,

dankt ihr spezifisches Profil zum einen der – wie es scheint – zu diesem Anlaß ungewöhnlichen Wahl eines apokalyptischen Predigttextes, nämlich 1 Thess 5, 3-6, und seiner Schlüsselaussage: „Wenn sie werden sagen es ist Fride / es hat keine gefahr / so wird sie das verderben schnell überfallen", zum anderen seiner kritischen Auseinandersetzung mit Haltungen und Meinungen, die aus dem Friedenswerk Hoffnungen auf weltförmiges Lebensglück[334] oder die chiliastische Erwartung „der guldenen tausend Jahren / da Christus hier in dieser Welt vor dero Untergang / ein prächtiges / glückseliges und freudenreiches Welt= Reich"[335] errichten werde, ableiten.

Diese falschen Umgangsweisen sind es, die den Westfälischen Frieden zu einem „höchstgefährlichen friden"[336] machen. Die nach Dannhauer angemessene Umgangsweise mit dem Frieden ist einerseits durch Dankbarkeit gegenüber Gott gekennzeichnet[337], hält andererseits an der Erwar-

---

Theologie und Frömmigkeit, wie Anm. 9, S. 87–104, hier: 96 ff.; vgl. auch DERS., Spener und die Anfänge des Pietismus, wie Anm. 299, passim; bes. S. 1 ff.; DERS., Straßburger lutherische Orthodoxie im 17. Jahrhundert. Johann Conrad Dannhauer. Versuch einer Annäherung. In: RHPhR 68, 1988, S. 55–72. Unbeschadet der für DANNHAUER charakteristischen apokalyptischen Verurteilung des Friedenswerkes hatte auch er auf eine Beendigung der Kriegsgreuel durch die Westfälischen Verhandlungen gehofft. In einer 1646 verfaßten Vorrede zu einer Disputation, die in der Schrift „ΜΥΣΤΗΡΙΟΣΟΦΙΑ seu Doctrina de Sacramentis … Straßburg, 1664" erschien, schrieb Dannhauer: „At quid Germania nostra post quinque lustra nondum aut sanguine fraterno satiata aut fatigata calamitatibus? novis quotidie sanguinibus servitium emit, imprudens; ruit inferrum insana; in spei nunc metusque confinio posita, consultat exultat; sperat desperat; spirat expirat; luctatus cum fatis suis, ne quicquam eluctatur. Visitet nos ex intima misericordia oriens ex alto ac propter nomen suum, qui remorantur salutem nostram, σκοπολισμοῦς avertat; benedicat nixiis laboribus in Westphalia, ne abortiant: concipiat ex aquilone aquila pullum quo non optatior alter, aureus pacis ales; […]". S 11 f. Den Hinweis verdanke ich Professor Jörg Baur, Göttingen. Das Zitat dürfte belegen, daß DANNHAUERs Deutung des Friedensschlusses wohl vornehmlich als Reaktion auf eine ‚weltfreudig-utilitaristische', von ihm als unbußfertig beurteilte Umgangsweise mit dem Frieden zu werten ist. Zu DANNHAUER als Prediger bisher nur: WILHELM HORNING, Der Strassburger Universitäts-Professor, Münsterprediger und Präsident des Kirchenkonvents Dr. Johann Conrad Dannhauer, Straßburg 1883 [Separat-Druck], S. 190–193.

[334] DANNHAUER, wie Anm. 333, bes. S. 10 f. „Solte man auff den heutigen Tag alle Hertzen anatomiren / und in aller Menschen sinne und affecten sehen können / was würde man bey vilen anders finden / als dise gedancken? Nun es Fried worden / muß ich meiner schantz auch warnehmen durch übersatz deß Nächsten / einbringen was versaumt worden: Jetzt will ich auch einmal wider lustig sein / beim kühlen Wein / jetzt will ich im pracht keinem weichen / jetzt will ich mich von keinem mehr bochen und reformiren lassen." AaO., S. 24 f.

[335] DANNHAUER, wie Anm. 333, S. 6.

[336] DANNHAUER, wie Anm. 333, S. 26.

[337] „[…] wir aber / die wir den namen haben und sein sollen / Kinder deß Liechts /

tung, daß der Jüngste Tag nahe sei, fest.[338] Die sich auf die synoptische Apokalypse gründende Meinung, dem Jüngsten Tag werde Krieg vorhergehen, der Friede zeige deshalb die Ferne des Endes an[339], läßt Dannhauer nicht gelten, da sowohl das geschichtliche als auch das menschliche Leben durch rasche Wechsel der Zustände gekennzeichnet sei und dem fliehenden menschlichen Dasein keinen Halt zu geben vermöge. Dannhauer selbst dürfte durchaus mit einem baldigen Hereinbrechen des Jüngsten Tages gerechnet haben.[340] Da die Geschichte lehre, daß „gemeiniglich nach

---

sollen nimmer vergessen was GOtt an uns gethan / sondern allezeit danckbarlich erkennen und dasselb in allen Ständen; wir Prediger daß wir noch auff diese unserer Hutt stehen / und getrost lehren können; Regenten daß sie kein frembd Joch auff dem Halß ligen haben: Haußvätter und Haußmütter daß ihnen die Port ihr Nahrung widerumb eröffnet: Studiosi daß sie widerumb promotion und beförderung zu hoffen: Handtwercksgesellen daß sie widerumb sicher wandern und reysen können / da sie zuvor Vogelfrey gewesen / gestohlen / und in die soldatische sclaverey gezwungen [...]." Dannhauer, wie Anm. 333, S. 28; ähnlich Schmidt, wie Anm. 322, S. 8 f. Friedensfeierlichkeiten läßt Dannhauer „als ein adiaphorum und mittelding / wo kein Aberglaub daran geschmiret wurd / passiren" [S. 27]. Die Wendung Wagners, die erste Partei fordere, sich des Friedens zu freuen, als freute man sich nicht [s. o. Anm. 327], entspricht exakt der Haltung Dannhauers. Die apokalyptische Zeitdiagnostik des Straßburger Theologen diskutiert Wagner aber bezeichnenderweise nicht mit.

[338] In direkter Wendung an die Gemeinde heißt es: „Ich [sc. Dannhauer] will nicht hoffen / daß jemand unter diesem Volckreichen hauffen / so alber oder auch verwegen seyn solte / der sich selber oder andere bereden wolte / Es sey der Jüngste und letzte Welt tag noch fern / von dannen [...]." Wie Anm. 333, S. 5 f.

[339] Dannhauer, wie Anm. 333, S. 11 f.

[340] „Man sagt / es ist jetzt Frid: Aber wie lang man es werd sagen konnen / wie bald ὄλεθρος, daß Verderben werd einbrechen / daß darff sich kein menschlicher Mund zu sagen erkühnen? niemand uberrechne sich und setze das Ziel zu weit hinauß: Niemand gedencke / so Gott der ersten Welt hundert und zwantzig Jahr frist zur Buß gegönnet / es werde der letzten Welt eben so viel Zeit gegönnet werden / darumb laß nur Frid sein zu unserer Zeit. [...] Wann aber? das weiß Gott! der Untergang der ersten Welt ist gefallen ins Jahr sechzehenhundert fünfftzig und sechs / von anfang der Welt gerechnet. Ob die letzte Welt auch in diesem Stuck perallel und gleich sein werde / und wie weit hinauß ihr das Ziel gesteckt? daß weiß der allein der es gesteckt." Dannhauer, wie Anm. 333, S. 25 f.; zur Berechnung der 1656 Jahre von der Schöpfung bis zur Sintflut im Anschluß an Luther [WA 53, S. 46] vgl. Wallmann, wie Anm. 333, S. 98 Anm. 31; die Einschätzung der Dannhauerschen Position als einer im Kontext der Friedensfeiern extremen ändert nichts daran, daß sie auch im späteren 17. Jahrhundert noch vertreten wurde und möglicherweise sogar im Meinungsspektrum des Luthertums nach wie vor wichtig war. Dies ist zu erschließen aus Schriften des Dannhauer-Schülers Zacharias Hogel, der 1646 gegen einen Friedensschluß eingetreten war und noch in den 1670er Jahren die These vertreten hat, der trügerische Friede bilde den Auftakt der apokalyptischen Endzeitgeschehnisse. Spener distanzierte sich von dieser Position, vgl. die Hinweise in: Philipp Jakob Spener, Briefe aus der Frankfurter Zeit 1666–1686, Bd. 1: 1666–1674. Hg. von Johannes Wallmann, in Zusammenarbeit mit Udo Sträter und Markus Matthias, Tübingen 1992, S. 778 mit Anm. 3.

dem Weltlichen / der religions krieg dem weltlichen Friden / die Streitig-
keit deß Glaubens gefolget" seien, schärft Dannhauer den Predigern und
Theologiestudenten besonders ein, sich in der „streittende[n] Theolo-
giam"[341] neben der Predigt intensiv zu üben und diese zu gebrauchen.

In einer durch die Friedensfreude stimulierten, durch chiliastische Erwartungen massenwirksam vorbereiteten ‚Hoffnung sich bessernder Zeiten' für Kirche und Gesellschaft, die das Lebensgefühl der Menschen nach
„dreyssig= jährige[r] Kriegs= und Blut= Sündflut"[342] zu bestimmen begann, sah Dannhauer die mit apokryphen Worten Luthers formulierte
Gefahr heraufkommen, daß man „von Gottes Satzungen frey" sein und
sich nur „nach der Politic und Weltlauff" richten wolle.[343] Daß diese Ab-

---

[341] DANNHAUER, wie Anm. 333, S. 31.

[342] DANNHAUER, wie Anm. 333, S. 22.

[343] DANNHAUER zitiert eine „particular Propheceyung" Luthers, die von dessen
eigener Hand geschrieben nach seinem Tod „in seiner bibliothec auff Churfürstl. Be-
felch gesucht und gefunden worden". Als Text dieser Propheceyung gibt er unter Verweis auf: „Hieron. Wolff. Centenar. 16. p. m. 78." an: „Die zeit ist da / da von zuvor
gesagt worden / daß nach der Offenbarung deß Wider=Christs / Leuthe in der Welt
seyn / und leben werden / die ohne GOtt ein jeder nach seinem wahn / lust und
muthwillen leben. Der Papst wolt <u>über GOTT</u> seyn: Jetzt werden dise <u>ohn GOtt</u> seyn
wollen / und nach dem sie von den Päpstischen Satzungen befreyet / werden sie auch
von Gottes Satzungen frey seyn wollen / und nur nach der Politic und Weltlauff sich
richten." DANNHAUER, wie Anm. 333, S. 23. Der Randverweis ist irreführend; es handelt sich um: WOLF, JOHANNES aus Bergzabern, Lectionum memorabilium et recon-
ditarum centenarii XVI. Habet hic lector doctorum Ecclesiae, Vatum, Politicorum, Philosophorum, Historicorum, aliorumque & sapientum & eruditorum ... dicta, scripta, atque facta; vaticinia item, vota, omina, mysteria ..., Lavingae, Sumptibus Autoris, impressit Leonh. Reinmichel, Typog. Palatinus, 1600. [Exemplar SB München 2° Var. 57 (1.;
VD 16 W 4210; Vol. 2, 1600: Mü SB 2° Var. 57 (2.] Zu dem Verfasser, einem 1537 in
Bergzabern/Zweibrücken geborenen Juristen und pfalzgräflichen Rat, der auch als
Herausgeber chronologischer Schriften Albert Crantzens und Robert Gaguins hervor-
trat, vgl. JÖCHER, Bd. 4, Sp. 1751; DBA 1390, 6. Das sonst meines Wissens nicht nachge-
wiesene „Vaticinium" Luthers, das nach WOLF „post obitum ipsius [sc. Luthers] in Bibliotheca, per eos, qui ad inquirendam illam ab Illustr. Electore Saxoniae Ioan. Friderico
missi fuerunt, repertum" sei, soll von Luther vor seinem Auftritt gegen den Papst abgefaßt worden sein. Die Vorankündigungen, die den besonderen Charakter des Jahres 1517
verdeutlichen, werden mit dem Bericht über ein Mirakel, das den sächsischen Prinzen
bzw. Kurfürsten Friedrich, Johann und Johann-Friedrich in der Weihnachtsnacht 1516
widerfuhr, verbunden. Am nächtlichen Himmel sahen sie ein leuchtendes, blutfarbenes
Kreuz. „Quo Deus illis significare voluit iam instare tempus, in quo syncera de cruce et
merito Christi doctrina, contra incestam Papae doctrinam, iterum sit praedicanda [...]."
Vol. 2, S. 77. Unter den im Zusammenhang der Biographie Friedrichs von LUDOLPHY
angeführten Himmelszeichen ist dieses nicht belegt, vgl. INGETRAUT LUDOLPHY, Friedrich der Weise. Kurfürst von Sachsen 1463–1525, Göttingen 1984, S. 371–373. Es folgen
dann Hinweise Staupitzens, sowie ein „admirabile vaticinium" in Gestalt eines mittels
der Gematrie die Jahreszahl „1517" ergebenden Verses: „TIbI CherUbIn & SeraphIn

sage an eine durch ‚Weltförmigkeit' geprägte Umgangsweise mit dem Frieden mitnichten im Sinne einer Geringschätzung der diplomatischen Friedenslösung von Westfalen zu deuten ist, ist gleichwohl sicher.

Die Aktualisierung apokalyptischen Endzeitbewußtseins im Angesicht des Westfälischen Friedens bei Dannhauer dürfte darin, daß sie sich in diametralen Gegensatz zum zeitgenössischen Lebensgefühl stellte, eine extreme Position innerhalb des lutherischen Meinungsspektrums darstellen. Die religiös-theologische Konsequenz freilich, im Angesicht des Friedens zur Buße zu mahnen, fügte sich in die dominierende Tendenz lutherischer Freudenpredigten zum Westfälischen Friedenswerk ein, die sich zwischen einer doppelten Absage an eine jesuitische Ablehnung und eine chiliastisch-enthusiastische Verherrlichung[344], um eine nüchterne, und das

---

InCessabILI VoCe proCLaMant." [Vol. 2, S. 78]. Sodann folgt ein Hinweis auf Engelserscheinungen, die zu Beginn der literarischen Tätigkeit Luthers gegen das Papsttum stattgefunden hätten. Engelserscheinungen dieser Art hätten vor allem bei Paracelsus eine Rolle gespielt [Verweise auf Vol. 2, s.a. 1541, S. 484 ff.]. Schließlich folgt als erstes Vaticinium die von Luthers eigener Hand stammende, nach seinem Tod aufgefundene oben zitierte Aufzeichnung. Sie lautet vollständig und im lateinischen Text: „Adest tempus, ait [sc. wohl Luther], olim praedictum, quod post revelatum Antichristum essent homines futuri, qui sine Deo viverent, unusquisque secundum suas concupiscentias, et illusiones. Nam Papa quidem fuit supra Deum: nunc sine Deo omnes agere volunt. Et cum a nostris legibus Papae liberi sint: volent etiam a lege Dei liberi esse, nihil nisi Politica sequi. Sed dum nos fingimus, illos abesse longius, de quibus talia praedicta sint: nos ipsi sumus, qui talia facimus. Sicut Iudaei finxerunt, & fingunt, longe alios esse, qui Christum suum promissum repudient." [Vol. 2, S. 78]. Es folgen weitere Zeugnisse Luthers und anderer Zeitgenossen, die als Vaticinium oder als Memorabile des epochalen Charakters des Schwellenjahres 1517 angeführt werden. Von dem berichteten Vorgang einer Durchsuchung der Bibliothek Luthers nach einer Prophezeiung, die auf Veranlassung des Kurfürsten stattgefunden haben soll, ist in der einschlägigen Literatur nichts bekannt. Zu Luthers Bibliothek vgl. zuletzt: HOLGER FLACHMANN, Martin Luther und das Buch, [Spätmittelalter und Reformation N. R. 8], Tübingen 1996, S. 30–35; s. auch ERNST THIELE, Die Originalhandschriften Luthers. In: Lutherstudien zur 4. Jahrhundertfeier der Reformation, veröffentlicht von den Mitarbeitern der Weimarer Lutherausgabe, Weimar 1917, S. 233–260, bes. 243–247; 259 f.

[344] Vgl. WAGNER, wie Anm. 324, T. 2, S. 5 f.; 22 f.; repräsentativ für diese doppelte Kampffront dürfte auch das literarische Werk DORSCHES als ganzes sein. Sowohl mit ‚innerprotestantischen' Häresien und Lehrauffassungen, vor allem dem ‚Synkretismus' Calixts als auch mit katholischen Polemikern führte er permanente Auseinandersetzungen. Exegetische und homiletische Schriften spielten aber neben der theologia polemica eine wichtige Rolle; zur literarischen Produktion DORSCHES in seiner Rostocker Zeit s. KAUFMANN, wie Anm. 191, S. 693–695. Ein Beispiel dafür, daß der kontroverstheologischen Auseinandersetzung mit Anhängern der päpstlichen Religion zugleich Implikationen für die Polemik gegen z.B. Täufer und Calvinisten zukommen, bietet DORSCHES wohl erstmals 1647 erschienener Traktat: Unterschiedliche Religions= Scrupel / Welche von Pabstischer seiten bey Fürnemen Leuten zu beförderung deß abfalls eingeschoben worden Auf entdecken beantwortet / auff Begehren zum andern mal überse-

heißt eine gegenüber Gott dankbare und die durch den Friedensschluß
gebotenen Möglichkeiten einer irdischen Lebensgestaltung freudig an-
nehmende Haltung bemüht.[345] Daß jedermann kraft des Friedenswerkes
„bey seiner Religion in seinem Gewissen unangefochten und ruhig seyn"
kann[346], ist tiefster Grund zu Freude und Dank, aber auch Anlaß zur Erinnerung an besonders bedrohliche Gefährdungen im Krieg.[347]

---

hen / verbessert und zum druck verfertiget ..., Straßburg, J. Thielen, 1652 [Exemplar SB
München Polem. 762; s. o. Anm. 303]. DORSCHE setzt sich mit dem Versuch eines Jesuiten auseinander, mit Hilfe eines Flugblattes mit zwölf Thesen zur Konversion aufzufor-
dern. Sein zentraler Kritikpunkt am Luthertum betraf dessen Heilsunsicherheit, die so
groß sei wie bei Calvinisten und ‚Wiedertäufern'. Aus der römischen Sicht rückten die
‚Protestanten' zusammen: es sei bei „bey keinem auß ihnen die wahre Kirche Christi zu
finden / und folgends keiner von gemeldten Lutheranern / Calvinisten und Wieder-
täuffern eine wol gegründete hofnung der Seeligkeit / viel weniger eine ungezweiffelte
versicherung haben kan."):(5ʳ. Die Schwierigkeiten in der Auseinandersetzung mit
den Jesuiten bestanden darin, daß einerseits die ‚innerprotestantische', also die interkon-
fessionelle, andererseits die innerlutherische Pluralität etwa in der Christologie):([11]ᵛ]
polemisch offengelegt wurde, und daß schließlich der ‚Protestantismus' als einheitliches
– freilich verworfenes – Gegenüber bestimmt wurde. Die von DORSCHE geschilderte
kontroverstheologische Situation ist dadurch gekennzeichnet, daß von Jesuiten provozierte ‚Religionsskrupel', d. h. Infragestellungen des lutherischen Lehrbestandes, erfolg-
reich zu werden drohten. DORSCHEs Schrift stellt eine Widerlegung der ‚Religionsskrupel' dar: sie erschien konzeptionell unverändert vor und nach dem Friedensschluß. Die
Bejahung des Friedens ging für DORSCHE durchaus mit der Fortsetzung der Konfessionspolemik einher. Bei SCHMIDT [wie Anm. 322] wird die Stabilität des Friedens auch
an die Erfüllung „unsere[r] Amptspflichte[n]" [S. 35] in allen drei Ständen gebunden.
Denn Gott habe den „Frieden mit gewissen conditionibus und Bedingungen" gegeben,
„die er will gehalten haben: Er will daß wir auff seine Gebott mercken / er will daß wir
unsere Gelübde bezahlen / geschicht daß / so stehet der Frieden fest [...]." AaO., S. 35;
vgl. 38. Der Rekurs auf die Taufe [aaO., S. 36; ähnlich bei DANNHAUER, wie Anm. 333,
S. 31] bzw. auf das „Tauff-Gelübde" dient der Begründung der ethischen Verpflichtung;
dem Schwert entronnen zu sein enthält die Verpflichtung, „zehen mal mehr den
HErren zu suchen" [aaO., S. 39]. DORSCHE mahnt: „Laßt uns die Friedenstage unseres
Lebens also anlegen, daß wir unsers Todes und des Standes vor dem Thron Jesu Christi
immer gedenken." Wie Anm. 354, S. 250; vgl. 257 f. „Laßt uns das Bußfeuer in unsern
Herzen anzünden, daß es alles, was wider Gott ist, in uns verzehren möge, so wird das
Kriegsfeuer nichts bei uns zu verzehren finden." AaO., S. 259.

[345] „Die FriedensGnad ist es / mit welcher aller Welt Güter nicht zu vergleichen /
wie der Poet schreibt: Pax optima rerum, Quas homini novisse datum est [...]. Ein neuer
Frühling / der auff den harten Winter in unserem erstarrten Teutschland erfolgt / da das
Feld wieder wird gebawet / Dorffschafften auffgerichtet / Städt bevestiget / das zer-
stöhrete reparirt / das noch stehende geziert / die Nahrung vermehrt [...]". WAGNER,
wie Anm. 324, S. 8; Verweis auf Erasmus' Auslegung des Sprichwortes ‚Dulce bellum
inexpertis' in seinen Adagia; ähnlich SCHMIDT, wie Anm. 322, S. 8.

[346] WAGNER, wie Anm. 324, T. 2, S. 29.

[347] SCHMIDT, wie Anm. 322, S. 18, unter direkter Anrede der Ratsherren, die sich
an eine Entscheidungssituation von 1628 erinnern sollten, sowie der einzelnen Berufs-
stände mit ihren je spezifischen Entbehrungs- und Belastungserfahrungen, S. 18 f.; 30:

2.3. Der Friedensschluß als Restitution der vierten Monarchie

Die Tatsache, daß der Kriegsbrand nicht zu löschen war, ehe nicht Gott selbst den Frieden gab, hat für Dorsche allein einen Grund: „Das Feuer hat gestrafet, es hat verzehret, da hat niemand wehren können, das macht, Gott war im Feuer. Der macht mit seinem lebendigen entbrannten Atem und Rufen, daß das Feuer immer größer und grausamer worden".[348] Die politische Einschätzung, daß das Imperium Romanum durch das Friedenswerk „wie mit einem Haupt Werck in Sicherheit und Ruhe gesetzt"[349] worden sei, ist auch religiös und theologisch belangreich, da so deutlich werde, daß Gott um der Kirche willen die vierte Monarchie „biß an das Ende der Welt"[350] erhalten will. Zugleich ermöglicht die Integration des Friedenswerkes in den heilsgeschichtlichen Rahmen der apokalyptischen Vier-Monarchien-Lehre, „alle profan Gedancken"[351], die im Westfäli-

---

„Alle / alle haben wir Geseuffzet / Geächzet / Gewinselt / Ach Weh / wenn will doch deß reissens und brennens ein ende werden / Ach / werden wir doch den lieben Frieden einmal erleben." Vgl. S. 32, wo SCHMIDT ein ca. eineinhalb Jahre in Gebrauch befindliches Fürbittengebet um Frieden zitiert. DORSCHE beschwört die Erinnerung an Magdeburg [wie Anm. 354: „O Magdeburg, Magdeburg, du uralte, edle, volkreiche Stadt [...], deine Flammen schweben noch vor unsern Sinnen, der grausame Brand mit so vielen Strömen Bluts vermenget, wie hat er in dir gewütet." [S. 253; vgl. im ganzen 252 ff.].

[348] DORSCHE, in: ZELLER, wie Anm. 354, S. 253; vgl. 255; 256 f.

[349] WAGNER, wie Anm. 324, T. 2, S. 21.

[350] WAGNER, wie Anm. 324, T. 2, S. 24; vgl. 30. In seinen Institutionum historicarum libri 7 [¹1647; ³1663] verteidigte WAGNER die für das Luthertum traditionelle und bis in die zweite Hälfte des 17. Jahrhunderts vorherrschende Monarchienlehre gegen Jean Bodin und dessen calvinistische Nachfolger, vgl. SEIFERT, wie Anm. 38, bes. S. 127 f. WAGNERS Einschätzung, die von ihm vertretene Meinung teilten „plerique quam Politicorum quam Theologorum" [zit. nach SEIFERT, aaO., S. 128 Anm. 14], dürfte zutreffen. Die Wurzeln der im deutschen Luthertum dominierenden reichstheologischen These, „das bestehend Reich [sei] noch immer die vierte Weltmonarchie und als solche nicht nur in seiner Existenz nach außen hin gesichert, sondern auch dem Rang nach über alle anderen Staaten erhaben" [SEIFERT, aaO., S. 20; vgl. 35 f.; 127 ff.], sind nach SEIFERT vor allem in Luthers Auslegung von Dan 2 zu suchen. Allerdings dürfte auch die Beibehaltung des Vier-Monarchien-Schemas in der protestantischen Geschichtsschreibung diese Tendenz begünstigt haben, vgl. auch SEIFERT, S. 28 ff. Daneben hat SEIFERT eine bei Melanchthon angelegte, im schweizerischen Protestantismus, aber auch im Luthertum, z.B. bei David Chytraeus, belegte Tradition herausgearbeitet, die die vierte Monarchie untergegangen sah. Das Luthertum war demnach nicht als Ganzes auf die von Bodin [vgl. aaO., S. 65 ff.] kritisierte, mit weltmonarchischem Universalitätsanspruch verbundene ‚deutsche Reichsideologie' festgelegt, die auch bei Jesuiten belegt ist.

[351] „Es werden auch [...] widerlegt alle profan Gedancken / welche bey dieser Regiments Disposition, da Gott die Königreich / und sonderlich unser Vierdtes Römisches Reich / als ein Berg setzet / befestiget und erhält / manchem / gemeiniglich den allerspitzfündigsten ihres Geduncken / im Kopff umbgehen / als hätte Menschen

schen Frieden kein Werk göttlicher Vorsehung, sondern menschlicher Klugheit sehen, abzuweisen.

Der Reichspatriotismus der Lutheraner gründet in der heilsgeschichtlichen Deutung des Imperiums. Gerade darin, daß durch den Westfälischen Frieden „unsere Evangelische Kirch" „fest gegründet"[352] sei und alle früheren „Blut Practiquen" zu ihrer Vernichtung gescheitert sind, sieht Tobias Wagner, wie es scheint durchaus repräsentativ für einen Hauptstrang innerhalb des lutherischen Meinungsspektrums, den Beweis, daß Gott selbst Stifter des Friedens ist. Die jetzt eröffnete „Gnadenzeit", in der „die Evangelische Kirch wieder Lufft hat" und „mit ihrem Gottesdienst sicher seyn" kann, ist ein Präludium auf die „Ewige Herrligkeit"[353], zugleich aber auch Anlaß, zur Buße zu rufen, „des Friedens mit Gott und des letzten Gerichts" zu erinnern[354]: „O lasset uns des schrecklichen Feuers nicht vergessen, wir haben ja alle Brandzeichen. Vergessen wir dieses Brands, so ist uns nicht zu helfen".[355]

Die uneingeschränkte Bejahung des Westfälischen Friedenswerkes als guter Gabe Gottes, als von Gott eröffneter Gnadenzeit, die von der Heilszeit freilich grundsätzlich unterschieden bleibt, kann als gegenüber dem zeitgenössischen Lebensgefühl einer neugewonnenen ‚Hoffnung sich bessernder Zeiten‘ anschluß- und gesprächsfähige, an der traditionellen

---

Macht / Witz / Klugheit / und nicht Gottes Vorsehung / hierunder ihr Werck [...].“ WAGNER, wie Anm. 324, S. 26; ein Altdorfer Beispiel für die auch 1667 noch wichtige Vier-Monarchien-Lehre als geschichtstheologisches und ordnungspolitisches Deutungsschema bei HARMS II, wie Anm. 60, Nr. 1, S. 2 f. WAGNER kritisiert insbesondere den Tacitismus; zur zeitgenössischen politiktheoretischen Diskussion vgl. HORST DREITZEL, Monarchiebegriffe in der Fürstenherrschaft. Semantik und Theorie der Einherrschaft in Deutschland von der Reformation bis zum Vormärz, Bd. 2: Theorie der Monarchie, Köln u.a. 1991, S. 567–590 [zum Tacitismus, der als Variante des Machiavellismus galt]; vgl. dazu im Kontext der Menschenrechtsdiskussion auch HECKEL, wie Anm. 315, bes. S. 1142 ff.

352 WAGNER, wie Anm. 324, T. 2, S. 31.

353 WAGNER, wie Anm. 324, T. 2, S. 39 f.

354 So JOHANN GEORG DORSCHE in seiner „Friedenspredigt in Bad Peterstal im Schwarzwald", zitiert nach der stark gekürzten Textwiedergabe in: WINFRIED ZELLER, Der Protestantismus des 17. Jahrhunderts, [Klassiker des Protestantismus Bd. V], Bremen 1962, S. 249–260, hier: 249. „Laßt uns in demselben [sc. dem Westfälischen Frieden] auf die Behauptung der wahren Religion, als des besten und beständigen Kleinods vornehmlich sehen und jauchzen, daß unsere Kirchen nicht mehr zittern [...]. Laßt uns auf den innern Herzens- und Gewissensfrieden, als eine Grundfeste des äußern Friedens, gewaltig dringen." AaO., S. 250. Zu den Umständen der Predigt DORSCHES im Kursaal des Kurortes Petersthal bei Oberkirch und zur Hörergemeinde vgl. HORNING, wie Anm. 299, S. 176–191; instruktive Zeugnisse für Friedensdank und Bußappell im Umkreis des Friedensschlusses zitiert ARNOLD, wie Anm. 106, Bd. I, S. 902 f.

355 DORSCHE, in: ZELLER, wie Anm. 354, S. 257.

Eschatologie ohne aktualisiertes Endzeitbewußtsein gleichwohl festhaltende, integrative lutherische Position angesprochen werden.

Nicht als säkulares Reichsgrundgesetz, nicht als Anbruch eines chiliastischen Friedensreiches, sondern als göttlich gestiftete und begrenzte Interimsordnung wurde der Westfälische Friede lutherischerseits bejaht. Gerade mit Hilfe dieser geschichtstheologisch wertenden konfessionstheologischen Deutung des Friedenswerkes von Westfalen trug das Luthertum wesentlich zur Affirmation einer Ordnung bei, der man gemeinhin ‚modernisierende' politik-, diplomatie-, völkerrechts- und verfassungsgeschichtliche Wirkungen zuschreibt. Aus lutherischer Sicht hat nicht die „Abkopplung von Konfession und Politik"[356], sondern ihre geschichtstheologische Integration den Weg in eine neue Zeit eröffnet. Im Angesicht der von Gott eröffneten Zeit dichtete Paul Gerhardt: „Gott lob nun ist erschollen | Das edle Fried und Freuden =Wort, | Daß nunmehr ruhen sollen | Die spieß und schwerter und ihr mord. | wol auf und nim nun wieder | dein Seitenspiel hervor | O Deutschland! und sing Lieder | im hohen vollen Chor. | Erhebe dein Gemüthe | und danke Gott und sprich: | Herr deine Gnad und Güte | bleibt dennoch ewiglich |."[357]

---

[356] SCHILLING, wie Anm. 61, S. 45.

[357] PAUL GERHARDT, Geistliche Andachten [1667]. Samt den übrigen Liedern und den lateinischen Gedichten, hg. von FRIEDHELM KEMP. Mit einem Beitrag von WALTHER BLANKENBURG, Bern – München 1975, S. 214. Vgl. auch FRIEDRICH DE BOOR, Theologie, Frömmigkeit und Zeitgeschichte in Leben und Werk Paul Gerhardts. In: HEINZ HOFFMANN [Hg.], Paul Gerhardt, Berlin 1978, S. 25–52, bes. 34 ff.; CHRISTIAN BUNNERS, Paul Gerhardt. Weg, Werk, Wirkung, Berlin [2]1994, passim; bes. 210 ff. Eine von Johann Georg Ebeling mit der Überschrift „Schutz Gottes in bißherige Gefährtigen Kriegeszeiten" versehene Lieddichtung, die einen direkten Bezug zum Dreißigjährigen Krieg aufweist, stellt GERHARDTS „Wie ist so groß und schwer die Last" [KEMP, aaO., S. 212 f.] dar. Dieses Lied dürfte noch während des Krieges entstanden sein, vgl. BUNNERS, aaO., S. 212, für „Gott lob nun ist erschollen" ist die Entstehung aus Anlaß der Friedensfeiern von 1650 wahrscheinlich. „Wie ist so groß und schwer die Last" ist schwerlich als ‚Friedenslied' [so BUNNERS, ebd.] zu bezeichnen; eine bemerkenswert abwegige, den auf die Gegenwart von Gottes Wort [Str. 9] zentrierten Grund des Trostes bei GERHARDT völlig verkennende Interpretation des Liedes bietet KEMPER, wie Anm. 235, S. 233–235. Von der Wertung des Friedens und der durch ihn eröffneten Gestaltungsaufgaben in der Welt her ergeben sich grundsätzliche Zweifel, ob eine *sozialgeschichtliche* Perspektivierung der Frömmigkeitsgeschichte des 17. Jahrhunderts gut beraten ist, wenn sie ihren Ausgangspunkt bei Speners „Hoffnung besserer Zeiten" nimmt, wie dies HARTMUT LEHMANN [Vorüberlegungen zu einer Sozialgeschichte des Pietismus im 17./18. Jahrhundert. In: PuN 21, 1995/96, S. 69–84, bes. 70 ff.] vorgeschlagen hat.

V. Lutherische Konfessionskultur
des 17. Jahrhunderts
im Rahmen der Kirchengeschichte der Frühneuzeit

1. Westfälischer Friede und Pluralisierung

Das Ergebnis der Konfessionsgeschichte des Alten Reiches ist das Scheitern im Namen der christlichen Religion auftretender holistischer Identitätstheorien. Die in das Ringen des Zeitalters verstrickten politischen und konfessionellen Kräfte erwiesen sich als partikular; eine konfessionelle und politische Pluralisierung in den neutralisierenden Banden des Rechts war die Folge eines Konfliktsyndroms, das sich nicht durch eindeutige Siege oder Niederlagen lösen ließ. Die als rechtliche Dauerordnung etablierte Pluralisierung der Konfessionen bedeutete nicht schon Toleranz. Toleranz als die gemeinhin aufklärerisch konnotierte Form, mit Pluralisierung umzugehen, setzt einen die paritätische Kompromißstruktur des Westfälischen Friedenswerkes geradezu aufhebenden Standpunkt der Neutralität jenseits der Parteilichkeit voraus. Gleichwohl wird man dem Westfälischen Frieden den Rang einer wichtigen Zwischenetappe auf dem Weg zur Toleranz nicht absprechen dürfen.[358]

Der schicksalhafte Konfessionskonflikt in seiner dramatischsten Zuspitzung und seiner seit den späteren 1630er Jahren fortschreitenden politischen Instrumentalisierung hatte eine definitive Suspendierung der religiösen Wahrheitsfrage im Westfälischen Frieden erzwungen. Die im In-

---

[358] Vgl. HECKEL, wie Anm. 2, S. 228; DERS., wie Anm. 315, I, S. 224; 227; zuletzt: WINFRIED SCHULZE, Pluralisierung als Bedrohung: Toleranz als Lösung. In: 350 Jahre Westfälischer Friede, wie Anm. 11, S. 63–86, bes. 64; vgl. auch KLAUS SCHREINER, Art. Toleranz. In: Geschichtliche Grundbegriffe Bd. 6, 1990, unveränderter Nachdruck der 1. Auflage, Stuttgart 1997, S. 445–605, bes. 496; zum „konfessionelle[n] Pluralismus als Folge der Reformation" vgl. auch CHRISTOPH SCHWÖBEL, Art. Pluralismus II. In: TRE 26, 1996, S. 724–739, hier: 725. TRUTZ RENDTORFF formuliert zuspitzend: „‚Parität' aber ist ein Vorbegriff für Pluralismus." Über die Wahrheit der Vielfalt. Theologische Perspektiven nachneuzeitlichen Christentums. In: JOACHIM MEHLHAUSEN [Hg.], Pluralismus und Identität, [VWGT 8], Gütersloh 1995, S. 21–34, hier: 25.

strumentum Pacis Osnaburgense enthaltenen juristischen Regulierungs-
mechanismen der Parität zweier konfessionell getrennter Reichstagscor-
pora, die Itio in partes und das Prinzip der amicabilis compositio, aber
auch der reichsreligionsrechtliche Untertanenschutz[359] trugen mittelbar
wesentlich zur Entstehung einer Gesellschaftsordnung bei, die zur Kon-
fliktregulierung nötigte und vor allem politisch, aber auch geistig-religiös
vor die Aufgabe stellte, mit der Differenz zu leben, da man weder die eigene Identität allgemein durchsetzen konnte, noch sie aufgeben durfte.

Die territorialen und städtischen Versuche der Reformationszeit und
des konfessionellen Zeitalters, sich als je eigene corpora christiana „im
Kleinen" zu verstehen und zu formieren[360], d.h. monistische, religiös integrierte und legitimierte Gesellschaftsgebilde zu schaffen, hatten sich nach
1648 im Rahmen der durch das Normaljahr gezogenen Grenzen zu bewegen und vermochten kaum mehr leidenschaftliche religiöse Überzeugungskraft und Plausibilität zu entbinden. Die Instrumentalisierung der
Kirche und der Religion zu Zwecken der ‚Sozialdisziplinierung' und der
Herrschaftsintegration trat nach 1648 umso deutlicher hervor und stieß
auf Kritik. Gleichwohl entwickelten sich auch nach 1648 – etwa in den
paritätischen Reichsstädten – konfessionsseparate Gesellschaften oder
prägten sich aus.[361] Und die Energien der konfessionellen Dynamik in der
Prägung der Lebenswelten hielten bekanntlich jahrhundertelang an. Die
konfessionelle Spaltung bildete eine der Grundkonstanten der deutschen
Geschichte.

2. Innerlutherische Pluralisierung

Gegenläufig zu einer gesellschaftsgeschichtlichen Vergleichsperspekti-
ve, die die innere Zentriertheit und die konfrontativen Abgrenzungsme-
chanismen im Verhältnis der drei Konfessionen zueinander betonen wird,
stellt sich die lutherische Konfessionskultur im Dreißigjährigen Krieg aus

---

[359] Vgl. nur HECKEL, wie Anm. 2, S. 195 ff.; DERS., wie Anm. 315, I, S. 106 ff.; 227 ff.;
II, S. 636 ff.

[360] Diese von BERND MOELLER in bezug auf die städtischen Lebensräume vor und
im Zuge der Reformation geprägte Formulierung [Reichsstadt und Reformation, Berlin ²1987, S. 15] dürfte auch in bezug auf die Territorien Erwägung verdienen, wie dies
der Tendenz nach bei HORST RABE [Deutsche Geschichte 1500–1600. Das Jahrhundert
der Glaubensspaltung, München 1991, S. 364] geschieht.

[361] Instruktives Anschauungsmaterial bietet: ETIENNE FRANÇOIS, Die unsichtbare
Grenze. Protestanten und Katholiken in Augsburg 1648–1806, [Abhandlungen zur Geschichte der Stadt Augsburg 33], Sigmaringen 1991.

kirchengeschichtlicher Sicht als in sich außerordentlich vielfältiges, ja plurales Phänomen dar, das mit dem Troeltschschen Etikett einer konfessionellen „Einheitskultur"[362] nicht angemessen erfaßt werden kann. Die geistesgeschichtlich in der Aufklärung verwurzelte Vorstellung, Begriffe wie ‚Christentum' und ‚Religion' brächten jenes Allgemeine zur Sprache, das sich gegen die konfessionskirchliche Partikularität des konfessionellen Zeitalters in Aufklärung und Pietismus durchzusetzen hatte, verkennt, daß jenes ‚Allgemeine' zumal innerhalb der lutherischen Konfessionskultur seinen begriffsgeschichtlichen Ort hatte und in der ekklesiologischen Differenz zwischen der wahren Kirche und den historischen Konfessionskirchen gründete. Die Bedeutung des Dreißigjährigen Krieges für die lutherische Konfessionskultur dürfte vornehmlich darin bestehen, daß der Krieg zur inneren Pluralisierung theologischer und religiöser Deutungsmuster beitrug. Darin scheint eine spezifische Wirkung des Krieges auf die lutherische Konfession zu bestehen, die, im Unterschied zu der ökumenisch oder europäisch geprägten römisch-katholischen bzw. reformierten Konfession[363] in einer – zumal durch die Jubiläen von 1617 und 1630 und die wachsende Distanz zu den Schweden seit etwa 1635[364] – noch einmal verstärkten Bezogenheit auf das Alte Reich existierte.

---

[362] ERNST TROELTSCH formuliert: „Der Altprotestantismus fällt trotz seines allgemeinen Priestertums und seiner prinzipiellen Gesinnungsinnerlichkeit unter den Begriff der streng kirchlich supranaturalen Kultur, die auf einer unmittelbaren und streng abgegrenzten, vom Weltlichen zu unterscheidenden Autorität beruht. Er versuchte geradezu mit seinen Methoden diese Tendenz der mittelalterlichen Kultur strenger, innerlicher, persönlicher durchzusetzen, als dies dem hierarchischen Institut des Mittelalters möglich war." ERNST TROELTSCH, Die Bedeutung des Protestantismus für die Entstehung der modernen Welt, [HB 24], München/Berlin 1911, S. 26; zur TROELTSCHschen ‚Einheitskultur' in bezug auf das Mittelalter vgl.: ULRICH KÖPF, Die Idee der ‚Einheitskultur' des Mittelalters. In: FRIEDRICH-WILHELM GRAF – TRUTZ RENDTORFF [Hg.], Ernst Troeltschs Soziallehren, [TROELTSCH-Studien 6], Gütersloh 1993, S. 103–121.
[363] Instruktive Perspektiven dazu bieten die Sammelbände: HEINZ SCHILLING – WOLFGANG REINHARD [Hg.], Die katholische Konfessionalisierung [SVRG 198], Gütersloh 1995; ANDREW PETTEGREE – ALASTAIR DUKE – GILLIAN LEWIS [Hg.], wie Anm. 123 [s. dazu meine Rezension in: ZHF 24, 1997, S. 617–619].
[364] Eine satirische Abrechnung mit dem expansiven Ausgriff Schwedens „auff gantz Europa", das als gefräßiges, nimmersattes Untier dargestellt wird, bietet etwa die anonyme Flugschrift: Rossomalza. Das ist: Der Schwedische Vilfraß: Einem jedern zum Abschew repraesentiret … 1644. [Exemplar Hofbibliothek Fürst Thurn und Taxis Regensburg, Sammlung Haeberlin C 70/18], A3ᵛ; vgl. oben Anm. 263. Angesichts der Bündnispolitik mit Frankreich erscheint die angebliche schwedische Opferbereitschaft für die wahre Religion als törichte Ideologie erwiesen. „Und weiln Schweden sich newlich mit Franckreich verlobet / sollen sie / wie die Couranten geben / auff demselben Tag dieses grossen Gastmahls Hochzeit machen wollen: Der Bapst die

Forschungsperspektivisch wäre zu erproben, ob und inwiefern mit einer gegenläufigen Entwicklung der Konfessionalisierungsdynamik in der
ersten Hälfte des 17. Jahrhunderts im Luthertum einerseits, im Reformiertentum und im römischen Katholizismus andererseits zu rechnen ist.
Während für das Reformiertentum mit den von den meisten reformierten
Kirchen – jedenfalls außerhalb Deutschlands – als normative Lehrgrund-
lage rezipierten Canones der Dordrechter Synode[365] und für den römischen Katholizismus mit den erst im weiteren Verlauf des 17. Jahrhunderts
allgemein verwirklichten Beschlüssen des Trienter Konzils[366] Entwick-
lungen oder Tendenzen dynamisiert wurden oder zum gesellschaftsgeschichtlichen Durchbruch kamen, die eine Vereinheitlichung der Lehre,
des Kultus, des Lebens in der Konfessionsgesellschaft intendierten oder
erreichten, scheinen im zeitgenössischen Luthertum allenthalben Momente der doktrinalen Dekomposition, der Pluralisierung, der differen-
zierenden Ausformung spezifischer Lehrakzente in den Vordergrund zu
treten. Die ‚Duldsamkeit‘ des Luthertums gegenüber „dogmatische[n]
Differenzen in seinem Bereich"[367] scheint im Zuge des Dreißigjährigen
Krieges zu-, die des Reformiertentums und des römischen Katholizismus
hingegen scheint vorerst eher abgenommen zu haben.

Die expansive Dynamik des römischen Katholizismus, die in dem agi-
len jesuitischen Missionar ihren vielleicht spezifischsten Repräsentanten
findet[368], ist von einem Selbstbewußtsein getragen, das, in distanzierender
Außenwahrnehmung betrachtet, um den unbedingten strategischen Vor-
rang der Mission vor der ‚Ketzerbekämpfung‘ zu wissen scheint; die Thea-

---

Braut / und die Venetianer den Brautigamb zur Trawe fuehren. D. Mart. Luth. hat die
Verehligung verrichten sollen / ist aber dieser Tagen unwillig worden / weiln der
Braeutigamb / wie er vorgibt / ihme die Schwester geschaendet: So hat auch die Braut
wider ihn excipiren wollen." B3ʳ.

[365] Vgl. nur: Johannes Pieter van Dooren, Art. Dordrechter Synode. In: TRE 9,
1982, S. 140–147; Jan Rohls, Art. Orthodoxie, reformierte. In: EKL³, Bd. 3, 1992,
Sp. 959–966; Olivier Fatio, Art. Orthodoxie II. Reformierte O. In: TRE 25, 1995,
S. 485–497 [Lit.].

[366] In dieser Hinsicht besteht ein Forschungskonsens; vgl. außer Schilling – Reinhard, wie Anm. 363: Heinrich Richard Schmidt, Konfessionalisierung im 16. Jahrhundert [Enzyklopädie Deutscher Geschichte 12], München 1992, S. 37.

[367] Otto Ritschl, Dogmengeschichte des Protestantismus Bd. III, wie Anm. 196,
S. 315.

[368] Eine höchst anregende Darstellung des römischen Katholizismus des 17. Jahr-
hunderts, in der die Figur des jesuitischen Missionars als die geradezu charakteristische
Gestalt des missionarischen Weltkatholizismus erscheint, bietet: Adriano Prosperi,
Der Missionar. In: Rosario Villari [Hg.], Der Mensch des Barock, Frankfurt u.a. 1997,
S. 142–180.

tralik der Jesuiten ist ebenso wie ihre perfektionierte Kasuistik Ausdruck einer Anpassungsfähigkeit, einer ‚Modernität' im Zeichen weltkirchlicher Sammlung und konfessioneller Zentrierung, die im Luthertum als ganzem ohne wirkliche Analogie ist. Und auch das Reformiertentum hatte in der Mitte des 17. Jahrhunderts den größeren Teil seines Weges in die Welt, die es verändern sollte, noch vor sich. Zu den zumindest temporär wirksamen theologisch-politischen Ausgrenzungen, wie sie der ‚allerchristlichsten' Krone Frankreichs im Verbund mit dem Papsttum in bezug auf die Jansenisten und dem niederländischen Reformiertentum hinsichtlich der Arminianer gelangen, finden sich im Luthertum des 17. Jahrhunderts keine Analogien. Freilich weisen auch die genannten Phänomene auf innerkonfessionelle Pluralisierungen der römischen Kirche und der reformierten Kirchen in der ersten Hälfte des 17. Jahrhunderts hin, ohne daß diesen ein Eigengewicht zukäme wie im Falle des Luthertums. Und während die anderen Konfessionen nach der Jahrhundertmitte noch einmal – zugespitzt formuliert – die Welt in die Kirche zu ziehen oder die Welt zur Kirche zu machen versuchten, schien das Luthertum vornehmlich darauf beschränkt, Kirche in einer Welt zu sein, deren Ende selbst strittig war.

Möglicherweise ist das Luthertum in Hinblick auf seine innerkonfessionelle Pluralisierung den anderen Konfessionen historisch so vorangegangen, wie es ihnen in gewissem Sinne überhaupt hinsichtlich der Konfessionsbildung vorangegangen war. In bezug auf die kardinale Rolle einer Bekenntnisschrift, die Confessio Augustana, die wichtigsten, einander in ihren Wirkungen im ganzen ergänzenden theologischen Autoritäten – Luther und Melanchthon –, die zunächst einzige wesentliche Ausbildungsstätte der reformatorisch geprägten Geistlichkeit – Wittenberg –, die relative Einheitlichkeit der Ordinations- und Visitationspraxis wie der Kirchenordnungen überhaupt, der schulischen und akademischen Ausbildungsform, ihrer Lehrbücher und vielem anderen mehr hatte sich das Luthertum ja zunächst als eine bemerkenswert einheitliche Größe dargestellt. Zumindest seit dem Streit um das Interim aber war der theologische und religionspolitische Differenzierungsprozeß nicht mehr aufzuhalten gewesen. Gerade das eine Bekenntnis war im Luthertum Anlaß zu strittig-vielfältigen Auslegungen geworden und fungierte bisweilen nurmehr aus formalen reichsreligionsrechtlichen Gründen als Band. Aber das Konkordienwerk ermöglichte nun doch die Sammlung eines ‚Mehrheitsluthertums', das zwar die Richtungsdifferenzen nicht auslöschte, aber doch doktrinale Konsolidierung, ‚Orthodoxie' ermöglichte.

Orthodoxes Luthertum ist stricto sensu konkordistisches Luthertum, und das heißt angesichts dessen, daß der Konkordienformel eine gesamtlutherische Geltung versagt blieb[369], kann mit ‚Orthodoxie‘ nur ein zwar theologisch keineswegs marginales, wohl aber theologiegeschichtlich partikulares Phänomen bezeichnet werden. In diesem Problemhorizont kommt dem Begriff der *lutherischen Konfessionskultur* die Funktion zu, die innerlutherische Vielfalt hinsichtlich des geltenden Bekenntnisses ebenso wie hinsichtlich der kulturellen Ausdrucksformen begrifflich zu verbinden. Damit bietet der Begriff zugleich die Möglichkeit, die im Luthertum bemerkenswert vielfältigen Phänomene und die zahlreichen Personen, die sich einerseits durchaus als Lutheraner verstehen, sich andererseits aber gegenüber pansophischen, kabbalistischen, naturkundlich-alchimistischen, paracelsischen oder auch mystischen und spiritualistischen Einflüssen öffnen und diese in vielfältiger Weise aufnehmen, mit der eigenen Tradition zu verbinden versuchen oder sich diesen ohne Vermittlung mit ihrer religiös-theologischen Tradition widmen, innerhalb des zeitgenössischen Luthertums zu verorten.[370] Die geistig-religiöse Weite und die literarische Unkonventionalität eines Johann Valentin Andreä etwa oder auch der kompilatorische Rezeptions- und Denkstil eines Johann Arndt wären ebenso wie die Luther und Arndt verpflichtete, Böhme ins Luthertum integrierende, konfessionelle ‚Parteilichkeit‘ abrogierende antiakademische Eklektik des schlesischen Laientheologen Abraham von Franckenberg als kultureller Ausdruck der dynamischen lutherischen Christentumsgestalt des 17. Jahrhunderts zu thematisieren, und ihr „Luthertum“ nicht an dogmatischen Einzelfragen oder am Maßstab der sie kritisierenden oder auch verteidigenden ‚Orthodoxie‘ zu orientieren.

Bereits im 17. Jahrhundert lassen sich unterschiedliche Grade der Identifikation mit der eigenen Konfessionskirche, also ein differenziertes Verhältnis zur kirchlichen Institution, feststellen, das auch in der mit der Reformation einsetzenden Interpretationsgestalt des Christentums seine Wurzeln haben dürfte. Bei einzelnen theologischen Fragen, etwa der apokalyptischen Naherwartung, ist damit zu rechnen, daß Positionen, die zu Beginn des 17. Jahrhunderts für orthodoxe Theologen charakteristisch waren, an seinem Ende eine zusehends marginalisierte Auffassung innerhalb der zeitgenössischen lutherischen Konfessionskultur darstellen. Und

---

[369] Vgl. nur: Dingel, wie Anm. 187; Inge Mager, Die Konkordienformel im Fürstentum Braunschweig-Wolfenbüttel. Entstehungsbeitrag – Rezeption – Geltung [SKGNS 33], Göttingen 1993.

[370] Exemplarische Anschauung dazu, insbesondere am Beispiel Wolfgang Ratkes und Johannes Kromayers bietet Theodor Mahlmann, Johannes Kromayers Wirken für Schule und Kirche im frühen 17. Jahrhundert. In: PuN 20, 1994 (1995), S. 28–54, bes. 34 f.; 50.

neben kontroversen theologischen Einzelfragen scheint zumeist auch die
Frage nach dem dem Luthertum entsprechenden genus θεολογεῖν, nach
der Weise, in der Theologie zu treiben ist, strittig zu sein. Für die Auseinandersetzungen um Arndt etwa, um Rathmann, um den Helmstedter
Synkretismus, ja wohl auch für den Tübinger-Gießener Streit auf seiner
das Weltverhältnis des Glaubens berührenden Tiefenschicht dürfte dies
gelten, und für die Kontroversen um den ‚Pietismus‘ allemal. Insofern
scheint es mir durchaus fraglich zu sein, ob man eine um Wahrnehmungs-
breite bemühte Geschichte der lutherischen Orthodoxie anders denn
auch als Geschichte ihrer Umstrittenheit konzipieren kann. Die mit dem
offenen Begriff der lutherischen Konfessionskultur angedeutete Perspektive impliziert deshalb, Gestalten und Positionen, die im Namen einer
‚Reformation des Lebens‘ gegen den Eifer für die ‚Orthodoxie‘ auftreten,
als maßgebliches Moment, vielleicht auch als Richtung innerhalb der lutherischen Konfessionskultur zu verstehen. Daß das, was ich mit lutherischer Konfessionskultur bezeichnen möchte, eine religiös integrierte All-
tagskultur meint, die zwar keine monolithisch geschlossene Einheit darstellt, wohl aber prägende Verbindlichkeiten voraussetzt und diese in vielfältigen Formen aktualisiert, ist gegenüber neueren kulturgeschichtlichen
Konzeptionen der Frühneuzeit nachdrücklich zu betonen.[371]

---

[371] Der von OTHMAR PICKL und HELMUTH FEIGL herausgegebene Sammelband:
Methoden und Probleme der Alltagsforschung im Zeitalter des Barock, [Österreichi-
sche Akademie der Wissenschaften, Veröffentlichungen der Kommission für Wirt-
schafts-, Sozial- und Stadtgeschichte 5], Wien 1992, bietet instruktive Hinweise insbesondere zu den Methodendebatten der Historiker in bezug auf die Alltags(kultur)geschichtsschreibung. Religion wird in den Beiträgen des Bandes bestenfalls am
Rande, und dort zumeist unter der romantischen Chiffre der „Volksfrömmigkeit“ oder
unter dem Gesichtspunkt eines repressiven Normensystems, das Außenseiter ausgrenzt,
thematisiert. HANS-JÜRGEN TEUTEBERG rechnet die Religion in seinem Beitrag „Alles
das – was dem Dasein Farbe gegeben hat. Zur Ortsbestimmung der Alltagsgeschichte“
[aaO., S. 11–42], neben z.B. „Ideologien, Rechts- und Kommunikationssysteme[n],
Kunst, Bildung und Erziehung“ usw. unter die „Regulatoren des historischen Alltags“,
die als „Determinanten … gesellschaftliche Grundbedürfnisse“ erfüllen, aber „nicht
selbst Bestandteile des Alltagslebens“ sind, sondern „gleichsam von außen auf das tägli-
che Handeln“ einwirken [S. 19]. Damit scheint die Religion definitiv aus dem Diskurs
über den Alltag herauseskamotiert zu sein. Im Zusammenhang der gegenwärtig lebhaft
geführten geschichtswissenschaftlichen Diskussion um eine ‚neue Kulturgeschichte‘
können außerdem die jüngst vorgetragenen Überlegungen MARTIN DINGES’ Aufmerksamkeit beanspruchen, vor allem weil sie gleichfalls dezidiert auf die frühe Neuzeit bezogen sind. MARTIN DINGES, „Historische Anthropologie“ und „Gesellschaftsgeschichte“. Mit dem Lebensstilkonzept zu einer „Alltagskulturgeschichte“ der frühen Neuzeit?
In: ZHF 24, 1997, S. 179–214 (dort auch die wichtigste Literatur zur Sache); zum Pro-
blemkontext instruktiv sind auch die forschungsanalytischen Hinweise von HEINZ

Der in der territorialkirchlichen Vielfalt des deutschen Luthertums angelegte, im Zuge des Krieges dynamisierte innerlutherische Pluralisie-
rungsprozeß bildet den Auftakt der neuzeitlichen Protestantismusge-
schichte oder den Hintergrund, vor dem sich diese entfaltete. Der neuzeitliche Protestantismus erwuchs nicht – entgegen einem in diesem vorherrschenden Selbstverständnis – aus einer bloßen Opposition gegenüber einer angeblich monolithisch gefestigten Orthodoxie, sondern trat aus der
in sich pluralen lutherischen Konfessionskultur heraus seinen Weg in die
Neuzeit an, d.h. er entwickelte sich in Anknüpfung an und im Widerspruch zu den vielfältigen und zum Teil disparaten Traditionsbeständen
des Luthertums des 17. Jahrhunderts.

3. Periodisierungsfragen

Als Epochenbegriff verwendet suggeriert der Begriff der ‚Orthodoxie'
eine Geschlossenheit, die der inneren Bewegtheit und Vielfalt des Luthertums im konfessionellen Zeitalter nicht gerecht wird. Schon im 17. Jahrhundert ist ‚Orthodoxie' eine Richtung von Theologie und Kirche, und
als solche bleibt sie, wenn auch mit vermindertem Einfluß und in ihrerseits gewandelter Gestalt, neben anderen Richtungen auch im 18. Jahrhundert einflußreich. Eine kirchen- und christentumsgeschichtliche Per-

---

SCHILLING, Disziplinierung oder „Selbstregulierung der Untertanen"? Ein Plädoyer für
die Doppelperspektive von Makro- und Mikrohistorie bei der Erforschung der frühmodernen Kirchenzucht. In: HZ 264, 1997, S. 675–691. Gegenüber dem von DINGES als
Grundlage eines Konzepts von „Alltagskulturgeschichte" in Anwendung gebrachten
Kulturbegriff kann hier nur eine knappe Distanzierung erfolgen. DINGES versteht unter
Kultur „jene Vielfalt von Formen […], in denen Individuen, Gruppen oder ganze Gesellschaften ihre Bedürfnisse ausdrücken" [S. 185]. Kultur erscheint demnach als „immer
strittig und veränderbar" [ebd.]. Letzteres ist in bezug auf das von mir so genannte Phänomen der lutherischen Konfessionskultur als einer religiös integrierten Kultur mit beträchtlichem ‚Alltagsbezug' grundsätzlich in Frage zu stellen, wie überhaupt religiöse
Wertbindungen dem arbiträren Utilitarismus (Bedürfnisse!) des DINGESschen Kulturbe-
griffes der „Lebens- und Verhaltensstile" widerstreiten. Wenn DINGES formuliert, Kultur sei „das Medium […], in das die anderen Bereiche (Ökonomie, Soziales, Politik, Religion) hineinwirken und das die anderen Bereiche strukturiert" [S. 198], scheint er von
einer etwa für das 16. und 17. Jahrhundert nachdrücklich zu bestreitenden Beliebigkeit
in der Zuordnung dieser „Bereiche" auszugehen. Einer „Alltagskulturgeschichte" gegenüber, die sich dem Anspruch und der Wirklichkeit der Religion, dem elementaren
Sachverhalt mithin, daß sich Menschen „versammeln […], um sich zu dem Mysterium
zu bekennen, das ihre Geburt, ihr Leben und ihren Tod umgibt und Gott die letzte Erklärung zu überlassen" [PAUL HAZARD, Die Krise des europäischen Geistes, 1680–1715,
Hamburg 1939, S. 479], schlechterdings beziehungslos verhält, ist Skepsis angebracht.

spektive, die sich nicht primär oder gar ausschließlich an den geistigen Phänomenen der akademischen Theologie und ihrem theologischen ‚Fortschritt' orientiert, wird die prägenden Wirkungen der lutherischen Konfessionskultur des 17. Jahrhunderts auf alltagsgeschichtlichen Ebenen, bei den Auffassungen, Gewohnheiten und Mentalitäten der Gemeinden, ihrer Pfarrer oder einzelner Christen, die sich auch im 18. Jahrhundert noch keineswegs von Paul Gerhardt, Johann Arndt, Christian Scriver oder Heinrich Müller verabschiedet hatten oder die sie im 19. Jahrhundert wiederentdeckten, zu berücksichtigen versuchen. Und sie wird mit ‚milieugeprägten' Christentumsgestalten rechnen, auf die sich Tendenzen, die in der akademischen Theologie gerade ‚modern' waren, keineswegs unmittelbar, vielleicht erst mit beträchtlichen Phasenverschiebungen und in vielfältigen Rezeptionsformen, Brechungen und Mischgestalten auswirkten. Die Prägungen lutherischer Konfessionskultur des 17. Jahrhunderts dürften auf der Ebene der Mentalitäten nachhaltiger gewesen sein, als es das Zurücktreten orthodoxer Theologie an den Universitäten im Verlaufe des 18. Jahrhunderts erkennen ließe. Die Aus- und Umformung der religiös-kulturellen Lebensformen in der neueren Geschichte des Protestantismus hat bisher keineswegs jene Aufmerksamkeit gefunden, die der Geschichte der „Umformung" seines Denkens (E. Hirsch) entgegengebracht wurde, und eben nicht jenes Interesse, das ihr gebührt, wenn man das Ideal einer geschichtlichen Gesamtanschauung, einer ‚histoire totale', nicht schon preisgeben will, ehe man sich der dadurch gestellten Herausforderung geöffnet hat.

Auch die mit einem Epochenbegriff ‚Pietismus' verbundenen konzeptionellen Probleme scheinen kaum lösbar zu sein.[372] Einerseits herrscht

---

[372] Eine Verwendung von ‚Pietismus' bzw. ‚Pietismus' in Verbindung mit ‚Aufklärung' im Sinne eines Epochenbegriffs sehe ich z.B. dann gegeben, wenn Greschat von einem „klare[n] zeitliche[n] Einschnitt zwischen der altprotestantischen Orthodoxie und dem Pietismus" spricht: „Hatte die erstere bis weit über die Mitte des 17. Jahrhunderts hinaus eine prinzipiell unangefochtene Herrschaft auszuüben vermocht, so kam es in den Jahrzehnten danach zu ihrer umfassenden Ablösung und ‚Aufhebung' durch den Pietismus, dann auch durch die Aufklärung [...]." Martin Greschat, Einleitung in: Ders. [Hg], Orthodoxie und Pietismus, [Gestalten der Kirchengeschichte Bd. 7], Stuttgart u.a. 1982, hier: S. 9 f.; ähnlich Ders., wie Anm. 5, S. 92. Hans Schneider formuliert: „Der Pietismus löst das Zeitalter der Orthodoxie ab." In: Raymund Kottje – Bernd Moeller [Hg.], Ökumenische Kirchengeschichte Bd. III: Neuzeit, Mainz, München ⁴1989, S. 56. Johannes Wallmann hat darauf hingewiesen, daß Spener „den Begriff ‚Pietismus' zu einem [...] Epochenbegriff umgeprägt" habe. „Er hat damit dasjenige Verständnis von Pietismus geschaffen, das heute in den historischen Wissenschaften üblich ist." Was ist Pietismus? In: PuN 20, 1994 (1995), S. 11–27, hier: 18; zum Begriff ‚Pietismus' grundlegend: Wallmann, Pietismus, wie Anm. 9, S. 7–11.

eine beträchtliche Meinungsvielfalt hinsichtlich der chronologischen Fixierung des Pietismus, seines ‚engeren' oder ‚weiteren' Begriffs, der Bestimmung seiner Ursprünge und seines ‚Wesens', unbeschadet dessen, daß der Pietismus in der gegenwärtigen Forschung andererseits durchgängig als theologie-, frömmigkeits- und sozialgeschichtlich bestimmbare „*Bewegung*" gilt. Eine Bewegung kann sich zwar zu einem globalen, ein Zeitalter prägenden Phänomen auswachsen, wie dies in bezug auf die ‚reformatorische Bewegung' und eine – freilich höchst umstrittene[373] – ‚Epoche' der Reformation mit guten Gründen behauptet wird. Doch in Hinblick auf den Pietismus dürfte unstrittig sein, daß er, unbeschadet dessen, daß er spezifische Sozialformen hervorbrachte, ein partikulares Phänomen *neben* anderen bzw. eine Richtung *innerhalb* vornehmlich des deutschen Protestantismus war. Der Begriff einer ‚Epoche des Pietismus' scheint zu implizieren, daß er nicht *ein* epocheprägendes Phänomen neben anderen, sondern *das* für die Epoche *entscheidende* ist. Letzteres scheint aber nur in bezug auf seine Strittigkeit zu gelten.

Der Umstand schließlich, daß das Verhältnis von ‚Orthodoxie' und ‚Aufklärung' zumeist vornehmlich als ein „übergangs- oder vermittlungstheologisches" bestimmt wird[374], macht auf seine Weise deutlich, daß auch in bezug auf die Ebene der ‚hohen' akademischen Theologie und die materialen dogmatischen, erkenntnistheoretischen und hermeneutischen Sachgehalte derselben kaum mit oppositiven Vorstellungsmodellen zu operieren ist, sondern Tendenzangaben und Richtungsdiagnosen als angemessener erscheinen. So dürfte auch die für die Aufklärung in Deutschland charakteristische Distanzierung von der Kirche bei gleichzeitiger Anknüpfung an elementare Grundwahrheiten des Christentums in der als Christentumskultur zu deutenden lutherischen Konfessionskultur des 17. Jahrhunderts gründen und dem Bildungsbürgertum des 18. Jahrhunderts nicht zuletzt durch einen ‚radikal-pietistischen' Autor wie Gottfried Arnold vermittelt worden sein. Die Wahrnehmung von Übergängen und langwierigen Transformationsprozessen wird durch ein historiographisches Konzept, das die Ablösung eines ‚Zeitalters der Orthodoxie' durch ein ‚Zeitalter der Aufklärung' bzw. ein ‚Zeitalter von Pietismus und Aufklärung' suggeriert, erschwert. In ihrer faktischen Verwendung in der

---

[373] Vgl. KAUFMANN, wie Anm. 233, bes. Sp. 1118 ff., sowie zuletzt die Beiträge und Diskussionen in dem von BERND MOELLER herausgegebenen Sammelband: Die frühe Reformation in Deutschland als Umbruch, [SVRG 199], Gütersloh 1998.

[374] Vgl. zur Theologiegeschichte der Neuzeit zuletzt und umfassend: JAN ROHLS, Protestantische Theologie der Neuzeit I, Die Voraussetzungen und das 19. Jahrhundert, Tübingen 1997, bes. S. 147 ff.

Wissenschaftssprache gehen die Begriffe ‚Orthodoxie‘, ‚Pietismus‘ und ‚Aufklärung‘ nicht über die Bestimmung zentral wichtiger theologie- und frömmigkeitsgeschichtlicher Tendenzen hinaus. Als Epochenbegriffe in einem strikten Sinn verdanken sie sich einem geistesgeschichtlichen Entwicklungsteleologismus, dessen Leistungsstärke durch den faktischen Gebrauch der Begriffe widerlegt ist. Sie als kirchengeschichtliche Epochenbegriffe aufzugeben, ist also überfällig.

Wenn mit den Begriffen ‚Pietismus‘ und ‚Aufklärung‘ nicht zäsurierende periodologische ‚Umbrüche‘, sondern vielmehr Momente einer pluralen Konfessionskultur bezeichnet werden, scheint es leichter möglich zu sein, die ‚Orthodoxie‘ bzw. prägende Elemente der geistig-methodologischen Tradition der konfessionell-lutherischen Theologie, vielfältige Adaptions-, Umgestaltungs- und Aneignungsformen, gelegentliche Revitalisierungen oder Renaissancen in neuen Bewegungen und in mannigfachen Übergangsformen zu analysieren. In bezug auf das Kirchenlied und die sogenannte Erbauungsliteratur ist von einer erst nach dem ersten Drittel des 18. Jahrhunderts unterbrochenen und durch die ‚Erweckungsbewegung‘ des 19. Jahrhunderts bis an die Schwelle der Gegenwart weitergeführten Langzeitwirkung der literarischen Schöpfungen des 17. Jahrhunderts auszugehen. Nicht das Nach-, sondern das Ineinander des Verschiedenen, die Integration neuer Fragen und veränderter Kommunikationsformen, die Bewältigung neuer Herausforderungen in Anknüpfung, partieller oder definitiver Absage an Elemente der eigenen konfessionellen Tradition scheint die konfessionskulturelle Entwicklung des Luthertums und seinen Weg in die Neuzeit zu bestimmen.[375]

---

[375] Die hier angedeutete Perspektive berührt sich mit Überlegungen, die unlängst JOHANNES WALLMANN [wie Anm. 270] vorgetragen hat. WALLMANN schlägt vor, den „Beginn der lutherischen Spätorthodoxie mit Calovs Tod oder ca. 1680" [S. 12] anzusetzen; die Spätorthodoxie am Ende des 17. Jahrhunderts bildet den Schlußstein einer „*Epoche* der Orthodoxie, also desjenigen Zeitalters, das von der Orthodoxie geprägt wurde". [Ebd.]. Im frühen 18. Jahrhundert habe die Spätorthodoxie dann den Charakter einer „Schulrichtung neben Pietismus und Aufklärung" [ebd.] angenommen. Mit dieser Überlegung ist allerdings dem Problem verschiedener „Schulrichtungen" innerhalb der ‚Orthodoxie‘ konzeptionell noch nicht entsprochen. Zugleich erscheint es mir wenig hilfreich, mit ‚Orthodoxie‘ einerseits einen Epochen-, andererseits einen theologischen Richtungsbegriff zu bezeichnen. Ich schlage deshalb vor, den Begriff ‚Orthodoxie‘ als Epochenbegriff aufzugeben und ihn schon für das 17. Jahrhundert als Richtungsbegriff zu verwenden, d.h. zur Bezeichnung der wissenschaftlichen Universitätstheologie, die einerseits durch die sie prägende Orientierung an der aristotelischen Philosophie und die Kultivierung bestimmter akademischer Literaturgattungen, andererseits durch innere Differenzierungen in spezifischen Lehrfragen und durch einen im 17. Jahrhundert zunehmenden Abstand von ‚nicht-wissenschaftlicher‘ Theologie und ihren Gattungen geprägt war, unbeschadet dessen, daß es dieselben Theologen sein

Ein kirchengeschichtlicher Epochenbegriff der *Frühen Neuzeit* bietet die Möglichkeit, diese Formierungs-, Wandlungs- und Pluralisierungsprozesse der Konfessionen auf dem ‚Weg in die Neuzeit' periodisierungskonzeptionell zu integrieren und die stärker qualitativ bestimmten Umbruchs- und Übergangsprozesse, die als *Reformation* und *konfessionelles Zeitalter* bezeichnet werden, in einer das 16. bis 18. Jahrhundert umspannenden Periode zu verbinden.

4. Abschließende Bemerkungen

Die Pluralisierung des Luthertums im 17. Jahrhundert dürfte auch als eine mittelbare Folge der eminenten Interaktionen zwischen der lutherischen Theologie und Frömmigkeit und der Lebenswelt des Zeitalters zu bestimmen sein. Veränderungen des individuellen und kollektiven Selbstverständnisses wirkten sich in Anknüpfung und Widerspruch, in teilweiser Aufnahme oder radikaler Absage an die eigene konfessionelle Tradition aus. Insofern erscheint die *Pluralisierung* in konfessionskultureller Perspektive als *Modus* der die frühneuzeitlichen Gesellschaften prägenden *lutherischen Konfessionalisierung*.[376] Die lutherische Konfessions-

---

mochten – und auch faktisch in großer Zahl waren –, die zugleich auf die Lehre und das Leben literarisch einzuwirken oder Leben und Lehre zu integrieren oder zu redintegrieren versuchten. Wenn man auf die Verwendung des Begriffs ‚Orthodoxie' im Sinne eines Epochenbegriffs verzichten würde, wären die Auseinandersetzungen um den ‚Pietismus' [vgl. S. 12] zugleich davon entlastet, das maßgebliche oder alleinige Schwellenphänomen einer Epochenwende zu bilden. Davon, daß den Auseinandersetzungen um den Pietismus eine historisch größere Bedeutung zukommt als etwa dem synkretistischen Streit, bin ich allerdings überzeugt. Vielleicht sind es aber auch und vor allem die kommunikationsgeschichtlichen Rahmenbedingungen, die sich nun verändert hatten. Und das, was ich als ‚Pluralisierung des Luthertums' bezeichnen möchte, gehört einerseits zu den Voraussetzungen dieses Wandels, ist andererseits aber auch Teil dieses Wandels, der also nur im Sinne eines mehrere Jahrzehnte umspannenden Prozesses zu beschreiben ist. Möglicherweise ist das Spezifische der langwierigen Auseinandersetzungen um den Pietismus darin zu sehen, daß man sich nun der Unausweichlichkeit der Vielfalt bewußt wurde, Strategien zur ‚Veralltäglichung' der Differenz einübte [vgl. dazu: Martin Gierl, Pietismus und Aufklärung. Theologische Polemik und die Kommunikationsform der Wissenschaft am Ende des 17. Jahrhunderts, (Veröffentlichungen des Max-Planck-Instituts für Geschichte 129), Göttingen 1997] und zu einer Neubewertung des ja seit der frühen Reformation auch erlittenen Verlustes der Einheit der Kirche, nun auch der Konfessionskirche, gelangte. Gerade die von Wallmann ausdrücklich bejahte sozial- und kommunikationsgeschichtliche Perspektivierung [aaO., S. 14] scheint mir mit der Hervorhebung ereignisgeschichtlicher Epochenphänomene nur im Rahmen historischer Übergangszonen bzw. theologischer Richtungstendenzen periodisierungskonzeptionell vereinbar zu sein. Die mit dem Begriff der ‚Pluralisierung' angedeu-

kultur in der Mitte des 17. Jahrhunderts steht im chronologischen Zentrum der kirchengeschichtlichen Epoche ‚Frühe Neuzeit‘. Die Frage, ob der lutherischen Konfessionskultur in der Mitte des 17. Jahrhunderts auch eine Schlüsselstellung auf dem Weg des Christentums in die Neuzeit zukommt, ist damit präjudiziert. Auch wenn sich die gemeinsamen Versuche ‚frommer‘ Landesherren und Magistrate und reformwilliger Theologen teilweise nach dem Krieg intensivierten, mit den Mitteln staatlicher ‚Sozialdisziplinierung‘ jene ‚Reformation des Lebens‘ heraufzuführen, die das heimliche oder offene Leitthema der protestantischen Kirchengeschichte des 17. Jahrhunderts war, so trugen sie in ihrem Ergebnis – wie es scheint – doch eher dazu bei, die Plausibilitätsverluste des Staatskirchentums zu vergrößern, den Drang zur Weltdistanzierung zu steigern oder das Weltverhältnis des Christentums zu differenzieren. Nicht der politisch definierte Untertanenverband als solcher, eher die einzelne Gemeinde oder das Konventikel der wahrhaft Frommen, vielleicht gar nur der Einzelne in der Unmittelbarkeit seiner Gottesbeziehung, schien in wachsendem Maße zu ‚wahrem Christentum‘ fähig und zu seiner Verwirklichung imstande zu sein, auch wenn der Bußruf allen galt. Mögen die Ursprünge einer Pluralisierung der religiösen Lebens-

---

tete Perspektive ermöglicht zugleich, die Kirchen- und Christentumsgeschichte der Frühen Neuzeit in einem stärkeren Kontinuitätszusammenhang mit dem 19. und 20. Jahrhundert zu sehen. Dieses Anliegen ist in bezug auf den allgemeinhistorischen Neuzeitbegriff unlängst von PAUL NOLTE nachdrücklich hervorgehoben worden: Gibt es noch eine Einheit der Neueren Geschichte? In: ZHF 24, 1997, S. 377–399, bes. 385 ff.

[376] Eine anregende Perspektive auf die Präsenz, Absenz und Transformation des *Christlichen* im neuzeitlichen Europa in der – wie ich präzisierend und modifizierend sagen möchte – Vielfalt seiner konfessionellen Auslegungsgestalten und kulturprägenden Wahrnehmungsmuster und Realisierungsformen verspricht das von HARTMUT LEHMANN entwickelte Deutungskonzept: Säkularisierung, Dechristianisierung, Rechristianisierung im neuzeitlichen Europa, [Veröffentlichungen des Max-Planck-Instituts für Geschichte 130], Göttingen 1997, hg. von HARTMUT LEHMANN [darin besonders LEHMANNS eigene Beiträge aaO., S. 9–16; 314–325; s. auch DERS., Dechristianisierung, Säkularisierung und Rechristianisierung im neuzeitlichen Europa. In: DERS., Religion, wie Anm. 13, S. 278–285]. Möglicherweise ließe sich im Anschluß an LEHMANNS Überlegungen ein *komplementäres* Konzept von Konfessionalisierung, Entkonfessionalisierung und Rekonfessionalisierung erproben. Denn ob die Konfessionalität nur ein Aspekt des Christlichen [vgl. aaO., S. 315], oder nicht doch seine historisch wirkungsvollste Ausdrucksform auch im neuzeitlichen Europa darstellt, dürfte noch keinesfalls entschieden sein. Eine „weitgehende Durchdringung mit christlichen Werten und Normen, eine Art ‚Durchchristianisierung‘“ [aaO., S. 319], erfolgte zunächst und vor allem im Modus der Ausformung konfessioneller Mentalitäten. Die Konfessionsspaltung war über das 19. Jahrhundert hinaus „eine der fundamentalen alltäglichen und vitalen Grundtatsachen des deutschen Leben“. THOMAS NIPPERDEY, Religion im Umbruch: Deutschland 1870–1918, München 1988, S. 155.

formen im Protestantismus allesamt oder auch nur zum Teil in der ersten Hälfte des 17. oder gar noch im 16. Jahrhundert liegen – zu einer dynamischen Entfaltung kamen sie vornehmlich unter den rechtlich definierten gesellschaftsgeschichtlichen Rahmenbedingungen des Westfälischen Friedensschlusses. Erst unter den Verhältnissen einer rechtlichen und politischen Konfessionspluralität, die mit dem Westfälischen Frieden definitiv gegeben war, entfaltete die innerkonfessionelle Pluralisierung des Luthertums eine schließlich auch die Formen des sozialen Lebens verändernde Dynamik.

Die geschichtlichen Bedingungen in der Mitte des 17. Jahrhunderts dürften sukzessive auch dazu beigetragen haben, daß sich die ‚gesellschaftliche Funktion' der Religion zu verändern begann. Die Möglichkeiten und Versuche, politische Forderungen oder militärische Aggression mit Hilfe der Religion zu legitimieren, gingen zurück, verloren an Stärke oder büßten ihre Überzeugungskraft ein. Auf die Natur und den Kosmos bezogene Erklärungspotenzen des Glaubens verlagerten ihre Plausibilisierungskontexte zusehends von der Ebene des Wissens auf die der Deutung bzw. wurden auf den verschiedenen Diskursebenen der gelehrten oder der poimenischen Herausforderung unterschiedlich aktualisiert. Die Absage an die Vernunft im Namen der geistgewirkten Einfalt der Nachfolge, der Aufstand des Geistes gegen die „Buchstäbler" (von Franckenberg) und die Differenzierung von Theologie und Glaube, die bei Calixt ihre theoretische Begründung erfahren hatte, indizieren einerseits einen Verlust integrierter Allgemeinheit, andererseits die Pluralisierung verschiedener Theologien und Glaubensformen, die sich im Rahmen der lutherischen Konfessionskultur zu entwickeln vermochten, obwohl ihre Berechtigung bestritten wurde.

Das 16. Jahrhundert hatte sich an der Frage der *Sachgemäßheit* der Theologie und des Glaubens aufgerieben. Die konfessionelle Konfrontation in ihrer dramatischsten Zuspitzung im Dreißigjährigen Krieg, die Erfahrung zumal, daß „nun der Seelen schatz / so vielen abgezwungen"[377], setzte das Problem der *Zeitgemäßheit* der Theologie mit einer neuartigen Dringlichkeit auf die Tagesordnung des 17. Jahrhunderts. Die selbstverständliche Überzeugung der Reformatoren und ihrer Schüler, daß allein eine sachgemäße, d.h. biblisch verantwortbare Theologie zeitgemäß sei, galt auch weiterhin. Doch die Welt des 17. Jahrhunderts war wohl in beinahe jeder Hinsicht noch einmal komplizierter geworden als die des gewiß nicht ein-

---

[377] Andreas Gryphius, Tränen des Vaterlandes, in der 1643 gedruckten Fassung von 1636, zitiert nach Schöne, wie Anm. 2, S. 270.

fachen 16. Jahrhunderts.[378] Die philosophischen Positionen und die Diskurse, auf die man sich zu beziehen hatte, hatten sich ebenso rasant vervielfacht wie die Nachrichten aus den näheren oder fernen Ländern und die Beziehungen zu diesen. Die Konzentration auf das eine, was nottut, Christus, die Bibel, der Glaube, auf die Wahrheit, für die man eintrat, wurde nicht nur von der unverrückbar feststehenden Partikularität der eigenen Konfession begrenzt, sondern zusehends auch von den weltbildhaften, philosophischen oder historischen Relativierungen der eigenen Wahrheitsgrundlage herausgefordert und in Frage gestellt.[379] Auch wenn etwa die eindrucksvollen gelehrten Versuche, die Inspiriertheit des Bibeltextes theologisch und textkritisch-philologisch stringent zu begründen, keineswegs schon zu dem Zeitpunkt, als sie unternommen wurden, obsolet waren und in verschiedenen Kontexten und ‚Milieus‘ lange Zeit ihre Plausibilität behielten – die Gewißheit, daß allein Gott selbst unmittelbar in der Schrift und durch die Schrift rede, schien gebrochen oder bedurfte jedenfalls des Beweises, um die Einfalt zu sichern oder diese in differenzierter Weise wieder gewinnen zu können.[380] Das Verhältnis von Sachgemäßheit und Zeitgemäßheit von Theologie und Glauben nicht als implizites Thema, als das es die gesamte vorauflaufende Kirchengeschichte begleitet hatte, sondern als explizites Problem dürfte sich erstmals dem 17. Jahrhundert

---

[378] Als Beispiele für diesen elementaren Prozeß der komplexer und komplizierter werdenden Welt des 17. Jahrhunderts aus der jüngsten Forschung verweise ich lediglich auf die von Wolfgang Schmale aufgewiesene Differenzierung des Europa-Verständnisses, die zusätzlich zur christlich-kulturellen Bestimmung des Begriffs den eines „Europa der Nationen" auch im Gegenüber zur außereuropäischen Welt hervorgebracht habe: Das 17. Jahrhundert und die neuere europäische Geschichte. In: HZ 264, 1997, S. 588–611. Am Beispiel der Rüstungsgeschäfte während des Krieges hat Julia Zunckel eine Internationalisierung und Globalisierung des Handels aufgewiesen, der alle politischen oder gar religiös-konfessionellen Restriktionen hinter sich ließ: Rüstungsgeschäfte im Dreißigjährigen Krieg. Unternehmer, Kräfte, Militärgüter und Marktstrategien im Handel zwischen Genua, Amsterdam und Hamburg [Schriften zur Wirtschafts- und Sozialgeschichte 49], Berlin 1997.

[379] Ein instruktives Beispiel für den Versuch, biblisches und kopernikanisches Weltbild als vereinbar zu erweisen, stellt ein von Martin Brecht vorgestelltes Lehrgedicht Johann Jakob Zimmermanns dar: „Etliche durch des Lichts Natur poetice und sonsten illustrirte Glaubens-Articul". In: PuN 20, 1994 (1995), S. 75–89.

[380] Gegenüber römisch-katholischen Relativierungen der masoretischen Punktation des hebräischen Bibeltextes einerseits und den ersten Ansätzen einer historisch-kontextualisierenden Schriftauslegung bei Hugo Grotius andererseits führte Abraham Calov vor allem seit den 1640er Jahren die lutherische Inspirationstheorie unter Rückgriff auf philologische, textkritische und auch historische Argumente auf ihren abschließenden gelehrt-exegetischen und theologischen Höhepunkt, vgl. dazu zuletzt: Henning Graf Reventlow, Epochen der Bibelauslegung Bd. III: Renaissance, Reformation, Humanismus, München 1997, S. 225–233; zu Grotius: S. 211–225.

gestellt haben. Die Pluralisierung der als Christentumskultur zu bestimmenden lutherischen Konfessionskultur, die theologischen Innovations- und Restaurationsprozesse, die immer neuen Anknüpfungen an die Reformation und die verschiedenen Deutungen, in der dies geschah, sind die Antwort auf jenes Problem.

Dem Luthertum des 17. Jahrhunderts stellte sich dieses Problem der Sach- und Zeitgemäßheit von Theologie und Glauben mit besonderer Intensität. Dies dürfte auch damit zusammenhängen, daß das Luthertum – im Maßstab der weltchristlichen Ökumene des 17. Jahrhunderts geurteilt – eine äußerlich weithin stagnierende Konfession war. Weder eine kirchenregimental-universalistische Reduktion der Spannung von Zeit- und Sachgemäßheit, noch eine auf dynamische Weltveränderung oder auf doktrinale Letztbegründung ausgehende Integration der Spannung waren dem Luthertum des 17. Jahrhunderts im Unterschied zu den anderen Konfessionen möglich. Es hat die Spannung erlitten, es mußte und konnte mit der Spannung von Sach- und Zeitgemäßheit von Theologie und Glauben leben lernen. Dies bestimmte seinen Weg in die Neuzeit. Gerade darin war es – *modern*.

Quellen- und Literaturverzeichnis

a) Quellen

ABDRUCK Chur Sächsischen Jubel / Lob / Danck und Denckfestes / so in Ihrer Chur= Fürstlichen Gnaden / gantzem Land auff den 6. und 7. Septemb. in diesem 1632. Jahr in allen Kirchen soll gehalten werden / wegen des Herrlichen Victori und Sieg, so Ihre Churfürstliche Genaden zu forderst mit beystand des Allerhöchsten … und dann deß Herren Gustavi Adolphi … als eines Großmächtigsten Gideons den 7. Septemb. 1631 Sieghaftig erhalten …, Dresden, G. Berger, 1632 [Exemplar Hohenemser 5493].

ALBRECHT, GEORG, Vae Nobis, Vae Nobis! Ewiges Ach und Weh! Das ist: Gründliche und weitläuffige Erklärung deß schröcklichen Artickels von der Ewigen Höllen= Pein … Durch M. Georgium Albrecht / Evangel. Pfarrern und Superintendenten in deß H. Röm: Reichs= Stadt Nördlingen, … Ulm, B. Kühnen, 1648 [Exemplar UB München 4° Hom. 350].

ARNDT, JOHANN, Des hocherleuchteten, geist= und trostreichen Lehrers Johann Arnd … sechs Bücher vom wahren Christenthum nebst dessen Paradies= Gärtlein, Schaff-hausen 1857.

ARNOLD, GOTTFRIED, Unparteiische Kirchen- und Ketzerhistorie, Frankfurt, Th. Fritschen / Erben 1729, 2 Bde., Reprint Hildesheim 1967.

AUGUSTIN, CASPAR, Der newen Cornet und Fahnen / welche in Augspurg der … Burg-erschafft gegeben …, Augsburg, Joh. G. Morhardt, 1633 [Exemplar SB München Res 4° Eur 362–62].

AUSS LEIPTZIG / vom 13. Februarij. Kurtzer Bericht / was sich bey angehendem … Convent vernemen lassen. Auß einem Schreiben Bros. Lobw. an seine gnädige herrschaft … Leipzig, G. Ritzsch [fingiert], 1631 [Exemplar Hofbibliothek Fürst Thurn und Taxis Regensburg, Sammlung Haeberlin C 36/40a].

BACMEISTER, LUCAS [II/d.J.], Zwo Evangelische Predigten / Von der uberschweng-lichen gnad Gottes / nach deren er in unserm lieben Vaterland Teutscher Nation vor hundert Jahren das liecht des heiligen Evangelij durch den dienst Herrn D. Martini Lutheri Seligen widerumb hat lassen herführ brechen …, Rostock, J. Fueß, 1621 [Exemplar HAB Wolfenbüttel Wf 393. 13 Theol. 40 C 24].

–, Sententiae Praecipuorum quorundam Theologorum cum Prisci, tum nostri Aevi. De Quaestione hoc tempore non minus Ardua & Utili, quam Necessaria An Verbi & Sacramentorum Ministris, Tempore Belli … FUGA suae suorumque saluti & incolumitati consulere, Tyrannidi cedere, seque melioribus temporibus Ecclesiis reservare liceat …, [Rostock], J. Hallervord, 1637 [Exemplar SuUB Göttingen 8 Th pol. 208/55].

–, Fasciculus quaestionum theologicarum darin enthalten etzliche hochwichtige Fragen und Bedencken mit ihren kurtzen und deutlichen Antwortungen … von Luca Bacmeistero … Ausgegeben durch M. Lucam Bacmeisterum … des sel. verstorbenen Sohn, Leipzig, J. Willigaven, P. Fuhrmann, 1663 [Exemplar UB Rostock FK 3195³].

BECANUS, MARTINUS, Manuale Controversiarum huius temporis in quinque libros distributum, Würzburg, Johann Volmar, Michael Dal, 1623 [Exemplar UB München 4° Theol. 67].

–, Opera omnia aucta revisa et in Duos Tomos distributa, Mainz, Johann Godefredus Schönwetter, 1649 [Exemplar UB München 2° Theol 21 (1/2)].

Ein einfältiges Theologisch BEDENCKEN / Auf die Frage: Ist des Königs in Schweden vornehment Gottes Werk? An einen Hochgelahrten Herrn der Dominicaner Ordnung abgesandt … Von Dem / der recht Evangelischen / Geringsten Lehrenn … Erfurt [o.Dr.], 1631 [Exemplar Hofbibliothek Fürst Thurn und Taxis Regensburg, Sammlung Haeberlin C 36/9].

BELLARMINO, ROBERTO, Tractatus de potestate Summi Pontificis in rebus temporalibus adversus Guilielmum Barclaium …, Recens ad exemplar Romanum impressus …, Köln, B. Gualterus, 1611 [Exemplar UB München 8° J can 849].

BERGIUS, JOHANNES, Brüderliche Eynträchtigkeit / Auß dem Hundert Drey und Dreyssigsten Psalm / Bey der Protestierenden … Zusammenkunft zu Leipzig / Anno 1631. … Frankfurt [O.], Joh. Friedrich Weisse, 1635 [Exemplar Hofbibliothek Fürst Thurn und Taxis Regensburg, Sammlung Haeberlin C 37/2].

BERTRAM, CASPAR, Christlicher Leich-Sermon Bey der Volckreichen Sepultur … Der Annen Brauns, Jena, Johann Weidners Witwe, 1630 [Exemplar SuUB Göttingen Conc. fun. 39:8].

BEYER, MICHAEL u.a. [Hg.], Melanchthon deutsch, Bd. 1, Leipzig 1997.

BILDSTEIN, LUDOVICUS THEODORICUS, Antitheses Catholicae de fide et bonis operibus Articulo IV. VI. XX. Confessionis Augustanae oppositae, quas praeside R. P. Henrico Wangnereck … Publicae disputationi pro licentia Doctoratus Theologici proposuit … Die 17. Maij Anno M. DC. XLV. Dilingae [Exemplar Staatliche Bibliothek (Provinzialbibliothek) Amberg Diss. theol. 251.5].

BOTVIDI, JOHANNES, Christliche Kriegs Gebett / Welche In dem Schwedischen Feldtlaeger gebraeuchlich / Angeordnet Durch Johannem Botvidi, des Feldt= Consistorij Presidentem. … [o.O., o.Dr.], 1631 [Exemplar Hofbibliothek Fürst Thurn und Taxis Regensburg, Sammlung Haeberlin C 36/7].

Der Teutsche BRUTUS Das ist: Ein Abgeworffenn Schreiben / Worauß zu sehen / was die Schwedisch= affectionierten anjetzo von dem schwedischen Kriegswesen halten …, [o.O., o.Dr.], 1636 [Exemplar Hofbibliothek Fürst Thurn und Taxis Regensburg, Sammlung Haeberlin C 54/7a].

Duplex CENSUS Oder Zwey fache / und sehr weit unterschiedene Gebühr / Nemlich: Gottes und des Këysers / Worinnen augenscheinlich dargethan wird / Daß nicht itzo von den Lutherischen jegen den Käyser ungebührlich gekrieget wird …, [o.O., o.Dr.], 1634 [Exemplar SB München Res 4. Eur 363–14].

CLOTZ, STEPHAN, Geistlich Cypressen Kräntzlein Das ist / Betrachtungen und Andachten auß unterschiedenen Sprüchen H. Schrifft. Bey vornehmen Leich= Begängnissen zu Tage geleget …, Lübeck, U. Wetzstein, 1669 [Exemplar UB Halle AB: 132826].

COBERSTEIN, JOHANN, Unversehener / und gleichwol Seeliger Kriegs Todt. Das ist: Christliche Leich-Predigt … Bey Ansehnlicher Volckreicher Begräbniß Des Weyland Edlen und Mannvesten Herrn Johann Georg Hövels …, Altenburg/Meissen, O. Michael, 1648 [Exemplar SuUB Göttingen Conc. fun. 7/10:10].

[CONRING, HERMANN], Pro Pace Perpetua Protestantibus Danda Consultatio Catholica: Autore Irenaeo Eubulo Theologo Austriaco. … Frideburgi, Apud Germanum Patientem. 1648 [Exemplar SuUB Göttingen 8 Hist. Germ. un. 1415:4; HAB Wolfenbüttel 36.12 Pol (2)].

CONSILIA Theologica Witebergensia, Das ist / Wittenbergische Geistliche Rathschläge

Deß theuren Mannes Gottes / D. Martini Lutheri, seiner Collegen, und treuen Nach-folger / von dem heiligen Reformations- Anfang / biß auff jetzige zeit / in dem Na-men der gesampten Theologischen Facultät außgestellete Urteil / Bedencken / und offentliche Schrifften ..., Frankfurt/M., In Verlegung Johann Andreas Endten / und Wolfgang deß Jüngeren Erben, 1664 [Exemplar UB Halle Jb 3429].

CONSILIUM Politico=Apocalypticum Pro Commodo Statuum Germaniae Protestan-tium publico sriptum. Autore Anonymo & Incerto, [o.O., o.Dr.], 1631 [Exemplar Hofbibliothek Fürst Thurn und Taxis Regensburg, Sammlung Haeberlin C 34/3].

DANNHAUER, JOHANN CONRAD, Christliche Friedens= Danck=Predigt / Auß der Er-sten Epistel S. Pauli an die Thessal. im Fünfften Capitel / vers 3, 4, 5, 6. Auff den Dreyssigsten Heumonat / im Jahr Tausend Sechshundert und Funffzig / Zu Straß-burg im Münster auff Mittag ... abgelegt ..., Straßburg, Joh. Ph. Mülben / J. Städel [1650] [Exemplar HAB Wolfenbüttel 145. 5 Theol. 4° (5)].

–, ΜΥΣΤΗΡΙΟΣΟΦΙΑ seu Doctrina de Sacramentis ..., Straßburg, 1664 [Exemplar SuUB Göttingen 8 Th Th II. 428/65.a].

DEDEKENN, GEORG, Thesaurus consiliorum et decisionum, Vol. 1 und 2, Jena, Hertel, Nisis ²1671 [Exemplar SuUB Göttingen Theol. Mor. 100/7: 1.2].

DIETRICH, KONRAD, Königliche Schwedische Leich-Klag / Uber dem Christlichen Hochseeligsten Tödtlichem Ableiben ... Herrn Gustavi Adolphi ..., Ulm, Medert, 1633 [Exemplar ZB Zürich 18. 1532. 10].

Kurtzer DISCURS, Von der zu Leyptzig anno 1631, mense Martio angestelleten Re-ligionsvergleychung / zwischen den Chur Sächsischen und Chur Brandebürgischen auch Fürstlichen Hessischen Theologen [o.O., o.Dr.] [Exemplar Hofbibliothek Fürst Thurn und Taxis Regensburg, Sammlung Haeberlin C 37/1].

DISCUSSIO Brevis Judicii Theologici Super quaestione, an pax qualem desiderant Protestantes, sit secundum se illicita? ... [o.O., o.Dr.], 1647 [Exemplar SuUB Göttin-gen 8 Hist. germ. un. 1415:2].

DORSCHE, JOHANN GEORG, Christlicher Klag Sermon Uber den hochbetrawerlichen todtlichen Fall Deß Durchleuchtigsten / ... Herren Gustav Adolphi ..., Straßburg, E. Welpern, 1633 [Exemplar Hofbibliothek Fürst Thurn und Taxis Regensburg, Samm-lung Haeberlin C 44/56].

–, Prodromus Anticriseos Theologicae, seu Invectiva in Vehiculum Iudicii Theologici, Straßburg, L. Zetzner, 1648 [Exemplar SuUB Göttingen 8 Hist. Germ. un. 1415:6].

–, Anticrisis Theologica, Opposita Judicio Theologico Ernesti de Eusebiis Civis Ro-mani Super Quaestione, An pax qualem desiderant Protestantes, sit secundum se illicita? Straßburg, L. Zetzner, 1648 [Exemplar SuUB Göttingen 8 Hist. Germ. un. 1415:5].

–, Triga ΣΥΝΔΡΟΜΟΣ Anticriseos Theologicae, Hoc est, Pro Pace Religionis Con-silium Jure consultorum Patavin. ... Praefixa est dissertatio de Angelis Pacis, Straß-burg, L. Zetzner, 1648 [Exemplar SuUB Göttingen 8 Hist. Germ un. 1415:7].

–, Nothwendige Entdeckung des blutdürstigen Urteils, welches der vermummte Ernst von Eusebiis ... über die Frag, ob der Frieden in Deutschland ... für sich selbst uner-laubt und ungerecht sei ..., Straßburg, L. Zetzner E., 1648 [Exemplar HAB Wolfen-büttel 32.19 Pol (5); BIRCHER A 3480].

–, Unterschiedliche Religions= Scrupel Welche von Pabstischer seyten bey Fürnehmen Leuten zu beförderung deß abfalls eingeschoben worden Auf entdecken beantwortet / auff Begehren zum andern mal übersehen / verbessert und zum druck verfertiget, Straßburg, J. Thiele, 1652 [Exemplar SB München Polem. 762].

Der Evangelischen EXULANTEN in Schlesien Frag= Stücke / Darinnen zu befinden / wie die Catholischen Ihrer Königlichen Majestät in Schweden ihre öffentliche Sün-den beichten / wie sie die Lutheraner mit Fewer und Schwerd vertilgen wollen /

aber nun von Ihrer Königlichen Majestät aus Schweden die gnädige Absolution begehren [o.O., o.Dr.], 1632 [Exemplar Hohenemser 5506].

FABRICIUS, JACOBUS, Iusta Gustaviana Das ist Christliche Klag- und EhrenPredigt / bey
Erhebung und abführung der königlichen Leiche Des … Herrn Gustavi Adolphi …
In der Schloßkirchen zu Wolgast / den 16. Julj 1633. gehalten … [Nürnberg], W.
Endter, [1633] [Exemplar Hofbibliothek Fürst Thurn und Taxis Regensburg, Samm-
lung Haeberlin C 49/23].

FASCICVLVS EX BOHEMIA. I. D. Matthiae Hoens Schreiben an den Wolgebornen Herrn
Grafen Joachim Andres Schlick. II. Wolmeynend Missiv an D: Hoen / wegen seines
Schreibens / so er an den Wolgebornen Herrn Grafen gethan. III. IV. Kurtze
widerholung / wie und wie fern sich D. Martin Luther mit den Reformirten verglichen habe. V. Item / Wie viel Lutheraner mit den Reformirten gute Brüderliche
Einigkeiten hatten?… [o.O., o.Dr.], 1619 [Exemplar SuUB Göttingen 8 Hist. Germ.
un. 76:14; BIRCHER A 2293].

FERBER, WOLFGANG, Gruß und Glückwunsch / Zu jetzigem in Leipzig angestelltem
Convents Tage / und vorgehender höchst ansehenlicher Versamblung Deren Deß
heiligen Römischen Reichs Evangelischen ChurFürsten / Fürsten / und andern
Ständen … auffgesetzt und vorgebracht Durch Churfürstl. Durchl. zu Sachsen
Pritzsch meistern / Wolffgang Ferbern / Bürgern in Zwickau / Anno 1631. den
6. Februarij., Leipzig, Johann-Albrecht Mintzeln [Exemplar SuUB Göttingen].

FISCHER, ERDMANN RUDOLPH, Vita Johannis Gerhardi, Leipzig, Joh. Christoph
Coerner, 1723 [Exemplar SB München Biogr. 451ª].

FRANCK, FRIEDRICH, Sechs Predigten / von dem Evangelischen Jubel: und Danckfest.
Darinnen gehandelt wird / 1. Von dem waren Ablaß. II. Von dem Beruff Lutheri. III.
Von dem seeligen Tag der Außführung / auß dem Römischen Diensthauß. IV. Wie
man das Jubelfest begehen soll. V. Wie man den Beylag / so Gott durch D. Luthern sel:
gegeben / bewahren solle. VI. Von der Ankunfft / Leben / und Abschied Lutheri.
Gehalten zu Nördlingen / Durch M. Friderich Francken / Pfarrern daselbst …,
Nürnberg / in der Fuhrmännischen Druckerey / bey Johann Friderich Sartorio,
1618 [Exemplar SB München 4° Kom. 1780 (:1)].

VON FRANCKENBERG, ABRAHAM, Briefwechsel. Eingeleitet und hg. von JOACHIM TELLE,
Stuttgart – Bad Cannstatt 1995.

GANGLER, GEORG, Colloquium, oder Gespräch / Von der Richt-schnur Christlicher
Lehr / und dem Richter aller Stritt und Zwispalt in Religions= und Glaubenssachen
…, Langingen, M. Winter, G. Postenbuch, 1602 [Exemplar SB München 4° H Ref.
179 (:1)].

Theologische GEWISSENS FRAGE / Von der Absolution und Communion der Feinde des
Vaterlandes / Nach beyderseits Gründen / Satz und Gegensatz erörtert / Durch einen Christlichen Evangelischen / und von obgedachten Feinden / hefftig verfolgten
Pfarrer / nunmehr seeligen / M. Joh. H. Pf. und D. zu H. in T. Jetzo von seinem Erben
in Druck gegeben. [o.O., o.Dr.], 1644 [Exemplar SB München Th. Thet. 925].

GLOCKER, JOHANNES GEORGIUS, Suevicus Maccabaeus, Sive Pugnator, Das ist Christliche TrawerPredig / Von deß … Gustavi Adolphi … Lebens / Kriegs und Todeskampff …, Frankfurt, F. Weiß, 1633 [Exemplar ZB Zürich 18.20,13].

GOLDTMEYER, ANDREAS, Astrologische Schwedische Kriegs // Chronica. Das ist …
Gustavi Adolphi … Empfängnuß / Geburt / Leben und Todt …, Straßburg, D.
Hautten, 1635 [Exemplar Hofbibliothek Fürst Thurn und Taxis Regensburg, Samm-
lung Haeberlin C 52/11].

GRAB MAHL Ihr Königl. Maytt. zu Schweden / Dem Unsterblichen und Tapffern Helden / von einem Trewen Deutschen Patrioten auffgerichtet, [o.O., o.Dr.], 1633 [Ex-
emplar Hohenemser 5545].

von GRIMMELSHAUSEN, HANS JACOB CHRISTOPH, Der Abentheurliche Simplicissimus Teutsch, hg. von ROLF TAROT, [Grimmelshausen Gesammelte Werke 1], Tübingen 1967.

Der lang vorher geweissagte und gewünschte HELD von Norden / Darinnen außgeführet / und klaerlich erwiesen wird / daß viel und grosse Kayser / Könige und Potentaten etlich viel hundert Jahr hero gesehen / was es endtlich mit dem Pabstumb werden würde ..., Frankfurt, Johann Friedrich Weisse, 1633 [Exemplar Hofbibliothek Fürst Thurn und Taxis Regensburg, Sammlung Haeberlin C 48–5].

HOË VON HOËNEGG, MATTHIAS, Augenscheinliche Prob, Wie die Calvinisten in Neun und Neuntzig Punkten mit den Arianern und Türken übereinstimmen, Leipzig, Abraham Lamberg, 1621 [Exemplar HAB Wolfenbüttel 236.3 Quod. (33); BIRCHER A 4855].

–, Der drey und achtzigste Psalm / Bey dem von Churfürstlicher Durchleuchtigkeit zu Sachsen / etc. etc. etc. außgeschriebenen Convent der Evangelischen und protestirenden Chur= Fürsten und Stände / In der Kirchen zu S. Thomas / in Leipzig / Den 10. Februarij, Anno 1631. ... Leipzig, In Verlegung Z. Schürers Erben und M. Götzens, Gedruckt bey Gregorio Ritzschen [Exemplar SuUB Göttingen 8 H Germ. VIII, 434:1].
Zusatz: Erstlich Gedruckt zu Leipzig / bey Gregorio Ritzschen / 1631 [Exemplar Hofbibliothek Fürst Thurn und Taxis Regensburg, Sammlung Haeberlin C 36/39d].

–, Leipzige Schluß = Predigt / Von der Fürsten guten Fürstlichen Gedancken / Als der von Churfürstlichen Durchl. zu Sachsen / Herrn Herrn Johann Georgen / ec. angestellte Hochansehnliche Convent ... glücklich geschlossen und geendet worden / in der und vieler tausent Menschen Gegenwart in der Kirchen zu S. Thomas in Leipzig gehalten am Sontag Palmarum Anno 1631 ... Mit angehaffter Verantwortung der Predigt / so auß dem 83. Psalm im Eingang des Hochansehlichen Convents gehalten ... Verfertigt durch Matthiam Hoë von Hoënegg ..., Leipzig, G. Ritzsch, 1631 [Exemplar SB München J publ. E 4° 321–12]. Andere Druckausgabe: Leipzig, Ritzsch, mit variierender Stellung einer Erklärung des Druckers zu einer unter seinem Namen [Rûtzsch] erschienenen Polemik gegen Hoë [s. Anm. 136].

–, EXTREMUM ET TOTALE ROMAE PAPALIS EXCIDIVM Das ist: Daß das Papstliche Rom und AntiChristische Reich vorm Jüngsten Tage noch solle und müsse zerstöret und umbgekehret werden: Auß des Herrn Doctoris Matthiae Hoën von Hoënegg ... Commentario uber die Offenbahrung S. Johannis ... Nunmehr allen frommen / einfältigen / bedrengten Christen zum Trost und Nachricht mitgetheilet, [o.O., o.Dr.], 1631 [Exemplar SB München J publ. E 4° 321–9; BIRCHER A 4863].

–, Nochmalige summarische Verantwortung und Vertheidigung / seiner bey dem Leipzigischen Convent ... gehaltener Predigt. Wider etlicher Päpstischer Nacht= Raben und Ertzlügner außgesprengte Pasquill und Lesterschrifften ..., Leipzig, In Verlegung Zachariae Schürers S. Erben / und Matthiae Götzens, Gedruckt bei Gregorio Ritzschen, 1632 [Exemplar Hofbibliothek Fürst Thurn und Taxis Regensburg, Sammlung Haeberlin C 36/41].

–, Klagpredigt uber den tödtlichen Hintritt / des Durchlauchtigsten / Großmächtigsten Fürsten und Herrn / Herrn Gustavi Adolphi ..., Dresden, W. Seyffert, 1633 [Exemplar Hohenemser 5546].

–, Commentariorum in beati apostoli et evangeliste ... Johannis Apocalypsin, quam ..., libri VIII / fide, qua fieri potuit, maxima, et diligentia accurata ... concinnati ... scripti et editi a Mathias Hoe. Nunc denuo praelo submissi ... mendis repurgati, cum ind. ... instructi. Cum praef. MARTINI GEIERI, Leipzig, Schürer und Fritzsche, 1671 [Exemplar SuUB Göttingen 4 Th Bib 1064/38; SB München 4° Exeg. 1003a].

HOMILIAE Uber den 82 Psalm / so zu Leipzig in dem Convent Der Euangelischen / und Protestierenden Chur= Fürsten / und Stände / den 10. Februarij, Anno 1631. Erkläret / und ... in Truck gegeben / Durch Matthiam Hoë von Hoënegg ..., [o.O., o.Dr.] 1631 [Exemplar UB München 4° Theol. 5521/4].

HÜLSEMANN, JOHANNES, Supplementum Breviarii Theologici: Perhibens Residuas et Novissimas Fidei Controversias quae hodie inter Christianos agitantur ... In gratiam Studiosorum Wittebergensium Propositium... Ed. secunda, Wittebergae, Typis & Impensis Michaelis Wende, 1645.

HUNNIUS, AEGIDIUS, Historische Relation unnd warhaffter Bericht / von dem zu Regenspurg jüngst gehaltenem Colloquio ... Zuvor in Lateinischer Sprach von dem Herrn Authore selbsten publicieret / Nun aber dem gemeinen Mann / ... in die Teutsche Sprache ubersetzet / Durch HELVICUM GARTHIUM, ... Tübingen, G. Gruppenbach in Verlegung sein und Henning Groß, 1602 [Exemplar SB München 4° H Ref. 179 (:2)].

HUTTER, LEONHARD, Loci Communes Theologici, ex Sacris Literis diligenter eruti ..., Witebergae, Joh. Matthaei, P. Helwichij, 1619.

HYPSELIUS, THEODORUS [Pseud.], Procession und eigentliche Litaney / die im Römischen Bapsthumb von den Mönchen / Esawiten und ... Pfaffen mit grosser Andacht gehalten und gesungen wird ..., Leipzig, [o. Dr.], 1608 [Exemplar UB München 4° Theol. 3817].

INIQUITATES Iudicii Theologici, ab Ernesto de Eusebiis, super Pace a Protestantibus desiderata, lati; Demonstratae per Irenaeum Phil-Adolphum [Pseud.]: Cum Gratia & Privilegio liberae linguae, in libera Civitate.[o.O., o.Dr.], 1648 [Exemplar SuUB Göttingen 8 Hist. Germ. un. 1415:9].

JENNY, MARKUS [Hg.], Luthers geistliche Lieder und Kirchengesänge, [AWA 4], Köln, Wien 1985.

KEMP, FRIEDHELM [Hg], Paul Gerhardt, Geistliche Andachten [1667]. Samt den übrigen Liedern und den lateinischen Gedichten. Mit einem Beitrag von WALTHER BLANKENBURG, Bern – München 1975.

KLAG= und BUSS= GEBET / So wegen erhaltenen Göttlichen Siegs / doch trawrigen und betrübten Abgang Ihrer Königl. May. zu Schweden / in deroselben hinterlassenen Armeen / fürnemlichen bey den gewöhnlichen wöchentlichen Bußpredigten soll gebrauchet werden. Erstlich zu Altenburg, Hernacher aber getruckt in Leipzig / bey Greg. Ritzsch / 1632 [Exemplar Hohenemser 5550].

KRAUSS, JOHANN WERNER, Beyträge zur Erläuterung der Hochfürstl. Sachsen= Hildburghaeusischen Kirchen= Schul= und Landes= Historie ... Des I. Theils erster Beytrag von Heldburg, Greitz jm VoigtLande, Abraham Gottlob Ludewig [1750].

LAMBECIUS, PETRUS, Kurtz beschriebener Lebenslauff / Des ... Hn. Johann Balthasar Schuppens ..., in: Schupp, Etliche Tractätlein / Welche theils im Namen Herrn Doctor Joh. Balthasaris Schuppij, gedruckt / und von Ihm nicht gemacht worden ..., Hanau 1663 [Exemplar SB München P.o. Germ. 1356^m].

LEIPZIGISCHE SCHLUSS / das ist / Was die Evangelischen und Protestierende Chur= Fürsten // und Stände in wehrenden Leipzigischen Convent, berathschlaget und beschlossen. Sub Dato Leipzig den 2. April. 1631 [o.O., o. Dr.], 1631 [Exemplar Hohenemser 5479].

LENTZ, SALOMON, Göttliche Kunst Dürre Bäwme grunend zu machen / Bey der Danck Predigt den 10. Novembris / als der Durchleuchtige / ... Bernhard / Hertzog zu Sachsen ... die Uhralte ReichStadt Regensburg mit Accord erobert unnd eingenommen / ..., Nürnberg, W. Endter, 1633 [Exemplar Hohenemser 5552].

LEYSER, POLYCARP, Christianismus, Papismus und Calvinismus ... Das ist / Drey unterschiedliche Auslegung des Catechismi Luthers ..., Dresden, M. Stöckel, 1602 [Exemplar UB München 4° Theol 522].

–, Eine wichtige / und in diesen gefährlichen Zeiten sehr nützliche Frag: Ob / wie / und warumb / man lieber mit den Papisten gemeinschafft haben / und gleichsam mehr vertrawen zu ihnen tragen solle / dann mit und zu den Calvinisten. ... Leipzig / Bey Abraham Lamberg / und Caspar Kloseman, 1620 [Exemplar SB München 4° Polem. 1783].

LICHTENBERGER, JOHANN, Prognosticatio super magna illa Saturniae ac Iovis coniunctione [Köln, Peter Quentel], 1526 [VD 16 L 1592, Exemplar MF 1643 f. Nr. 4217].

Gottes und deß Heyligen Römischen Reichs LIECHT= BUTZER. Das ist: kurtze Erklärung / wie das Geist= und Weltliche Liecht im Heyligen Römischen Reich / nämblich die Augspurgische Confession und Religion= Fried ... von Ihr königlichen Majestät in Schweden wider herfür gezogen und gebutzet ... [o.O., o.Dr.], 1632 [Exemplar Hofbibliothek Fürst Thurn und Taxis Regensburg, Sammlung Haeberlin C 43/5a].

LINKE, KARL, Klaggedichte / Uber die frühzeitige / jedoch seelige lebensEndschafft Des ... Herrn Gustavus Adolphus ..., Wittenberg, Georg Müller, 1632 [Exemplar Hofbibliothek Fürst Thurn und Taxis Regensburg, Sammlung Haeberlin C 44.43].

[LOBKOWITZ, JUAN CARAMUEL], S.R. Imperij PAX licitia Demonstrata, [o.O., o.Dr.], 1648 [Exemplar SuUB Göttingen 8 Hist. Germ. un. 1415:8].

VON LOGAU, FRIEDRICH, Sämtliche Sinngedichte, hg. von EITNER, GUSTAV, [Bibliothek des Litterarischen Vereins in Stuttgart 113], Tübingen 1872.

–, Deutscher Sinn – Getichte Drey Tausend. Drei Teile in einem Band, Hildesheim, New York 1972, [Reprint der Ausgabe Breslau (1654)].

MAGER, INGE [Hg.], Georg Calixt, Dogmatische Schriften, [Werke in Auswahl Bd. 2], Göttingen 1982.

MAIOR, JOHANN, Begräbniß Sermon / Bey Adelicher Leich Bestattung Des Woledlen / Gestrengen und Vhesten Friederichen von Cospodt ..., Jena, E. Steinmann, 1632 [Exemplar SuUB Göttingen Conc. fun. 42/1:15].

MEISNER, BALTHASAR, Christliche Leichpredigt / Uber das tröstliche Sprüchlein S. Pauli / Rom. 8 vers. 17.18 ... Bey Volckreicher Leichbegängnus ... Wolfgangi Hirschbachii ..., Wittenberg [o.Dr.], 1620 [Exemplar SuUB Göttingen Conc. fun. 7/10:8].

MENGERING, ARNOLD, Perversa Ultimi Seculi Militia, Oder Kriegs-Belial / Der Soldaten= Teuffel / Nach Gottes Wort und gemeinem Lauff der letzten Zeit ..., 3. revidierte und corrigierte Edition, Altenburg/Meissen, O. Michael, 1641 [Exemplar SB München Asc. 5537²].

Der MITTERNACHT STERN / Das ist: Ein schön: und anmütiges Danckliedt / daß der Getrewe Gott ... den theuren König in Schweden / als einen klaren Mitternacht Stern erwecket ..., [o.O., o.Dr.], 1632 [Exemplar ZB Zürich 18.22/42].

MÜLLER, HEINRICH, Evangelische Schluß= Kette / Und Krafft= Kern / Oder Gründliche Außlegung der gewöhnlichen Sonntags= Evangelien, Frankfurt, Chr. Wust, 1672 [Exemplar UB Rostock; BIRCHER B 4983].

MYLIUS, JOHANNES, Viel und längst gewündschter gründlicher warhafftiger Bericht / Ob / was / woher / und wiefern / ... D. Hoë / mit Böhmischen Sach / ... zu thun gehabt / und wie es umb das von ihme an den Herrn Grafen Joachim Andre Schlicken / gethane Schreiben verwandt seye. Sampt kurtzer Widerlegung eines Ehrenrührigen Paßquills ... Erasmum Trewlich genant ... außgehen lassen ..., Leipzig A. Lambergs / C. Closemans, 1620 [Exemplar SuUB Göttingen 8 Hist. Germ. un. 76:15; vgl. BIRCHER A 2496–2498].

NICOLAI, PHILIPP, De regno Christi, Vaticiniis Propheticis et Apostolicis Accomodatorum, Libri Duo, Quorum Prior Hodiernam Ecclesiae Christi Amplitudinem propagationemque ... explanat. Alter Tempora Ecclesiae Novi Testamenti in Ezechiele, Daniele et Apocalypsi revelata ... Frankfurt/M., Johann Spies, 1596 [Exemplar HAB Wolfenbüttel Alvensleben Aa 199(1)], deutsche Ausgabe: Frankfurt, Johann Spies, 1598 [Exemplar HAB Wolfenbüttel 204.15 Theol. (1)].

NIEMEYER, A. H., Collectio Confessionum in Ecclesiis Reformatis Publicatarum, Leipzig 1840.

ORAEUS, HENRICUS F., Eyfferige Dancksagung Für die Wunderthätige Errettung und Sig / welche Gott seinem heiligsten Namen zu Ehren / und den Evangelischen Kirchen Teutschen Lands zur Fortpflantzung wider den Antichrist / Durch ... Gustavum Adolphum ... verliehen ..., [o.O., o.Dr.], 1632 [Exemplar Hohenemser 5522].

Propheceyung / Doctoris PHILIPPI THEOPHRASTI PARACELSI Anno 1546. Vom Lewen aus Mitternacht [Exemplar Hofbibliothek Fürst Thurn und Taxis Regensburg, Sammlung Haeberlin C 36/22].

PRAETORIUS, EPHRAIM, Bibliotheca Homiletica, Oder Homiletischer Bücher-Vorrath / vorstellend Autores Homileticos ... Jetzt auffs neue übersehen und auf die Helffte vermehret ..., Leipzig, Gleditsch, 1698 [Exemplar SuUB Göttingen 8 Lit Libr. V, 7465].

Vierzehen Christliche PREDIGTEN / In dem Euangelischen Jubel Fest / Der Kirchen zu Straßburg. Anno M.DC.XVII. Vom letzten Octobris biß auff den 9. Novembris zu unterschiedlichen Zeiten und Stunden gehalten Durch die Prediger und Kirchendiener daselbsten. Gedruckt zu Straßburg / In Verlegung Christoffs von der Heyden / Buchhändlers / 1618 [Exemplar SB München 4° Hom. 1780].

Eigentliche PROPHECEY und Geistreiche Verkündigung Itziges Hochkläglichen und allerbetrübtesten Zustands unsers allgemeinen lieben Vaterlandes Deutscher Nation / etc. Auch was es etwa biß auff die fröhliche Erscheinung und Zukunfft unsers HErrn JEsu Christi für einen Event und Außgang damit erreichen werde / Auß 1. Doctoris Martini Lutheri ... 2. D. Philippi Nicolai ... 3. Und Johannis Woltheri, zu Liechtenhagen in Preussen gewesen Pastorn / Theologischen Schrifften / ..., Rostock, A. Ferber, 1628 [Exemplar Hofbibliothek Fürst Thurn und Taxis Regensburg, Sammlung Haeberlin C 26/2; BIRCHER A 4416].

PUSCHMANN, DAVID, Schwedische KlageWeiber / Bey der Aller Christlichsten Leiche ... Gustaff= Adolffs des Grossen ... Goldt Wage / Auff den nötigen Außschlag / der Frage: Ob dem Keyser der Krieg anzukündigen / und wie man sich in jtzigem Zustand verhalten möge. Zu Heylbrunn in Versamlung der löblichen Evangelischen Stände praesentirt durch Ehrenholdt Wagenern, Braunschweig [o.Dr.], 1633 [Exemplar Hofbibliothek Fürst Thurn und Taxis Regensburg, Sammlung Haeberlin C 49/4].

QUISTORP, JOHANNES [D. Ä], Predigten Uber die KlagLieder des Propheten Jeremiae ..., Rostock, J. Fueß, 1633 [Exemplar UB Rostock Fl 1474].

RATIONES Das Kon. Mayst. zu Schweden noch lebt, Gedruckt im Martio [o.O., o.Dr.], 1633 [Exemplar Hofbibliothek Fürst Thurn und Taxis Regensburg, Sammlung Haeberlin C 46/7].

Das REICH von Mitternacht. Darinnen abgehandelt / und aus sattsamen Gruenden erörtert wird / Ob auch die genante Catholische / oder Papisten im Reich / sonderlich aber die titulirte Geistliche in Kirchen / Stifften und Cloestern in ihrem Gewissen fuer GOtt schuldig seyen / der koenigl. Mayest. in Schweden das Iuramentum Fidelitatis ... zu leysten ..., 1632 [o.O., o.Dr.], [Exemplar Hofbibliothek Fürst Thurn und Taxis Regensburg, Sammlung Haeberlin C 40/22].

RELATIO HISTORICA De Duobus Gustavis, Regibus Sveciae ... Das ist: Historische Relation von zweyen Königen in Schweden / Gustavo dem Ersten / und Gustavo dem

Andern / dieses Namens Anherrn und Enkels / wie dieselbe beyde von Gott erwehlt und außerkohren worden ... [o.O., o.Dr.], 1632 [Exemplar Hohenemser 5526].

RÖBER, PAULUS, Mercatura omnium nobilissima, felicissima, preciosissima ... / Die Alleredleste / Fruchtbarlichste / und Thewerbarste Kauffmannschafft / Bey Christlichen Leichbegängnis Deß Ehrenvesten ... Wolgeachten / Herrn Jacob Homsen / von Edenburg auß Schottland / ..., Wittenberg, Joh. Haken, 1632 [Exemplar SuUB Göttingen 8 Conc. fun. 7/10:14].

ROCKSTUHL, HARALD [Hg.], Lebensbeschreibung des Martin Bötzinger, Langensalza 1994.

[ROSELIUS], CHRISTOPH ANDREAS, Trewhertzige BußPosaune / Angeblasen uber eine sehr denckwürdige zur Zeit Kaysers Ludowici Bavari vor 300. Jahren / Anno 1322. Geschehene Propheceyung / Von jetzt = und zukünfftigen zustandt des Teutschlands / Kayserthumbs / und andrer Stände / auch des Königs in Schweden ec. ... Durch Christophorum Andreae, R. geordinirten Pastorem auff Immekeppel, [o.O., o.Dr.], 1632 [Exemplar Hohenemser 5494; eine zweite Auflage erschien 1643 unter dem Verfassernamen Christoph Andreae Roselius Ratisponensis, Exemplar HAB Wolfenbüttel 466. 30 Theol. [1]; Abbildung der Titelblätter beider Drucke in: BIRCHER A 10777–10778].

ROSSOMALZA. Das ist: Der Schwedische Vielfraß: Einem jedern zum Abschew repraesentiret, Aus einem vertrawten Schreiben vom Weserstrohm / vom letzten Januarij 1644. gezogen. [o.O., o.Dr.], 1644 [Exemplar Hofbibliothek Fürst Thurn und Taxis Regensburg, Sammlung Haeberlin C 70/18].

RÖTLÖBEN, JOHANN, Wehmütige Trost=Klage / Auß der Trawr Predigt ... Gustavi Adolphi ... Stockholm, Chr. Reußner d. Ä., [1633] [Exemplar Hohenemser 5557].

SCHILIUS, JOHANNES, Erfolgte Danck=Predigt / Auff die vorgängigen Drey Fest= und Bet= Tage Predigten / Uber der Fürtrefflichen / Hochfrewdigen Victorien ... In der Blutigen Feldt= Schlacht mit dem Mächtigen Kriegs= Heer der Feinde / den 7./17. Septembr. Anno 1631. verliehen ..., Altstettin, D. Theten, 1631 [Exemplar Hohenemser 5477].

Geistliche SCHLEUDER Das ist: Ein christliches Gebet / Genommen für nemblich auß den Psalmen deß Geistreichen Propheten Davids / welches / neben fleissiger Betrachtung Göttlichen Worts / bey diesen schweren / Unfriedsamen und verderbten läufften offt und eyfferig gesprochen / Geistliche und Leibliche Noth verhüten / abtreiben oder doch miltern kan / Allen Nothleydenden zum besten in Truck gegeben. ... Nürnberg, L. Lochner, 1631 [Exemplar Hohenemser 5478].

SCHMIDT, JOHANN, Christliche Danck-Predigt Bey dem / auff Gottseelige anordnung / eines Ehrsamen Raths und löblichen Magistrats ... den 30. Julij dieses 1650. Jahres / Hochfeyrlich begangenen Frewdenfest. Wegen deß / auß Göttlicher Gnad und Barmhertzigkeit verlihenen lang= gewünschten allgemeinen Teutschen Fridens ..., Straßburg, Ph. Mülben / J. Städel, [1650] [Exemplar HAB Wolfenbüttel 145. 5 Theol. 4° (3)]

SCHÖNE, ALBRECHT [Hg.]: Das Zeitalter des Barock. Texte und Zeugnisse. Studienausgabe München 1988.

SCHRIFT an unsere liebe Teutschen. Daß ihre Hochgelehrten offentlichen sollen gewissenhaffte Antwort geben / uber Nachfolgende ... Fragen. I. Woher Christliche Kirchenbäw kommen und wer eigentlich dazu hab zu sprechen? II. Was der Römische Papst für Recht zu frembden, und Insonderheit, zu teutschen Kirchen habe? ..., [o.O., o.Dr.], 1631 [Exemplar Hohenemser 5480].

SCHUPP, JOHANN BALTHASAR, Salomo oder Regenten = Spiegel, in: DERS., Schriften, Hanau 1663 [Exemplar SB München P.o. Germ. 1356ᵐ].

SCHWARTZKOPFF, JOACHIM, Ah! Quomodo cecidit potens ... Das ist: Allgemeine Klage der Evangelischen Kirchen ... uber den kläglichen doch seligen Todesfall ... Gustav Adolphi, Wittenberg, S. Selfisch, 1633 [Exemplar Hohenemser 5560].

SPENER, PHILIPP JAKOB, Pia desideria, hg. von ALAND, KURT, [KIT 170], Berlin ³1964.

—, Briefe aus der Frankfurter Zeit 1666–1686, Bd. 1: 1666–1674, hg. von WALLMANN, JOHANNES in Zusammenarbeit mit STRÄTER, UDO und MATTHIAS, MARKUS, Tübingen 1992.

STOCKMANN, PAUL, Lamentatio prima Lüzensium, Das ist: Klagelied der verwüsteten Stadt Lützen / Oder Die erste Bußpredigt / so zu Lützen / nach dem scharffen und blutigen Feldtreffen / welches den 6. Novembris dieses 1632. Jahrs ... vorgangen / gehalten Durch M. Paulum Stockmann / Pastorem und deß Ampts Lützen Seniorem, Leipzig, A. Lamberg E., Johann Francken E., S. Scheiben, 1632 [Exemplar Hofbibliothek Fürst Thurn und Taxis Regensburg, Sammlung Haeberlin C 44/49].

TARNOW, PAUL, De sacramento ministerio libri III, in quibus de Ministerio evangelico ... agitur, Rostock, J. Pedanus, J. Hallervord, 1623/4 [Exemplar SuUB Göttingen 8 Th past 50/43].

TRAUM= GESPENSTE /| Auff des Königes von Schweden Geistes Anrede an den Churf. von Sachsen / wegen Brechung des Bündnisses / den 20. May des 1635. Jahrs. Nach dem NiderLändischen Exemplar [o.O., o.Dr., o.J.] [Exemplar Hofbibliothek Fürst Thurn und Taxis Regensburg, Sammlung Haeberlin C 53/6].

VALETSEGEN / Bey endung des Convents zu Leipzig. ... Leipzig, G. Ritzsch, [1631] [Exemplar Hofbibliothek Fürst Thurn und Taxis Regensburg, Sammlung Haeberlin C 37/12].

VORZEICHNÜS / Der Churfürsten / Fürsten / Graffen / Herren und Städte / so auff dem ausgeschriebenen Convent der Evangelischen Stände in Leipzig / Anno 1631. einkommen. [o.O., o.Dr.], 1631 [Exemplar Hohenemser 5485].

WAGNER, TOBIAS, Schwerdt-Predig / Von der Landstraff deß Krieges / Auß dem 7. Psalmen / V. 13. ... Gehalten ... den 21. Maii 1649 ..., Ulm, B. Kühnen [1649] [Exemplar UB Tübingen].

—, שְׁלָמֵי Ecclesiae Esslingensis: Das ist: Eßlinger FrewdenFest / Uber dem Allgemeinen Reichs Frieden / mit Ankünden / Singen / Betten / Predigen / Loben und Dancken / den 11. Tag Augusti / dieses hinlauffenden 1650. Jahrs celebrirt: ..., Ulm, B. Kühnen, 1651 [Exemplar UB Tübingen].

[WANGNERECK, HEINRICH], Judicium Theologicum, super Quaestione, An Pax, qualem desiderant Protestantes, sit secundum se illicita? ... Opera ac studio Ernesti de Eusebiis civis Romani. Sumptibus & Typis Theodosi de Sicecela Armona: Ecclesiopoli [fingiert], ad Insigne pietatis: 1647 [Exemplar SuUB Göttingen 8 Hist. germ. un. 1415:1].

WIDEBURGIUS, HENRICUS, Christliche Leichpredigt / Gehalten bey der Begräbnus Des Ehrenvesten / Achtbarn und Fürnemen Herrn Georg Bösens / Kirchvatern der Kirchen in der Heinrich-Stadt ..., Wolfenbüttel, E. Holwein, 1618 [Exemplar SuUB Göttingen 8 Conc. fun. 20(9)].

WIECKENBURG, ERNST-PETER [Hg.], Friedrich von Logau, Sinngedichte, Stuttgart 1984.

WIGGERS, JULIUS, Zeugnisse von Christus aus der Mecklenburgischen Kirche vom 16. bis in das 19. Jahrhundert, Rostock 1847.

WITTENBERGISCHER THEOLOGEN / in Gotteswort / und des Herrn D. Lutheri schrifften begründete Informatio, ob ein lutherischer Fürst / der kays. May. wider die Boheimben / als Euangelischen / assistentz zu leisten schuldig: An ... Herrn Johann Ernsten / Hertzogen zu Sachsen ... [o.O., o.Dr.], 1620 [Exemplar SuUB Göttingen 8 Hist. Germ. un. 76:20].

WOLF, JOHANNES, Lectionum memorabilium et recondatarum centenarii XVI. Habet hic lector doctorum Ecclesiae, Vatum, Politicorum, Philosophorum, Historicorum, aliorumque & sapientum & eruditorum … dicta, scripta, atque facta; vaticinia item, vota, omina, mysteria …, Lavingae, Sumptibus Autoris, impressit Leonh. Reinmichel, Typog. Palatinus, 1600 [Exemplar SB München 2° Var. 57 (1; VD 16 W 4210; Vol. 2, 1600: SB München 2° Var. 57 (2].

Wolther, Johannes, Aureum … Das ist Gulden Arch / Darinn der wahre Verstand und Einhalt der wichtigsten Geheimnussen … in der Offenbarung Johannis war, Rostock, M. Sachse, Joh. Hallervord, 1623 [Exemplar HAB Wolfenbüttel 385 Theol. (1); Bircher A 12087, vgl. A 12088/9].

Zeaemann, Georg, Drey Evangelische Jubel: und Danckpredigten / Auß der Apostolischen Weissagung / beschriben im Andern Capitel der andern Epistel an die Thessalonicher: Darinn von des Grossen Antichrists Ankunfft Reich / Lehr unnd Leben / wie auch von derselben Offenbahrung / so vor Ein Hundert Jahren / vermitts D. Martin Luthers S. geschehen / außführlich gehandelt wird …, Jetzo zum Andern mal Getruckt / und verlegt / zu Kempten durch Christoff Krausen / im Jahr Christi MDCXVIII [Exemplar SB München 4° Hom 1780 (:2].

–, Zwo Heerpredigten Aus dem gülden Davidischen Kleinod deß Sechtzigsten Psalms … Beyde zu Strale sunde gehalten …, Lübeck, Valentin Schmalhertz, In Verlegung Joh. Embß, 1632 [Exemplar Hofbibliothek Fürst Thurn und Taxis Regensburg, Sammlung Haeberlin C 38/55/2].

–, Planctus Coronae Grosse und bittere Kronen Klag: Oder Zwo Trawrpredigen / Über den hochstbetrübten und unverhofften / doch seligsten Todesfall … Gustavi Adolphi …, Lübeck, Johann Embs, 1633 [Exemplar Hohenemser 5565].

b) *Sekundärliteratur*

Biographische Artikel aus den gängigen Lexika sind nur in Ausnahmefällen aufgeführt.

Althaus, Thomas, Epigrammatisches Barock, [Quellen und Forschungen zu Literatur- und Kulturgeschichte 9 (243)], Berlin u.a. 1996.

Appold, Kenneth G., Abraham Calov als Vater der lutherischen Spätorthodoxie. In: Wallmann, Johannes – Koch, Ernst [Hg], Ernst Salomon Cyprian [1673–1745] zwischen Orthodoxie, Pietismus und Frühaufklärung, [Veröffentlichungen der Forschungs- und Landesbibliothek Gotha 34], Gotha 1996, S. 49–58.

Ariès, Philippe, Geschichte des Todes, München 1980.

Assel, Heinrich, Der andere Aufbruch. Die Lutherrenaissance [FSÖTh 72], Göttingen 1994.

Axmacher, Elke, Praxis Evangeliorum. Theologie und Frömmigkeit bei Martin Moller [1547–1606], [FDKG 43], Göttingen 1989.

Bangerter-Schmid, Eva-Maria, Erbauliche Illustrierte Flugblätter aus den Jahren 1570–1670, [Mikrokosmos 20], Frankfurt u.a. 1986.

Barth, Hans-Martin, Atheismus und Orthodoxie. Analysen und Modelle christlicher Apologetik im 17. Jahrhundert, [FSÖTh 26], Göttingen 1971.

Bauer, Barbara, Lutheranische Obrigkeitskritik in der Publizistik der Kipper- und Wipperzeit. In: Brückner, Wolfgang – Blickle, Peter – Breuer, Dieter [Hg.], Literatur und Volk, [Wolfenbütteler Arbeiten zur Barockforschung 13], Wiesbaden 1985, Bd. 2, S. 649–681.

Baur, Jörg, Johann Gerhard. In: Greschat, Martin [Hg.], Gestalten der Kirchengeschichte Bd. 7, Stuttgart 1982, S. 99–119.

–, – Sparn, Walter, Orthodoxie, lutherische. In: EKL³, 3, 1992, Sp. 953–959.

–, Auf dem Weg zur klassischen Tübinger Christologie. In: DERS., Luther und seine klassischen Erben, Tübingen 1993, S. 204–289.

–, Die Leuchte Thüringens. Johann Gerhard [1582–1637]. Zeitgerechte Rechtgläubigkeit im Schatten des Dreißigjährigen Krieges. In: ebd., S. 335–356.

–, Lutherische Christologie. In: RUBLACK, Die lutherische Konfessionalisierung in Deutschland, S. 83–124.

–, Lutherisches Christentum im konfessionellen Zeitalter – Ein Vorschlag zur Orientierung und Verständigung. In: DERS., Einsicht und Glaube, Bd. 2, Göttingen 1994, S. 57–76.

–, Art. Orthodoxie, Genese und Struktur. In: TRE 25, 1995, S. 498–507.

BECKER, CHRISTIAN, Beata Justorum Translatio. Juristen in schleswig-holsteinischen Leichenpredigten, [Rechtshistorische Reihe 136], Frankfurt/M. u.a. 1996.

BEUTEL, ALBRECHT, Art. Predigt VIII. In: TRE 27, 1996, S. 296–302.

–, Lehre und Leben in der Predigt der lutherischen Orthodoxie. Dargestellt am Beispiel des Tübinger Kontroverstheologen und Universitätskanzlers Tobias Wagner [1598–1680]. In: ZThK 93, 1996, S. 419–449.

BEYER, C., Kulturgeschichtliche Bilder aus Mecklenburg. Der Landpastor im evangelischen Mecklenburg, [Mecklenburgische Geschichte in Einzeldarstellungen 2], Berlin 1903.

BEYER, JÜRGEN, Lutherische Propheten in Deutschland und Skandinavien im 16. und 17. Jahrhundert. Entstehung und Ausbreitung eines Kulturmusters zwischen Mündlichkeit und Schriftlichkeit. In: BOHN, ROBERT [Hg.], Europa in Scandinavia: Kulturelle und soziale Dialoge in der frühen Neuzeit, [Studia septemtrionalia I], Frankfurt/M. u.a. 1994, S. 35–56.

–, A Lübeck Prophet in Local and Lutheran Context. In: SCRIBNER, BOB – JOHNSON, TREVOR [Hg.], Popular Religion in Germany and Central Europe, 1400–1800, New York u.a. 1996, S. 166–182; 264–272.

BIHLMAYER, KARL – TÜCHLE, HERMANN, Kirchengeschichte. Dritter Teil, Die Neuzeit und die neueste Zeit, [UTB 1919], Paderborn u.a. [20]1996.

BLASCHKE, KARL-HEINZ, Religion und Politik in Kursachsen 1586–1591. In: SCHILLING, HEINZ [Hg.], Die reformierte Konfessionalisierung in Deutschland – das Problem der „Zweiten Reformation", [SVRG 195], Gütersloh 1986, S. 79–97.

BLAUFUSS, DIETRICH, Saubert, Johannes. In: Fränkische Lebensbilder Bd. 14, Neustadt/ A. 1991, S. 123–140.

BÖDEKER, HANS ERICH – CHAIX, GÉRALD – VEIT, PATRICE [Hg.], Le Livre religieux et ses pratiques / Der Umgang mit dem religiösen Buch. Studien zur Geschichte des religiösen Buches in Deutschland und Frankreich in der frühen Neuzeit, [Veröffentlichungen des Max-Planck-Instituts für Geschichte 101], Göttingen 1991.

DE BOOR, FRIEDRICH, Theologie, Frömmigkeit und Zeitgeschichte in Leben und Werk Paul Gerhardts. In: HOFFMANN, HEINZ [Hg.], Paul Gerhardt, Berlin 1978, S. 25–52.

BORCHLING, CONRAD – CLAUSEN, BRUNO, Niederdeutsche Bibliographie Bd. 1: 1473–1600, Neumünster 1931–1936.

BORNEMANN, MARGARETE, Art. Betke, Joachim. In: TRE 5, 1980, S. 763–765.

BÖTTCHER, DIETHELM, Propaganda und öffentliche Meinung im protestantischen Deutschland 1628–1636. In: ARG 44, 1953, S. 181–203, Nachdruck in: RUDOLF, HANS ULRICH [Hg.], Der dreißigjährige Krieg, [WdF 451], Darmstadt 1977, S. 325–367.

BÖTTIGHEIMER, CHRISTOPH, Zwischen Polemik und Irenik. Die Theologie der einen Kirche bei Georg Calixt, [Studien zur systematischen Theologie und Ethik 7], Münster 1996.

BRANDMÜLLER, WALTER, Geistiges Leben im Kempten des 17. und 18. Jahrhunderts. In: ZBLG 43, 1980, S. 613–631.

BRÄUER, SIEGFRIED, Die Überlieferung von Melanchthons Leichenrede auf Luther. In: BEYER, MICHAEL u.a. [Hg.], Humanismus und Wittenberger Reformation, Leipzig 1996, S. 185–252.

BRAW, CHRISTIAN, Bücher im Staube. Die Theologie Johann Arndts in ihrem Verhältnis zur Mystik, [SHCT 39], Leiden 1985.

BRECHT, MARTIN, Kirchenordnung und Kirchenzucht in Württemberg vom 16. bis zum 18. Jahrhundert, [QFWKG 1], Stuttgart 1967.

–, Philipp Jakob Spener und das wahre Christentum. In: PuN 4, 1979, S. 119–154.

–, Martin Luther Bd. 3: Die Erhaltung der Kirche 1532–1546, Stuttgart 1987.

–, [Hg.], Geschichte des Pietismus Bd. I, Göttingen 1993.

–, Der Beitrag des Spiritualismus der Reformationszeit zur Erneuerung der lutherischen Kirche im 17. Jahrhundert. In: VOGLER, GÜNTER [Hg.], Wegscheiden der Reformation. Alternatives Denken vom 16. bis zum 18. Jahrhundert, Weimar 1994, S. 369–379.

–, „Etliche durch des Lichts Natur poetice und sonsten illustrirte Glaubens-Articul". Ein Lehr-Gedicht aus dem radikalen Pietismus. In: PuN 20, 1994 (1995), S. 75–89.

BREUER, DIETER, Grimmelshausens simplicianische Frömmigkeit: zum Augustinismus in der frühen Neuzeit. In: DERS. [Hg.], Frömmigkeit in der frühen Neuzeit, [Chloe 2], Amsterdam 1984, S. 213–252.

–, [Hg.], Religion und Religiosität im Zeitalter des Barock, [Wolfenbütteler Arbeiten zur Barockforschung 25], Teil I und II, Wiesbaden 1995.

BREUER, MORDECHAI – GRAETZ, MICHAEL, Deutsch-Jüdische Geschichte in der Neuzeit, 1. Bd. 1600–1780, München 1996.

BRUCKNER, JOHN, A Bibliographical Catalogue of Seventeenth-Century German Books Published in Holland, [Anglica Germanica XIII], Den Haag, Paris 1971.

–, Das von Abraham von Franckenberg herausgegebene *Briegische Bedencken* [1627] – ein vorpietistisches Dokument? In: BREUER, Religion und Religiosität im Zeitalter des Barock, S. 143–151.

BUNNERS, CHRISTIAN, Paul Gerhardt. Weg, Werk, Wirkung, Berlin [2]1994.

BURKHARDT, JOHANNES, Der dreissigjährige Krieg, [Edition Suhrkamp, N.F. 542], Frankfurt/M. 1992.

CARBONEL, YVES, Drei Erbauungsbücher in einem: Der Simplicius Simplicissimus von Grimmelshausen. In: BREUER, Religion und Religiosität im Zeitalter des Barock, S. 693–701.

CLEMEN, OTTO, Volksfrömmigkeit im Dreißigjährigen Kriege, [Studien zur religiösen Volkskunde Heft 10], Leipzig 1939.

CLÉVENOT, MICHEL, Licht und Schatten – das Zeitalter des Barock, Luzern 1997.

DANIEL, DAVID P., Art. Hoë von Hoënegg. In: HILLERBRAND, HANS J. [Hg], The Oxford Encyclopedia of the Reformation, Bd. 2, New York u.a. 1996, S. 240.

DE LE ROI, J.F.A., Die evangelische Christenheit und die Juden unter dem Gesichtspunkte der Mission geschichtlich betrachtet, Bd. 1, Karlsruhe und Leipzig 1884, Reprint Leipzig 1974.

DEPPERMANN, KLAUS, Die Kirchenpolitik des Großen Kurfürsten. In: PuN 6, 1981, S. 99–114.

DIBELIUS, FRANZ, Art. Hoë. In: RE[3], Bd. 8, S. 172–176.

DICKMANN, FRITZ, Der Westfälische Friede, Münster [5]1985.

DINGEL, IRENE, Ablehnung und Aneignung. Die Bewertung der Autorität Martin Luthers in den Auseinandersetzungen um die Konkordienformel. In: ZKG 105, 1994, S. 35–57.

–, Concordia controversa. Die öffentlichen Diskussionen um das lutherische Konkordienwerk am Ende des 16. Jahrhunderts, [QFRG 63], Gütersloh 1996.

DINGES, MARTIN, „Historische Anthropologie" und „Gesellschaftsgeschichte". Mit dem Lebensstilkonzept zu einer „Alltagskulturgeschichte" der Frühen Neuzeit? In: ZHF 24, 1997, S. 179–214.

VAN DOOREN, JOHANNES PIETER, Art. Dordrechter Synode. In: TRE 9, 1982, S. 140–147.

DREITZEL, HORST, Monarchiebegriffe in der Fürstenherrschaft. Semantik und Theorie der Einherrschaft in Deutschland von der Reformation bis zum Vormärz, Bd. 2: Theorie der Monarchie, Köln u.a. 1991.

DREWS, PAUL, Der evangelische Geistliche in der deutschen Vergangenheit, Jena 1905.

DROYSEN, GUSTAV, Gustaf Adolfs Landungsgebet. In: Mitteilungen des Instituts für österreichische Geschichtsforschung 1901, S. 269–287.

DUCHHARDT, HEINZ, Altes Reich und europäische Staatenwelt 1648–1806, [EDG 4], München 1990.

–, [Hg.], Bibliographie zum Westfälischen Frieden, bearb. von ORTLIEB, EVA und SCHNETTGER, MATTHIAS, [Schriftenreihe der Vereinigung zur Erforschung der Neueren Geschichte 20], Münster 1996.

–, Der Westfälische Friede. Ein Schlüsseldokument der neueren Geschichte. In: DERS. u.a. [Hg.], „… zu einem stets währenden Gedächtnis". Die Friedenssäle in Münster und Osnabrück und ihre Gesandtenporträts, [Osnabrücker Kulturdenkmäler Bd. 8], Bramsche 1996, S. 11–38.

DUHR, BERNHARD, Geschichte der Jesuiten in den Ländern deutscher Zunge, Bd. 2: In der ersten Hälfte des 17. Jahrhunderts, Teil 1, Freiburg/B. 1913.

DÜRR, ALFRED – KILLY, WALTHER [Hg.], Das protestantische Kirchenlied im 16. und 17. Jahrhundert, [Wolfenbütteler Forschungen 31], Wiesbaden 1996.

ELERT, WERNER, Morphologie des Luthertums Bd. 1 und 2, verbesserter Nachdruck der 1. Aufl., München 1958.

ENGEL, PETER, Die eine Wahrheit in der gespaltenen Christenheit. Untersuchungen zur Theologie Georg Calixts, [GTA 4], Göttingen 1976.

ESCH, ARNOLD, Die Perspektiven historischer Periodisierung. In: DERS., Zeitalter und Menschenalter. Der Historiker und die Erfahrung vergangener Gegenwart, München 1994, S. 9–38.

FATIO, OLVIER, Art. Orthodoxie II. Reformierte O. In: TRE 25, 1995, S. 485–497.

FEIL, ERNST, Religio. Die Geschichte eines neuzeitlichen Grundbegriffs vom Frühchristentum bis zur Reformation, [FKDG 36], Göttingen 1986.

–, Religio. Bd. 2: Die Geschichte eines neuzeitlichen Grundbegriffs zwischen Reformation und Rationalismus [1500–1620], [FKDG 70], Göttingen 1997.

FISCHER, ALBERT – TÜMPEL, WILHELM, Das deutsche evangelische Kirchenlied im 17. Jahrhundert, 6 Bde., Gütersloh 1904–1916; Reprint Hildesheim 1964.

FLACHMANN, HOLGER, Martin Luther und das Buch, [Spätmittelalter und Reformation N. R. 8], Tübingen 1996.

FRANÇOIS, ETIENNE, Die unsichtbare Grenze. Protestanten und Katholiken in Augsburg 1648–1806, [Abhandlungen zur Geschichte der Stadt Augsburg 33], Sigmaringen 1991.

FRANK, CHRISTINA BEATRICE MELANIE, Untersuchungen zum Catalogus Testium veritatis des Matthias Flacius Illyricus, Diss. phil. Tübingen 1990.

FREYTAG, GUSTAV, Bilder aus der deutschen Vergangenheit, Bd. II: Reformationszeit und Dreißigjähriger Krieg, Sonderausgabe München 1987.

FRIEDRICH, MARTIN, Zwischen Abwehr und Bekehrung. Die Stellung der deutschen evangelischen Theologie zum Judentum im 17. Jahrhundert, [BHTh 72], Tübingen 1988.

FRITZ, FRIEDRICH, Die württembergischen Pfarrer im Zeitalter des dreißigjährigen Krieges. In: BWKG NS 29, 1925, S. 129–168; 30, 1926, S. 42–87; 179–197; 31, 1927, S. 78–101; 167–192; 32, 1928, S. 289–311; 33, 1929, S. 41–132; 191–296; 34, 1930, S. 121–211.

FRITZE, ERNST, Michael Fritze [1603–1691], Joachim Betke [1601–1661] und Arndts „Wahres Christentum". Eine biographische Studie zum Frühpietismus in der Mark Brandenburg. In: JBBKG 59, 1993, S. 22–71.

GEFFEKEN, JOHANNES, Über die theologischen Responsa und deren Bedeutung im 17. Jahrhundert. In: Zeitschrift des Vereins für hamburgische Geschichte, Erster Band, 1841, S. 249–280.

GIERL, MARTIN, Pietismus und Aufklärung. Theologische Polemik und die Kommunikationsform der Wissenschaft am Ende des 17. Jahrhunderts, [Veröffentlichungen des Max-Planck-Instituts für Geschichte 129], Göttingen 1997.

GOTTHARD, AXEL, Konfession und Staatsraison. Die Außenpolitik Württembergs unter Herzog Johann Friedrich [1608–1628], [Kommission für geschichtliche Landeskunde in Baden-Württemberg 126], Stuttgart 1992.

–, „Politice seint wir Bäpstisch." Kursachsen und der deutsche Protestantismus im frühen 17. Jahrhundert. In: ZHF 20, 1993, S. 275–319.

GRAF, FRIEDRICH-WILHELM, Art. Christentum. In: Wörterbuch des Christentums, hg. von VOLKER DREHSEN u.a., Gütersloh 1988, Sonderausgabe München 1995, S. 204–207.

–, – MÜLLER, HANS MARTIN [Hg.], Der deutsche Protestantismus um 1900, Gütersloh 1996.

GRAFF, PAUL, Geschichte der Auflösung der alten gottesdienstlichen Formen in der evangelischen Kirche Deutschlands, Bd. 1 und 2, Göttingen ²1937, Nachdruck Waltrop 1994.

GRAUS, FRANTIŠEK, Pest – Geissler – Judenmorde, [Veröffentlichungen des Max-Planck-Instituts für Geschichte 86], Göttingen 1987.

GRESCHAT, MARTIN [Hg.], Orthodoxie und Pietismus, [Gestalten der Kirchengeschichte Bd. 7], Stuttgart 1982.

–, Christentumsgeschichte II. Von der Reformation bis zur Gegenwart, [UB 424], Stuttgart u.a. 1997.

GRÜNBERGER, HANS, Institutionalisierung des protestantischen Sittendiskurses. In: ZHF 24, 1997, S. 215–252.

HAASE, ROLAND, Das Problem des Chiliasmus und der Dreißigjährige Krieg, Diss. phil. Leipzig 1933.

HÄNISCH, ULRIKE DOROTHEA, ›Confessio Augustana triumphans‹. Funktionen der Publizistik zum Confessio Augustana – Jubiläum 1630, [Mikrokosmos 35], Frankfurt/M. 1993.

HAGENMEIER, MONIKA, Predigt und Policey. Der gesellschaftspolitische Diskurs zwischen Kirche und Obrigkeit in Ulm 1624–1639, [Nomos-Universitätsschriften 9.1], Baden-Baden 1989.

HALVERSCHEID, HEINRICH, Lumen Spiritus prius quam Scriptura intellecta. Hermann Rathmanns Kritik am lutherischen Schriftprinzip, Diss. theol. Marburg 1971.

HAMM, BERNDT, Die Reformation als Medienereignis. In: JBTh 11, 1996, S. 137–166.

HAMMERSTEIN, NOTKER, Universitäten und Reformation. In: HZ 258/2, 1994, S. 339–358.

–, [Hg.], Handbuch der deutschen Bildungsgeschichte, Bd. I: 15. bis 17. Jahrhundert, München 1996.

HANSEN, THEODOR, Johann Rist und seine Zeit. Aus den Quellen dargestellt, Halle 1872, Reprint Leipzig 1973.

HARMS, WOLFGANG [Hg], Deutsche Illustrierte Flugblätter des 16. und 17. Jahrhunderts. Bd. I: Die Sammlung der Herzog August Bibliothek in Wolfenbüttel, Teil 1: Ethica Physica, Tübingen 1985; Bd. II: Die Sammlung der Herzog August Bibliothek in Wolfenbüttel, Teil 2: Historica, München 1980; Bd. III: Die Sammlung der Herzog August Bibliothek in Wolfenbüttel, Teil 3: Theologica Quodlibetica, Tübingen 1989.

–, – KEMP, CORNELIA [Hg.], Bd. IV: Die Sammlungen der Hessischen Landes- und Hochschulbibliothek in Darmstadt, Tübingen 1987.

–, Gustav Adolf als christlicher Alexander und Judas Makkabaeus. Zu Formen des Wertens von Zeitgeschichte in Flugschrift und illustriertem Flugblatt um 1632. In: Wirkendes Wort 35, 1985, S. 168–183.

HASSE, HANS-PETER, Die Lutherbiographie des Nikolaus Selnecker: Selneckers Berufung auf die Autorität Luthers im Normenstreit der Konfessionalisierung in Kursachsen. In: ARG 86, 1995, S. 91–123.

HAYE, THOMAS, Der Catalogus Testium veritatis des Matthias Flacius Illyricus – Eine Einführung in die Literatur des Mittelalters? In: ARG 83, 1992, S. 33–48.

HAZARD, PAUL, Die Krise des europäischen Geistes, 1680–1715, Hamburg 1939.

HECKEL, MARTIN, Staat und Kirche. Nach den Lehren der evangelischen Juristen Deutschlands in der ersten Hälfte des 17. Jahrhunderts, [Jus Eccl 6], München 1968.

–, Deutschland im konfessionellen Zeitalter, [Deutsche Geschichte Bd. V], Göttingen 1983.

–, Reichsrecht und „Zweite Reformation": Theologisch-juristische Probleme der reformierten Konfessionalisierung. In: SCHILLING, HEINZ [Hg.], Die reformierte Konfessionalisierung in Deutschland – Das Problem der „Zweiten Reformation", [SVRG 195], Gütersloh 1985, S. 11–43.

–, Gesammelte Schriften. Staat Kirche Recht Geschichte Bd. I und II, hg. von SCHLAICH, KLAUS, [Jus Eccl 38], Tübingen 1989.

HEIMBACH, WERNER, Das Urteil des Görlitzer Oberpfarrers Richter über Jakob Böhme. In: HerChr 9, 1973/74, Berlin 1975, S. 97–151.

HEMMERLE, JOSEF, Die calvinische Reformation in Böhmen. In: Stifter-Jahrbuch 8, 1964, S. 243–276.

HENKE, ERNST LUDWIG THEODOR, Georg Calixtus und seine Zeit, Bd. 1 und 2, Halle 1853 und 1860.

HERBERGER, PATRICIA [Hg.], Hermann Conring 1606–1681. Ein Gelehrter der Universität Helmstedt. Ausstellungskatalog der Herzog August Bibliothek Nr. 33, Wolfenbüttel 1981.

HERBST, WILHELM, Das Regensburger Religionsgespräch von 1601, geschichtlich dargestellt und dogmengeschichtlich beleuchtet, Gütersloh 1928.

HERING, CARL WILHELM, Geschichte der kirchlichen Unionsversuche Bd. 1, Leipzig 1836.

HERMELINK, HEINRICH – MAURER, WILHELM, Reformation und Gegenreformation [HKG 3], Tübingen ²1931.

HERTRAMPF, HANS-DIETER, Der kursächsische Oberhofprediger Matthias Hoë von Hoënegg: Seine Theologie, Polemik und Kirchenpolitik, Diss. masch. Leipzig 1967.

–, Hoë von Hoënegg – sächsischer Oberhofprediger 1613–1645. In: HerChr 6, Berlin 1970, S. 129–148.

HERZIG, ARNO, Jüdische Geschichte in Deutschland, München 1997.

HESS, WILLI, Das Missionsdenken bei Philipp Nicolai, [AKGH 5], Hamburg 1962.

HIRSCH, EMANUEL, Geschichte der neuern evangelischen Theologie im Zusammenhang mit den allgemeinen Bewegungen des europäischen Denkens, Erster Band, Gütersloh ³1964, Nachdruck Münster 1984.

HITZIGRATH, HEINRICH, Die Publizistik des Prager Friedens (1635), [Hallesche Abhandlungen zur Neueren Geschichte 9], Halle 1880.

HOLL, KARL, Die Bedeutung der großen Kriege für das religiöse und kirchliche Leben innerhalb des deutschen Protestantismus. In: DERS., Gesammelte Aufsätze zur Kirchengeschichte, hg. von LIETZMANN, HANS, Bd. III: Der Westen, Tübingen 1928, S. 302–384.

HOLTZ, SABINE, Theologie und Alltag. Lehre und Leben in den Predigten der Tübinger Theologen 1550–1750, [Spätmittelalter und Reformation N.R. 3], Tübingen 1993.

HONECKER, MARTIN, Cura religionis Magistratus Christiani, [Jus Eccl 7], München 1968.

–, Sozialethik des Luthertums. In: RUBLACK, Die lutherische Konfessionalisierung in Deutschland, S. 316–340.

HORNIG, GOTTFRIED, Lehre und Bekenntnis im Protestantismus. In: ANDRESEN, CARL [Hg.], Handbuch der Dogmen- und Theologiegeschichte Bd. 3, Göttingen 1984, S. 71–287.

HORNING, WILHELM, Der Strassburger Universitäts-Professor, Münsterprediger und Präsident des Kirchenkonvents Dr. Johann Conrad Dannhauer, Straßburg 1883 [Separat-Druck].

–, Dr. Johann Dorsch, Professor der Theologie und Münsterprediger zu Straßburg im 17. Jahrhundert. Ein Lebenszeuge der lutherischen Kirche geschildert nach unbenutzten Urkunden und Manuskripten, Straßburg 1886.

JEDIN, HUBERT [Hg.], Handbuch der Kirchengeschichte Bd. IV: Reformation, katholische Reform und Gegenreformation, Freiburg u.a. 1967.

JENNY, MARKUS, Art. Kirchenlied, in: TRE 18, 1994, S. 602–629.

JÜNGEL, EBERHARD, Gott als Geheimnis der Welt, Tübingen ⁴1982.

KASTNER, RUTH, Geistlicher Rauffhandel. Form und Funktion der illustrierten Flugblätter zum Reformationsjubiläum 1617 in ihrem historischen und publizistischen Kontext, [Mikrokosmos 11], Frankfurt/M., Bern 1982.

KATALOG der Leichenpredigtensammlung der Niedersächsischen Staats- und Universitätsbibliothek in Göttingen, bearbeitet von TIEDEMANN, MANFRED VON, Bd. 1–3, Göttingen 1954–1955.

KATALOG zu der in Münster und Osnabrück 1998 veranstalteten Ausstellung „1648 – Krieg und Frieden in Europa", hg. von SCHILLING, HEINZ und BUSSMANN, KLAUS.

KAUFMANN, THOMAS, Königsberger Theologieprofessoren im 17. Jahrhundert. In: RAUSCHNING, DIETRICH – NERÉE, DONATA VON [Hg.], Die Albertus-Universität zu Königsberg und ihre Professoren, [JAUK 29/1994], Berlin 1995, S. 49–86.

–, Die Konfessionalisierung von Kirche und Gesellschaft. Sammelbericht über eine Forschungsdebatte. In: ThLZ 121, 1996, Sp. 1008–1025; 1112–1121.

–, Werner Elert als Kirchenhistoriker. In: ZThK 93, 1996, S. 193–242.

–, Martin Chemnitz (1522–1586). Zur Wirkungsgeschichte der theologischen Loci. In: SCHEIBLE, HEINZ [Hg.], Melanchthon in seinen Schülern, [Wolfenbütteler Forschungen 73], Wiesbaden 1997, S. 183–254.

–, Universität und lutherische Konfessionalisierung, [QFRG 66], Gütersloh 1997.

–, Rostocker Fakultätsgutachten in der zweiten Hälfte des 16. Jahrhunderts. In: BOOCKMANN, HARTMUT – GRENZMANN, LUDGER – MOELLER, BERND – STAEHELIN, MARTIN, [Hg.], Recht und Verfassung im Übergang vom Mittelalter zur Neuzeit, Teil 2, [AAWG. Ph K III, 228/2], Göttingen, voraussichtlich 1999.

KELLER-HÜSCHEMENGER, MAX, Das Problem der Fundamentalartikel bei Johannes

Hülsemann in seinem theologiegeschichtlichen Zusammenhang, [BFChTh M, 41,2], Gütersloh 1939.

KEMPER, HANS-GEORG, Deutsche Lyrik der frühen Neuzeit. Bd. 2: Konfessionalismus, Tübingen 1987, S. 227–265.

KETELSEN, UWE-K., Literarische Zentren – Sprachgesellschaften. In: GLASER, HORST-ALBERT [Hg.], Deutsche Literatur. Eine Sozialgeschichte, Bd. 3: Zwischen Gegenreformation und Frühaufklärung: Späthumanismus und Barock 1572–1740, Hamburg 1985, S. 117–137.

KITTSTEINER, HEINZ D., Die Entstehung des modernen Gewissens, [stw 1192], Frankfurt/M. 1995.

KLEIN, THOMAS, Der Kampf um die zweite Reformation in Kursachsen 1586–1591, [Mitteldeutsche Forschungen 25], Köln u.a. 1962.

KNAPP, HANS, Hoë von Hoënegg und sein Eingreifen in die Politik und Publizistik des Dreißigjährigen Krieges, [Hallesche Abhandlungen zur neueren Geschichte 40], Halle 1902.

KNIEBE, RUDOLF, Der Schriftenstreit über die Reformation des Kurfürsten Johann Sigismund von Brandenburg seit 1613, Halle 1902.

KOBOLDT, ANTON MARIA, Baierisches Gelehrten=Lexikon, Landshut 1792.

–, Ergänzungen und Berichtigungen zum Baierischen Gelehrten=Lexikon. Nebst Nachträgen von GANDERSHOFER, Landshut 1824.

KOCH, ERNST, Solange er lebte, lebte er Christus. Bemerkungen zu einigen Porträts von Martin Chemnitz. In: JÜNKE, W.A. [Red.], Der zweite Martin der lutherischen Kirche. Festschrift zum 400. Todestag von Martin Chemnitz, Braunschweig 1986, S. 130–145.

–, Therapeutische Theologie. Die Meditationes sacrae von Johann Gerhard (1606). In: PuN 13, 1988, S. 25–46.

–, Ausbau, Gefährdung und Festigung der lutherischen Landeskirche von 1553–1601. In: JUNGHANS, HELMAR [Hg.], Das Jahrhundert der Reformation in Sachsen, Berlin 1989, S. 195–223.

–, Die Bernhard-Rezeption im Luthertum des 16. und 17. Jahrhunderts. In: ELM, KASPAR [Hg.], Bernhard von Clairvaux. Rezeption in Mittelalter und Neuzeit, [Wolfenbütteler Mittelalterstudien 6], Wiesbaden 1994, S. 333–351.

KOCHS, ERNST, Das Kriegsproblem in der spiritualistischen Gesamtanschauung Christian Hoburgs. In: ZKG 46, 1928, S. 246–275.

KOEPP, WILHELM, Johann Arndt. Eine Untersuchung über die Mystik im Luthertum, [NSGTK 13], Berlin 1912, Nachdruck Aalen 1973.

KÖHLER, HANS-JOACHIM, Bibliographie der Flugschriften des 16. Jahrhunderts, Teil 1, Bd. 1–3, Tübingen 1991–1996.

KOLB, ROBERT, Umgestaltung und theologische Bedeutung des Lutherbildes im späten 16. Jahrhundert. In: RUBLACK, Die lutherische Konfessionalisierung in Deutschland, S. 202–231.

KÖPF, ULRICH, Die Idee der ›Einheitskultur‹ des Mittelalters. In: GRAF, FRIEDRICH-WILHELM – RENDTORFF, TRUTZ [Hg.], Ernst Troeltschs Soziallehren, [Troeltsch-Studien 6], Gütersloh 1993, S. 103–121.

KORSCH, DIETRICH, Zeit der Krise und Neubau der Theologie. Karl Holl als Antipode Ernst Troeltschs. In: RENZ, HORST – GRAF, FRIEDRICH-WILHELM [Hg.], Umstrittene Moderne [Troeltsch-Studien 4], Gütersloh 1987, S. 211–229.

–, Glaubensgewißheit und Selbstbewußtsein. Vier systematische Variationen über Gesetz und Evangelium, [BHTh 76], Tübingen 1989.

–, Lutherisch-nationale Gewissensreligion. Karl Holl 1866–1926. In: GRAF, FRIEDRICH-

Wilhelm [Hg.], Profile des neuzeitlichen Protestantismus. Bd. 2: Kaiserreich, Teilband 2, Gütersloh 1993, S. 337–353.

–, Luthers Siegel. Eine elementare Deutung seiner Theologie. In: Luther 67, 1996, S. 66–87.

Koschorke, Klaus, Konfessionelle Spaltung und weltweite Ausbreitung des Christentums im Zeitalter der Reformation. In: ZThK 91, 1994, S. 10–24.

Krummacher, Hans-Henrik, Der junge Gryphius und die Tradition, München 1976.

Krumwiede, Hans-Walter, Geschichte des Christentums III. Neuzeit: 17. bis 20. Jahrhundert, [Theologische Wissenschaft Bd. 8], Stuttgart ²1987.

–, Kirchengeschichte Niedersachsens, Erster und Zweiter Teilband, Göttingen 1996.

Kruse, Martin, Speners Kritik am landesherrlichen Kirchenregiment und ihre Vorgeschichte, [AGP 10], Witten 1971.

Lahne, Werner, Magdeburgs Zerstörung in der zeitgenössischen Publizistik, Magdeburg 1931.

Lehmann, Hartmut, Das Zeitalter des Absolutismus, Stuttgart u.a. 1980.

–, Das 17. Jahrhundert als Endzeit. In: Rublack, Hans-Christoph, Die lutherische Konfessionalisierung in Deutschland, S. 545–554.

–, Vorüberlegungen zu einer Sozialgeschichte des Pietismus im 17./18. Jahrhundert. In: PuN 21, 1995 (1996), S. 69–84.

–, Religion und Religiosität in der Neuzeit, Historische Beiträge. Hg. von Jakubowski-Tiessen, Manfred und Ulbricht, Otto, Göttingen 1996.

–, [Hg], Säkularisierung, Dechristianisierung, Rechristianisierung im neuzeitlichen Europa, [Veröffentlichungen des Max-Planck-Instituts für Geschichte 130], Göttingen 1997.

Leinsle, Ulrich G., Einführung in die scholastische Theologie, [UTB 1865], Paderborn u.a. 1995.

Lenz, Rudolf, [Hg.], Leichenpredigten als Quelle historischer Wissenschaften, 3 Bde., Köln/Wien und Marburg 1975, 1979 und 1984.

–, „Ehestand, Wehestand, Süßbitter Standt"? Beobachtungen zur Familie der Frühen Neuzeit. In: AKuG 68, 1986, S. 371–405.

–, Art. Leichenpredigten. In: TRE 20, 1990, S. 665–669.

–, De mortuis nil nisi bene? Leichenpredigten als multidisziplinäre Quelle unter besonderer Berücksichtigung der historischen Familienforschung, der Bildungsgeschichte und der Literaturgeschichte, [Marburger Personalschriften-Forschungen 10], Sigmaringen 1990.

Leube, Hans, Die Reformideen in der deutschen lutherischen Kirche zur Zeit der Orthodoxie, Leipzig 1924.

–, Kalvinismus und Luthertum im Zeitalter der Orthodoxie, Leipzig 1928, Reprint Aalen 1966.

–, Orthodoxie und Pietismus. Gesammelte Studien, hg. von Blaufuss, Dietrich, [AGP 13], Bielefeld 1975.

Löcher, Kurt, Humanistenbildnisse – Reformatorenbildnisse. Unterschiede und Gemeinsamkeiten. In: Boockmann, Hartmut – Grenzmann, Ludger – Moeller, Bernd – Staehelin, Martin [Hg.], Literatur, Musik und Kunst im Übergang vom Mittelalter zur Neuzeit, [AAWG. Ph K III, 208], Göttingen 1995, S. 352–390.

Ludendorff, Hans, Die Kometen-Flugschriften des 16. und 17. Jahrhunderts. In: Zeitschrift für Bücherfreunde 12, 1908/09, I, S. 501–506.

Ludolphy, Ingetraut, Friedrich der Weise. Kurfürst von Sachsen 1463–1525, Göttingen 1984.

LUND, ERIC, Johann Arndt and the Development of a Lutheran Spiritual Tradition, Diss. phil. Yale 1979.

MACHILEK, FRANZ, Schlesien. In: SCHINDLING, ANTON – ZIEGLER, WALTER [Hg.], Die Territorien des Reichs im Zeitalter der Reformation und Konfessionalisierung Bd. 2: Der Nordosten, [KLK 50], Münster 1990, S. 102–138.

MAGER, INGE, Georg Calixt. In: GRESCHAT, MARTIN [Hg.], Orthodoxie und Pietismus, [Gestalten der Kirchengeschichte 7], Stuttgart 1982, S. 137–148.

–, Die Konkordienformel im Fürstentum Braunschweig-Wolfenbüttel. Entstehungsbeitrag – Rezeption – Geltung, [SKGNS 33], Göttingen 1993.

MAHLMANN, THEODOR, Art. Orthodoxie/orthodox. In: RITTER, JOACHIM – GRÜNDER, KARLFRIED [Hg.], Historisches Wörterbuch der Philosophie 6, 1984, Sp. 1380–1385.

–, Johannes Kromayers Wirken für Schule und Kirche im frühen 17. Jahrhundert. In: PuN 20, 1994 (1995), S. 28–54.

–, Die Stellung der unio cum Christo in der lutherischen Theologie des 17. Jahrhunderts. In: REPO, MATTI – VINKE, RAINER [Hg.], Unio. Gott und Mensch in der nachreformatorischen Theologie, [SLAG 35], Helsinki 1996, S. 72–99.

MARSCH, ANGELIKA, Bilder zur Augsburger Konfession und ihren Jubiläen, Weißenhorn 1980.

MATTHIAS, MARKUS, Art. Orthodoxie I: Lutherische Orthodoxie. In: TRE 25, 1995, S. 464–485.

MEDICK, HANS, Weben und Überleben in Laichingen 1650–1900. Lokalgeschichte als allgemeine Geschichte, [Veröffentlichungen des Max-Planck-Instituts für Geschichte 126], Göttingen 1996.

MOELLER, BERND, Reichsstadt und Reformation. Bearb. Neuausgabe, Berlin 1987.

–, Die letzten Ablaßkampagnen. Luthers Widerspruch gegen den Ablaß in seinem geschichtlichen Zusammenhang. In: DERS., Die Reformation und das Mittelalter. Kirchenhistorische Aufsätze, hg. von SCHILLING, JOHANNES, Göttingen 1991, S. 53–72; 295–307.

–, – RAIMUND KOTTJE [Hg.]: Ökumenische Kirchengeschichte Bd. 2, Mainz, Gütersloh ⁵1993.

–, Die frühe Reformation als Kommunikationsprozeß. In: BOOCKMANN, HARTMUT [Hg.], Kirche und Gesellschaft im Heiligen Römischen Reich des 15. und 16. Jahrhunderts, [AAWG PhK III, 206], Göttingen 1994, S. 148–164.

–, – HAMM, BERNDT – WENDEBOURG, DOROTHEA, Reformationstheorien. Ein kirchenhistorischer Disput über Einheit und Vielfalt der Reformation, Göttingen 1995.

–, [Hg.], Die frühe Reformation in Deutschland als Umbruch, [SVRG 199], Gütersloh 1998.

MOHR, RUDOLF, Protestantische Theologie und Frömmigkeit im Angesicht des Todes während des Barockzeitalters hauptsächlich auf Grund hessischer Leichenpredigten, Diss. theol. Marburg 1964.

–, Der unverhoffte Tod. Theologie- und kulturgeschichtliche Untersuchungen zu außergewöhnlichen Todesfällen in Leichenpredigten, [Marburger Personalschriften-Forschungen 5], Marburg 1982.

MÜLLER, FRANK, Kursachsen und der Böhmische Aufstand 1618–1622, [Schriftenreihe der Vereinigung zur Erforschung der Neueren Geschichte 23], München 1997.

MÜLLER, KARL, Kirchengeschichte, Zweiter Band, 2. Halbband, Tübingen ³1923.

MÜNCH, PAUL, Lebensformen in der frühen Neuzeit 1500 bis 1800, Frankfurt, Berlin 1992.

NADWORNICEK, FRANZISKA, Pfalz-Neuburg. In: SCHINDLING, ANTON – ZIEGLER, WALTER [Hg.], Die Territorien des Reichs im Zeitalter der Reformation und

Konfessionalisierung. Land und Konfession 1500–1650, Bd. 1, [KLK 49], Münster 1989, S. 44–55.

NELLE, WILHELM, Geschichte des deutsch-evangelischen Kirchenliedes, [3]1928.

NIPPERDEY, THOMAS, Religion im Umbruch: Deutschland 1870–1918, München 1988.

NISCHAN, BODO, Calvinism, The Thirty Years War, and the Beginning of Absolutism in Brandenburg: The Political Thought of John Bergius. In: Central European History 15, 1982, S. 203–223.

–, Confessionalism and Absolutism: The case of Brandenburg. In: PETTEGREE, ANDREW – DUKE, ALASTAIR – LEWIS, GILLIAN [Hg.], Calvinism in Europe 1540–1620, Cambridge 1994, S. 181–204.

–, Prince, People and Confession. The Second Reformation in Brandenburg, Philadelphia 1994.

NOLTE, PAUL, Gibt es noch eine Einheit der Neueren Geschichte? In: ZHF 24, 1997, S. 377–399.

OBST, HELMUT, Zum „Verhör" Jakob Böhmes in Dresden. In: PuN 1, 1974, S. 25–31.

OELKE, HARRY, Die Konfessionsbildung des 16. Jahrhunderts im Spiegel illustrierter Flugblätter, [AKG 57], Berlin, New York 1992.

OTTO, ERNST, Die Schriften des ersten kursächsischen Oberhofpredigers Hoë von Hoënegg, Dresden 1898.

PALME, ANDREAS, Konfessionalität und Interkonfessionalität in den Sinngedichten Friedrich von Logaus. In: BREUER, Religion und Religiosität im Zeitalter des Barock, S. 621–630.

PRESS, VOLKER, Kriege und Krisen. Deutschland 1600–1715, München 1991.

–, Außerhalb des Religionsfriedens? Das reformierte Bekenntnis im Reich bis 1648. In: VOGLER, GÜNTER [Hg.], Wegscheiden der Reformation. Alternatives Denken vom 16. bis zum 18. Jahrhundert, Weimar 1994, S. 309–335.

PREUSS, HANS, Die Vorstellungen vom Antichrist im späteren Mittelalter, bei Luther und in der konfessionellen Polemik, Leipzig 1906.

PROSPERI, ADRIANO, Der Missionar. In: VILLARI, ROSARIO [Hg.], Der Mensch des Barock, Frankfurt u.a. 1997, S. 142–180.

RABE, HORST, Deutsche Geschichte 1500–1600. Das Jahrhundert der Glaubensspaltung, München 1991.

RATSCHOW, CARL HEINZ, Lutherische Dogmatik zwischen Reformation und Aufklärung Teil 1, Gütersloh 1964.

REINHARD, WOLFGANG, Gegenreformation als Modernisierung? Prolegomena zu einer Theorie des konfessionellen Zeitalters. In: ARG 68, 1977, S. 226–252.

RENDTORFF, TRUTZ, Art. Christentum. In: BRUNNER, OTTO – CONZE, WERNER – KOSSELLECK, REINHARD [Hg.], Geschichtliche Grundbegriffe, Bd. 1, 1972, unv. Nachdruck Stuttgart 1997, S. 772–814.

–, Über die Wahrheit der Vielfalt. Theologische Perspektiven nachneuzeitlichen Christentums. In: MEHLHAUSEN, JOACHIM [Hg.], Pluralismus und Identität, [VWGT 8], Gütersloh 1995, S. 21–34.

REPGEN, KONRAD, Die Römische Kurie und der Westfälische Friede, Bd. I/1, Tübingen 1962; Bd. I/2, Tübingen 1965.

–, Wartenberg, Chigi und Knoeringen im Jahre 1645. Die Entstehung zum Plan des päpstlichen Protestes gegen den Westfälischen Frieden als quellenkundliches und methodisches Problem. In: VIERHAUS, RUDOLF – BOTZENHART, MANFRED [Hg.], Dauer und Wandel der Geschichte. Festschrift für KURT VON RAUMER, Münster 1966, S. 213–268.

–, Art. Dreißigjähriger Krieg. In: TRE 9, 1982, S. 169–188.

–, Die Feier des Westfälischen Friedens in Kulmbach [2. Januar 1649]. In: ZBLG 58, 1995, S. 261–275.

–, Das Dankgebet für die Friedensfeiern des 2./12. Januar 1649 im Markgrafentum Brandenburg-Kulmbach. Ein Nachtrag. In: ZBLG 59, 1996, S. 185–190.

–, Der Westfälische Friede und die zeitgenössische Öffentlichkeit. In: HJ 117, 1997, S. 38–83.

REVENTLOW, HENNING GRAF, Epochen der Bibelauslegung Bd. III: Renaissance, Reformation, Humanismus, München 1997.

RITSCHL, OTTO, Dogmengeschichte des Protestantismus, Bd. III: Die reformierte Theologie im 16. und 17. Jahrhundert in ihrer Entfaltung und Entwicklung, Göttingen 1926; Bd. IV: Das orthodoxe Luthertum im Gegensatz zu der reformierten Theologie und in der Auseinandersetzung mit dem Synkretismus, Göttingen 1927.

RITTER, MORITZ, Deutsche Geschichte im Zeitalter der Gegenreformation und des Dreissigjährigen Krieges, Bd. 3, Stuttgart/Berlin 1908, Reprint Darmstadt 1974.

ROBINSON-HAMMERSTEIN, HELGA, Sächsische Jubelfreude. In: RUBLACK, Die lutherische Konfessionalisierung in Deutschland, S. 460–494.

RÖBBELEN, INGEBORG, Theologie und Frömmigkeit des deutschen evangelisch-lutherischen Gesangbuches des 17. und des frühen 18. Jahrhunderts, Berlin 1957.

ROECK, BERND, Eine Stadt in Krieg und Frieden. Studien zur Geschichte der Reichsstadt Augsburg zwischen Kalenderstreit und Parität, 2 Teile, [SHKBA 37], Göttingen 1989.

–, Als wollt die Welt schier bersten. Eine Stadt im Zeitalter des Dreißigjährigen Krieges, München 1991.

ROHLS, JAN, Art. Orthodoxie, reformierte. In: EKL[3], Bd. 3, 1992, Sp. 959–966.

–, Protestantische Theologie der Neuzeit I. Die Voraussetzungen und das 19. Jahrhundert, Tübingen 1997.

ROTT, JEAN, Les Relations extérieures de la Faculté de Théologie des Strasbourg de 1570 à 1658 d'après les correspondances passives de Jean Pappus et de Jean Schmidt. In: RHPhR 68, 1988, S. 41–53.

RUBLACK, HANS-CHRISTOPH, Lutherische Predigt und gesellschaftliche Wirklichkeiten. In: DERS., Die lutherische Konfessionalisierung in Deutschland, [SVRG 197], Gütersloh 1992, S. 344–395.

–, Zur Problemlage der Forschung zur lutherischen Orthodoxie in Deutschland. In: ebd., S. 13–32.

SCHÄFER, ROLF, Art. Christentum, Wesen des. In: RITTER, JOACHIM – GRÜNDER, KARLFRIED [Hg.], Historisches Wörterbuch der Philosophie Bd. 6, 1984, Sp. 1008–1016.

SCHEIBLE, HEINZ, Der Catalogus testium veritatis. Flacius als Schüler Melanchthons. In: BPfKG 63, 1996, S. 343–357.

–, Melanchthon. Eine Biographie, München 1997.

SCHILLING, HEINZ, Konfessionskonflikt und Staatsbildung, [QFRG 48], Gütersloh 1981.

–, Die Konfessionalisierung im Reich. Religiöser und gesellschaftlicher Wandel in Deutschland zwischen 1555 und 1620. In: HZ 246, 1988, S. 1–45.

–, Aufbruch und Krise. Deutschland 1517–1648, Berlin [2]1994.

–, Höfe und Allianzen. Deutschland 1648–1763, Berlin [2]1994.

–, – REINHARD, WOLFGANG [Hg.], Die katholische Konfessionalisierung, [SVRG 198], Gütersloh 1995.

–, Nochmals „Zweite Reformation" in Deutschland. In: ZHF 23, 1996, S. 501–524.

–, Literaturbericht: Konfessionelles Zeitalter. Teil I. In: GWU 48, 1997, S. 350–370.

–, Disziplinierung oder „Selbstregulierung der Untertanen"? Ein Plädoyer für die Doppelperspektive von Makro- und Mikrohistorie bei der Erforschung der frühmodernen Kirchenzucht. In: HZ 264, 1997, S. 675–691.

SCHILLING, JOHANNES, Passio Doctoris Martini Lutheri, [QFRG 57], Gütersloh 1989.

SCHILLING, MICHAEL, Bildpublizistik der frühen Neuzeit. Aufgaben und Leistungen des illustrierten Flugblatts in Deutschland bis um 1700, [Studien und Texte zur Sozialgeschichte der Literatur 29], Tübingen 1990.

SCHINDLING, ANTON, Der Große Kurfürst und das Reich. In: *„Ein sonderbares Licht in Teutschland"*. HEINRICH, GERD [Hg.], Beiträge zur Geschichte des großen Kurfürsten von Brandenburg [1640–1688], [ZHF Beiheft 8], Berlin 1990, S. 59–74.

SCHMALE, WOLFGANG, Das 17. Jahrhundert und die neuere europäische Geschichte. In: HZ 264, 1997, S. 588–611.

SCHMALTZ, KARL, Kirchengeschichte Mecklenburgs. Zweiter Band: Reformation und Gegenreformation, Schwerin 1936.

SCHMIDT, GEORG, Der Dreißigjährige Krieg, München 1995 [²1996].

SCHMIDT, HEINRICH RICHARD, Konfessionalisierung im 16. Jahrhundert, [EDG 12], München 1992.

SCHNEIDER, HANS, Die allgemeine Lage. Die evangelischen Kirchen. In: KOTTJE, RAYMUND – MOELLER, BERND [Hg.], Ökumenische Kirchengeschichte Bd. III: Neuzeit, München, Mainz ⁴1989, S. 3–9; 46–93.

–, Johann Arndts Studienzeit. In: JGNKG 89, 1991, S. 133–176.

–, Johann Arndt als Lutheraner? In: RUBLACK, Die lutherische Konfessionalisierung in Deutschland, S. 274–298.

–, Johann Arndts „verschollene" Frühschriften. In: PuN 21, 1995, S. 29–68.

SCHOEPS, HANS JOACHIM, Philosemitismus im Barock, Tübingen 1952.

SCHÖFFLER, HERBERT, Deutsches Geistesleben zwischen Reformation und Aufklärung, Frankfurt/M. ²1956 [³1974].

SCHÖNSTÄDT, HANS-JÜRGEN, Antichrist, Weltheilsgeschehen und Gottes Werkzeug. Römische Kirche, Reformation und Luther im Spiegel des Reformationsjubiläums 1617, [VIEG 88], Wiesbaden 1978.

SCHORMANN, GERHARD, Der Dreißigjährige Krieg, Göttingen ²1993.

SCHORN-SCHÜTTE, LUISE, „Gefährtin" und „Mitregentin". Zur Sozialgeschichte der evangelischen Pfarrfrau in der frühen Neuzeit. In: WUNDER, HEIDE – VANJA, CHRISTINA [Hg.], Wandel der Geschlechterbeziehungen zu Beginn der Neuzeit, Frankfurt/M. 1991, S. 109–153.

–, Ernst Troeltschs „Soziallehren" und die gegenwärtige Frühneuzeitforschung. Zur Diskussion um die Bedeutung von Luthertum und Calvinismus für die Entstehung der modernen Welt. In: GRAF, FRIEDRICH-WILHELM – RENDTORFF, TRUTZ [Hg.], Ernst Troeltschs Soziallehren, [Troeltsch-Studien 6], Gütersloh 1993, S. 133–151.

–, Evangelische Geistlichkeit in der frühen Neuzeit, [QFRG 62], Gütersloh 1996.

–, [Hg.], Religion, Kultur und Staat. Deutungsschemata für die Vormoderne [16. – 18. Jahrhundert] als Ergebnis des Krisenbewußtseins in Theologie und Geschichtswissenschaft der Weimarer Republik [ZHF Beiheft], Berlin 1998 [angekündigt].

SCHREINER, KLAUS, Art. Toleranz. In: BRUNNER, OTTO – CONZE, WERNER – KOSSELLECK, REINHARD [Hg.], Geschichtliche Grundbegriffe Bd. 6, Stuttgart 1990, Unv. Nachdruck 1997, S. 445–605.

SCHRÖDER, TILMAN MATTHIAS, Das Kirchenregiment der Reichsstadt Esslingen. Grundlagen – Geschichte – Organisation, [Esslinger Studien Schriftenreihe Bd. 8], Sigmaringen 1987.

SCHRÖTTEL, GERHARD, Johann Michael Dilherr und die vorpietistische Kirchenreform in Nürnberg, [EKGB 34], Nürnberg 1962.

SCHULZE, MANFRED, Onus Ecclesiae: Last der Kirche − Reformation der Kirche. In: DYKEMA, PETER A. − OBERMAN, HEIKO A. [Hg.], Anticlericalism in Late Medieval and Early Modern Europe, [SMRT 51], Leiden u.a. 1993, S. 317−342.

SCHULZE, WINFRIED, Zwingli, lutherisches Widerstandsdenken, monarchomachischer Widerstand. In: BLICKLE, PETER u.a. [Hg.], Zwingli und Europa, Zürich, Göttingen 1985, S. 199−216.

−, Pluralisierung als Bedrohung: Toleranz als Lösung. In: Veranstaltungsgesellschaft 350 Jahre Westfälischer Friede mbH [Hg.], 350 Jahre Westfälischer Friede − Entstehungsprozesse, Weichenstellungen und Widerhall eines europäischen Ereignisses [1997], S. 63−86.

SCHÜSSLER, HERMANN, Georg Calixt. Theologie und Kirchenpolitik, [VIEG 25], Wiesbaden 1961.

SCHWARZ, REINHARD, Die Entdeckung Amerikas − Eine Frage an die Kirche. In: Luther 63, 1992, S. 60−66.

SCHWÖBEL, CHRISTOPH, Art. Pluralismus II. In: TRE 26, 1996, S. 724−739.

SEEBASS, FRIEDER, Die Schrift „Paraenesis votiva pro pace ecclesiae" [1626] und ihr Verfasser. Ein Beitrag zu den Arndtschen Streitigkeiten. In: PuN 22, 1996 (1997), S. 124−173.

SEIFERT, ARNO, Der Rückzug der biblischen Prophetie von der neueren Geschichte. Studien zur Geschichte der Reichstheologie des frühneuzeitlichen deutschen Protestantismus, [BAKG 31], Köln, Wien 1990.

SMOLINSKY, HERIBERT, Jülich-Cleve-Berg. In: SCHINDLING, ANTON − ZIEGLER, WALTER [Hg.], Die Territorien des Reichs im Zeitalter der Reformation und Konfessionalisierung. Land und Konfession 1500−1650, Bd. 3: Der Nordwesten, [KLK 51], Münster ²1995, S. 86−106.

SOMMER, WOLFGANG, Gottesfurcht und Fürstenherrschaft. Studien zum Obrigkeitsverständnis Johann Arndts und lutherischer Hofprediger zur Zeit der altprotestantischen Orthodoxie, [FKDG 41], Göttingen 1988.

−, Die Stellung lutherischer Hofprediger im Herausbildungsprozeß frühmoderner Staatlichkeit und Gesellschaft. In: ZKG 106, 1995, S. 313−328.

−, Luther − Prophet der Deutschen und der Endzeit. Zur Aufnahme der Prophezeiungen Luthers in der Theologie des älteren deutschen Luthertums. In: DERS. [Hg.], Zeitenwende − Zeitenende. Beiträge zur Apokalyptik und Eschatologie, Stuttgart u.a. 1997, S. 109−128.

SOMMERVOGEL, CARLOS, Bibliothèque de la Compagnie de Jésus, Neuausgabe Brüssel-Paris, Bd. 1, 1960; Bd. 8, 1960.

SPARN, WALTER, Die Krise der Frömmigkeit und ihr theologischer Reflex im nachreformatorischen Luthertum. In: RUBLACK, Die lutherische Konfessionalisierung in Deutschland, S. 54−82.

−, „Chiliasmus crassus" und „Chiliasmus subtilis" im Jahrhundert Comenius'. Eine mentalitätsgeschichtliche Skizze. In: KOTOWSKY, NORBERT − LÁŠEK, JAN B. [Hg.], Johannes Amos Comenius und die Grenzen des modernen Europa, Fürth 1992, S. 122−129.

STAEMMLER, HEINZ, Der Kampf der kursächsischen Theologen gegen den Helmstedter Synkretismus, unter besonderer Berücksichtigung ihrer Schrift „Consensus Repetitus fidei verae Lutheranae" von 1655, Diss. theol. masch. Halle 1963.

STEIGER, JOHANN ANSELM, Der Kirchenvater der lutherischen Orthodoxie. In: KuD 43, 1997, S. 58−76.

−, Johann Gerhard [1582−1637]. Studien zur Theologie und Frömmigkeit des Kirchenvaters der lutherischen Orthodoxie, [Doctrina et Pietas Abt. I, Bd. 1], Stuttgart-Bad Cannstatt 1997.

STEINBERGER, LUDWIG, Die Jesuiten und die Friedensfrage in der Zeit vom Prager Frieden bis zum Nürnberger Friedensexekutionshauptrezeß 1635–1650, [Studien und Darstellungen aus dem Gebiete der Geschichte 5, Heft 2–3], Freiburg/B. 1906.

STOEFFLER, ERNST F., Johann Arndt. In: GRESCHAT, MARTIN [Hg.], Gestalten der Kirchengeschichte Bd. 7, Stuttgart 1992, S. 37–49.

STRÄTER, UDO, Sompton, Bayly, Dyke and Hall, [BHTh 71], Tübingen 1987.

–, Meditation und Kirchenreform in der lutherischen Kirche des 17. Jahrhunderts, [BHTh 91], Tübingen 1995.

–, Wittenberger Responsen zur Zeit der Orthodoxie. Eine Quelle zur Fakultätsgeschichte. In: OEHMIG, STEFAN [Hg.], 700 Jahre Wittenberg. Stadt Universität Reformation, Weimar 1995, S. 289–302.

STRELLER, SIEGFRIED, „Der Wahn betreugt". Das religiöse Konzept in Grimmelshausens Simplicianischen Schriften. In: BREUER, Religion und Religiosität im Zeitalter des Barock, S. 703–710.

SUDHOFF, KARL, Bibliographia Paracelsica. Besprechung der unter Hohenheims Namen 1527–1893 erschienenen Druckschriften, Berlin 1894, Nachdruck Graz 1958.

TALKENBERGER, HEIKE, Sintflut. Prophetie und Zeitgeschehen in Texten und Holzschnitten astrologischer Flugschriften 1488–1528, [Studien und Texte zur Sozialgeschichte der Literatur 26], Tübingen 1990.

TESKE, GUNNAR, Bürger, Bauern, Söldner und Gesandte: Der Dreißigjährige Krieg und der Westfälische Frieden in Westfalen, Münster 1997.

TEUTEBERG, HANS-JÜRGEN, „Alles das, was dem Dasein Farbe gegeben hat." Zur Ortsbestimmung der Alltagsgeschichte. In: PICKL, OTHMAR – FEIGL, HELMUTH [Hg.], Methoden und Probleme der Alltagsforschung im Zeitalter des Barock, [Österreichische Akademie der Wissenschaft, Veröffentlichungen der Kommission für Wirtschafts-, Sozial- und Stadtgeschichte 5], Wien 1992, S. 19–42.

VON THADDEN, RUDOLF, Die Brandenburgisch-Preußischen Hofprediger im 17. und 18. Jahrhundert, [AKG 32], Berlin 1959.

THIELE, ERNST, Die Originalhandschriften Luthers. In: Lutherstudien zur 4. Jahrhundertfeier der Reformation, veröffentlicht von den Mitarbeitern der Weimarer Lutherausgabe, Weimar 1917, S. 233–260.

THOLUCK, AUGUST, Der Geist der lutherischen Theologen Wittenbergs im Verlaufe des 17. Jahrhunderts, Hamburg/Gotha 1852.

–, Das kirchliche Leben des 17. Jahrhunderts. Vorgeschichte des Rationalismus II, 1. und 2. Abteilung, Berlin 1861/2.

TROELTSCH, ERNST, Protestantisches Christentum und Kirche in der Neuzeit. In: HINNEBERG, PAUL [Hg.], Die Kultur der Gegenwart I, Abt. IV, 1: Geschichte der christlichen Religion, Berlin und Leipzig ²1909, S. 431–755.

–, Die Bedeutung des Protestantismus für die Entstehung der modernen Welt, [Historische Bibliothek 24], München/Berlin 1911, Neudruck Aalen 1963.

TRUNZ, ERICH, Johann Matthäus Meyfart. Theologe und Schriftsteller in der Zeit des Dreißigjährigen Krieges, München 1987.

TSCHOPP, SILVIA SERENA, Heilsgeschichtliche Deutungsmuster in der Publizistik des Dreißigjährigen Krieges, [Mikrokosmos 21], Frankfurt/M. 1991.

–, Albrecht von Wallensteins Ende im Spiegel der zeitgenössischen Flugblattpublizistik. In: ZHF 24, 1997, S. 25–51.

UHL, ERNST, Die Sozialethik Johann Gerhards, München 1932.

VAN DEN BERG, C.H.W., Art. Durie, John. In: TRE 9, S. 242–244.

VEIT, PATRICE, Das Gesangbuch als Quelle lutherischer Frömmigkeit. In: ARG 79, 1988, S. 206–229.

–, Private Frömmigkeit. Lektüre und Gesang im protestantischen Deutschland der frühen Neuzeit: Das Modell der Leichenpredigten. In: VIERHAUS, RUDOLF u.a. [Hg.], Frühe Neuzeit – Frühe Moderne? Studien zur Vielschichtigkeit von Überlieferungsprozessen, [Veröffentlichungen des Max-Planck-Instituts für Geschichte 104], Göttingen 1992, S. 271–295.

–, Das Gesangbuch in der Praxis Pietatis der Lutheraner. In: RUBLACK, Die lutherische Konfessionalisierung in Deutschland, S. 435–454.

VÖLKER, ALEXANDER, Art. Gesangbuch. In: TRE 12, 1984, S. 547–565.

WALLMANN, JOHANNES, Der Theologiebegriff bei Johann Gerhard und Georg Calixt, [BHTh 30], Tübingen 1961.

–, Karl Holl und seine Schule. In: Tübinger Theologie im 20. Jahrhundert, [ZThK Beiheft 4], Tübingen 1978, S. 1–33.

–, Art. Calixt. In: TRE 7, 1981, S. 552–559.

–, Art. Holl, Karl. In: TRE 15, 1986, S. 514–518.

–, Philipp Jakob Spener und die Anfänge des Pietismus, [BHTh 42], Tübingen [2]1986.

–, Straßburger lutherische Orthodoxie im 17. Jahrhundert. Johann Conrad Dannhauer. Versuch einer Annäherung. In: RHPhR 68, 1988, S. 55–72.

–, Dreißigjähriger Krieg. 2. Kirchengeschichtliche Folgen. In: EKL[3], Bd. 1, Göttingen 1986, Sp. 922–923.

–, Der Pietismus [KiG 4, Lfg. O1], Göttingen 1990.

–, Lutherische Konfessionalisierung – ein Überblick. In: RUBLACK, Die lutherische Konfessionalisierung in Deutschland, S. 33–53.

–, Kirchengeschichte Deutschlands seit der Reformation, Tübingen [4]1993.

–, Fehlstart. In: PuN 20, 1994, S. 219–236.

–, Bernhard von Clairvaux und der deutsche Pietismus. In: ELM, KASPAR [Hg.], Bernhard von Clairvaux. Rezeption und Wirkung in Mittelalter und Neuzeit, [Wolfenbütteler Mittelalterstudien 6], Wiesbaden 1994, S. 353–374.

–, Was ist Pietismus? In: PuN 20, 1994 (1995), S. 11–27.

–, Abraham Calov – theologischer Widerpart der Religionspolitik des großen Kurfürsten. In: OEHMIG, STEFAN [Hg], 700 Jahre Wittenberg. Stadt Universität Reformation, Weimar 1995, S. 303–311.

–, Theologie und Frömmigkeit im Zeitalter des Barock. Gesammelte Aufsätze, Tübingen 1995.

–, Die lutherische Orthodoxie zur Zeit Ernst Salomon Cyprians. Stand der Forschung. In: DERS. – KOCH, ERNST [Hg.], Ernst Salomon Cyprian [1673–1745] zwischen Orthodoxie, Pietismus und Frühaufklärung, [Veröffentlichungen der Forschungs- und Landesbibliothek Gotha 34], Gotha 1996, S. 9–20.

WALZ, RAINER, Der vormoderne Antisemitismus: Religiöser Fanatismus oder Rassenwahn? In: HZ 260, 1995, S. 719–748.

WANGEMANN, B., Kurze Geschichte des Evangelischen Kirchenliedes sowie der Kirche in ihrem Liede, Berlin [5]1865.

WARMBRUNN, PAUL, Zwei Konfessionen in einer Stadt, [VIEG 111], Wiesbaden 1983.

WEBER, EDMUND, Johann Arndts vier Bücher vom wahren Christentum als Beitrag zur protestantischen Irenik des 17. Jahrhunderts, Hildesheim [3]1978.

WEBER, HANS EMIL, Der Einfluß der protestantischen Schulphilosophie auf die orthodox-lutherische Dogmatik, Leipzig 1908, Nachdruck Darmstadt 1969.

WECKEN, FRIEDRICH, Katalog der fürstlich Stolberg-Stolberg'schen Leichenpredigten-Sammlung, [Bibliothek familiengeschichtlicher Quellen 2], Bd. 4, Leipzig 1932/5.

WEDGWOOD, CECILY VERONICA, Der Dreißigjährige Krieg, Neuausgabe München 1990.

WENZ, GUNTHER, Theologie der Bekenntnisschriften der evangelisch-lutherischen Kirche, Bd. 1/2, Berlin, New York 1996/7.

WHALEY, JOACHIM, Obediant servants? Lutheran attitudes to authority and the society in the first half of the seventeenth century: the case of Johann Balthasar Schupp. In: HistJ 35, 1992, S. 27–42.

WINCKLER, EBERHARD, Die Leichenpredigt im deutschen Luthertum bis Spener, [FGLP R. 10, 34], München 1967.

WÖLFEL, DIETER, Salomon Lentz 1584–1647. Ein Beitrag zur Geschichte des orthodoxen Luthertums im Dreißigjährigen Krieg, [EKGB 65], Gunzenhausen 1991.

WOLGAST, EIKE, Die Religionsfrage als Problem des Widerstandsrechts im 16. Jahrhundert, [SHAW. PH 1980/ 9. Abt.], Heidelberg 1980.

–, Biographie als Autoritätsstiftung: Die ersten evangelischen Lutherbiographien. In: BERSCHIN, WALTER [Hg.], Biographie zwischen Renaissance und Barock, Heidelberg 1993, S. 41–71.

WOLTERS, ERNST GEORG, Paul Felgenhauers Leben und Wirken. In: JNKG 54, 1956, S. 63–84.

WUNDER, HEIDE, Frauen in den Leichenpredigten des 16. und 17. Jahrhunderts. In: LENZ, RUDOLF [Hg], Leichenpredigten als Quelle historischer Wissenschaften, Bd. 3, Marburg 1984, S. 57–68.

–, „Er ist die Sonn', sie ist der Mond". Frauen in der Frühen Neuzeit, München 1992.

ZEEDEN, ERNST WALTER, Martin Luther und die Reformation im Urteil des deutschen Luthertums, Bd. 1 und 2, Freiburg 1950 und 1952.

ZELLER, WINFRIED, Der Protestantismus des 17. Jahrhunderts, [Klassiker des Protestantismus Bd. V], Bremen 1962.

–, Theologie und Frömmigkeit. Gesammelte Aufsätze, hg. von JASPERT, BERND, [MThS 8], Marburg 1971.

–, Theologie und Frömmigkeit. Gesammelte Aufsätze Bd. 2, hg. von JASPERT, BERND, [MThSt 15], Marburg 1978.

ZIMMERMANN, GUNTER, Die Religion des Großen Kurfürsten nach seinem Politischen Testament von 1667. In: JBBKG 59, 1993, S. 71–92.

ZSCHOCH, HELLMUT, Größe und Grenzen des „Löwen von Mitternacht". In: ZThK 91, 1994, S. 25–50.

ZUNCKEL, JULIA, Rüstungsgeschäfte im Dreißigjährigen Krieg. Unternehmerkräfte, Militärgüter und Marktstrategien im Handel zwischen Genua, Amsterdam und Hamburg, [Schriften zur Wirtschafts- und Sozialgeschichte 49], Berlin 1997.

Register

Im Personenregister sind moderne Autoren kursiv gesetzt. Drucker, Verleger und Druckorte frühneuzeitlicher Drucke sind ins Personen- bzw. Ortsregister aufgenommen. Nachweise, die sich ausschließlich auf die Anmerkungen beziehen, sind durch *Kursivierung* gekennzeichnet.

Personen

Orte und Länder

Sachen